KB187449

고려대학교 민족문화연구원 만주학 총서 ⑪

만주어 문법서자료집성

滿洲語 文法書資料集成

김유범, 오민석, 고경재, 성우철, 여채려

박문사

〈고려대학교 민족문화연구원 만주학총서〉 발간사

만주는 오랜 역사 속에서 늘 우리 한반도 곁에 있어 왔지만, 한동안은 관심에서 멀어져 있기도 했다. 청나라와 함께 만주족의 국가가 사라지면서 잊혀졌고, 남북분단이 만든 지리적 격절이 그 망각을 더 깊게 하였다. 그러나 만주와 만주족은 여전히 한반도 이웃에 존재한다. 한 민족의 국가가 사라졌다 해서 그 역사와 문화가 모두 사라지는 것은 아니다. 만주족은 동북아 지역의 역사를 이끌어 온 주역 중 하나였고, 유구한 역사 속에서 부침하며 남긴 언어와 문화의 자취는 지금도 면면히 전해지고 있다. 학자들의 노력을 통해 다시 조명되고 있고, 사람들의 관심 속에 되살아나고 있다. 일본과 서구에서 만주학에 대한 관심이 끊이지 않고 이어져 왔을 뿐 아니라, 근래에는 중국에서도 만주학 관련 자료 정리와 연구가 본격적으로 진행되고 있다.

청나라를 세웠던 만주족은 거대 제국을 통치하며 그들의 언어로 많은 자료를 남겼고, 그것은 중국과 한국 및 동아시아 지역을 이해하는 데 소홀히 할 수 없는 귀중한 자산이다. 역사적으로나 지역적으로, 그리고 언어학적으로도 밀접한 관계에 있는 한국은 만주족의 문화를 이해하는 데 좋은 조건을 가지고 있다. 만주를 넘나들며 살아온 한반도 거주민들은 만주족과 역사를 공유하는 부분도 적지 않고 언어학상으로도 유사성을 가지고 있다.

고려대학교 민족문화연구원은 만주학센터를 세워 만주학 관련 자료를 수집 정리하고 간행해 왔으며, 만주어 강좌를 통해 만주학에 대한 관심을 확산시키고, 국내외 전문가들을 초청하여 학술을 교류하며 연구성과를 공유해 왔다. 2012년부터 발간하고 있는 〈만주학총서〉는 그 과정에서 축적되고 있는 학계의 소중한 성과이다.

총서에는 조선후기 사역원에서 사용하던 만주어 학습서('역주 청어노걸대 신석')를 비롯하여, 청나라 팔기군 장병의 전쟁 기록을 담은 일기('만주 팔기 증수 일기'), 인도에서 비롯되어 티벳족과 몽골족의 민간고사까지 포괄해 재편성된 이야기집('언두리가 들려주는 끝나지 않는 이야기') 등 매우 다양한 성격의 자료가 포함되어 있다. 만주학의 연구 성과를 묶은 연구서('청대 만주어 문헌 연구')뿐 아니라, 전 12권으로 발간되는 만주어 사전('교감역주 어제청문감')과 문법 관련서 등 만주학 연구의 기반이 되는 자료들도 적지 않다.

만주학 관련 언어, 문화, 역사 등 각 방면에 걸친 이 자료와 연구성과들은 만주학 발전에 적잖은 도움이 될 것이다. 이 총서의 발간으로 한국에서의 만주학 연구 수준을 한 층 높이고, 한민족과 교류한 다양한 문화에 사람들의 관심을 기울이도록 하는 데 기여할 수 있으리라 기대한다.

2018년 8월

민족문화연구원 원장 김형찬

만주어 문법서자료집성 서문

만주학총서는 고려대학교 민족문화연구원 만주학센터의 만주학 연구 성과를 결집해 놓은 보고(寶庫)이다. 더불어 우리나라에서 만주학이 시작된 역사와 흔적을 담고 있다는 점에서도 귀중한 사료적 가치를 지닌다. 만주어와 그것으로 이루어진 다양한 언어, 문학, 역사, 문화 관련 자료들에 대한 연구는 동북아시아를 재조명하고 그로부터 미래적 가치를 발견하는 새로운 도전이라고 할 수 있다. '중화(中華)'로부터 '이적(夷狄)'으로 패러다임의 새로운 변화에서 만주학이 그 중심에 서 있다.

이번 총서인 『만주어 문법서자료집성(滿洲語 文法書資料集成)』은 청대에 간행된 만주어 문법서들 중 주요 자료들을 한곳에 모은 것이다. 만주어가 한어와 달리 교착적인 문법 구조를 가진 언어라는 사실은 이들 문법서의 '허자(虛字)'나 '접자(接字)'와 같은 용어를 통해 잘 드러나고 있다. 이번 총서에서 소개된 만주어 문법서들은 다음과 같다.

[1] 번청허자강약(飜淸虛字講約)

강희21년(1682), 심계량, 『대청전서』의 권말 부록, 14장(1면 8행), be~esi(총67개 항목)

2 허자강약(虛字講約)

강희 61년(1722), 재곡, 『청문비고』의 권1, 15장(1면 8행), '번청허자강약'의 일부 내용을 수정한 교정본

3 청문조어허자(清文助語虛字)

옹정 8년(1730), 무커, 『만한자 청문계몽』의 권3, 60장(1면 6행), de~je, jo(총99개 항목)

4 어록해(語錄解)

영조 24년(1748), 현문항, 『동문유해』의 하권 권말에 부재, 14장(1면 10행), be~i(49개 항목)

5 청문지요(清文指要)

건륭 45년(1780), 부준, 『삼합편람』의 권1, 41장(1면 8행), 6개의 하위 목차

6 청문접자(清文接字)

동치 5년(1866), 숭낙봉, 단행본, 42장(1면 5행), 만주어 허자에 대한 단행본의 효시

7 중각청문허자지남편(重刻清文虛字指南編)

광서 20년(1894), 봉산, 상하 2책, 상권 45장~하권 54장(1면 7행), 만주어 문법서의 완성판

8 자법거일가(字法擧一歌)

광서 11년(1885), 서융태, 1권 1책, 77장(1면 6행), 청대에 간행된 마지막 문법서

현대의 우리들은 만주어 자료를 구조주의 언어학적 관점에서 분석해 봄으로써 만주어가 지닌 언어적 특징들을 귀납해 낼 수 있다. 이와 더불어

청대 당시 사람들이 만주어에 대해 가지고 있었던 인식, 그리고 기술해 놓은 사실까지도 참고한다면 만주어에 대한 우리들의 이해는 객관성과 깊이를 확보할 수 있으리라 생각한다. 이번 총서가 지닌 가치는 바로 이러한 여정의 출발점을 마련했다는 점이다.

이번 총서 역시 국내 만주학 연구의 산실인 고려대학교 민족문화연구원 만주학센터의 뜨겁고 진지한 만주학 연구의 결실을 보여 주는 또 하나의 역사로 자리할 것이다. 총서의 기획 및 그에 따른 연구 진행, 그리고 원고의 정리 및 출판 관련 업무에 수고해 주신 모든 분들께 심심한 감사의 인사를 전한다. 이 총서가 국내외에서 만주학에 관심을 갖고 계신 모든 분들께 만주학의 세계로 나아가는 유익한 통로가 되어 주기를 바라 마지않는다.

2019년 여름,

만주학센터 센터장 김유범

▌목 차▌

<고려대학교 민족문화연구원 만주학총서> 발간사 / 3
만주어 문법서자료집성 서문 / 5

1. **번청허자강약**(飜淸虛字講約) 9

2. **허자강약**(虛字講約) 41

3. **청문조어허자**(淸文助語虛字) 75

4. **어록해**(語錄解) 199

5. **청문지요**(淸文指要) 231

6. **청문접자**(淸文接字) 317

7. **중각청문허자지남편**(重刻淸文虛字指南編) 423

8. **자법거일가**(字法擧一歌) 655

1

번청허자강약(飜淸虛字講約)

번청허자강약(飜淸虛字講約) 해제

『청서지남(淸書指南, manju bithei jy nan)』은 강희 21년(1682) 심계량(沈啓亮)에 의해 편찬된 것으로 대개 『대청전서(大淸全書, daicing gurun i yooni bithe)』의 권말에 부록으로 실려 있으며, 단본(單本)으로 존재하는 경우는 영국도서관본이 확인된다. 『대청전서』는 청나라 초기의 만한(滿漢) 어휘집들 가운데 하나인데, 저자인 심계량은 『대청전서』와 『청서지남』이 함께 이용되기를 바랐던 것으로 추정된다. 『청서지남』의 권1에서는 만주어 음절표 '십이자두(十二字頭, juwan juwe uju..)'와 40조의 만주어 단문(短文) 주의덕희오주(註義德喜烏朱, dehi uju i jurgan be suhe..)'를 제시하여 만주어에 대한 음운론과 정자법(正字法)에 관한 설명을 하고 있으며, 권2는 '만주잡화(滿洲雜話, manju i hacin hacin i gisun..)'로서 일종의 회화집에 가깝다. 여기에서 권3에 해당하는 '번청허자강약(飜淸虛字講約, bithe ubaliyambure. be. de i hergen be giyangnara oyonggo..)'이 만주어의 문법을 다루고 있는 부분이다.

'번청허자강약'의 분량은 14장으로서 한 면이 8행으로 이루어져 있으며 만주문자의 특성상 한 행에 들어가 있는 글자의 수는 일정하지 않다. 행마다 경계선은 없고 사주쌍변(四周雙邊)이며 판심은 단하향흑어미(單下向黑魚尾)이다. 표제어는 'be'에서부터 'esi'에 이르기까지 총 67개의 항목이 제시되어 있는데, 표제어가 시작될 때마다 권(圈)을 달고 한 자(字)

를 대두(擡頭)하여 다른 표제어들과 구분해 놓고 있다. '번청허자강약'에 제시된 표제어들은 주로 '허자(虛字)'에 해당하는 것으로 현대 언어학적인 관점에서는 문법형태소에 해당한다. 표제어마다 기본적인 의미, 형태론적 정보, 통사론적 정보, 예문 등이 제시되어 있으며, 이와 같은 문법서로서의 내용적인 틀은 후대의 문법서에도 많은 영향을 미친 것으로 판단된다.

之類方可用也又有整語如勤曰 精細人曰 總之曰 如囑曰

帶下如 之類亦有因上一字係 韻者如

韻字俱不可接 字若係整話如 之類即可直用 字亦有連寫者必用ㄱ字

可接 字未然者即用 字方可接 字其 等

人如何說云 如接虛話用凡已然者即用 字方

○ 虛字解說漢文將字把字實字解我等者食飼餵如云把此拿如何說云 將此

婁東沈啓亮弘照氏輯

清書指南卷之三

〔01-01A〕

此而不在彼。ᡠᠪᠠᡩᡝ ᠪᡳ᠈ ᡨᡠᠪᠠᡩᡝ ᠠᡴᡡ᠉ 其已然未然之詞照上文分別用如整氣亦可直接又有云於此人。ᡝᡵᡝ ᠨᡳᠶᠠᠯᠮᠠ ᡩᡝ᠈ 如云去時。ᡤᡝᠨᡝᡵᡝ ᡩᡝ᠈ 如書曰吾之於人也。ᠪᡳ ᠨᡳᠶᠠᠯᠮᠠ ᡩᡝ᠈ 如云在不如行善而致安。[illegible] 此而字之意也。如云此處。ᡠᠪᠠᡩᡝ᠈ 如

○ᡩᡝ 直就其事其物上說也。作於字意。作處字意。作時候字意。作地方字意。作在字意。作而字意。如云字解耳。

[illegible] 等字亦然。凡此等字。用於連字之頭者。名曰整字。或有用於中。或有用於尾。及單用者。方爲虛

[illegible] 凡書法。不可以 ᡩᡝ 字。提寫一行之首。至於 ᡩᡝ᠈ [illegible]᠈ [illegible]᠈ [illegible]᠈

[illegible]᠈ 好了曰。[illegible] 不在此例。凡 [illegible] 之上。必用 ᡩᡝ 字。如云。你們既到我家裡來了。[illegible]

[Manchu] [Manchu] [Manchu] [Manchu] [Manchu] [Manchu] [Manchu]，此用 [Manchu] 字之法也，又 [Manchu] 之下，[Manchu]

[Manchu]，此八字之上，必用 [Manchu] 字，此一定之詞也，係聯話，如這樣曰 [Manchu] [Manchu]，不在例內，如 [Manchu]

如云此何故也，[Manchu] [Manchu] [Manchu]，凡遇 [Manchu] [Manchu]，[Manchu] [Manchu]，[Manchu]，[Manchu]，[Manchu]，

ᠣ、ᠠ、ᠶᠠ、即漢文以乎之字，又作煞尾助詞用，又作有驚訝想像意，如云如之何了，[Manchu] [Manchu]

也，如問曰 [Manchu] [Manchu] [Manchu] [Manchu] [Manchu]，答曰 [Manchu] [Manchu] [Manchu]，

凡遇 [Manchu]、[Manchu]、[Manchu]、[Manchu]、[Manchu]，此五字之上，必用 [Manchu] 字，乃一定之詞

議曰 [Manchu]，商議曰 [Manchu]，寬曰 [Manchu]，寬之曰 [Manchu]，拍馬曰 [Manchu]，拍馬向前曰 [Manchu]

用 [Manchu] 字之類，接下者，不可執一也，凡用於句中，有着意之急與 [Manchu] 字 [Manchu] 字用於句中同也，如

曰 [Manchu] [Manchu] [Manchu] 如我去曰 [Manchu] [Manchu] 等字相同如 [Manchu] [Manchu] 是也如用於字末作結句者此 [Manchu] 字稍活動些如我必去摠之以叶韻爲主如於字中用者乃用ユ用力之詞即 [Manchu] [Manchu] 之類是也又與 [Manchu] [Manchu] 所謂直接 [Manchu] 字之法也如上用 [Manchu] 則下用 [Manchu] 上用 [Manchu] 則下用 [Manchu] 上用 [Manchu] 則下用 [Manchu] [Manchu] 此下用 [Manchu] 字接未然字樣之法也如 [Manchu] [Manchu] [Manchu] 此 [Manchu] 字乃未然字樣又遇整語數句文法相似而意思各斷者乃用此三樣亦是指事之詞如 [Manchu] [Manchu] [Manchu] [Manchu]

○ [Manchu] [Manchu] [Manchu] 此三字用於字末皆承上接下將然未然之語下用 [Manchu] 字則上用此三字或一連之下必用 [Manchu] 字或 [Manchu] 煞脚

清書指南　卷三　二

○[illegible]、乃承上接下連一事而急轉之詞。如云、不能來[illegible] [illegible]、又如漢文平叙口吻。如

字煞脚者。乃一事之未完。文理隨耳。其[illegible]、[illegible]、又隨語氣以變耳。

完矣曰[illegible]、全於[illegible]、[illegible]、[illegible]、此用[illegible]字煞脚者。乃一事之已完也。用[illegible]

[illegible]、如[illegible] [illegible] [illegible] [illegible] [illegible] [illegible]、此[illegible]字之用也。完曰[illegible]

[illegible]下[illegible]上[illegible]下[illegible]上[illegible]下[illegible]、其[illegible]、[illegible]、[illegible]、又隨語氣以別耳。如去曰[illegible]、去了曰。

○[illegible]、[illegible]、[illegible]、[illegible]、[illegible]、[illegible]、此六字。皆已然之詞。漢文矣字也字。亦視上文叶韻用之。如上

用耳。如用於句末。作大凡字解。凡所關曰。[illegible]、凡所到曰。[illegible]

○[illegible]、[illegible]、[illegible]、此三字用於句中。皆有用力之意。如自壞曰。[illegible]、壞之曰。[illegible]以叶韻从

此則上亦用 ᡶᡳ 字以起下又

用者如云因此故也則曰 ᡨᡠᡨᡨᡠ ᠣᡶᡳ 之類又推原其故之詞亦用 ᡶᡳ 字如云因其如此所以如

用法如云說畢看 ᡤᡳᠰᡠᡵᡝᡶᡳ ᡨᡠᠸᠠ、語氣相似則連用數 ᡶᡳ 字亦不妨但不可煞尾用亦有煞尾

云說了看 ᡤᡳᠰᡠᡵᡝᡶᡳ ᡨᡠᠸᠠ、又云看了書再說 ᠪᡳᡨᡥᡝ ᠪᡝ ᡨᡠᠸᠠᡶᡳ ᠵᠠᡳ ᡤᡳᠰᡠᡵᡝᡴᡳ：其 ᡶᡳ 字

○ᡶᡳ 與 ᠪᡳᠮᡝ 字語氣相似而實不同 ᠪᡳᠮᡝ 者一事而意相連 ᡶᡳ 者一事說完語氣未斷下復更端如

字則用 ᠪᡳᠮᡝ、意思相連而下也如曰富而貴 ᠪᠠᠶᠠᠨ ᠪᡳᠮᡝ ᠸᡝᠰᡳᡥᡠᠨ：

連用不妨但不可煞尾用亦有作煞尾用者乃係整語如 ᠰᡝᠮᠪᡳᠮᡝ、ᠠᡴᡡᠪᡳᠮᡝ 不在此例又漢文而

着字之虛字眼乃一句中之過文接脈字眼也如云說着看 ᡤᡳᠰᡠᡵᡝᠮᡝ ᡨᡠᠸᠠ、凡句法相似者數句

首作我字解如云 [Manchu] [Manchu] 在句末作有字解如云 [Manchu] [Manchu] 凡句中連屬者如 [Manchu] 者因 [Manchu] 之類蓋因上文係未然而又不必斷開故用之 [Manchu] 字意同在襯上文口氣耳凡在句尾用 [Manchu] 者乃已是如此而又復言蓋以 [Manchu] 字轉下尚有別語故耳又有接上文用 [Manchu] 者即如 [Manchu] [Manchu]

○ [Manchu] 凡語中用皆直指其現在而言已然而言也下不可接 [Manchu] 字 [Manchu] 字如云已來了 [Manchu] [Manchu] 凡句[illegible]盡然者如 [Manchu] [Manchu] 亦互用耳總之不多見者書經云黎民於變時雍 [Manchu] [Manchu] 故必用此字如 [Manchu] 正以 [Manchu] 字之上不可爲 [Manchu] 而 [Manchu] 字又非整語故以此代之然亦不

○ [Manchu] 此字與 [Manchu] 字意同而變化耳蓋因上一字係 [Manchu] [Manchu] [Manchu] 頭者而 [Manchu] 字之上不可加 [Manchu]

○ ᠪᡳᡥᡝ ᠪᡳᠴᡳ、連用之法。是將文事後而敍言已前之非。下必再用 ᠪᡳᡥᡝ 字應之。如云若不如是。何以

官來。[illegible] [illegible] ᠪᡳᡥᡝ、皆好來。[illegible] [illegible] ᠪᡳᡥᡝ、

○ ᠪᡳᡥᡝ、凡追述已然者必用。又當初原如此。而今不如此。亦用 ᠪᡳᡥᡝ 字轉下文作皆字解。如云。皆爲

更口頭耳。

用 [illegible]、此三字之轉文。與别處字頭上。用 [illegible]、[illegible]、[illegible] 相同也。其 [illegible] 字上。又以 [illegible] 字襯非。好

○ ᠪᡳᠰᡳ、ᠪᡳᠴᡳ、ᠪᡳᠰᡳᡵᡝ、此三字。當虛字解用者。亦承上文之詞也。而視上文若何。當用 [illegible]、用 [illegible]

此。ᠪᡳ [illegible] [illegible] [illegible] [illegible]

有也。ᠪᡳᠴᡳ 者。有則也。ᠪᡳᠰᡳᡵᡝ 者。凡有也。凡在也。ᠪᡳᠰᡳᡵᡝᠩᡤᡝ 者。凡有者。凡有的也。如云。我既然在

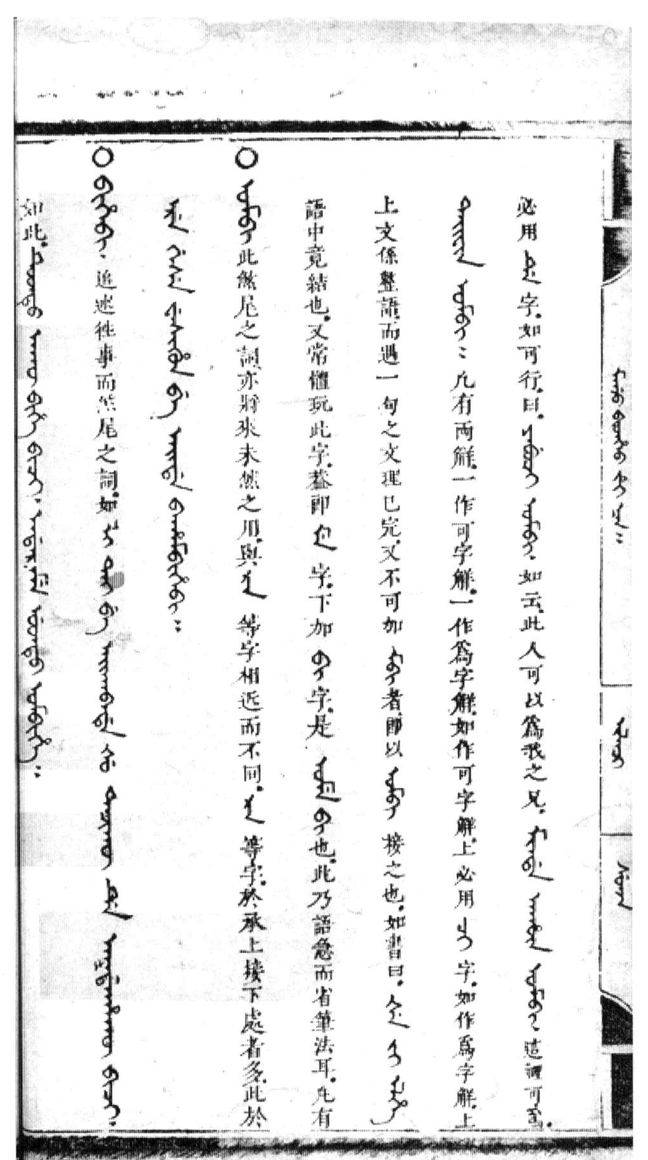

必用　字。如可行曰　　如云此人可以為我之兄　　　　這個可以。

　　凡有兩解。一作可字解。一作為字解。如作可字解。上必用　字。如作為字解。上

上文係整語而遇一句之文理已完。又不可加　者。即以　接之也。如書曰。

語中竟結也。又常體玩此字。蓋即　字下加　字。是　也。此乃語急而省筆法耳。凡有

○　此煞尾之詞。亦將來未然之用。與　等字相近而不同。　等字。於承上接下處者多。此於

○　追述往事而煞尾之詞。如

如此　

[01-05A]

用[illegible]字則用[illegible]今多用[illegible]其義亦同。當用[illegible]字則用[illegible]當用[illegible]字則用[illegible]已然則

[illegible]、[illegible]等字。乃用[illegible]者。此因上文係整語。不可加[illegible]、[illegible]等字。故用[illegible]耳。如上文當

下。如云。做了官的人。即曰。ᡥᠠᡶᠠᠨ ᠣᡥᠣ ᠨᡳᠶᠠᠯᠮᠠ之類。至於起下文。則又就其一句之語氣。如當用

之事。作兩段並下。或連敘數事。而意各斷者。俱以此字承接。又上文係整語。尤必以此承接。方可轉

○[illegible]、此字之用最廣也。專以承上文。又因其語而變化耳。如承上文之所云。而作已然之用也。如分敘

語。不可竟連[illegible]故添一[illegible]字也。如考曰。[illegible]因此字。非整語。故以[illegible]連寫之也。

○[illegible]、是漢文未然之詞。結煞語。如上文係整語。則用[illegible]字接之。如忠曰。[illegible] [illegible]此乃整

曰。[illegible] [illegible]問人曰。這人爲你的什麼人。[illegible] [illegible] [illegible]

[illegible] 卷三 五

必用 [滿文] 字接之。如云 [滿文] [滿文] [滿文] [滿文] [滿文] [滿文]、[滿文] [滿文] [滿文]、[滿文]

如此則如此。乃曰。[滿文] [滿文] [滿文] [滿文]。惟結語不用。然又有用者。如上文 [滿文]。下文

○ [滿文]。漢文由字。自字。從字。比字。則字。又時節口氣。又如字意。語勢頗急。口氣畧斷。結上起下之詞。如云。

要那樣。[滿文] [滿文] [滿文]。

又有文勢長者。如云。毋以惡小而爲之。[滿文] [滿文] [滿文] [滿文] [滿文]。又急口文勢。如云。你不

○ [滿文]。禁止之詞。下必以 [滿文]、[滿文]、[滿文]。接之仕用。如云。毋貪酒色。[滿文] [滿文] [滿文] [滿文] [滿文]。

類。方可用此字耳。又有单用。如急曰可。[滿文]。不可。[滿文] 亦是指其上文之所云者而言也。

用 [滿文]。將然未然則用 [滿文]。亦必上文係整爾。不可加助語詞。如 [滿文] [滿文] [滿文] [滿文] [滿文] 之

皆覗上文分別已然未然用又如 [Manchu] 通用如 [Manchu] 即可用 [Manchu] 其於 [Manchu] 一字乃翻譯

之意又述人之語完了下用 ᠰᡝ 等字結之又或引事之意如 [Manchu] [Manchu] [Manchu] [Manchu]

○ ᠰᡝ 漢文以為之意又年歲之歲馬齒之齒又等也又你去說之說字又是因其如此說了而後云然

[Manchu] 字是一定之詞也

此可乎 [Manchu] 凡遇 [Manchu] [Manchu] [Manchu] [Manchu] 此四字之上必用

[Manchu] 如云久則不可 [Manchu] [Manchu] 如云這時節使不得 [Manchu] [Manchu] [Manchu] 如云如

於此 [Manchu] [Manchu] [Manchu] 又云從此至彼 [Manchu] [Manchu] [Manchu] [Manchu] 又云比他強 [Manchu]

[Manchu] [Manchu] [Manchu] 此 [Manchu] 字煞尾之用法也如云由此又自卻說 [Manchu] 也又云如彼善

ᠰᡝᠮᡝ ᠰᡝᡵᡝ ᠰᡝᡥᡝ

曰。ᠪᡠᡵᡝ ᠪᡳ ᡥᡝᠰᡝᡳ ᠰᡝᠮᠪᡳ、又作請字解。如云請坐。ᡨᡝᡴᡳ、

承接。如欲做官。ᡥᠠᡶᠠᠨ ᠣᡴᡳ、如上非整語。即以 ᡴᡳ 字連寫。下以 ᠰᡝ 字接之可也。如欲念書。則

○ᡴᡳ 者。凡意欲如此而未行。則必用 ᡴᡳ 字。如欲去。ᡤᡝᠨᡝᡴᡳ、欲取。ᡤᠠᡳᡴᡳ、如上係整語。則以 ᠰᡝ 字

即以雖然字也。如上文有 ᡴᡳ 字。即以欲字要字用也。

ᠰᡝᠮᡝ ᠰᡝᡵᡝ、凡 ᠰᡝᠮᠪᡳ 之下必用 ᠰᡝᠮᡝ、ᠰᡝᡵᡝ、ᠰᡝᡥᡝ、等字接之。其 ᠰᡝᡵᡝ 之上有 ᠰᡝᠮᡝ 字

最前之事者。則以 ᠰᡝᠮᠪᡳ 字結之。如叫人這樣說。ᡠᡨᡠ ᡤᡳᠰᡠᡵᡝ ᠰᡝ、如云。我聽如此說。ᠪᡳ ᡩᠣᠨᠵᡳᠮᡝ

字接之者。即無 ᠰᡝᠮᠪᡳ 字樣。其文意近之。至於 ᠰᡝᠮᠪᡳ 之用法者。上文起語。必用 ᠪᡳᠮᠪᡳ。如追述

中。起文接脉處用者也。但不宜於口中說。其意專在於說罷行事之間。故 ᠰᡝᠮᠪᡳ 之下。必有 ᠰᡝᠮᠪᡳ

○ [illegible] [illegible] [illegible] [illegible] [illegible] 此五字用於句末敎人口氣也令人作其事則就本語直斷若令人

音叶之如拆開則曰 [illegible] 解慰曰 [illegible]

○ ᠪᡠ 用於句中亦是使之如此之意也必㸃上文係 [illegible] [illegible] [illegible] [illegible] 而又以 [illegible] [illegible] [illegible] 之

字用如令人行某事 [illegible] 令人作某事 [illegible] 令人書 [illegible]

○ ᠪᡠ 與字也用於句中是使之如此也又被人如此也上文有 [illegible] 字作使字用上文有 [illegible] 字作被

令其如則曰 [illegible] [illegible] 又欲然口氣

如云欲然豈得乎 [illegible] [illegible] [illegible]

也如等他自來則 [illegible] 任他坐則 [illegible] 必使指他人而言也如上係整字亦用 [illegible] 字接之如

○ [illegible] 聽其自然而然之意也句末用之與 ᠪᡠ 字稍異 ᠪᡠ 者有意使之如此 [illegible] 者任彼如此

叶韻耳。

互相商議曰[illegible]其餘如[illegible]、[illegible]、[illegible]之類字義皆同換字

○[illegible]、[illegible]、[illegible]、[illegible]、[illegible]、此五字用於句中亦是助語皆不一而足之詞如商議曰[illegible]、

迫之意也如勸人吃飯則曰[illegible][illegible]如云吃飯罷[illegible][illegible]

[illegible]、如使之進去[illegible]、其[illegible]、亦令人之詞其詞直餘有罷字口氣大約對下等人說有催

等字接之也如上文係整語不可連下者又竟住不成文義者則用[illegible]字承之如令人做官[illegible]

人取之則曰[illegible]令人求之則曰[illegible]、令人往止則曰[illegible]、皆因上一字不可單住故以此

去則曰[illegible]令人言則曰[illegible]、其詞直截不加助語如上文不可竟斷乃用[illegible]等字承之如令

○[Manchu]此亦已然之詞下亦接別語與[Manchu]之意近又如了字意上必用[Manchu]、[Manchu]、[Manchu]等字起之

○[Manchu]、[Manchu]、[Manchu]、[Manchu]皆遣去之詞加[Manchu]字即是其遣意也

意亦指衆之詞

坐曰[Manchu]衆坐曰[Manchu]餘字皆同換字分韻耳據是互相之義也又句末[Manchu]字雖爲允字

○[Manchu]、[Manchu]、[Manchu]、[Manchu]、[Manchu]、此等字用於句中皆指衆之詞如飲曰[Manchu]衆飲曰[Manchu]

同換字叶韻耳與[Manchu]、[Manchu]、[Manchu]、[Manchu]、[Manchu]、用於句中其着力同也

謗之曰[Manchu]餘如雪恥之雪曰[Manchu]慚意曰[Manchu]撫慰曰[Manchu]字義皆

○[Manchu]、[Manchu]、[Manchu]、[Manchu]、此等字亦句中用之皆着力之意如引之誘之曰[Manchu]有意引

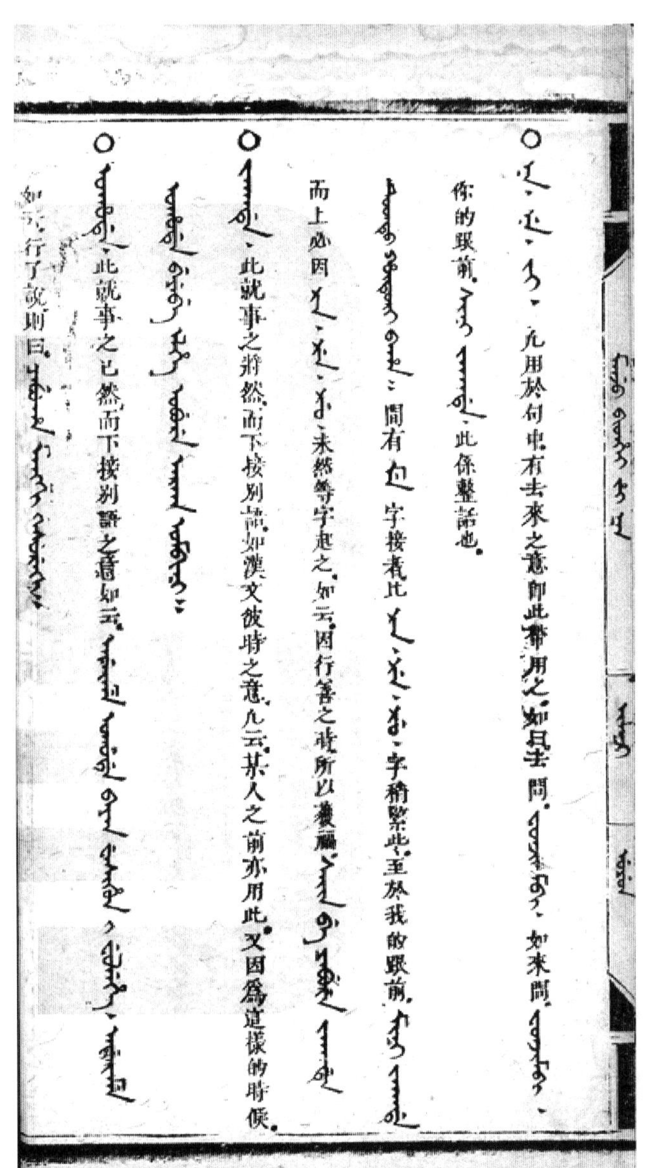

○ 凡用於句中有去來之意即此帶用之如且去問 如來問

你的跟前 此係整話也

間有 字接者比 字稍緊些至於我的跟前

而上必因 未然等字起之如云因行善之故所以獲福

○ 此就事之將然而下接別話如漢文彼時之意凡云某人之前亦用此又因爲這樣的時候

○ 此就事之已然而下接別語之意如云

如云行了說則曰

又有因本話帶用疑詞者。如[滿文]、[滿文]、之類。[滿文]字亦揣度其不然之意也。[滿文]字其反詰
用[滿文][滿文][滿文]頭者。如問人好麼。則曰。[滿文]實否。[滿文]之類。又[滿文][滿文]之類亦然。
然未然及可顧俱應前例。如云。亦將有以利吾國乎。[滿文][滿文][滿文][滿文][滿文]。又有疑詞。
○[滿文]、[滿文]、[滿文]、[滿文]、[滿文]、[滿文]、[滿文]、凡疑詞多是將[滿文][滿文][滿文]頭者。如乎歟之類是也。已
乎。[滿文][滿文]、
○[滿文]是卑者向尊者言也。如欲望允行而不敢用直捷之詞。如[滿文]是欲其准行也。如云。可得聞
[滿文]之類。
之類也。用[滿文][滿文][滿文]頭。帶下[滿文][滿文]者。即[滿文]之省文耳。[滿文][滿文]字。亦作助語用。如禾莠曰。

○ᡥᠠᡴᡡ、ᡥᡝᡴᡡ、ᡥᠣᡴᡡ、ᡴᠠᡴᡡ、ᡴᡝᡴᡡ、皆不然之詞。即ᠠᡴᡡ字意。連寫者省文耳。凡云不則皆就已成仁。已成智者而言。總在 [illegible] 類者。文義皆同耳。

已成字用。如直指其已成者而言之。即 [illegible] 之類是也。又有 [illegible]、[illegible]、之類。[illegible]、之類。亦照已然未然分用。又有整語帶用者。如云。或。[illegible] 或者。[illegible] 之類。又作用之。如漢文之所以字者字也字也者字。如曰。所以勸士節曰。[illegible] [illegible] [illegible]、來者。

○[illegible]、[illegible]、[illegible]、[illegible]、[illegible]、[illegible]、[illegible]、此等字。皆隨上文帶出

如云。豈不知。[illegible]。

之詞也。如云。如此可乎。[illegible] [illegible] [illegible]、有此理乎。[illegible] [illegible] [illegible]、其 [illegible]、乃豈字也。

[Manchu]、[Manchu]、又有作ㅅ夫二字者乃云[Manchu]、

○[Manchu]、今字坐字住字解也。用於句中與[Manchu]、[Manchu]、[Manchu]、着力相同。又作每人幾箇之每。如[Manchu]、

賢者。[Manchu]、兄弟們。[Manchu]、男人們。[Manchu]、

○[Manchu]。與[Manchu]、[Manchu]、同意也。又作知道之知字。作員字。作們字。作者字。作兒字。如游們。[Manchu]、如

[Manchu]、如係整齊則用[Manchu]、

○[Manchu]、[Manchu]、皆恐字意也。如恐其有失則云。[Manchu][Manchu]、又云。[Manchu][Manchu]

耳。

用[Manchu]不來。[Manchu]、如云。原不。原未來。未曾不曾。[Manchu]、[Manchu]、不曾來。[Manchu]、以實分用

清書指南　卷三　十

[Manchu]

○ [Manchu] 倘若設若 上必下有 [Manchu] [Manchu] [Manchu] [Manchu] 等字應之 如云 設若如此 則如之何

坐以待旦 [Manchu] [Manchu] [Manchu] [Manchu] 形容其端 [Manchu] 形容其美 [Manchu]

駟驕然可觀 文情懇切 又威而不猛 如云 慢慢的 [Manchu] 快快的 [Manchu] 驚醒了 [Manchu] [Manchu]

○ [Manchu] [Manchu] [Manchu] [Manchu] [Manchu] [Manchu] 此等字皆是漢文中形容不盡之意也 而詞氣和婉

[Manchu] [Manchu]

○ [Manchu] 哉字 又作也字意 又咏嘆之致 贊嘆之詞也 亦已然之詞 凡決斷其如此之意 如可行也 即云

盛怒 [Manchu] 亦有着意之意

○ [Manchu] 用於句中 作不然之詞者多 又必上文係 [Manchu] [Manchu] [Manchu] 頭者 如 [Manchu] [Manchu] 之類是也 又如 怒 [Manchu]

○ᡥᠣᠨᠣ ᠪᠠᡩᡝ、作尚且字。ᠠᡳ ᡥᡝᠨᡩᡠᡵᡝ、作而况字。凡連用此二句乃上下相呼應之法也。如云。[illegible]

落筆時。最宜詳慎爲妙。

者。在有字上運意也。又有上無ᡠᡩᡠ、止有ᠪᡳᠴᡳᠪᡝ者。此暗有雖字之意。如漢書中之體貼文情法耳。

法也。如遇整語。文氣未純。不可帶下者。則以ᠪᡳᠴᡳᠪᡝ承之。凡用ᠰᡝᡵᡝ者。在說字上運意也。用ᠪᡳᠴᡳᠪᡝ

如云。雖然如此。ᡠᡩᡠ ᡨᡠᡨᡨᡠ ᠪᡳᠴᡳᠪᡝ、又ᠪᡳᠴᡳᠪᡝ或遇於未語帶下。如ᡨᡠᡨᡨᡠ ᠰᡝᠮᡝ者。此乃遇整語帶用之

○ᡠᡩᡠ ᠰᡝᠮᡝ、ᡠᡩᡠ ᠪᡳᠴᡳᠪᡝ、ᡠᡩᡠ ᠣᠴᡳᠪᡝ、此三句。作雖然字。如云。你雖然如此說。ᠰᡳ ᡠᡩᡠ ᡠᡨᡨᡠ ᡥᡝᠨᡩᡠᡥᡝ ᠰᡝᠮᡝ

ᠰᡝᠮᡝ、等字應之。

[illegible] [illegible] [illegible]、又作恐其二字用。下必有[illegible]、[illegible] [illegible]、[illegible]

文法，亦有兼用 ᡨᡝᡳᠯᡝ 字者，亦有不用 ᡨᡝᡳᠯᡝ 字者，如云，不惟此之不好，更有不好者。[illegible]

惟字不止字。然但字惟字原有 ᡨᡝᡳᠯᡝ 字解者，今以 ᠠᠩᡤᠠᠯᠠ 之字，乃有非然之意也。凡用 ᠠᠩᡤᠠᠯᠠ

[illegible]：此句中之 [illegible] 字，有而字之神情也。又作不但字。不

必用 [illegible]、[illegible]、[illegible]、如云，與其為惡而致富，不如行善而安。ᡝᡥᡝ ᠪᡝ ᠶᠠᠪᡠᡶᡳ ᠪᠠᠶᠠᠨ ᠣᠵᠣᡵᠣ ᠠᠩᡤᠠᠯᠠ、

○ ᡨᡝᡵᡝ ᠠᠩᡤᠠᠯᠠ、此句用於句首，作況且字。如单用 ᠠᠩᡤᠠᠯᠠ 於句中句末者，作與其二字解。字頭上

作地處解，

如此，而況其他乎。[illegible]、如单用 [illegible] 作猶字，作尚字，单用 [illegible]、

猶且如此，[illegible]、此上下相呼應之法也。亦有不甚拘呼應者。如云，我尚且

○[illegible]、[illegible]、[illegible]、皆由彼至此之詞，如[illegible]、[illegible]、之類，若遇整語，則用 [illegible] 字承之

○ᡝᠯᡝᠮᠠᠩᡤᠠ、作反字、愈字、越字，如惡人反得福，ᡝᡥᡝ ᠨᡳᠶᠠᠯᠮᠠ ᡝᠯᡝᠮᠠᠩᡤᠠ ᡥᡡᡨᡠᡵᡳ ᠪᠠᡥᠠᠮᠪᡳ：

字意如曰不過如是，[illegible] [illegible]、如只勇而無謀，ᠪᠠᡨᡠᡵᡠ ᡤᠣᠵᡳᠮᡝ ᠪᠣᡩᠣᡤᠣᠨ ᠠᡴᡡ：

○[illegible]、[illegible]、此二字，用於句中，皆是止於如此口氣，又作而字意，雖字意，用於句末，作不過二

又作也使得口氣，又作贊美口氣，如云[illegible] [illegible] [illegible] [illegible] [illegible] [illegible] [illegible]：

○[illegible]、用於句首句中，作情面之面字，用於句尾，作漢文之想必如此耳，不可如此耳，又作罷了口氣

○[illegible] [illegible]、用於句首，即兼且口氣，又更且口氣，

[illegible] [illegible] [illegible] [illegible]、[illegible] [illegible] [illegible] [illegible]：

清書指南 卷三 十二

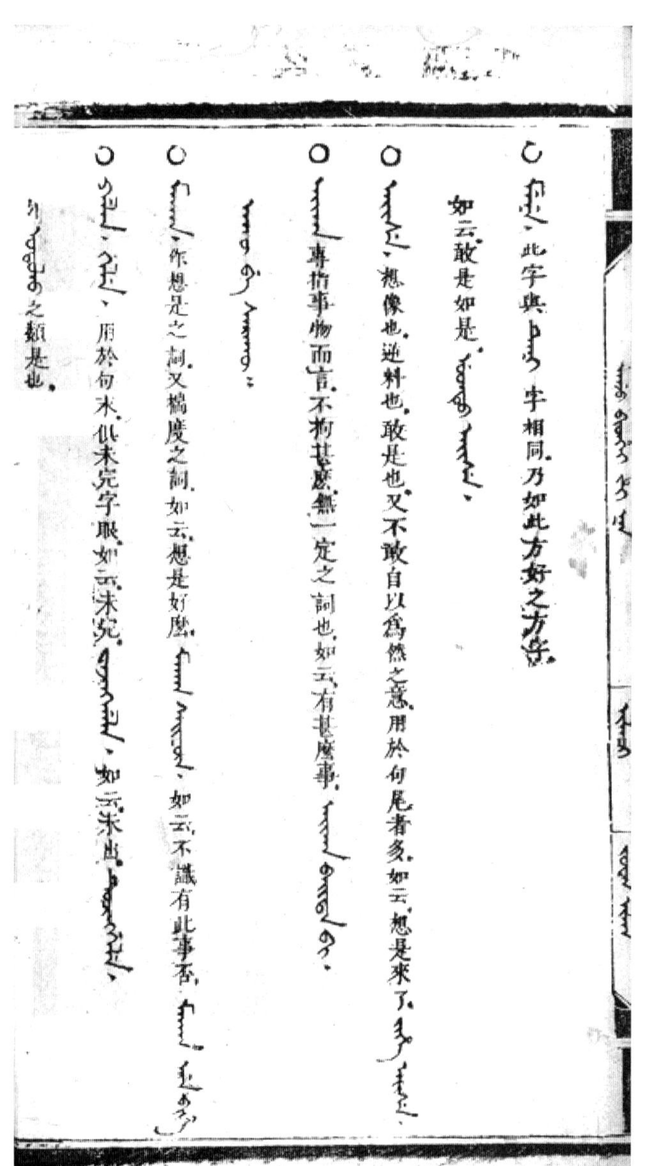

○ 此字與 字相同。乃如此方好之方字。
如云。敢是如是。

○ 想像也。逆料也。敢是也。又不敢自以爲然之意。用於句尾者多。如云。想是來了。

○ 專指事物而言。不拘甚麼。無一定之詞也。如云。有甚麼事。

○ 作想是之詞。又揣度之詞。如云。想是好麼。 如云。不識有此事否。

○ 用於句末。似未完字眼。如云。未完。 如云。未出。
之類是也。

[Manchu] [Manchu]：

○ [Manchu]、作蓋有之矣之蓋字。即俗語想是口氣。而下必以 [Manchu] 字應之。如云。想是如此。[Manchu]
[Manchu] [Manchu] [Manchu]：如云。自古迄今。[Manchu] [Manchu] [Manchu] [Manchu]：

○ [Manchu]、作這裏的這字。[Manchu]、作那裏的那字。又作其字。如云。以至於今。[Manchu] [Manchu]、如云。直到今時。
[Manchu] [Manchu] [Manchu]：如云。我既然在此。[Manchu] [Manchu] [Manchu] [Manchu]：

○ [Manchu]、作既然是之既字。然必詰問其人乃用耳。凡用此字。上必以 [Manchu] 字起之。如云。旣然如此。

○ [Manchu]、大抵也。摠之也。如云。總之皆是。[Manchu] [Manchu]、

○ [Manchu]、頗覺之意。大甚之意。如云。[Manchu] [Manchu] [Manchu] [Manchu]：動不動口氣。[Manchu] [Manchu]：

[滿文] [滿文] [滿文]

又如[滿文] [滿文]、作是故、作所以、作因那般、又如[滿文] [滿文]、作不然、又如[滿文] [滿文]、作不然

[滿文] [滿文]、作然則、作若是、作那樣、作若彼、又如[滿文] [滿文]、作然雖、又如[滿文] [滿文]、作然而字。

○[滿文]、作彼處之彼字、作那樣字、作故字、如云[滿文]、乃彼處也、如云弟兄[滿文] [滿文]、又如、

○[滿文]作這樣字、作如此字、如云此處[滿文]、如云這樣的[滿文]、

其餘[滿文]、[滿文]、總之叶韻分用耳。

○[滿文]、[滿文]、作可傷可悲可憐可痛之可字意也、與[滿文]字稍異、如夏日[滿文]、可憂[滿文]

[滿文]

○[滿文]、作抑字、又想是如此、又必如是所彼可之意、如云求之與、抑與之與、[滿文]、[滿文]

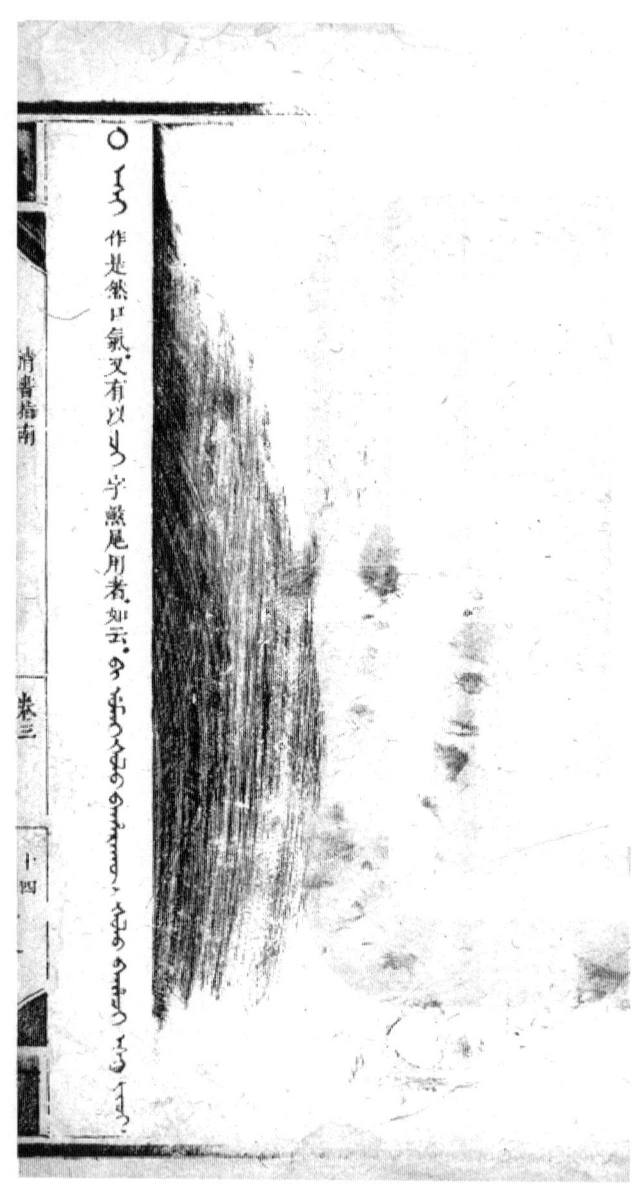

清書指南 卷三 十四

○ 作是然口氣。又有以 字煞尾用者。如云。

[01-14B]

2

허자강약(虛字講約)

허자강약(虛字講約) 해제

강희 61년(1722) 재곡(載穀)에 의하여 편찬된 『청문비고(淸文備考, manju gisun i yongkiyame toktobuha bithe)』는 일종의 만한(滿漢) 어휘집으로서 현존하는 판본들마다 책의 권수에 차이는 있으나 대체로 12권으로 구성되어 있다. 책의 맨 앞에는 이감(李鑑)이 쓴 '청문비고서(淸文備考序)'와 재곡의 '자서(自序)'가 있으며, 권1은 다시 '허자강약(虛字講約, de be i hergen be giyangnara oyonggo)'과 '형용어(形容語)', '상연어(相連語)'로 구성되어 있는데, 이들 중 '허자강약'이 만주어 문법서의 성격을 지니고 있다. 그 밖에 권2는 '이 · 호 · 예 삼부성어(吏 · 戶 · 禮 三部成語)'로, 권3은 '병 · 형 · 공 삼부성어(兵 · 刑 · 工 三部成語)'로, 권4부터 권12까지는 '청문감총강(淸文鑑總綱)'으로 되어 있다.

천리도서관(天理圖書館) 소장본 '허자강약'의 분량은 총 15장이고 1면은 8행으로 이루어져 있으며, 사주쌍변(四周雙邊)이고 판심은 단하향흑어미(單下向黑魚尾)이다. '허자강약'은 『청서지남(淸書指南)』의 '번청허자강약(飜淸虛字講約)'을 바탕으로 기술된 것이므로 표제어의 배열순서는 물론 표제어가 시작될 때마다 권(圈)을 달고 한 자(字)를 올려 쓴 것까지 동일하다. 일반적으로 '허자강약'은 '번청허자강약'의 일부 내용을 수정한 교정본의 성격을 띤다고 알려져 있다.

因上一字係 [illegible] [illegible] [illegible] 頭者、如 [illegible] [illegible] [illegible] [illegible]
即可直用 ᠪᡝ 字、亦有連寫者、必用 [illegible] 字帶下、如 [illegible] [illegible] 之類、亦有
[illegible] [illegible] [illegible] [illegible] 等字、俱不可接 ᠪᡝ 字、若係整語、如 [illegible] [illegible] 之類、
字方可接 ᠪᡝ 字、未然者、即用 [illegible] [illegible] [illegible] [illegible] 字方可接 ᠪᡝ 字、其
將此 [illegible] [illegible] ᠪᡝ 如接虛語用、凡已然者、即用 [illegible] [illegible] [illegible] [illegible] [illegible]
ᠪᡝ 虛字解、即將字把字以字、實字解、我等、雀食、餌、動、如云把此物 [illegible] [illegible]

[illegible] [illegible] [illegible] ᠪᡝ [illegible] [illegible] 虛字講約

[illegible] [illegible] [illegible] [illegible] 清文備考

於此人 [illegible] [illegible] [illegible]、如云去時、[illegible] [illegible] 如書曰吾之於人也、[illegible] [illegible]

而致安、[illegible] [illegible] [illegible] [illegible] [illegible] [illegible]、此而字之意也、如云此處、[illegible]、如云、

[illegible] 直就事物上說也、作於字、處字、時候字、地方字、在字、而字意、如云不如行善

整字、或有用於中、或有用於尾、及单用者、方為虛字解耳、

首至於 [illegible] [illegible] [illegible] [illegible] [illegible] 等字亦然、凡此等字、用於連字之頭者、名曰、

來了、[illegible] [illegible] [illegible] [illegible] [illegible] [illegible] 凡書法不可以 [illegible] 字、提寫一行之

[illegible] 好了曰 [illegible] 不在此例、凡 [illegible] 之上、必用 [illegible] 字、如云你們既到我家裡

方可用也、又有整語、如勸曰、[illegible] 精細人曰、[illegible] 總之曰、[illegible] 那箇曰、

如云此何故也 凡遇

即以字之字又作煞尾助詞用又作有驚訝想像意如云如之何了

答曰

此五字之上必用 字乃一定之詞也如問曰

寛之曰 拍馬曰 拍馬向前曰 凡遇

着意之意與 字 字用於句中同也如議曰 商議曰 寛曰

別用如整語亦可直接又有用 字之類接下者不可執一也凡用於句中有

如云在此而不在彼 其已然未然之詞照上文分

[illegible] ᠪᡳ 此[illegible]字乃未然字樣又遇整語所謂直接 ᠪᡳ 字之法也如上用[illegible]

[illegible] ᠪᡳ [illegible] [illegible] [illegible]此下用 ᠪᡳ 字接未然字樣之法也如[illegible]

用此三字或一連數句文法相似而意思各斷者乃用此三樣亦是指事之詞如[illegible]

○[illegible]、[illegible]、[illegible]、此三字用於字末皆承上接下將然未然之語下用 ᠪᡳ 字則上

煞脚

[illegible] 此用 ᡳ 字之法也又[illegible] 之下[illegible] 之下必用[illegible]字或[illegible]

樣曰[illegible] [illegible]不在例內如[illegible] [illegible] [illegible] [illegible] [illegible] [illegible] ᡳ [illegible]

[illegible]、[illegible]、[illegible]、[illegible]、此八字之上必用 ᡳ 字此一定之詞也倘係聯語如這

[02-02B]

用之、如上[illegible]下[illegible]上[illegible]下[illegible]上[illegible]下[illegible]其[illegible]、又隨語氣以别耳、如○[illegible]、[illegible]、[illegible]、[illegible]、[illegible]、[illegible]、此六字皆已然之詞、矣字也字、亦視上文叶韻以叶韻分用耳、如用於句末、作大凡字解、凡所聞曰[illegible]、凡所到曰[illegible]○[illegible]、[illegible]、[illegible]、此三字用於句中、皆有用力之意、如自壞曰[illegible]、壞之[illegible]我必去曰[illegible][illegible]如我去曰[illegible]相同、如[illegible][illegible]是也、如用於字末、作結句者、此[illegible]字稍活動、此如中用者、乃用工用力之詞、即[illegible]、[illegible]之類是也、又與[illegible]、[illegible]等字則亦用[illegible]上用[illegible]則下用[illegible]上用[illegible]則下用[illegible]摠之以叶韻為主、如於字

[02-03A]

又而字則用 ᠪᡳᠮᡝ 意思相連而下也、如曰、富而貴、ᠪᠠᠶᠠᠨ ᠪᡳᠮᡝ ᠸᡝᠰᡳᡥᡠᠨ

用不妨、但不可煞尾用、亦有作煞尾用者、乃係整語、如 [illegible] [illegible] 不在此例、

眼、乃一句中之過文接脉字眼也、如云、說着看、ᡤᡳᠰᡠᡵᡝᠮᡝ ᡨᡠᠸᠠ 凡句法相似者、數句連

○ᠮᡝ 乃承上接下之詞、如云、不能舉、ᡨᡠᡴᡳᠶᡝᠮᡝ ᠮᡠᡨᡝᡵᠠᡴᡡ 又如平敘口吻、如着字之虛字

其 [illegible] [illegible] 又隨語氣以變耳、

此用 ᡶᡳ 字煞脚者、乃一事之已完也、用 [illegible] 字煞脚者、乃一事之未完、文理斷耳、

[illegible] 此 ᡥᠠ 字之用也、完曰、ᠸᠠᠵᡳᡥᠠ 完矣曰、ᠸᠠᠵᡳᡥᠠᠪᡳ 至於 [illegible] [illegible] [illegible]

去曰、ᡤᡝᠨᡝᠮᠪᡳ 去了曰、ᡤᡝᠨᡝᡥᡝ 如 [illegible] [illegible] [illegible] [illegible]

語、故以此代之、然亦不盡然者、如　　亦互用耳、總之不多見者、書經

之上、不可加　故必用此字、如　正以　字之上、不可爲　而　字又非整

○　此字、與　字意同而變化耳、葢因上一字、係　　　頭者、而　字

推原其故、亦用　字、如因其如此、所以如此、則上亦用　字、以起下文、

字、亦不妨、但不可煞尾用、亦有煞尾用者、如云因此故也、則曰、　　之類、又

　　其　字用法、如云說着看、　　語氣相似、則連用數

下復更端、如云說了看、　　又云看了書再說、　　　

○　與　字、語氣相似、而實不同、　者、一事而意相連、　者、一事說完、語氣未斷、

ᠪᡳ [illegible] [illegible] [illegible]

此、ᠪᡳᠰᡳᡵᡝ 者、凡有也、凡在也、ᠪᡳᠰᡳᡵᡝᠩᡤᡝ 者凡有者、凡有的也、如云我既然在此、

末、作有字解、如云、[illegible] [illegible] 凡句中連寫者、如 ᠪᡳᡶᡳ 者因有也、ᠪᡳᠴᡳ 者有則

之 [illegible] 字意同、直視上文口氣耳、凡在句首、作我字解、如云、[illegible] [illegible]、在句

又有接上文用 [illegible] 者、即如 [illegible] 之類、蓋因上文係未然、而又不必斷開故用

[illegible] 凡句尾用 [illegible] 者、乃已是如此、而又復言、蓋以 [illegible] 字轉下、尚有別語故耳、

○[illegible] 凡語中用、皆直指其現在而言、已然而言也、下不可接 [illegible] 字、[illegible] 字、如云已來了、

云、黎民於變時雍、[illegible] [illegible] [illegible] [illegible]

○ᠪᡳᡥᡝᠪᡳ 追述往事而煞尾之詞、如 [illegible]

若不如是何以如此、[illegible]

○ᠪᡳᡥᡝ ᠪᡳᡥᡝᡳ、連用之法是事後而設言已前之事、下必再用 ᠪᡳᡥᡝ 字應之、如云、

爲官來、[illegible] 會好來、[illegible]

○ᠪᡳᡥᡝ 凡追述已然者必用、又當初原如此亦用 ᠪᡳᡥᡝ 字轉下文作曾字解、如云曾

共[illegible] 字上又以 [illegible] 字襯貼好便口頭耳、

用 [illegible] 用 [illegible] 用 [illegible] 此三字之轉文與別處字頭上用 [illegible] [illegible] [illegible] 相同、

○[illegible]、[illegible]、[illegible]、 此三字、當虛字解、用者亦承上之詞也、而視上字、若何當

曰、[Manchu] [Manchu]、問人曰這人爲你的什麼人 [Manchu] [Manchu] [Manchu]、

行曰、[Manchu] [Manchu]、如云此人可以爲我之兄、[Manchu] [Manchu] [Manchu]、這裡可爲、

可字解、一作爲字解、如作可字解、上必用 [Manchu] 字、如作爲字解上必用 [Manchu] 字、須

加 [Manchu] 者、即以 [Manchu] 接之也、如書曰、[Manchu] [Manchu] [Manchu] [Manchu] [Manchu]、凡有兩解、一作

[Manchu] [Manchu] 也、此乃語急而省筆法耳、凡有上文係整語、而遇一句之文理已完、又不可

上接下處者多、此於語中竟結也、又當體玩此字、蓋即 [Manchu] 字、下加 [Manchu] 字、是

○[Manchu] 此煞尾之詞、亦將來未然之用、與 [Manchu] 等字相近而不同、[Manchu] 等字、於承

[Manchu]、[Manchu] [Manchu] [Manchu] [Manchu] [Manchu] [Manchu]、

[02-05B]

語不可加 [illegible] [illegible] 等字故用 [illegible] 耳如上文當用 [illegible] 字則用 [illegible] 當

下文則又視其一句之語氣如當用 [illegible] [illegible] 等字乃用 [illegible] 者此因上文係整

語尤必以此承接方可轉下如云做了官的人即曰 [illegible] [illegible] [illegible] 之類至於起

用也如分叙之事作兩段並下或連叙数事而意各斷者俱以此字承接又上文係整

○[illegible] 此字之用最廣也専以承上文又因其語而變化耳如承上文之所云而作已然之

[illegible] 連寫之也

此乃整語不可竟連 [illegible] 故添一 [illegible] 字也如孝曰 [illegible] 因此字非整語故以

○[illegible] 是未然之絕煞語如上文係整語則用 [illegible] 字接之如忠曰 [illegible] [illegible]

○ᠴᡳ漢文由字、自字、從字、比字、則字、又時節口氣、又如字意、語勢頗急、口氣畧斷、

[illegible]、又急口文勢、如云你不要那樣、[illegible] [illegible] [illegible]、

[illegible]、[illegible]、又有文勢長者、如云、毋以惡小而爲之、[illegible] [illegible] [illegible] [illegible] [illegible]

○ᡠᠮᡝ、禁止之詞、下必以ᡵᠠ、ᡵᡝ、ᡵᠣ、接之住脚、如云、毋貪酒色、[illegible] [illegible] [illegible]

而言也、

可用此字耳、又有單用、如應曰可、[illegible]、不可、[illegible] 亦是指其上文之所云者

用[illegible]、亦必上文係整語、不可加助語詞、如[illegible]、[illegible]、[illegible]、[illegible]、[illegible]、之類、方

用[illegible] 字則用[illegible]、當用[illegible] 字、則用[illegible]、已然則用[illegible]、將然未然則

字、是一定之詞也、

凡遇　此字之上必用

如云這個使不得、　如云如此可乎、

又云比他強、　如云父則不可、

由此、又曰却說、　也、又云如彼善於此、　又云從此至彼、

此　字、煞尾之用法也、如云、

有用者、如上文　下文必用　字接之、如云、

結上起下之詞、如云、如此則如此、乃曰、　惟結語不用、然又

凡 之下必用 等字接之其 之上有 字

字結之如呌人這樣說 如云我聽如此說

至於 之用法者上文起語必用 如追述最前之事者則以

行事之間設 之下多有 字接之者即無 字樣其文意近之

於 一字乃翻書中過文接脉處用者也但不宜於口中說耳其意專在於說罷

皆視上文分別已然未然用又如 通用如 即可用 其

又述人之語完了下用 等字結之又或列事之意如

○ 以爲之意又年歲馬齒又等也又你去說之說字又是因其如此說了而後云然之意

整字亦用 ᡴᡳ 字接之，如合其好，則曰 ᠰᠠᡳᠨ ᠠᠴᠠᡴᡳ 又欲然口氣，如云欲然豈
者，任彼如此也，如等他自來，則 ᠵᡳᡴᡳᠨᡳ 任他坐，則 ᡨᡝᡴᡳᠨᡳ 必使指他人而言也，如上係一
○ ᡴᡳᠨᡳ 聽其自然而然之意也，句末用之，與 ᡴᡳ 字稍異，ᡴᡳ 者有意使之，如此 ᡴᡳᠨᡳ
請坐，ᡨᡝᡴᡳ
ᡴᡳ 字接之可也，如欲念書，則曰 [illegible] [illegible] [illegible] 又作請字解，如云，
則以 ᡴᡳ 字承接，如欲做官 [illegible] [illegible] 如上非整語，即以 ᡴᡳ 字連寫下，以
○ ᡴᡳ 者，凡意欲如此而未行，則必用 ᡴᡳ 字，如欲去 ᡤᡝᠨᡝᡴᡳ 欲取 ᡤᠠᡳᡴᡳ 如上係整語，
即以雖然字也，如上文有 ᡴᡳ 字，即以欲字要字用也。

斷，若令人去，則曰ᡤᡝᠨᡝ、令人言，則曰ᡤᡳᠰᡠᡵᡝ、其詞直截，不加助語，如上文不可竟斷，乃

○[illegible] [illegible]、[illegible] [illegible] [illegible]、此五字用於句末，教人口氣也，令人作某事，則就本語直

[illegible] [illegible] [illegible] 之音叶之，如擴開則曰，[illegible] 解慰曰，[illegible]

○ᠪᡠ 用於句中，亦是使之如此之意也，必因上文係 [illegible]、[illegible]、[illegible]、[illegible] 而又以

[illegible]

有 [illegible] 字，作被字用，如令人行某事，[illegible] 令人作某事，[illegible] 令人喜，

○[illegible]與字也，用於句中，是使之如此也，又被人如此也，上文有 [illegible] 字，作使字用，上文

得乎，[illegible] [illegible] [illegible]

[滿文]之類字義皆同、換字叶韻耳、

曰、[滿文]、互相商議曰、[滿文] 其餘如 [滿文] [滿文]、

○ [滿文] [滿文] [滿文] [滿文] [滿文]、此五字、用於句中、亦是助語、皆不一而足之詞、如商議

意也、如勸人吃飯則曰、[滿文] [滿文]、如云吃飯罷、[滿文] [滿文]

[滿文] 其 [滿文] 亦令人之詞、其詞直無有罷字口氣、大約對下等人說、有催迫之

竟作不成文義者、則用 [滿文] 字承之、如令人做官、[滿文] [滿文]、如使之進去、

曰、[滿文]、皆因上一字不可单作、故以此等字接之也、如上文係整語、不可連下者、又

用 [滿文] 等字承之、如令人取之則曰、[滿文]、令人求之則曰、[滿文]、令人住止則

皆遣去之詞加 字即望其遣意也

相之義也又句末 字雖爲凡字意亦指衆之詞

衆飲曰 皆曰 衆皆 餘字皆同換字分韻耳總是互

○ 此等字用於句中皆指衆之詞如飲曰

用於句中其着力同也

撫慰曰 字義皆同換字叶韻耳與

有意引誘之曰 餘如雪恥之雪曰 惱意曰

○ 此等字亦句中用之皆着力之意如引之誘之曰

緊此在於我的跟前、　　你的跟前、　　此係整語也、

　　間有　字接着此　　字稍

候而上必因　　未然等字起之如云因行善之時、所以獲福、

○　此就事之將然而下接別語、如彼時之意、凡云某人之前亦用此、又因爲這樣的時

○　此就事之已然而下接別語之意、如云、

等字起之如云行了說、則曰

○　此亦已然之詞、下亦接別語、與　之意近、又如了字意、上必用

[Manchu] [Manchu] [Manchu]、又有疑詞用 [Manchu] [Manchu]、 頭者、如問人好麽、則曰、
歟之類是也、已然未然及叶韻、俱照前例、如云亦將有以利吾國乎 [Manchu] [Manchu]
○[Manchu]、[Manchu]、[Manchu]、[Manchu]、[Manchu]、[Manchu]、[Manchu]、 凡疑詞、多是那 [Manchu] 頭者、如乎
其准行也、如云可得聞乎、 [Manchu] [Manchu]
○[Manchu]、是卑者向尊者言也、如欲望允行、而不敢用直接之詞、如 [Manchu]、是欲
[Manchu] [Manchu] 字、亦作助語用、如禾秀曰 [Manchu] 之類、
問 [Manchu] [Manchu] 之類也、用 [Manchu] [Manchu] [Manchu] 頭、帶下 [Manchu]、[Manchu] 者、即 [Manchu] 之省文耳、
○[Manchu]、[Manchu]、[Manchu]、 凡用於句中、有去來之意、即此常用之、如曰去問 [Manchu]、如來

[02-10B]

之類、又作已成字用、如直指其已成者而言之、卽 之類是也、又
來者 之類、亦照已然未然分用、又有整語帶用者、如云或、 或者
帶出用之、如所以字、者字、也字、也者字、如曰、所以勸士、卽曰、
此等字、皆隨上文
乃豈字也、如云、豈不如、
也、如云如此可乎、 有此理乎、 其
者、如 之類、 字、亦揣度其不然之意也、 字是反詰之詞
實否、 之類、又 之類亦 然、又有因本話帶用疑詞

○[Manchu]與[Manchu][Manchu]同意也、又作知道之知字、員字、們字、者字、凡字、如將們[Manchu]

[Manchu][Manchu] 如係整語、則用[Manchu]

○[Manchu][Manchu] 皆恐字意也、如恐其有失則云、[Manchu][Manchu] 又云、[Manchu]

來、[Manchu]以韻分用耳、

凡云不、則用[Manchu]、不來、[Manchu] 如云原不、原未、未會、不會、[Manchu][Manchu] 不會

○[Manchu][Manchu][Manchu][Manchu][Manchu] 皆不然之詞、即[Manchu]字意、連寫者省文耳、

頭者、文義皆同耳、

有[Manchu][Manchu]之類、皆就已成仁已成智者而言、總在[Manchu][Manchu][Manchu]

[illegible]、[illegible]、[illegible]、[illegible]、此等字皆是形容不盡之意、詞氣和婉即云 [illegible] [illegible]

[illegible]、哉字、也字意、又咏嘆之致、贊羨之詞也、亦已然之詞、凡决斷其如此之意、如可行也、也、又如怒、[illegible]、盛怒 [illegible]、亦有着意之意、

[illegible] 用於句中、作不然之詞者多、又必上文係 [illegible] [illegible] [illegible] 頭者、如 [illegible] 之類是每、如 [illegible] [illegible]、[illegible]、又有作今夫二字者、乃云、[illegible] [illegible]、

[illegible]、今字、些字、住字解也、用於句中、與 [illegible]、[illegible]、[illegible]、着力相同、又作每人幾個之如賢者、[illegible]、凡弟們、[illegible]、男人們、[illegible]、

如云雖然如此、又 或遲於本話帶下如

此三句、作雖然字、如云、你雖然如此說、

等字應之、

若如此則如之何、又作恐其二字用、下必有

倘字、設若字、必下有 等字應之、如云設

形容其少、

昭了、坐以待旦、形容其端、

則靄然可親、文情急切、又威而不猛、如云、慢慢的、快快的、驚

[02-12B]

○[illegible] [illegible]、此句用於句首、作況且字、如單用[illegible]、於句中句末者、作與其

如單用[illegible]、作猶字、作尚字、單用[illegible]、作地處解、

不甚拘呼應者、如云我尚且如此而況其他乎、[illegible] [illegible] [illegible] [illegible] [illegible] [illegible]、

也、如云堯舜尚且如此、[illegible] [illegible] [illegible] [illegible] [illegible]、此上下相呼應之法也、亦有

○[illegible] [illegible]、作尚且字、[illegible] [illegible]、作而況字、凡遇用此二句、乃上下相呼應之法

止有[illegible]者、此暗有雖字之意、如漢書中之體貼文情法耳、落筆時、最宜詳慎爲妙、

承之、凡用[illegible]者、在說字上運意也、用[illegible]者、在有字上用意也、又有上無[illegible]

[illegible]者、此乃遇整語帶用之法也、如遇整語、文氣未純、不可帶下者、則以[illegible]

○(滿文)、用於句首句中、作情面之面字、用於句尾、作想必如此耳、又作罷了口氣、又作也

○(滿文) (滿文)、用於句首卽兼且口氣、又更且口氣、

(滿文) (滿文)、(滿文) (滿文) (滿文)、

等字亦有不用(滿文)字者、如云、不惟此之不好、更有不好者、(滿文) (滿文) (滿文) (滿文)

字解者、今以(滿文)之字、乃有非然之意也、凡用(滿文)文法、亦有兼用(滿文)字

之(滿文)字、有而字之神情也、又作不但字、不惟字、不止字、然但字惟字原有(滿文)

(滿文) (滿文) (滿文) (滿文) (滿文) (滿文) (滿文) (滿文) (滿文) (滿文)、此句中

二字解、字頭上必用(滿文)、(滿文)、(滿文)、如云、與其爲惡而致富、不如行善而致安、(滿文)

○[Manchu]、作想是之詞、又揣度之詞、如云、想是好麼、[Manchu] [Manchu]、如云、不識有此事

○[Manchu] [Manchu]、用於句末、俱未完字眼、如云未完、[Manchu]、如云未出 [Manchu]

[Manchu] 字承之外 [Manchu] 之類是也、

○[Manchu] [Manchu] [Manchu]、皆由彼至此之詞、如 [Manchu] [Manchu] 之類、若遇整語、則用

○[Manchu]、作反字、愈字、越字、如惡人反得福 [Manchu] [Manchu] [Manchu] [Manchu]

不過二字意、如曰不過如是、[Manchu] [Manchu]、如曰勇而無謀、[Manchu] [Manchu] [Manchu] [Manchu]

○[Manchu] [Manchu]、此二字用於句中、皆是止於如此口氣、又作而字意、雖字意、用於句末、作

使得口氣、又作贊美口氣、如云、[Manchu] [Manchu] [Manchu] [Manchu] [Manchu] [Manchu]

○[illegible]、作既字、然必詰問其人乃用耳、凡用此字、上必以[illegible]字起之、如云既然如

○[illegible]、太抵也、總之也、如云、總之皆是、[illegible] [illegible]、

○[illegible]、頗覺太甚之意、如云、[illegible] [illegible] [illegible]、動不動口氣、[illegible] [illegible]

○[illegible]、此字與[illegible]字相同、乃如此方好之方字、

[illegible]、如云、敢是如是、[illegible] [illegible]

○[illegible]、想像、逆料、敢是也、又不敢自以為然之意、用於句尾者多、如云、想是來了、[illegible]

○[illegible]、專指事物而言、不拘甚麼、無一定之詞也、如云、有甚麼事、[illegible] [illegible]

否、[illegible] [illegible] [illegible] [illegible] [illegible] [illegible]

[Manchu] 其餘 [Manchu] [Manchu] 總之叶韻分用耳

○[Manchu] [Manchu] 作可傷可悲之可字意也與 [Manchu] 字稍異如憂曰 [Manchu] 可憂
[Manchu] [Manchu]

○[Manchu] 作抑字又想是如此又必如是而後可之意如云求之與抑與之與 [Manchu]
[Manchu] [Manchu]

○[Manchu] 作蓋字即俗語想是口氣而下必以 [Manchu] 字應之如云想是如此 [Manchu]

○[Manchu] 作這字 [Manchu] 作那字又作其字如云自古迄今 [Manchu] [Manchu] [Manchu] [Manchu]
此 [Manchu] [Manchu] [Manchu] 如云我頸然在此 [Manchu] [Manchu] [Manchu] [Manchu]

[Manchu] [Manchu] 我不得閒、得閒自然來之類是也

○[Manchu] 作自然口氣、又有以[Manchu]字煞尾用者、如云 [Manchu] [Manchu] [Manchu] [Manchu] [Manchu]

[Manchu] [Manchu] 作不然、

作然而字、又如 [Manchu] [Manchu] 作是故所以因那般又如 [Manchu] [Manchu] 作不然、又如

[Manchu] [Manchu] 作然、則若是那樣若彼、又如 [Manchu] [Manchu] 作然雖、又如 [Manchu] [Manchu]

○[Manchu] 作彼字、那字、故字、如云 [Manchu] 乃彼處也如云第幾、[Manchu] [Manchu] 又如

○[Manchu] 作這樣字、作如此字、如云此處、[Manchu] 如云、這樣的、[Manchu]

3

청문조어허자(淸文助語虛字)

청문조어허자(淸文助語虛字) 해제

무커(muke, 舞格)가 저술하고 정명원(程明遠)이 교정하여 옹정 8년(1730)에 간행한 『만한자 청문계몽(滿漢字 淸文啓蒙)』은 4권 4책으로[1] 구성되어 있는데 그 중 권3에 수록된 '청문조어허자(淸文助語虛字)'가 문법서의 성격을 지닌다. 분량은 60장이고 1면이 6행으로 이루어져 있으며 자세한 설명이 필요한 경우에는 소자쌍행(小字雙行) 내지 소자삼행(小字三行)으로 한문풀이를 달아 놓았다. 또한 예문에서 해당 표제어가 사용된 곳의 우측에 한문 번역어를 병기해 놓은 특징이 있다. 표제어는 'de'에서 'je, jo'에 이르기까지 99개의 항목을 예문과 함께 설명하고 있는데, 이전 문법서들처럼 표제어 위에 권(圈)이 있지는 않으나 표제어가 제시된 행을 한 자씩 올려 써서 다른 행과 구분하고 있다. 99항목의 문법 표제어 다음으로 일상어 152종에 대해 한어로 그 뜻을 풀고 있다. '청문조어허자(淸文助語虛字)'는 '번청허자강약(飜淸虛字講約)'과 함께 『동문유해(同文類解)』 소재 '어록해(語錄解)'에도 직접적인 영향을 끼쳤다는 점에서 그 의의가 있다.

각국에서 간행된 도서 목록을 통해서 확인한 『청문계몽』 중 권3이 수

---

1) 『淸文啓蒙』 각 권에 수록된 내용은 다음과 같다.
권1: 滿洲十二字頭單字聯字之南·切韻淸字·滿洲外單字·滿洲外聯字·淸字切韻法·異施淸字·淸書運筆先後 권2: 兼漢滿洲套話 권3: 淸文助語虛字 권4: 淸字辨似·淸語解似

록된 책들만을 살펴보면, 간행년도는 대부분 옹정 8년(1730)으로 기재되어 있고, 1종이 함풍 6년(1856, 品經堂刻本)으로 기입되어 있다. 유통본으로는 삼괴당본(三槐堂本)이 가장 많이 존재하고, 다음으로는 굉문각본(宏門閣本)이며, 그 밖에 삼익당본(三益堂本), 문옥당본(文瑩堂本), 영괴제본(永魁齊本), 노이서당본(老二西堂本), 묵화당본(墨華堂本), 품경당본(品經堂本) 등이 존재한다. 삼괴당본은 중국의 고궁박물원도서관(古宮博物院圖書館), 중국국가도서관(中國國家圖書館), 요령성도서관(遼寧省圖書館), 일본의 천리도서관(天理圖書館), 영국의 대영도서관, 프랑스 국립도서관 등에서 확인된다. 굉문각본은 중국의 중국국가도서관, 요령성도서관, 영국의 대영도서관 등에서 확인된다. 삼익당본은 영국의 대영도서관본에서, 영괴제본은 런던대학의 SOAS 도서관에서, 문옥당본과 노이유당각본은 미국의 미국의회도서관에서, 묵화당본은 일본의 천리대학교 도서관에서 확인된다. 끝으로 한국에도 고려대학교 도서관, 국립중앙도서관, 서울대학교 중앙도서관에 삼괴당본, 굉문각본, 문옥당본 등이 소장되어 있다.

下申明語。單用聯用俱可　如云。時候字　時候字

時候字。又地方字。處字。往字。又給字。與字。又裡頭字。上頭字。在字。於字。乃轉

清文助語虛字

錢塘　程明遠　佩和　校梓

長白　舞格　壽平　著述

滿漢字清文啓蒙卷之三

[03-01A]

上頭字

筆紙墨硯放在桌上。

裡頭字

金銀財糧米收倉。

給字

裡頭字

給與這个人了。

與字

說與那个人了。

江南蘇州去。

地方字

往字處字

往那裡去。

去的時候告訴了。

時候字

看時容易作時難。

大人們方纔

[03-01B]

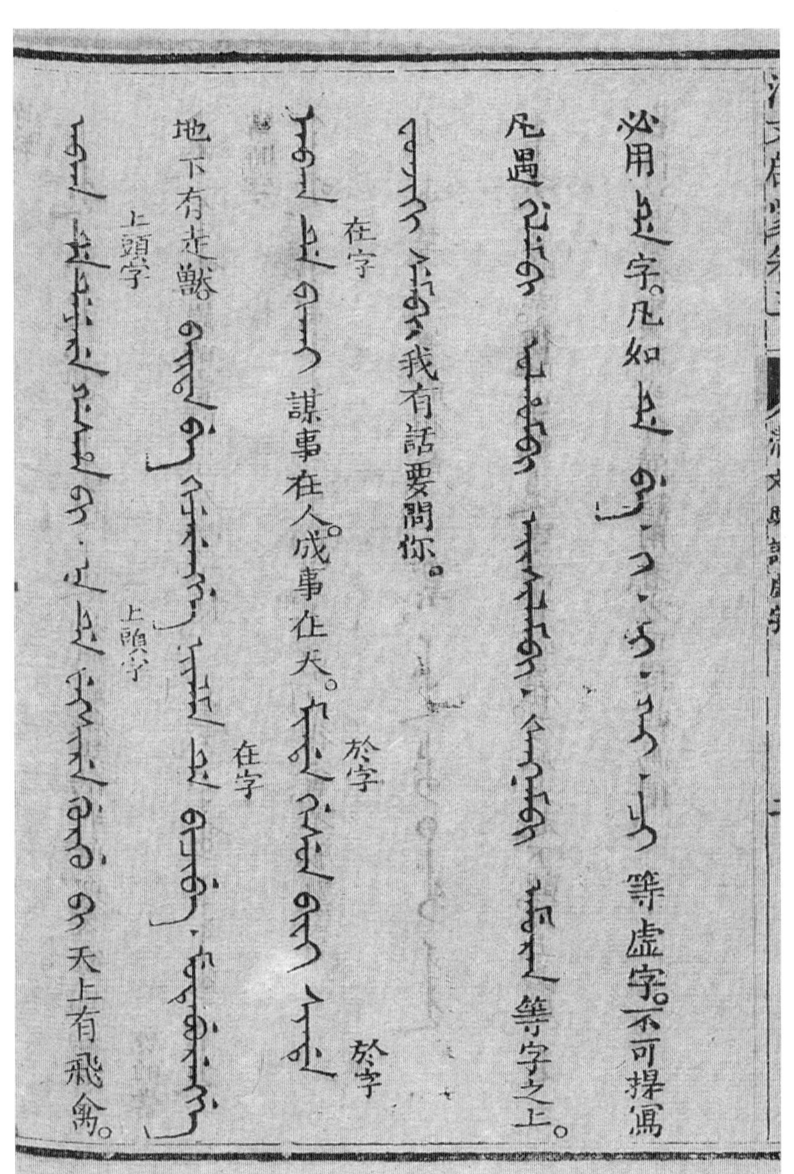

必用字。凡如 等虛字。不可操寫

凡遇 等字之上。

我有話要問你。

在字 謀事在人。成事在天。 於字 於字

地下有走獸 上頭字 在字

上頭字 天上有飛禽。

[03-02A]

時字

如此這般說的時候。衆人纔都知道了。

說的當時字。乃轉下語。如云。

說的當

當時字

弟兄得會。不勝歡喜。

等字。實解根前。如云。

當時字。彼時字。較字詞義實在。乃承上起下語。此上必用在行首。若係實解。或作漢話用者。方可提起寫得。

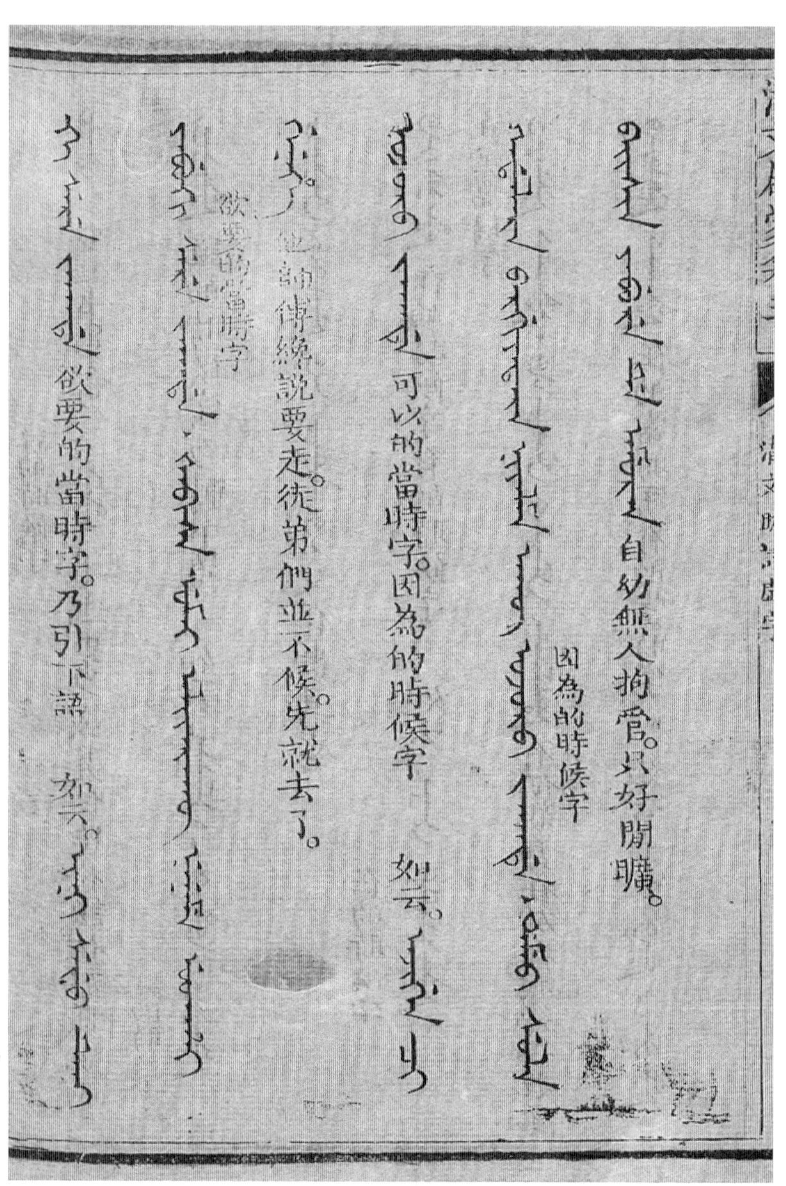
清文助語虛字

自幼無人拘管。只好閒曠。

因為的時候字

可以的當時字。因為的時候字 如云。

他師傅纔說要走。徒弟們並不候。先就去了。

欲要的當時字

欲要的當時字。乃引下語 如云。

[03-03A]

清文啓蒙卷三

說的時候字

或是依這様說。依那樣說啊、

說的時候字

說的時候字。乃轉下語。

如云。

父在觀其志。

在的時候字。有的時候字。

如云。

在的時候字

在的當時字

有你親身在那裡。我纔得脫了。

在的當時字。有的當時字。

如云。

三

清文啟蒙卷三　清文助語虛字　四

說了的時候字。

欲要了的時候字

了的時候字

事已至此。怎麽樣了好。

了的時候字。乃擬度事後。結上起下語。　如云。

老兄如此扶持。欲贈資財。怎敢不受。

欲要的時候字

欲要的時候字。乃引下語　如云。

欲要了的時候字。

如云。

倘若時候字

万一倘或如此怎庅様。

說了的時候字，倘若時候字。乃設言事後有變、引下之語。

動不動兒的時候字。

欲要了的時候字。

可以了的時候字。因為了的時候字。

在了的時候字。有了的時候字。

雖說了的時候字。總然了的時候字。

小心上又小心 謹慎上又謹慎

如云。 上頭又字 上頭又字

上頭又字。兼且字。更且字。根裡字。此下必用 字。實解根子上。

有了好東西或是收着或是尋好價兒賣。 有来着的時候字

結語。 如云。

有来着的時候字。在来着的時候字。倘若時候字。乃設言如此起下另

如云。

麽字。平字。歟字。乃字作疑問詞在字尾聯用。實解兄弟之弟。

何以得字。什麽上頭字。

如云。什麽上頭字 何以得知。

那上頭字。與他字。於彼字。

如云。那上頭字 那不妨事。

這上頭字。與此字。於此字。

如云。這上頭字 這有何妨

那上頭又字。兼且字。更且字。在句首用。

上頭字。

清文啓蒙卷三　五

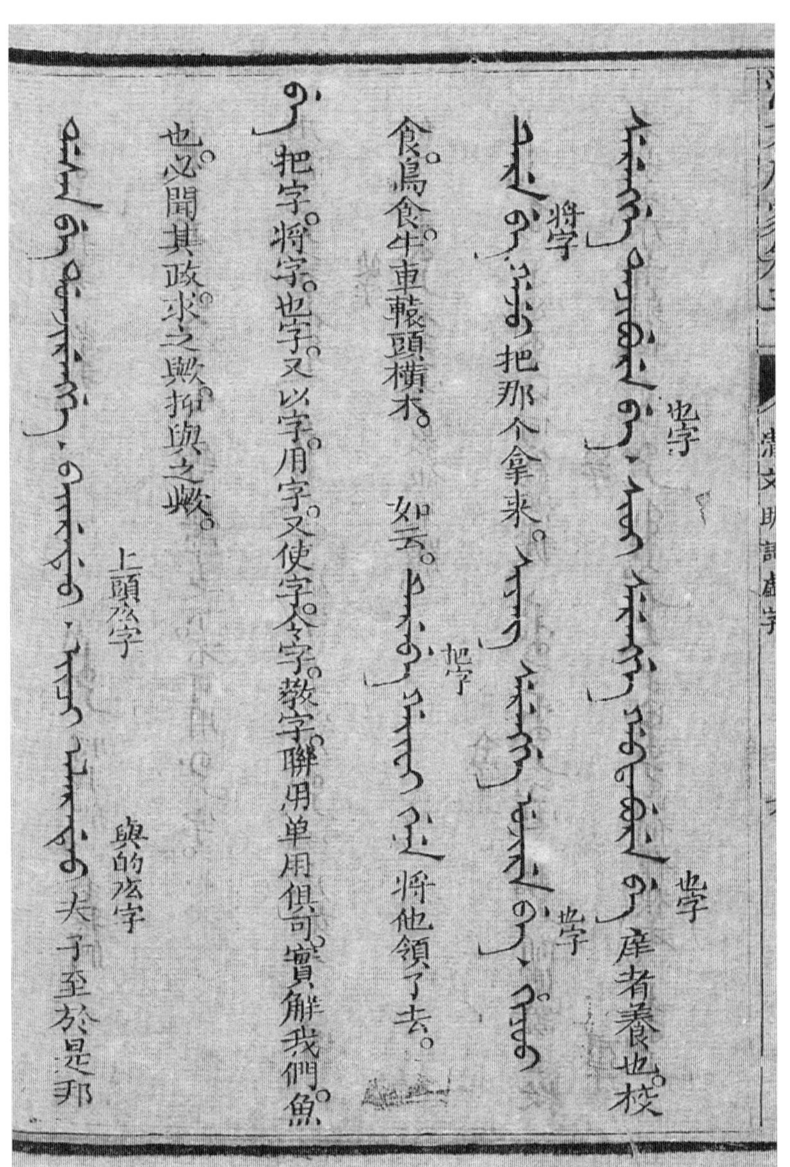

也字 也字 庠者養也。校

將字 把那个拿来。 也字

食。烏食。牛車轅頭橫木。 知去。 把字 將他領了去。

把字。將字。也字。又以字。用字。又使字。令字。教字。聯用单用俱可。實解我們。魚

也。必聞其政。求之歟。抑與之歟。

上頭么字 與的么字

夫子至於是邦

[03-06A]

ᠮᡳᠮᠪᡝ 把我。教我。ᠮᡝᠮᠪᡝ 將我們。令我們。

ᠪᡝ · ᡩᡝ · ᡳ · ᠴᡳ 等虛字之下。不可用 ᠪᡠ 字。

凡遇 ᡤᡝᠨᡝ ᠪᡝ ᡩᡝ 等虛字之上。必用 ᠪᡠ 字。比如 ᠰᡳ ·

你去。ᡨᠠᠴᡳᠪᡠ 使字 ᡨᠠᠴᡳᠪᡠᠮᡝ ᠵᡳᠪᡠ 教他來罷。

ᠠᡳ ᠪᡝ ᠠᡴᡩᡠᠨ ᠣᠪᡠᠮᠪᡳ 以何爲憑據。ᠰᡝᡶᡠ ᡨᠠᠴᡳᠪᡠ 令字 ᠰᡝᠮᡝ ᡥᡝᠰᡝ 師傅說了教

者教也。序者射也。ᡨᠠᠴᡳᠪᡠ 學 ᠠᡳ ᠪᡝ ᡩᠠ ᠣᠪᡠᠮᠪᡳ 以何作根本。ᡨᠠᠴᡳ 學

清文啓蒙 卷三

〔03-06B〕

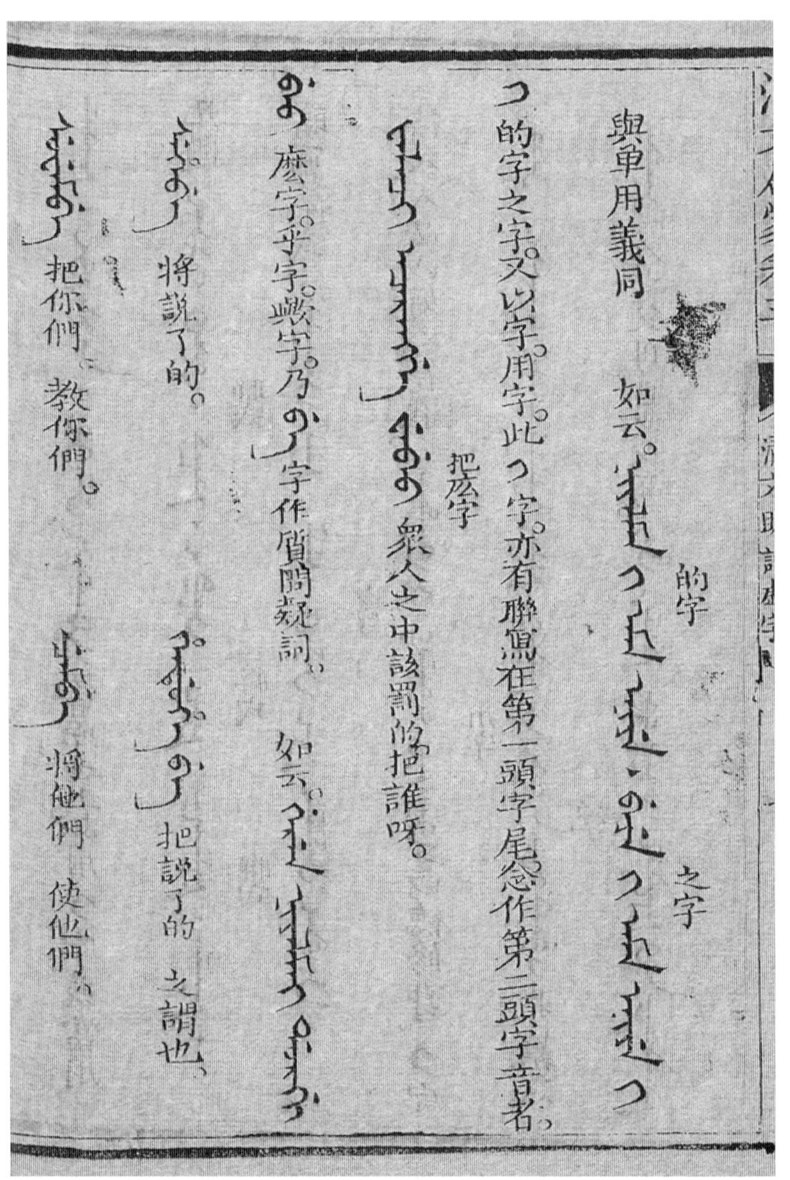
與单用義同　如云。的字　之字

的字之字。又以字。用字。此字。亦有聯寫在第一頭字尾念作第二頭字音者。

把么字　衆人之中該罰的把誰呀。

麽字。乎字。歟字。乃字作質問疑詞。　如云。

將說了的。　把說了的　之謂也。

把你們　教你們。　將他們　使他們。

等字之上必用ᡳ字或當用

凡遇

聯寫体式。

聯式

聯式

聯式

待人。人必以好心待我。

以字

以德修身。ᡳ字

用字

我以好心

人之父母。已之父母。

字

如云。 的字 之字 的字

的字。之字。又以字。用字。又呢字。哉字。乃驚嘆想像語氣實解標的斷字。

字之下。必用 字。乃一定之詞也。

等虛

凡遇

字。如 等句。乃係成語。不在此例。

你們的。他們的。

他的。我們的。

你的。我的。

呢字

這樣事也有呢。原來是他呢。

呢字

之字

以何答報。這是什麼緣故呢。

呢字

覇王之勇。孔明之才。陳平之智。周公之禮。

用字

清文啟蒙卷三

[03-08B]

清文助語虛字

如云。仁。有字的字 仁者。有仁愛的。義。有字者字 有

此三字俱是的字。者字。有字。乃生成已成之詞。在字尾聯用。

呢庅字

這豈不好呢庅。呢庅字 未必是那樣的呢庅。

呢庅字。乃呢字作揣度斟酌語在句尾用。如云。

有呢。在呢 未着呢。曾有呢。曾在呢。

用什庅。以何。怎庅了呢。未必呢。

是他的。 是他們的。

是我的。 是你的。

此二字俱是的字。止二字聯用单用俱可。下一字聯用。

臉面。 有字者字 有臉面的。

有字者字 有筭計的。 才德。 有字的字 有才德的。

義氣的。 威毒。 有字者字 有威的。有毒的。 筭計。

着字。在字尾聯用。乃結上接下。將然未然之語。句中或有連用幾字者。義

呢啊字。上必用字照應。　有啊。　在啊

似這樣東西賣的也有啊。

子曰大哉問。　最好啊。

哉字。也字。啊字口氣。乃將然已然。自信決意之詞。　如云。

是這个的。　是那个的。是他的。

清文啓蒙卷三

如云。[illegible]（作字可字）[illegible]（作字可字）[illegible]

[illegible] 作字。為字。可字。在句中单用與句尾用 [illegible] 字同。

[illegible] 不能行。凡遇 [illegible] 字之上。必用 [illegible] 字。

[illegible]（着字）[illegible]（着字）[illegible]（着字）[illegible] 日後必能盡心効力圖報。[illegible]（着字）

[illegible]（着字）說着看。[illegible]（着字）

並同。總皆斷然不得 如云。[illegible]（着字）[illegible] 走着瞧罷咧。

又有銀錢。又有勢力。

又有字。在句中用。 如云。 又有字

不亦悅乎。 亦字 貧而賤。

貴。 而字 學而時習之。

又字。而字。在句中单用聯用俱可。 如云。 又字 富而

這様也不能。那様也不能。 爲字 能做官。

說字 保你勤

他搃然去了。也無濟於事。 雖說字

說字。雖說字。雖然字。搃然字。在句中单用。如云。

然而。這樣又。 然而。那樣又。

欲又。 去了又。既去了又。

可又。爲又。 說又。

〔03-11B〕

来着字

耗子尾巴上長瘡。有膿也不多。

如云。

揔然有

雖有来着字。雖在来着字。總有来着字總在来着字。

雖然說了。總然說了。

雖說要。

欲要。

欲為。要作。

慎小心。辦事甚好。

雖然字

雖然那樣說。

〔03-12A〕

个書么。 請字 長兄請上坐。 請字 請騎馬。

欲字意 這个書我念。 欲字 你要念這

欲字意 我願意在這裡。 要字 我要去。

字之下有字。乃實在欲字要字也。 如云、

欲字要字意。又讓人請字意。在字尾聯用。亦可直煞住。語甚虛活。若此

然雖。 雖然如此。 然雖。 雖然那樣。

尾聯用。乃結上起下。未然之語。 如云。

如字若字

如字。若字。則字。又自字。從字。由字。又第字。又離字。又比字。又是字在字

請騎。又欲騎。

請飲。又欲飲。

請坐。又欲坐。欲居住。

請吃。又欲吃。

欲在。

要說。

要作字

欲爲字。要作字。

如云。 我欲如此。

離此不遠。

第幾个上。我在第八个上。

後。從頭至尾。你在

若去就說去。若不去就說不去。自今以

夫人不言言必有中。

清文啓蒙卷三 十三

清文助語虛字

倘得。 儻得。 若是。 如若。則字。

等字之上必用 字此一定之詞也。

凡遇 是字

先来着。 在那裡有来着的都是誰。

年長。 比字 比你高强。 是字 是那一个

辭别父母離家日久。 比字 他比我

有什麼好書。借與我幾本念。

如有字 你若

如有字。若在字又將字。 如云。

若說。如說。 若要。如欲。

一則。第一來。 二則。第二來。

然則。若是如此。 然則。若是那樣。

[03-14B]

若有来着字。若在来着字。倘曾字。乃設言已前事務之

將欲。將要。

將說了字　地方兒狠邪。纔將說着他就来了。

將說了字。如云

若在字　客也到来了。　若在此處比那裡好。

將字　陪的人將請来坐下。

[Manchu] 自字。從字。由字。在字尾用之。此 [Manchu] 字詞義實在。乃實觧起字也

[Manchu] 听見。聞之。此下必用 [Manchu] [Manchu] [Manchu] 等字應之。

[Manchu] 若不。莫不是。 [Manchu] 或者是。

[Manchu] 或字。抑字。 [Manchu] 是什麽。

[Manchu] [Manchu] [Manchu] [Manchu] [Manchu] 若不那樣来着。何以得這樣。

詞。此下必用 [Manchu] 字應之。 如云。 [Manchu] [Manchu] [Manchu] [Manchu] 倘曾字

倘或事到其間怎麽處。

等字應之。如云。倘或字

倘若字。倘或字。設或字。在句首用此下必用

從縫子裡。自外邊。

從中。自裡頭。自其間。

由馬上。由驛站。

告訴了再去罷。 了字 去了就來。 了字

如云。 了字 吃了飯快來。 了字

斷之語句中亦有連用幾 字者。義並同。總為半句。斷然不得。

上半句的了字。又因字意在字尾聯用。乃結上接下。將然已然詞義未

儻或怎麽字 儻或事出來了。不輕啊。

什麽字。儻或怎麽字。如云。 什麽字 有什麽東西麽。

[03-16B]

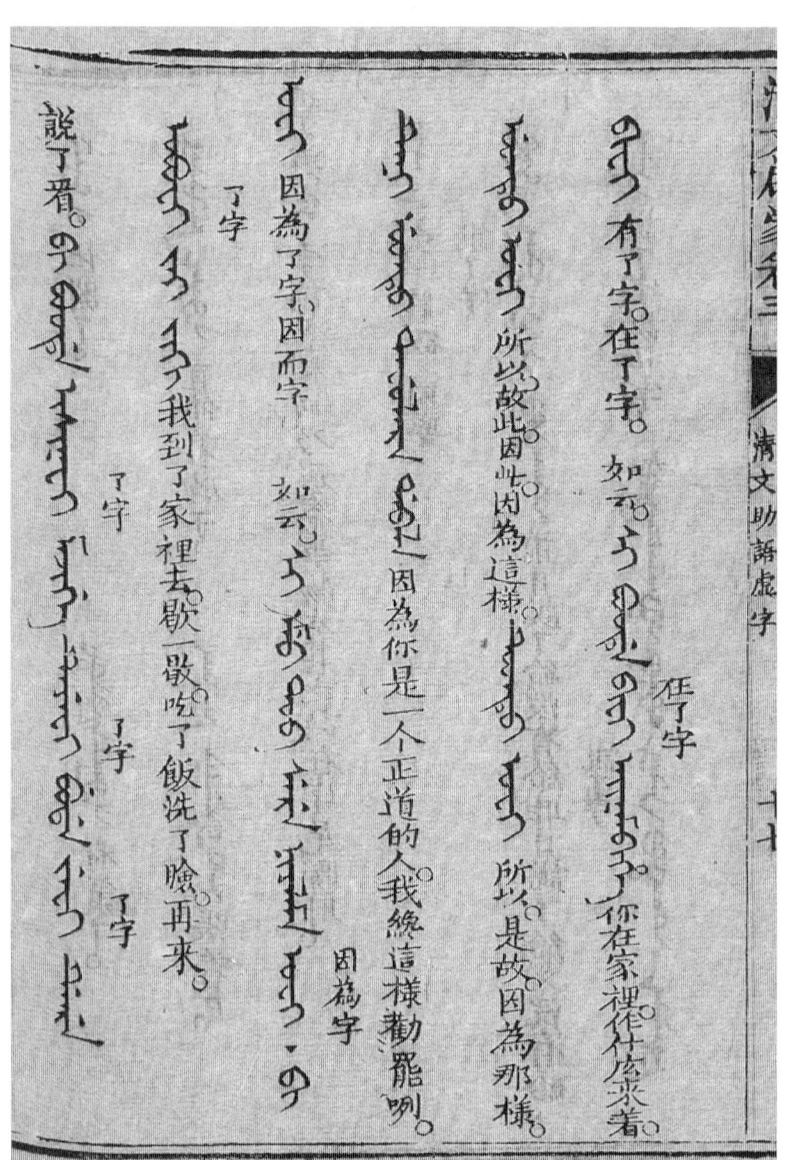
清文助語虛字　十七

有了字。在了字。如云。

在了字

你在家裡作什麼來着。

所以。故此。因此。因為這樣。

所以。是故。因為那樣。

因為你是一个正道的人。我纔這樣勸罷咧。

因為了字。因而字

如云。

因為字

了字

我到了家裡去。歇一歇。吃了飯。洗了臉。再來。

了字

了字

了字

說了着。

[03-17A]

化開了。和氣了。

直伸着脖子。大張着口。

與 字詞義稍同。乃形容事物太甚之語。在字尾聯用。

因欲。因要。 說了字

前日說了給沒有給。昨日說了給。又沒有給。

說了字

說了字。說果字。

[Manchu] 超然出衆了。 [Manchu] 過滿了。

[Manchu] 沉湎貪進去了 [Manchu] 提起了。

ᡥᠠ · ᡥᡝ · ᡥᠣ · ᡴᠠ · ᡴᡝ · ᡴᠣ 此六字俱是了字。矣字。也字。在字尾聯用。

乃已然之詞。句中亦有解作之字的字者。俱隨上字押韻用之。如上用 [Manchu] 下

用 [Manchu] 上用 [Manchu] 下用 [Manchu] 上用 [Manchu] 下用 [Manchu] 上用 [Manchu] 下用 [Manchu] 上用 [Manchu]

下用 [Manchu] 上用 [Manchu] 下用 [Manchu]

[Manchu] 告訴。 [Manchu] 告訴了。

了字

了字。為了字。作了字。

凡遇 字之上。必用 如云。 等字。

刻的書。 的字 去的人。

毛倒捲。 了字 毛倒捲了。 的字 騎的馬。 的字

通達。 了字 通達了。 天亮。 了字 天亮了。

猜望。 了字 猜望着了 洗。 了字 洗了。

可以來着。使得來着。曾有來着 曾在來着。

歸壞人。久而帶累壞。

久而久之字 如云。

久而久之字

應。如云。

原曾字

原是不最好的人來着。

有來着字。在來着字。原曾字。乃追述語。此上必用 字照

了字

為了字

你的那个事情。怎庅様了。作了官的人。

說了欲要。 不是。非字。

往那裡去了。 說了字 他怎麽說了。

說了字 你家人來告訴說你

說了字。稱說字。乃述他人之詞。 知會。

曾經說來。說了來着。 曾說欲要。

說來着。曾說。 欲要來着。曾欲。

清文啓蒙 卷三

誰寫了的。了的字 挑選了的。了的字 給了我的。

的字。者字。所以字。也者字。乃已然語在字尾聯用。如云。了的字

此六字俱是了

了麼字 你做了官了麼。了麼字 他在那裡来着麼。

乃上六字作已然疑詞在字尾聯用。如云。了麼字 這不是了麼。

此六字俱是了麼字。乎字。歟字。

說了的麽。欲要了的麽。

了的麽。做了的麽。爲了的麽。曾經的麽。有来在来着的麽。

是了的麽字。者乎字。者歟字。乃上六字作已然疑詞。在字尾聯用。

此六字俱

說了的。所謂者。欲要了的。

了的。爲了的。作了的。曾經的。有来着的。在来着的。

清文啓蒙卷三 二十一

清文助語虛字

字。乃一事已畢。用此煞尾。另敘別情。已然之語。 如云。得了麼。

此六字俱是已了字。矣字。也

何妨。何傷。有什麼。 有何說處。

現在來到。 現在來了。

我不會飲酒。 在字有字 現在何處

在句首用。是我字。在句尾用。是現在現有字。乃已然之詞。 如云。 我字有了來着字在了來着字原曾字乃追述往事煞尾之語。

說來着 曾言。 說了字乃追述前人他人煞尾之詞上必用字。

已了 做了。為了。 可以來着。使得來着。

已了字 已是去了。 已了字 諸事俱已全畢。

作了官了。 已了字 已做了官了。 去了麼。 去了。

得了。 已了字 已是得了。 做了官了麼。

ᠪᡳᡥᡝ字。語氣輕活。句中亦有觧作之字的字者、俱隨上字。押韻用之。如

[illegible] · [illegible] · [illegible] 此三字俱在字尾聯用。乃結上接下未然之語。亦可煞尾用。此

ᠪᡳᡥᡝᠪᡳ 原有了來着。原在了來着。

[illegible] 原曾字 孔夫子若無溫良恭儉讓之德何以得聞列國之政事。

[illegible]

如云。[illegible]

之字

人。 堪用之才。

啊。 的學 讀書的人。 學 行路之

我必定去洗。 我就去洗

我必然掃。 我就掃啊。

知云。 我必定推。 我就推呀。

上用 下用 上用 下用 上用 下用

清文助語虛字

怎麽處。 有字。有的。在字 在的。

使得。可字。作字。為字。 柰何可怎麽着。

在此例是一定之詞也。

等字應之如 等句。乃係急口成語不

之上。必用 等字。凡遇 字之下。必用

凡遇 等字

懇字 望祈寬恕。 祈字 懇祈給發。 懇字

字尾聯用。 如云。 祈字 望乞容諒

此二字俱是虛字。平字。歎字。懇乞字。求祈字。望祈字意。在

欲要。

聞說字 我听得外邊的人們。都是這樣說。

說字。聞說字。乃述他人之語。實解白蚱。 如云。

清文啟蒙卷三 二十三

可以的。使得的。作者。為者。 有的。在者。

射的俱好 的字 陞轉的甚快。

来者是何人。 的字 的字 馬步

語。此つ ら 字詞義俱不相同。在字尾聯用。 如云。 者字

此三字俱是的字。者字。所以字。也者字。乃未然之

可否施行。 乎字 可得聞乎。

三字作未然疑詞。在字尾聯用。

此三字俱是的麽字。者乎字。者歟字。乃上

欲要的。

說的是那裡話。怎麽說。

乃字

本歟字

銀錢乃養命根源。

也者字

孝弟也者。其為仁之

說的字。乃字。說的是字。所謂者字也者字。

清文啓蒙卷三 二十四

neneme sara ombi 可以前知。[Manchu] [Manchu] [Manchu] ombi (可以字) (爲字作字)

爲字。乃煞尾之語。如云。ere baita ombi (可以字) 此事可行。

ombi 可以字。使得字。作字。爲字。如上有 ome 字是可字。上用 [Manchu] 字是

tere enenggi jimbi 他今日來 不來呀。[Manchu] urunakū jimbi 必然來。

如云。si aibide genembi 誰往那裡去啊。bi genembi 我去。[Manchu] [Manchu]

ombi 在字尾聯用。乃將然未然煞尾之語。比 [Manchu] [Manchu] [Manchu] 等字。詞義實在。

稱字

他的號兒叫作什麼。

說字

一概都說他好。

說字。謂字。稱字。叫作字。

殷實之家。

可謂字

稱得起是忠直老實人，

稱得字

雖不甚富。亦可謂

可謂字。稱得字。

此人是你什麼。

為字作字

是我哥哥。

清文啟蒙卷三

ᠪᡳᠣ 有広。在広。 ᠮᡠᡨᡝᠮᠪᡳᠣ 可以広。使得広。去得広。

ᠰᡠᠸᡝ ᡤᡝᠮᡠ ᡤᡝᠨᡝᠮᠪᡳᠣ（広字）你們都去広。ᠴᡝ ᡤᡝᠯᡳ ᠵᡳᠮᠪᡳᠣ（広字）他們還来広。

問之語。如云。ᡠᡨᡨᡠ ᡴᠣᠣᠯᡳ ᡳᠨᡠ ᠪᡳᠣ（有広字）這樣規矩也有広。[illegible]

字尾聯用。大凡 [illegible] 二頭之字。用在字尾。多係疑

ᠨᡳᠣ · ᠪᡳᠣ 此二字俱是。広字。平 字。歟字。又啊字口氣。俱係 問疑詞。在

[illegible] 欲要。 [illegible] 在字。存字。

ᠣᠵᠣᡵᠠᡴᡡ 不可使不得。此上必用 ᠣ 字。ᠪᡳ ᡤᡝᠨᡝᡵᠠᡴᡡ 不在。

不字

我不去。ᠰᡳ ᠵᡝᠮᠪᡳ ᠵᡝᡨᡝᡵᠠᡴᡡ 你吃不吃啊。ᠪᡳ ᠵᡝᡨᡝᡵᠠᡴᡡ 我不吃。

ᡵᠠᡴᡡ 不字。在字尾聯用。如 ᠰᡳ ᡤᡝᠨᡝ 你去罷。ᠪᡳ ᡤᡝᠨᡝᡵᠠᡴᡡ

不字

ᠰᡝᠮᡝ ᡤᡳᠰᡠᡵᡝᠮᠪᡳᠣ 欲要麽。[illegible] 了得麽。何等的麽。

ᡤᡳᠰᡠᡵᡝᠮᠪᡳᠣ 說麽。豈謂。[illegible] 說不是麽。

ᡤᡳᠰᡠᡵᡝᠮᠪᡳᠣ 說麽。ᠰᡝᠮᡝ [illegible] 欲要麽。

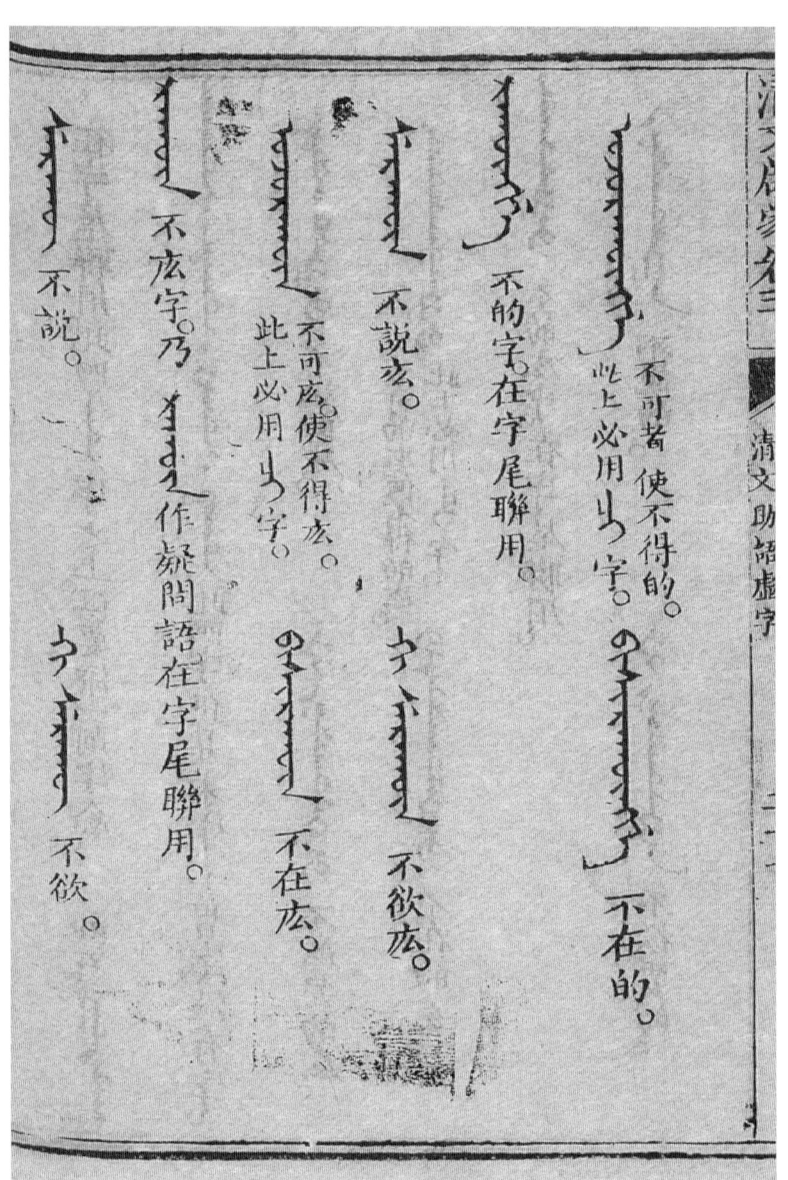

不可者 使不得的。此上必用 字。不在的。
不的字。在字尾聯用。
不說麽。不欲麽。
不可麽。使不得麽。此上必用 字。不在麽。
不麽字。乃 作疑問語在字尾聯用。
不說。不欲。

在字尾聯用此四字之上。俱要添一阿字念。如云。

此四字俱是未字。不曾字。沒有字。

不說的庅。不欲要的庅。

不可的庅使不得的庅。此上必用字。不在的庅。

不的庅字。在字尾聯用。

不說的。不欲要的。

清文啓蒙卷三 二十七

清文備要卷三 清文助語虛字

無所有。無處。

無字。不字。沒有。

未說。沒有說。

未依從。沒依從。

不曾來。

學來着麽。

進去來着麽。

未字

沒有進去。

來了麽。

沒有字

無不說。沒有不說的。

無不。

未欲。

沒有來着。不曾在着。

未字

我沒學過。

沒說麽。

沒有麽。不麽。

沒亮麽。

不曾来着麽。沒有来着麽。沒在来着麽。

沒晴麽。

沒依麽。

乃上四字作疑問語。在字尾聯用此四

字之上俱要添一阿字念。

此四字俱是。沒有麽字。不曾麽字。

未見。沒有看見。

未出。沒有出来

此四字俱是没

未說的。未欲者。

未依的。没有来着的。未在来着的

的字。不曾的字。在字尾聯用。此四

字之上。俱要加一阿字念。

此四字俱是没有了

好庅。真庅。實庅。

預先到

預先准備了

預先字。未先字。未曾頭裡字。在句首用。

預先發作。

未出之間。

未完之間。

措手不及。

此二字俱是猶未字。尚未字。在字尾聯用。與

義同。

有了的厶字。不曾了的厶字。在字尾聯用。同上俱必加一阿字念。

清文啓蒙卷三　二十九

不去啊。　不說啊。

有啊。在啊。　不嗔怪啊。

疑質問之語。此　二頭字義實在。

此四字俱是啊字口頭声氣。在句尾用。乃將然已然信而微

起身頭裡。頭起身。　到來的頭裡。頭来到。

預先字。未先字。未曾頭裡字。在句尾用。

由其去罷。令其去罷。 由其走罷。教他走罷。

由其作罷爲罷。 有去罷。存着罷。

任憑他罷字 不拘怎庅樣的罷。 任憑你罷。 由其罷字

由其罷字令其字 若要来就来罷。

由其罷字。任憑他罷字。又教令使令他人意。在字尾聯用。絮。

使不得啊。 是啊。

即就本話煞尾者。故以此在字尾聯用。如云。令他出 教字使字

此四字俱是使令教令他人之語。因清話內有一二字之句。

坐是呢。坐着罷。 說是呢。說罷。

吃是呢。吃罷。 去是呢。去罷。

存着是呢。有着罷。 說是呢。可說是呢。說罷。

是呢字。罷能字。在字尾聯用。乃使令他人之詞。此字向尊長言說不得。

令人到來。 令人吃來。

令人往前來字。在字尾聯用。與 字義同。

令人拿取領要。 令人求。令人找尋。

令下去。 令上去。

坐下吃飯。 使字令字 你在這裡我去。

令字 教字令字

去。 由你作。 阿哥你

清文啟蒙卷三 三十一

們字 男人們。兄長。們字 兄長們。弟。們字

們字 大人們。大臣們。民。們字 民等。男人。

字。你小夾空兒。字。如今令人坐。令人住居。 如云。大人大臣。

實解字。令人知道。字。人歲數馬口齒。令人說。又解作子字。

此五字俱是們字等字輩字。在字尾聯用。

往這們來。 往這裡來。

用此 字之上必添一阿字念。 字之上必添一厄字念。

此二字俱是凡所字。凡是字乃指凡已經過事物之詞。在字尾聯

齊齊往下垂着。 衆形粗大諸物粗大。

衆人無聊閒坐。 全全疊暴露出。

此三字俱是衆多形貌之詞在字尾聯用。

弟們。 子字 池子。 子字 麻子。 子字 檔冊檔子。 子字 鬍子。

此三字俱是每字各字在字尾聯用。如云。

大兵所過之處敵人無不投順。

凡所字

聞者莫不喜悅。

凡是字

凡所字

過去了。

凡所過。

凡是字

凡所到去。

有。在。

凡是字

凡所有。凡所在。

如云。

所見了。

凡是字

凡所聞見。

到去了。

觧 字。音韻。彎子。搓的彎條。餑 字。令人折回。

此二字俱是次字。遍字。遺字。回字。盪字。在句中单用。實

每个九下。 每各十五。

每各三十。 每各五十。

每字 每人各得布三疋綿一斤。猪肉十三兩。麵二斤。

各字 各字 每字

每日。日々。每時。時々。

我遭々都瞧見他來着。

每字。遭々字。在字尾聯用。乃重上字之詞。如云。每字

馬箭。次字 這个書我溫過五遍了、

遭字 回字 我射了一回步箭。三遭。

如云。次字 你射了幾回馬箭步箭。

ᠨᡳᠶᠠᠯᠮᠠ ᡨᠣᠮᡝ 每人。人々。 ᡥᠠᠴᡳᠨ ᡨᠣᠮᡝ 每樣。樣々。

ᡨᠣᠮᡝ 每字。在句中单用。乃重上字之詞。

ᡝᠮᡨᡝ ᠮᡠᡩᠠᠨ 各一次。各一遍。 ᡠᡩᡠ ᠮᡠᡩᠠᠨ 幾遍。數次。

ᡳᠯᠠᠨ ᠮᡠᡩᠠᠨ 三次。三遭。 ᡩᡠᡳᠨ ᠮᡠᡩᠠᠨ 四次。四遍。

ᡝᠮᡠ ᠮᡠᡩᠠᠨ 一次。一遭。 ᠵᡠᠸᡝ ᠮᡠᡩᠠᠨ 二次。兩遭。

ᠮᡠᡩᠠᠨ 次字。遭字。遍字。在字尾聯用。

清文助語虛字

不止字 秉燭達旦。只管字 驚醒了。

乃不停住長往之詞。如云。不止字 走到盡頭了。

此三字俱是只管字。儘着字。不止字。在字尾聯用。

咱們就走啊。啊字口氣 狠好啊。

之。如云。啊字口氣 這个好啊。啊字口氣

此二字俱是啊字。乃口頭声氣未然之詞在句尾協上字韻用不論是不是挽把住的就說。

極盡意

如云。

此三字俱是此須不留極盡之詞在字尾聯用。

只管說。正說未止。

正欲未止。

不止。作不止。

儘着有。只管在。

不止字

跑了來

儘着字

坐候。

清文啓蒙卷三 三十五

强押派。立逼着。 普遍。普裡一槩。

緊閉難開。 抵死。拚死裡的。

奮力拚。 盡棄捨。

只以得的不思即行。 只以摳着逢着的不思即行。

從。

極盡意

立逼着拿去了。

極盡意

弃的閉口無言。

極盡意

事君能致其身。

極盡意

抵死不

罷呀字

罷呀。阿哥到我們家喝了茶再去罷。

學 做官戰是個白人。

學 阿哥你身上現有什麽官

戰麽。

如云。你作什麽來了。白来。

在句首用是閑常白字。在句尾用是罷呀字。乃口頭声氣之詞。

清文啓蒙卷三 三十六

傷心事。玷辱事。玷累事。

事字意。在字尾聯用。

什麽。白々的字 白々的被他哄了錢去。

平白的提他作什麽。平白的字 平白的說

平白的字。白々的字。在句首用。如云。平白的字

罷呀字 這裡沒有用你們的去處。都去罷呀。

〔03-37A〕

[Manchu] 眼皮下垂塌撒貌。 [Manchu] 骨瘦如柴形。

[Manchu] 疊暴露出狀。 [Manchu] 半醉微醒貌。

[Manchu] 眼圓睜貌。 [Manchu] 直豎豎貌。

[Manchu] [Manchu] [Manchu] 此三字俱是形貌形狀景况之詞。在字尾聯用。

[Manchu] 勞苦事。 [Manchu] 愁苦事。

[Manchu] 話把兒。恥笑事。 [Manchu] 戒忌事。

清文助語虛字

終久。雖那樣。故雖。

憑他怎麽。雖有。雖在。雖或。

雖可。雖為。雖則。雖或。憑他什麽。不拘什麽。

不安。雖字意 面上隨從。心中不悅。

字尾聯用。如云。雖或字 雖或字 坐立俱是

雖字意。又雖或字。此上若有 字照應。乃實在雖然字在

〔03-38A〕

雖有銀錢。捨不得用。

幾个。若干。多少。 如云。 雖然字

然說字。下有 字應之。是雖然說了字。在句首用。實解

雖字。若下有 字應之。是雖然字。下有 字應之。是雖

雖說。 雖欲

今雖。今夫。即或。 現今。譬如今。 憑他怎樣。或是怎麽。

[03-38B]

但知其一。未知其二。雖而字 勇而無謀。

如云。雖又字 爾

雖而字。雖又字。雖亦字。又不過如是而已之詞。在句中用。

未學。吾必謂之學矣。

雖然說了字 雖曰

雖然說字 他既不願意。雖然說了。也是不依。

雖亦字 知面不知心。

憑管怎麽字。乃只管儘力之詞。在句首用。實解欺哄。

如云。憑管怎麽字 憑管怎麽說總是不理。

揔而言之之字。大抵字。大凡字。在句首用。實解雖欺哄。

如云。大抵字 總其皆是。大抵字

揔而言之。又好又得便益。

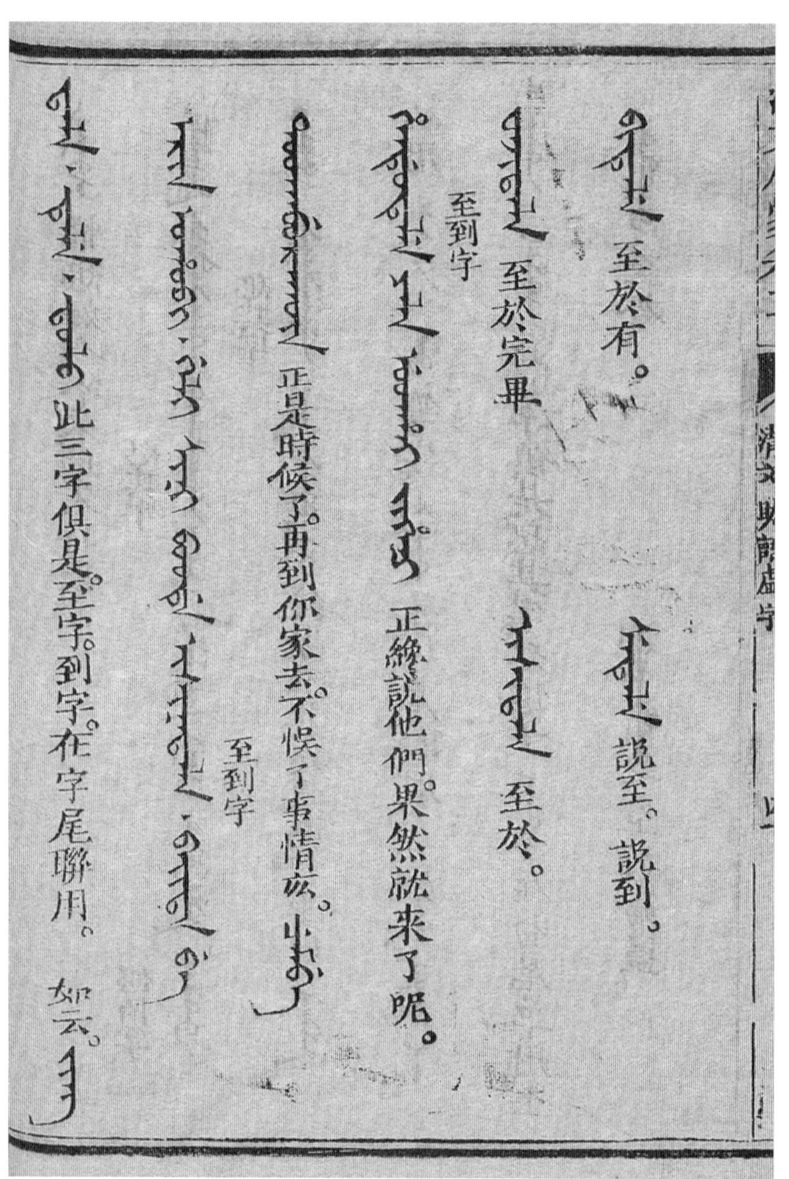
至於有。
說至。說到。
至於完畢
至到字
至於。
正纔説他們。果然就来了呢。
正是時候了。再到你家去。不悞了事情麽。
至到字
此三字俱是。至字。到字。在字尾聯用。
如云。
清文助語虛字
四

惟恐好人不來壞人再來。

恐其字

恐怕字

恐其字

父母唯其疾之憂。

必用 等字。 在字尾聯用。如云。

此二字俱是恐其字。恐怕字。 在句尾单用。上

至於。 至於窮盡。

清文啓蒙 卷三 四十

快些。多。徵字畧多些。少。徵字少少的。

此字。又重上字之詞。在字尾聯用。如云。快。徵字畧

此七字俱是。徵字。畧字。

恐其說。恐欲。

恐其有。恐其在。恐其有。恐其在。

恐其可以。恐其可以。

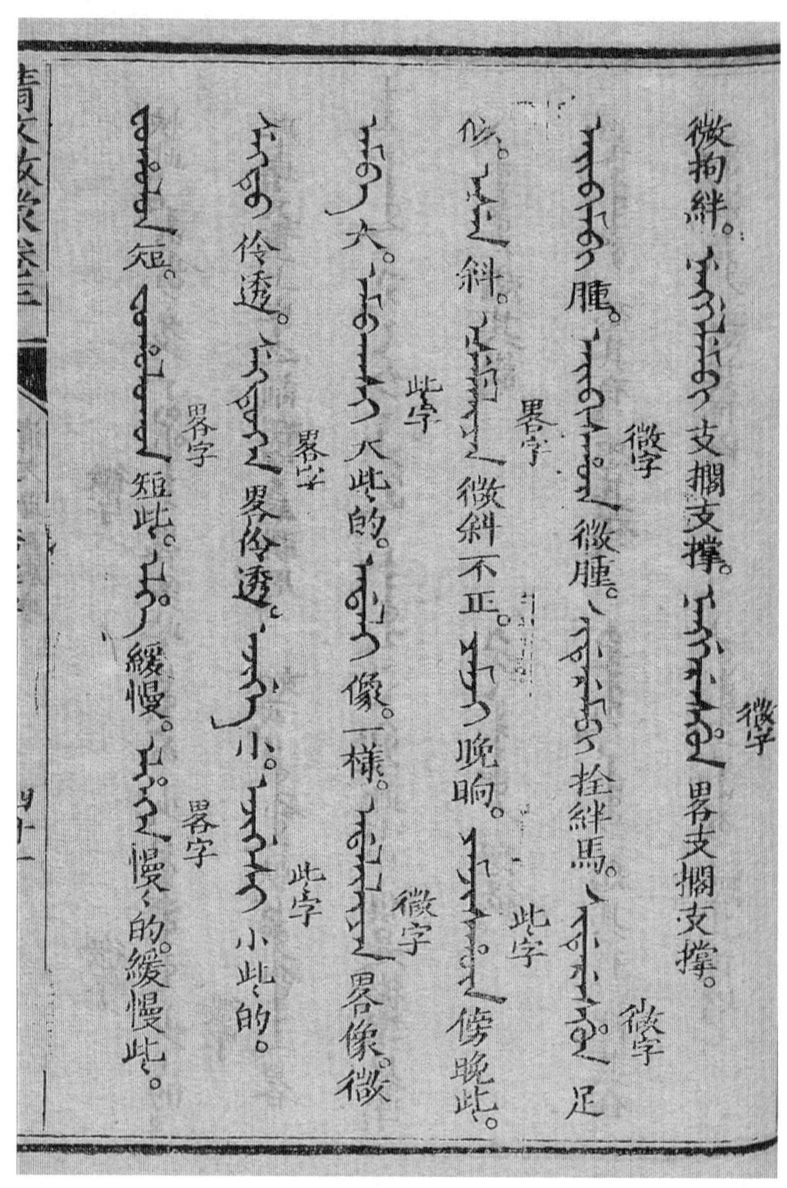

[03-41B]

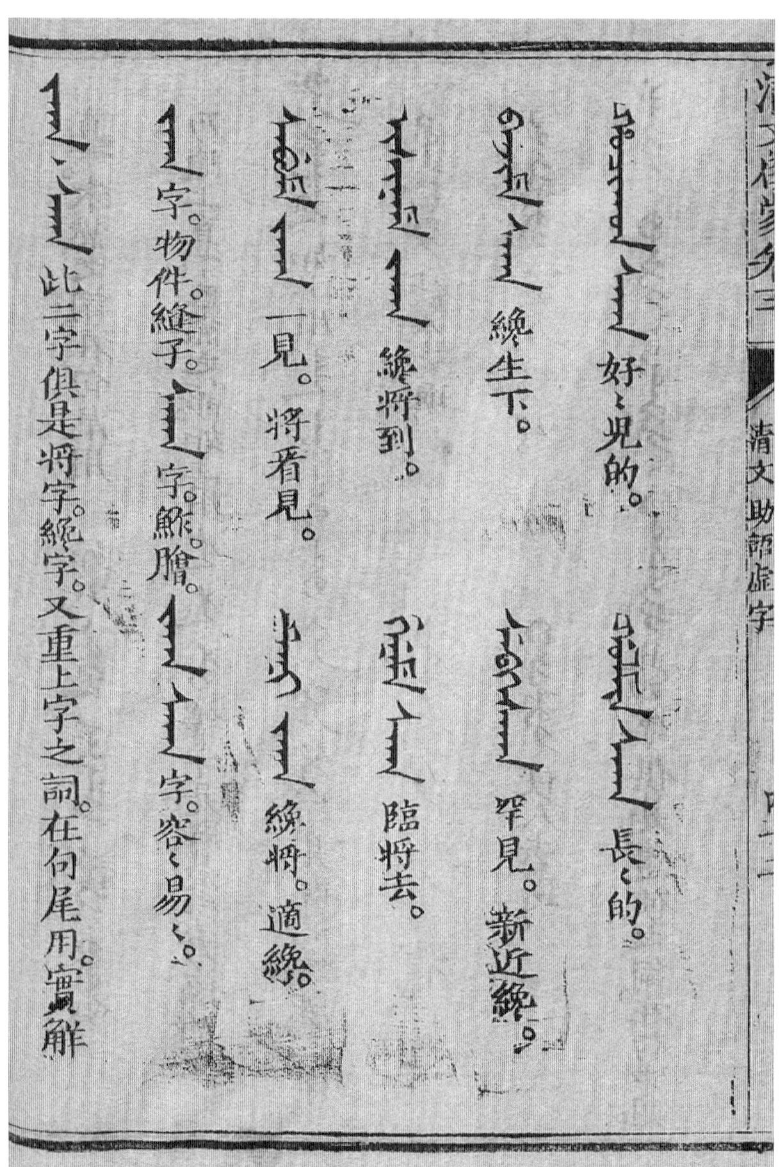

好々兒的。長々的。

纔生下。罕見。新近纔。

纔將到。臨將去。

一見。將看見。纔將。適纔。

字。物件。縫子。字。觧膾。字。容々易々。

此二字俱是將字。纔字。又重上字之詞。在句尾用。實觧直下。未然之詞。在句尾用。 如云。 [illegible] [illegible] [illegible] [illegible]

乃隨上直下。已然之語。如上用 [illegible] [illegible] [illegible] 等字是既是字。乃係隨上

[illegible] [illegible] 如上用 [illegible] [illegible] [illegible] [illegible] [illegible] [illegible] 等字。是既然字。既已字。

[illegible] 使人去瞧。 [illegible] 使人去看。

[illegible] 遣去。 發去。 [illegible] 使人去送。

[illegible]、[illegible]、[illegible]、[illegible] 此四字俱是遣使之詞。在句中用。

我感念不盡。

旣字

旣來。該當預備。

旣字

你旣肯給。

旣字。在句尾用。乃議言未然之語。此上必用 字。

旣是說要去。就走罷。

然到了我們家裡來。空空的打發去的規矩有麽。

旣是字

旣已字

你們旣

既已受人囑託。又不終人之事。

既而字

了之後字

事成之後。重々相謝。

了之後字

得了工夫纔去看。

等字。在句尾用。乃設言已然。承上起下之詞。如云。

了之後字。而后字。既而字。此上必用

〔03-43B〕

清文助語虛字

前日說了令你應承。今着教了來。你又改變了嘴說不應承。

既而字

既而字。在字中用。如云。

既而。既令作之後。既說教令之後。

說了之後。欲要之後。

了之後。作了之後。有來着之後。在來着之後。

〔03-44A〕

止字。獨字。寡字。單是字。偏字。儘字。在句中用。此上必用

可氣的。

可奇的。

此二字俱是可的字。堪可的字在字尾聯用。

可畏。

可怕。利害。

此二字俱是可字。堪字在字尾聯用。

既而。既令作。

既說教令。

儘其所知。偏是今日。

儘能。儘量。儘其所有。

止此。寡這个。獨是我。

這个事我儘着量兒爲你說着看。儘字

寡他自已在那裡。止字

字。如有不用字者。乃係成語。不在此例。如云。

原来是你在這

原来字

原來字在句首用此下必用等字應之。如云

倘或不是義理上該得的財帛人雖然怎麽樣的儘着力量謀求都是不中用。

儘字

儘字在句中用此上必用字。如云

如云。想是字 想必來。情敢字 想是去了。

想是字。想必字。情敢字。乃想當然、懸揣之詞。與字義同。

盖字 若像這个樣兒的。想必有罷。

之。如云。想必字 想是用得罷。

想是字。想必字。情敢字。盖字。在句首用。此下必用字應

裡合人說話呢。原来字 原来是這樣呢啊。

ᡤᡳᠰᡠᡵᡝᠮᠪᡳ ᡩᡝᡵᡝ 想是說罷。ᡴᡳ ᠰᡝᠮᠪᡳ ᡩᡝᡵᡝ 想是欲要罷。

ᠣᠮᠪᡳ ᡩᡝᡵᡝ 想是可以罷想是使得罷。ᠪᡳ ᡩᡝᡵᡝ 想是有罷。想是在罷。

[illegible] ᡩᡝᡵᡝ 想是罷字 想必古禮。就是這樣罷。ᠸᠠᡴᠠ ᡩᡝᡵᡝ 想是罷字 想必不是罷。

之意耳。實解方。而。臉。桌子。如云。ᠠᡳᠨᠴᡳ [illegible] [illegible] [illegible]

尾单用聯用俱可。此上必用 ᠠᡳᠨᠴᡳ 字照應。亦有不用者。乃省文

ᡩᡝᡵᡝ 想是罷字。使得罷字。耳字。乃想是這樣罷猜度之語。在句

清文啟蒙 卷三 四十六

還字。尚且字。猶且字。在句首用。此下必用

如云。

完了字

給我就罷了。

完了字。罷了字。在句尾用。此上必用字照應。實解完畢了。

是你自己說要去罷咧。誰說了教你去。

罷咧字

好罷咧。

字。如有不用者。乃係成語。

如云。

罷咧字

罷咧字。乃不過是這樣罷咧決定之詞。在句尾用。此上必用等

[Manchu] 猶且字 [Manchu] 大人尚且畏

[Manchu] 我還不敢說不去。何況你 [Manchu]

實辭地方上。如云。[Manchu] 還字 [Manchu]

[Manchu] 還字。尚且字。猶且字。又還已字。猶已字。在句尾用。此上必用 [Manchu] 字照應。

[Manchu] 還沒會跑。就學走麽。 還字尚且字

[Manchu] 等字應之。 如云。[Manchu]

此下必用　字應之實解家户。　如云。

與其字。不但字。不惟字。強如字。在句尾用。此上必用　等字。

何況字

聖人尚欲勤學。何況尋常之人。

字。　如云。

何況字。而況字。莫說字。別說字。說什麽字。在句尾用。此上必用

還已字

猶已字

懼。小孩子們不怕的理有麽。　猶已醉着。　猶已去了。

不但說字。且莫說字。且別說字。在句尾用。 如云。

況且字。不獨那樣字。不但那樣字。强如那樣字。在句首用。

不如小心於起初。

與其埋怨於事後。

行。强如名声不好。不如不行。

强如字

這樣的

云。告訴。去字 去告訴。請。去字 去請。

此三字俱是去字。又生出字。長成字。在字中協上字韻聯用。

說字 若是常朋友們知道過失不但說不勸反倒笑話。

且別

且莫說字 不但說以虛作實使不得。以實作虛也使不得。

長豆角。長嘟嚕子。(長字) 河道。(成字) 中流未凍成了河道。(長字)

豇答。長鬼飯豇答。豆角。又一嘟嚕子。

(生字) 生虫子。穗子。(長字) 長穗子。鬼飯

生長。(生字去字) 生長過活。生出去過活。虫子。

催。(去字) 去催。迎接。(去字) 去迎接。

考。(去字) 去考。洗澡。(去字) 去洗澡。

tantambi 打。tantanumbi（相字）相打。huwekiyembi 勸勉。huwekiyendumbi（相字）互相勸勉。

照應。亦有不用者義並同。如云。basumbi 恥笑。basucambi（相字）一齊恥笑。

一齊字。在字中協上字韵聯用。此上必用 ambi、ombi、embi 等字

ca、ce、co、ndu、nu 此五字俱是相字。共字。衆字。彼此字。大家字。

學。tacinjimbi（来字）来學。

nji 来字。在字中聯用。一 如云。fonjimbi 問。fonjinjimbi（来字）来問。[Manchu word]

清文啓蒙 卷三

他料理事去。

被他殺落了一場。

被他人字

是被他人字。實觧令人給。如云。

教

轉諭教令字

在字中聯用。如上有 字照應。是轉諭使令教令字。如上有 字照應。

須要。

笑。

一齊笑。

哭。

共哭。

相字

相字

共飲。

站立。

大家站立。

須要。

大家

相字

相字

幇助。

相幇相助。

呵飲。

相字

相字

此八字俱是頻頻不一。不止。不定字云。(被字轉令) 被人說。又令他說。(被字轉令) 被人打。又教人打。

你走罷 如轉諭令人云。(轉令) 教他走、如無 二

罷 如轉諭令人云。(轉令) 令他去。 如當面令人云 (面令)

字者。亦與有 二字者義並同。 今如當面令人云。(面令) 你去

凡遇清話字尾無聯虛字者。是當面使令之詞。如又無 二字。只有

震動不止。又病人身顫。合。湊合。思想。

跳。乱跳躍。又心跳。震動。

撓。乱撓。癢。微癢。

抓撓。乱攥。磕頭。連叩。

乱掌嘴。貪戀。戀戀不捨。

之意。又徵徵之意。在字中協上字韻聯用。如云。掌嘴。

淸文助語虛字

是行爲動用。力做開展之意。在字中協上字韻聯用。如云。

此二十二字。俱

驚怕。頻 驚作。

微 盼望不休。遠。不止 遠行。

頻 尋思。沉音。挪移。不定 挪移不定。指望。

動用 以鑽ゝ之。 鞦韆。 力做 打鞦韆。 耍趣兒。

行為 動怒。使性氣。 補。 力做 占補。 鑽。

讒言。 行為 用讒言臟訟。 怒。性氣。

推。 行為 推託。 摻和。 力做 摻雜摻混。

子。 動用 照鏡子。 强壯。 行為 以强。用强。

指甲。 動用 指甲壓。 難。 行為 作難。 鏡靴靿子。 力做 鞝靿子。 裹子。 力做 吊裡子。

行為 頂缺頂窩兒。 籠頭。 動用 套籠頭。

動用 斧子剁。 刑具。 動用 動刑。 砍窩兒。

獵。 行為 行圍。 親家。 行為 作親家。 斧子。

財帛。 動用 行賄。 仇。 行為 挾仇 圍

行為 取笑戲耍。 暴虐。 行為 暴虐行兇。

[03-53A]

力做 浸泡。等候。行為 且等且走。

番人。行為 說番話番人樣行事。泡着。

行為 裝聾。又錯听。鈎子。開展 毛稍鈎捲。

清話。滿洲樣行事。話。行為 說話。聾子。

揷空兒。班次。行為 輪流輪班。滿洲。行為 說

一 喜。行為 喜歡。門。門樸子。空檔兒。力做

清文助語虛字 五十四

口自崩豁子。撞透。自破透。（自破）

拆毀。（自壞）自敗自壞。刨決口子。（自損）自決

此二字俱是自行損壞之意。在字中聯用。如云。

禪拂灰塵。平。（行為力做）安慰平撫。又地面撒平。

吃驚。（開展）打冷戰。蒙蓋。（力作）

滿之。（鬧展）足滿。謀算。（行為）自言自語算計。

有何要緊呢。什麽要緊呢。

沒要緊。

何涉。作什麽去。

何特。作什麽来。

豈有此理。豈敢。好說。

無例。無規矩。無考較。

不敢。

怎敢。豈敢。

總是怎樣的。

豈少。何少。什麽欠少的。

讚歎声。又什麽。

怎這樣。怎麽這們。

斷然。

不拘怎麽罷。

未必。此下必用字應之。

未必呢。又怎麽了呢。

怎麽處。

怎麽了不走。

可怎麽樣。無可奈何。

作什麽。怎麽。怎麽着。

不是、什麽。

怎了。又怎麽樣的、乃求人口氣。

何用。又什麽事。

什麽意思。怎好意思。

頻頻。不住的儘着。

連二連三的。三思。

到底。畢竟。究竟。

執意。一定。

何如。如何。

到底。畢竟。究竟。

說的是什麽。

爲何。爲什麽。怎麽。

怎麽說。

何必。何足論。不必。

何得。怎麽得。

倘曽怎樣的時候

清文助語虛字

正是。可不是。

可不是什麼。

不勝。當不起。

自然的。已在的。此下必用字應之。

正早哩。尚未之間。

再三。累々的。

仍舊。原舊。還是。

且住。且暫着。

一切。諸凡。

全然。竟字。並字。

常々的。時常。常班。

大凡。凡是。不拘什麼。

幾〻乎。險些。差一点。此下必用字應之。

愈加。益加。

更字。

或者的。

或者么。

可怎麽呢。

恰好。將〻兒。

幾乎。險些。差一点。此下必用字應之。

越發。反倒。

倘或之間。

或者人們。

或者。

他人。別人家。

誰那个。

是那个。又自那个。

那个誰。乃呼喚下人語。

不知是那个。

不識否。不知是不是。

又字。再字。還字。

憑他誰。

是誰。又自誰。

是那一个。有那一个。

那个。乃忘記思憶語。

莫非。不知是什庅。

往那去。

很好。甚妙。

怎麽着。又稱好奇之語。

怎麽樣了。

不然。非然。不是那們着。

若不那樣、若不然。

這樣。

那樣。

果真啊。誠然。

果真了。

還麽。

果真。果然。真個。正是那。又想語氣。

可是人說的。此下必用字應之。

不是話。

常言俗語。諺語。此下必用

常言道。俗語說的。諺云。同上亦用三字在下應之。

可是說的。在句首用。

可是說的。在句尾用。

奪弄。弄誦。

胡作造。愚弄。朗幹。

猛然想起噯呀的声。又驚怕驚訝的声。

受疼捱忍不過的声。又痛哭疼忍不過的声。

好極。

猛被觸疼的声。

傍外另外的小事物。

處事。裁奪。又拿去。

不能怎麽樣。

同是一樣的。

不得已。無可奈何。

不得已。

大破着。就便難。旣這樣。

同上。

並不曾怎麽着。

問在那裡。何在。又圍獵。

這裡呢。這不是麽。又令人掃。

拉累的。再三。又碎爛。又手械身稀軟。

休要。別要。莫要。此下必用

等字應之。

[Manchu] 怪性名別。 [Manchu] 言々語々。

[Manchu] 見疑了。 [Manchu] 怪性。

[Manchu] 現成得了。 [Manchu] 兩下俱各有是有非。又偏遇其人不快。偏々文偏々。

[Manchu] 哼一哼的時候。 [Manchu] 現在。

[Manchu] 能着。支持着。 [Manchu] 激他哼一哼兒。

[Manchu] 拐碍着了。又說着了。 [Manchu] 狠容易。

〔03-59A〕

試問便知。

覺見如聞。不問先知。

非輕。不輕。不易。

學高了。學精了。

一朝。

有朝一日。

掛榜。下牢靠。

睹着面。

推故。推託。

討憑據。

同上。

口舌是非

對質

清文啓蒙 卷三 五十九

古重嚐故貨。嚐兒馬兒的。嚐兒古棄的。

一總沒有。

何守的来着。了滑的来着麼。追嘆辭。

接着次序。

胡鬧混來。

命到無常了。又不幸了

腔調兒。様式子。又令人剃。

開端打頭說。

一点的小空兒.

諸各様兒。

一点沒有。

些須無有。

[03-60A]

清文啓蒙卷之三終

没要緊處。

得意。

外姓。

權作疼愛。

尋了拙智。行的昏了。

各樣。各件。

預先發作。

好睡。

4

어록해(語錄解)

어록해(語錄解) 해제

영조(英祖) 24년(1748) 현문항(玄文恒)에 의해 편찬된 『동문유해(同文類解)』는 한조만(漢朝滿) 대역 어휘집으로서 '천문(天文), 시령(時令), 지리(地理), 인륜(人倫)' 등 일상생활과 관련된 약 4,800여개의 어휘들을 수록하고 있다. 『동문유해』에서는 한어(漢語)를 표제어로 하여 이에 해당하는 조선어와 만주어 어휘를 제시해 놓고 있는데, 만주어 어휘의 경우 만주문자가 아닌 한글로 표기하고 있다는 점이 매우 특이하다. 『동문유해』는 상하 2책으로 구성되어 있는데, 하권의 말미에 부재(附載)되어 있는 '어록해(語錄解)'가 문법서의 성격을 지닌다.

『동문유해』 '어록해'의 분량은 총 14장이고 한 면은 10행으로 이루어져 있으며 각 행마다 경계선이 있다. 사주단변(四周單邊)이며 판심은 상하흑어미(上下黑魚尾)이다. '어록해'에서는 『동문유해』 전체의 체제와 달리 만주어 형태소들이 한글이 아닌 만주문자로 기록되어 있다. 표제어는 'be'에서부터 'i'에 이르기까지 49개 항목으로 나누어 설명되어 있는데, 표제어를 제시한 행은 한 자(字)씩 올려 적고 있다. 청나라 때 간행된 문법서들의 경우 만주문자의 전통적인 표기방식을 따라 좌에서 우로 읽는 좌철(左綴)로 되어있는 반면, '어록해'는 한문 표기법의 전통을 중시하여 우철(右綴)로 되어있다. 표제어에 대한 기술방식은 문법적인 설명을 제시한 뒤에 예문을 소개하고 있는데, 이전까지 간행된 청조의 문법서들과 달리 한문 예문이 만문 예문보다 먼저 제시되고 있다. 청조에 의해 간행된 문법서들의 영향을 많이 받았지만, 조선에서 간행된 것인 만큼 만주어의 문법형태소를 우리말로 풀이해 놓았다는 점은 '어록해'에서만 확인할 수 있는 두드러진 차이라고 할 수 있다.

語錄解

ᠪᡝ把字將字卽을字意又以字用字卽써字意又令字教字卽으로字意又也字如云將他領了去ᡨᡝᡵᡝᠪᡝ ᡤᠠᡳᡶᡳ ᡤᡝᠨᡝ以何為根本ᠶᠠᠪᡝ ᡶᡠᠯᡝᡥᡝ ᠣᠪᡠᠮᠪᡳ ᠰᡝᡶᡠ ᠰᡳᠮᠪᡝ師傅說了教你去ᡤᡝᠨᡝ ᠰᡝ ᠰᡝᡥᡝ如接虛語用已然未然者俱可接ᠪᡝ字其ᡩᡝ ᠴᡳ ᡩᡝ ᡩᡝᠴᡳ ᡳ ᠴᡳ等虛字之下不可用ᠪᡝ字若係整語如ᠪᡝᠶᡝ ᡨᠠᠴᡳᠪᡠᡵᡝ之類直用ᠪᡝ字又有連寫者必用ᡳ字帶下如ᠶᠠᠪᡠᡥᠠᠪᡝ ᠰᠠᡵᡴᡡᠪᡝ ᡨᠠᠴᡳᡥᠠᠪᡝ之類亦有整語如勤曰ᡤᡳᠩᡤᡠᠯᡝᠪᡝ好了曰ᠰᠠᡳᠨᠪᡝ之類是也凡遇

[Manchu] 之上。必用ᠪᡳ字。凡書法。不可以
ᠪᡳ字。提寫一行之首。至於ᡩᡝ [Manchu] [Manchu] [Manchu] [Manchu]
等字亦然。此等字。用於連字之頭者。名曰整字。
或有用於中。有用於尾。及單用者。方爲虛字解。
清話字尾。無聯虛字者。是令人之詞也。
ᡩᡝ時候字。卽列字意。又地方字。往字。卽에字意。又
給字。於字。卽게字意。又作而字意。乃轉下申明
語。單用聯用俱可。其已然未然之詞。照上文分
別用。如云。大人們方纔去的時候告訴了[Manchu]
[Manchu] [Manchu] ᡩᡝ [Manchu] 你往那裡去 [Manchu] [Manchu] [Manchu]

[04-01B]

給與這箇人了 如整語
亦可直接。又有用 字之類接。下者不可執一
也。用於句中。有着意之意。字 字亦同。如議
曰 商議曰 寬曰 寬之曰
拍馬曰 拍馬向前曰
凡遇
等字之上。必用 字。乃一定之詞。
的字之字。卽의字意。又以字用字。卽ㅄ字意。
又呢字。哉字。又作驚訝想像意。如云人之父母
己之父母

語錄解 二

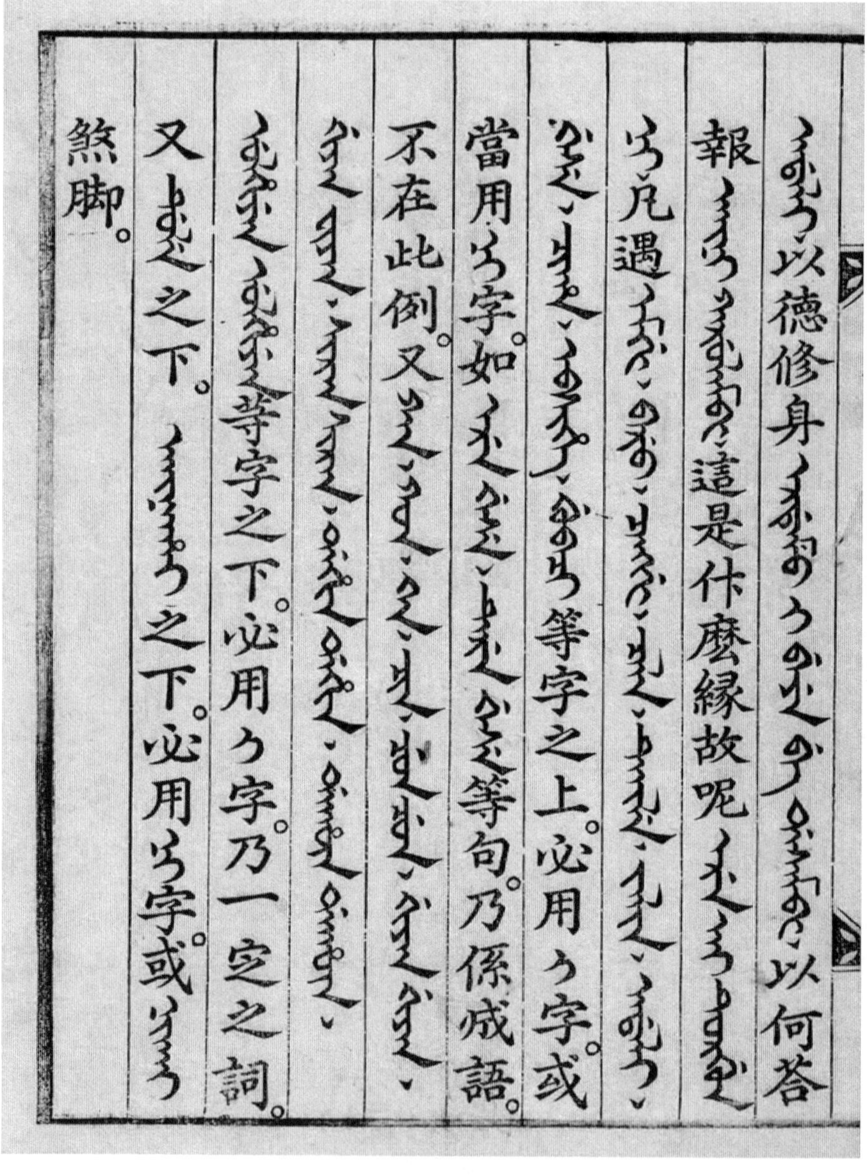

[illegible]以德修身[illegible] [illegible] [illegible] [illegible] [illegible]以何答報[illegible] [illegible] [illegible]這是什麼緣故呢[illegible] [illegible] [illegible][illegible]凡遇[illegible] [illegible] [illegible] [illegible] [illegible] [illegible] [illegible][illegible] [illegible] [illegible] [illegible] [illegible]等字之上。必用[illegible]字或當用[illegible]字。如[illegible] [illegible] [illegible] [illegible]等句。乃係成語。不在此例。又[illegible] [illegible] [illegible] [illegible] [illegible] [illegible] [illegible] [illegible] [illegible] [illegible] [illegible] [illegible] [illegible] [illegible] [illegible][illegible] [illegible] [illegible]等字之下。必用[illegible]字。乃一定之詞。又[illegible]之下。[illegible]之下。必用[illegible]字或[illegible]煞脚。

ᡵᠠ ᡵᡝ ᡵᠣ 用於字末。皆承上接下。未然之語。卽 ㄹ字意。上用 ᠠ 之下用 ᡵᠠ 上用 ᡝ 下用 ᡵᡝ 上用 ᠣ 下用 ᡵᠣ 以叶韻爲主。如於字中用者。乃用工用力之詞。卽 [illegible] 之類。又與 [illegible] 字相同。如 [illegible] 是也。又作煞尾用者。此 [illegible] 字語氣輕活。如我必去曰 [illegible]、我去曰 [illegible]、凡遇 [illegible]、[illegible]、[illegible]、[illegible]、[illegible] 等字之上。必用 [illegible] 字。[illegible] 之下亦用 [illegible] 等字應之。如 [illegible]、[illegible] 等句。乃係意口成語。不在此例。是一定之詞也。

語錄解 三

ᠯᡝ᠈ ᠯᠠ᠈ ᠯᠣ᠈ ᠮᠪᡳ用於句中皆有用力之意。如自壞曰ᡝᡶᡠᠵᡝᠮᠪᡳ壞之曰ᡝᡶᡠᠯᡝᠮᠪᡳ、如用於句末。作大凡字解。凡所聞曰ᡩᠣᠨᠵᡳᡥᠠᠩᡤᡝ凡所到曰ᡳᠰᡳᠨᠠᡥᠠᠩᡤᡝ。

ᡥᠠ᠈ ᡥᡝ᠈ ᡥᠣ᠈ ᡥᠠᠪᡳ᠈ ᡥᡝᠪᡳ ᡥᠣᠪᡳ 矣字了字。也字。在字尾聯用。皆已然之詞。亦視上文叶韻用之。如上之下ᡥᡝ上ᡳ下ᡥᠣ上ᠠ下ᡥᠠᠪᡳ其ᡥᡝᠪᡳ ᡥᠣᠪᡳ文隨語氣以別。如令人去曰ᡤᡝᠨᡝ、去了曰ᡤᡝᠨᡝᡥᡝ、令人完曰ᠸᠠᠵᡳ、完矣曰ᠸᠠᠵᡳᡥᠠᠪᡳ句中亦有的字解。如ᡤᡝᠨᡝᡥᡝ ᠨᡳᠶᠠᠯᠮᠠ、ᠪᡝᡩᡝᡵᡝᠪᡠ ᠪᡝᡩᡝᡵᡝᡥᡝ之類。如下了曰ᠸᠠᠰᡳᡴᠠ、出了曰ᡨᡠᠴᡳᡴᡝ、迎了曰ᠣᡴᡩᠣᠪᡠ之類也。至於ᠣᡵᠣ、ᡤᡝᡵᡝ、

此用字煞脚者乃一事之已完也用字煞脚者乃一事之未完文理斷耳其又隨語氣以變耳

着字卽ㅎ여字意又ㅎ며字意在字尾聯用乃承上接下將然未然之語如云不能擧說着着句中或有連用幾字亦不妨但不可煞尾用乃係整語如不在此例凡遇字之上必用字又漢文而字則用意思相連而下也如曰富而貴

語錄解　四

的了字 卽 ᄒᆞ고 字意 又 ᄒᆞ여셔 字意 在字尾聯
用 乃結上接下將然已然之詞 如云 說了着
語氣相似 則連用數 字義並同
或有煞尾用者 如 之類 又作因字意
卽 모로 字意 如因其如此所以如此 則上用
字以起下文
凡語中用 皆直指其現在而言也 下不可接
字 等字 俱是已了字 矣字 也字 乃一
事已畢 用此煞尾 另叙別情 已然之語 如云 已
來了 已是得了 已是去了

[04-04B]

[Manchu] 乃追述語。卽ᄒᆞ엿더니字意。上用 [Manchu] 字。照應。

[Manchu] [Manchu] 連用之法。乃設言已前之事。下必再用 [Manchu] 字應之。卽ᄒᆞ엿ᄠᅳ면字意。如云。若不那樣来着。何以得這樣 [Manchu] [Manchu] [Manchu] [Manchu] [Manchu] [Manchu] [Manchu] [Manchu] [Manchu] [Manchu]

[Manchu] 追述往事煞尾之詞。卽ᄒᆞ여실러니라字意也。

[Manchu] 可以字。使得字。作字。爲字。如上有 [Manchu] 字。作可字解。上有 [Manchu] 字。作爲字解。如可行曰 [Manchu] [Manchu]

為我之兄曰 此煞尾之詞。亦將來未然之用。與等字相近。而不同。等字。於承上接下處者多。此。於語中竟結也。

將然未然煞尾之語。如上文係整語。則用字接之。如忠曰 此乃整語不可竟連故添一字也。如孝曰 因此字非整語。故以 連寫之也。

此字之用最廣也。專以承上文。又因其語而變化耳。如承上文之所云而作已然之用也。又上文係整語。尤必以此承接。方可轉下。如

[04-05B]

之類。如上文當用迡字。則用[illegible]、當用[illegible]字。則用[illegible]當用[illegible]字。則用[illegible]已然。則用[illegible]將然未然。則用[illegible]又有單用。如應曰可[illegible]不可[illegible]亦是指其上文之所云者而言也。

[illegible]則字卽ᄒᆞ、면字意。又自字卽부터字意。又由字。從字卽로字意。又比字卽에셔字意。又第字卽재字意。在字尾聯用。乃結上起下未然之語。惟結語不用。然又有用者。如上文[illegible]下必用[illegible]字接之。如云[illegible] [illegible] [illegible] [illegible]此煞尾之用法也。如云。[illegible]則不可[illegible] [illegible]、自今以

後[Manchu] [Manchu]、比我年長[Manchu] [Manchu] [Manchu]、你在
第幾箇上[Manchu] [Manchu] [Manchu]、凡遇[Manchu]、[Manchu]、
[Manchu]、[Manchu]、[Manchu]、[Manchu]、[Manchu]
等字之上。必用[Manchu]字。此一定之詞也。
[Manchu]以爲之意。卽ᄒᆞ字意。又等也。卽들字意。又去說
之說字。卽니ᄅᆞ라字意也。又述人之語完了。下
用[Manchu]等字結之。卽ᄒᆞ드라字意也。如[Manchu]、[Manchu]、
[Manchu]、[Manchu]、[Manchu]皆視上文分別已然未然用至
於[Manchu]之用法者。上文起語。必用[Manchu]、如
追述最前之事者。則以[Manchu]字結之。如云。叫

人這樣說 [illegible] 我聽如此說 [illegible]
[illegible] 之下必用 [illegible]
等字接之。其 [illegible] 之上有 [illegible] 字。即以雖然字
也。
[illegible] 欲字。即ᄒᆞ고져字意。又要字。即ᄒᆞ쟈字意。又讓
人請字。即쇼셔字意。如欲取曰 [illegible] 要去曰
[illegible] 請坐曰 [illegible] 之類。如上非整語。即以 [illegible] 字
連寫下。以 [illegible] 字接之可也。如欲念書曰 [illegible]
[illegible]
[illegible] 任憑他罷字。又使令他人意。即ᄒᆞ게ᄒᆞ라字

〔04-07A〕

意也。句末用之。與ᠪᡠ字稍異。ᠪᡠ᠈者有意使之如此。ᠣᡴᡳᠨᡳ者。任彼如此也。如等他自来曰ᠵᡳᡴᡳᠨᡳ任他坐曰ᡨᡝᡴᡳᠨᡳ、必使指他人而言也。又欲然口氣如云。欲然豈得乎ᠣᡴᡳᠨᡳ ᠰᡝᠮᡝ ᠪᠠᡥᠠᠮᠪᡳᠣ᠉

ᠪᡠ實解令。人給。又轉諭使令。卽ᄒᆞ게字意。在字中聯用。上文有ᠪᡝ字。作教令字用。上文有ᡩᡝ字。作彼他字用。如令人行某事曰ᠶᠠᠪᡠᠪᡠ令人作某事曰ᠸᡝᡳᠯᡝᠪᡠ若無ᡩᡝ ᠪᡝ二字。只有ᠪᡠ字者。亦與有ᡩᡝ ᠪᡝ字。義並同。

ᠣᠪᡠ用於句中。亦是使之如此之意也。必因上文係

[滿文]而又以[滿文]之音叶之。如拓開曰[滿文]解慰曰[滿文][滿文]用於句末。教人口氣。卽ᄒᆞ라字意。如令人去曰[滿文]。令人言曰[滿文]。其詞直截。不可助語。如上文不可竟斷。乃用[滿文]等字承之。如令人取之曰[滿文]令人住止曰[滿文]。皆因上一字。不可單住。故以此等字接之也。其[滿文]亦令人之詞。向尊長言說不得。如云勸人吃飯[滿文][滿文]吃飯罷[滿文][滿文]

[滿文]俱是頻。頻頻不一。不止。不

語錄解 八

定之意。又徹徹之意。在字中協上字韻聯用。即不로字意。又 져기 字意也。如戀戀不捨曰 連叩頭曰 徹癘曰 之類。字義皆同耳。

此等字亦字中協上字韻聯用。皆行爲動用。力做開展之意。如作難曰 照鏡子曰 推托曰 動怒曰 其餘 字意皆同。換字吓韻耳。

俱是相字共字衆字彼此字大家字一齊字在字中協上字韻聯用此上必用等字照應亦有不用者義並同如共飮曰衆坐曰一齊笑曰餘字皆同㨾字分韻揔是互相之義也

又句末字雖爲凡字意亦指衆之詞

之後字而后字旣而字卽거든字意又후에字意也上必用等字起之亦是已然之詞下接別語如云得了工夫纔去着

了的時候字乃擬度事後結上起下語亦
已然之詞卽ᄒᆞ면字意也如云事已至此怎麼
樣了好

實解根前又彼時之意卽ᄒᆞᆯ제字意也上必
因等未然字起之間有字接者比
字稍緊些如云弟兄得會不勝歡喜

凡用於字中協上字韻聯用有去來
之意又生出字長成字如去請曰來問

[04-09B]

曰 、生虫子曰 長穗子曰
之類。
是卑者向尊者言也。懇乞字。望祈字。卽ᄒᆞ
리잇가字意也。如云。望乞容諒 可
得聞乎
俱是麽字。乎字。歟字。又啊字口氣。俱係詰問
疑詞。在字尾聯用。又 字。亦揣度其不然之意
也。大凡 二頭之字。用在字尾。
多係疑問之詞。
俱是的

語錄解 十

字者字所以字也者字卽거시字意又거슨字意也皆隨上文帶出用之如云所以勸士 [Manchu] [Manchu] 來者是何人 [Manchu] [Manchu] [Manchu] 亦照已然未然分用又有整語帶用者如或者曰 [Manchu] 之類又作生成已成字用卽仁者曰 [Manchu] 有才德的曰 [Manchu] 之類也 [Manchu] [Manchu] [Manchu] [Manchu] [Manchu] 未字不曾字卽아니字意又吳亡다字意如云不來 [Manchu] 不曾來 [Manchu] 以韻分用

[Manchu] [Manchu] 恐其字恐怕字卽훌가字意 [Manchu] 在字

〔04-10B〕

尾聯用。 在句尾單用上。必用 等字。
如云。父母唯其病之憂
::
俱是。們字等字。輩字。卽들字意也
在字尾聯用如。大人們曰 民等曰
男人們曰 兄長們曰 弟們曰
文解作子字如麻子曰 鬍子曰
之類也。
俱是每字各字。卽식字意。又각각字意
也。在字尾聯用。如云。每人各得布三疋綿一斤

語錄解 十一

肉十三兩麵二斤 [Manchu] [Manchu] [Manchu]、[Manchu]

[Manchu] [Manchu]、[Manchu] [Manchu] [Manchu] [Manchu]、[Manchu] [Manchu] [Manchu] [Manchu] [Manchu]、

[Manchu] 找字也。字啊字口氣。乃将然已然自信决意之詞。卽ᄒᆞ도다字意也。如可行曰 [Manchu] [Manchu] 大找問曰 [Manchu] [Manchu] [Manchu] 之類也。

[Manchu]、[Manchu]、[Manchu]、[Manchu]、[Manchu]、[Manchu] [Manchu] 只管字。儘着字。不止字。徹字畧字。卽ᄒᆞᆫ재字意。又져기字意也。如慢慢的曰 [Manchu]、快快的曰 [Manchu] 兼獨達旦曰 [Manchu] [Manchu] [Manchu]、形容其滿曰 [Manchu]、形容其少曰 [Manchu]。

tuttu seme、tuttu bicibe、cibe 作雖然字。卽 비록 그러ᄒᆞ여도 字意。又 지라도 字意。又 ᄒᆞ나 字意也。又 cibe 或逕於本話帶下如 ocibe 之類。如遇整語則以 secibe 承之。凡用 seme 者在說字上運意也。用 bicibe 者在有字上運意也。又有上無 tuttu 止有 cibe 者。此暗有雖字之意也。

kemuni bade 作尚且字。ai hendure 作而況字。凡連用此二句。乃上下相呼應之法也。如云堯舜尚且如此 yoo šūn kemuni bade、又有不拘呼應者。如云。我尚且如此而況其他乎 bi kemuni uttu bade

ᠠᠩᡤᠠᠯᠠ 又 ᠪᠠᡩᡝ 如作虛字用。念바더야。實解。地方上。

ᠠᠩᡤᠠᠯᠠ 用於句首。作況且字。即ᄒᆞ믈며字意。單用ᠠᠩᡤᠠᠯᠠ於句中句末者。作與其字。不但字。不惟字。即ᄒᆞ모론字意。又ᄒᆞᆯ뿐아니라字意。此上必用ᡳ等字。下必用ᡳᠰᡳᡵᠠᡴᡡ字應之。如云。埋怨於事後。不如小心於起初。

ᠠᠮᠠᠯᠠ ᡤᠠᠰᠠᡵᠠ ᠠᠩᡤᠠᠯᠠ ᡨᡠᡴᡨᠠᠨ ᡩᡝ ᠣᠯᡥᠣᡧᠣᡵᠣ ᡩᡝ ᡳᠰᡳᡵᠠᡴᡡ ᠈

ᡩᡝᡵᡝ 想是罷字。使得罷字。耳字。即ᄒᆞ리라字意。此上必用ᠠᡳᠨᠴᡳ字照應。亦有不用者。乃省文之意

耳。如云。想必古禮就是這樣罷 [illegible] [illegible]

[illegible] [illegible] [illegible] [illegible]

ᡩᡝᡵᡳ 自字從字由字。卽 으로셔 字意也。在字尾用

之。比 ᠴᡳ 字。詞義實在。乃實解起字也。如云。自外

邊 [illegible] 從縫子裏 [illegible] 由驛站 [illegible]

ᡩᡝᡵᡳ 、

[illegible]、[illegible]、[illegible] 皆由彼至此之詞。至於字。到字。卽 도

록 字意也。如 [illegible] [illegible] 之類。若遇整語。則

用 [illegible] 字承之。如 [illegible] 之類。是也。

[illegible]、[illegible] 用於句末猶未字。尚未字。卽 못ᄒᆞ여셔 字

語錄解 十三

意也與ᡠᠨᡩᡝ ᡩᡝ義同如云未完ᠸᠠᠵᡳᡵᡝ未出
ᡨᡠᠴᡳᡵᡝ
ᠴᡠᡴᠠ ᠴᡠᡴᡝ作可傷可痛之可字意也與ᠴᡠᡴᡝ字稍
異如可憂曰ᠵᠣᠪᠣᠴᡠᡴᠠ可怕曰ᡤᡝᠯᡝᠴᡠᡴᡝ
ᡩᠠᡥᠠᠮᡝ作旣然是之旣字在句尾用乃設言未然
之語如云我旣然在此ᠪᡳ ᡠᠪᠠᡩᡝ ᠪᡳᠰᡳᡵᡝ ᡩᠠᡥᠠᠮᡝ
凡聯字內在ᡳᠶᠠ ᡳᠶᡝ ᡳᠶᠣ頭字下聯寫ᠠ字念
아ᠣ字念오ᡠ字念우ᡝ字念어ᡳ字念이ᠶᠠ
字念야ᠶᡝ字念여此等字若在别者頭兒字下
相聯不可照此讀念

凡ㄱ字。若隨在[Manchu][Manchu]頭兒下。念ㅐ。隨在別者頭兒字下。俱念이。獨是[Manchu][Manchu][Manchu][Manchu]頭兒字下。不可用ㄱ字。只用[Manchu]字。再[Manchu][Manchu]頭兒字下。有聯寫ㄱ字者。與單寫義同。別者頭兒字下。聯寫不得。只可單寫。在下隨用。

〔04-14A〕

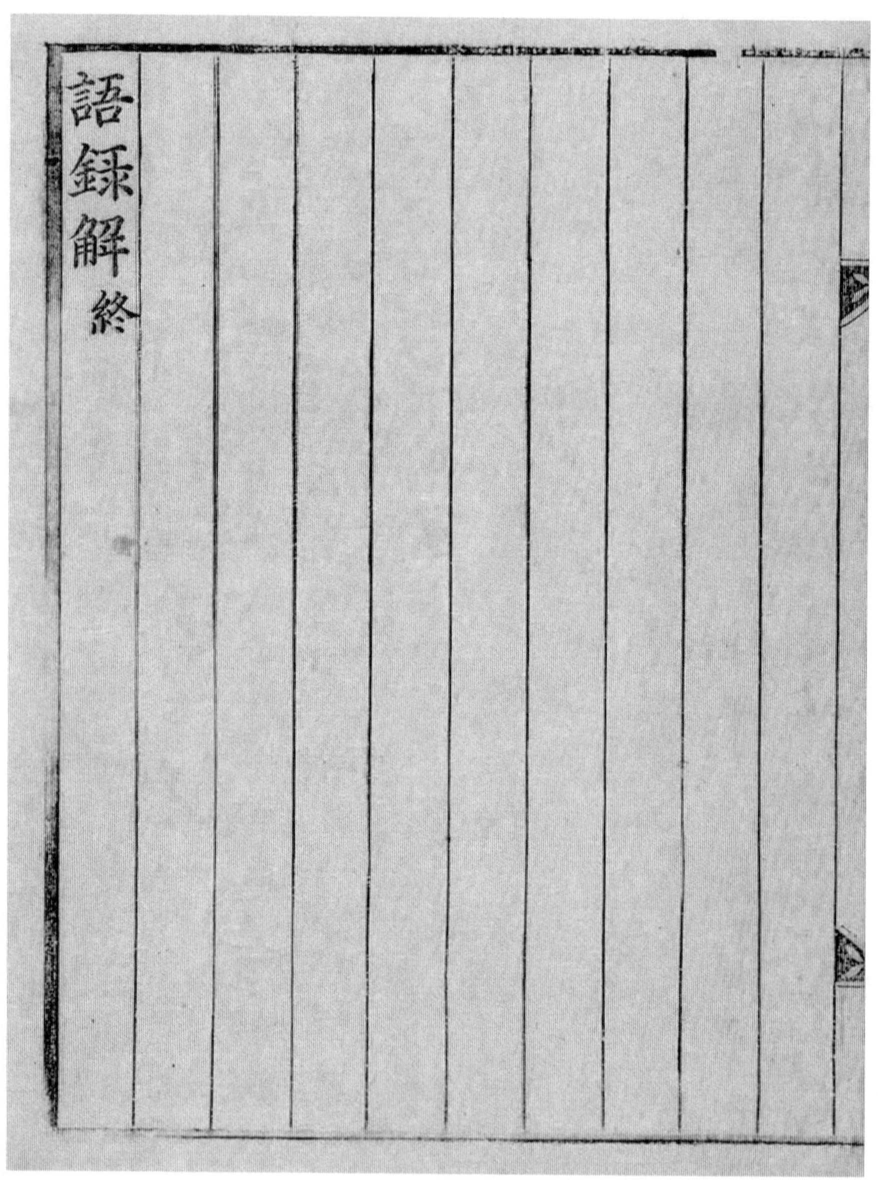

語錄解 終

[04-14B]

5

청문지요(清文指要)

청문지요(淸文指要) 해제

경재(敬齋)가 찬집(纂輯)하고 부준(富俊)이 증보하여 건륭 45년(1780)에 간행된『삼합편람(三合便覽)』은 한어, 만주어, 몽고어를 함께 제시한 12권 12책의 대역 어휘집이다. 부준이 증보를 하면서 권1에 '서(序)', '십이자두(十二字頭)', '청문지요(淸文指要)', '몽문지요(蒙文指要)'를 수록하였는데, 이 중 '청문지요'가 만주어 문법서의 성격을 지닌다.[2] '청문지요'의 분량은 41장이고 1면이 8행으로 이루어져 있으며 표제어가 제시된 행을 두 자씩 올려 써서 표제어를 구분하고 있다. 이 문법서의 특징은 이전에는 없던 하위 목차가 생겼다는 점이다. 차례대로 보면, 1. fiyelen i durun i hacin[章의 양상의 類](1a-2a), 2. sula gisun i hacin[虛文의 類](2b-7b), 3. sula hergen i hacin[虛字의 類](8a-34b), 4. toktoho kemun i hacin[定한 準則의 類](35a-37b), 5. teodenjeme baitalara hacin[假借하는 類](38a-b), 6. kūbulika durun i hacin[變動한 양상의 類](39a-41b)로, 1은 동일 어간에 접사를 교체하는 방식으로 교착어의 특징을 간략히 보여 주고 있고, 2와 3은 중국어의 허사(虛辭)에 대응되는 의미를 지니는 것들을 보여 주되 2는 단어 내지 구 차원의 것을, 3은 문법형태소 차원의 것으로 구분하고 있으며, 4는 주로 3에서 언급된 것들의 통사적인 규칙을 보여 주며, 5는 접속문 구성에서의 반복표현의 생략을 보여 주고, 6은 앞에서

---

2) 동일한 이름의 단행본 회화서인『淸文指要』가 있어 이 둘을 구분할 필요가 있다.

설명되지 않는 특이한 용례들을 제시하고 있다.

『삼합편람』 역시 많이 이용된 만큼 세계 곳곳에 다수의 판본들이 흩어져 있다. 그런데 이때 권1에서 증보된 내용이 없고 사실상 권2인 어휘집이 바로 시작되는 판본도 존재하므로 추후 판본에 따라 '청문지요'의 존재여부를 파악하고 정리하는 작업이 필요하다. '청문지요'의 소재가 확인된 『삼합편람』은 중국의 요령성도서관(遼寧省圖書館)과 광서계림도서관(廣西桂林圖書館), 일본의 천리도서관(天理圖書館), 한국의 국립중앙도서관과 서울대 중앙도서관 및 규장각에 소장되어 있다.

則 若是乎

然則

故 所以

于是

且夫 即如

今夫 夫

從來

古者

按

嘗聞

而 而且

然而

故 是以

何則

蓋

古來

查得

嘗思

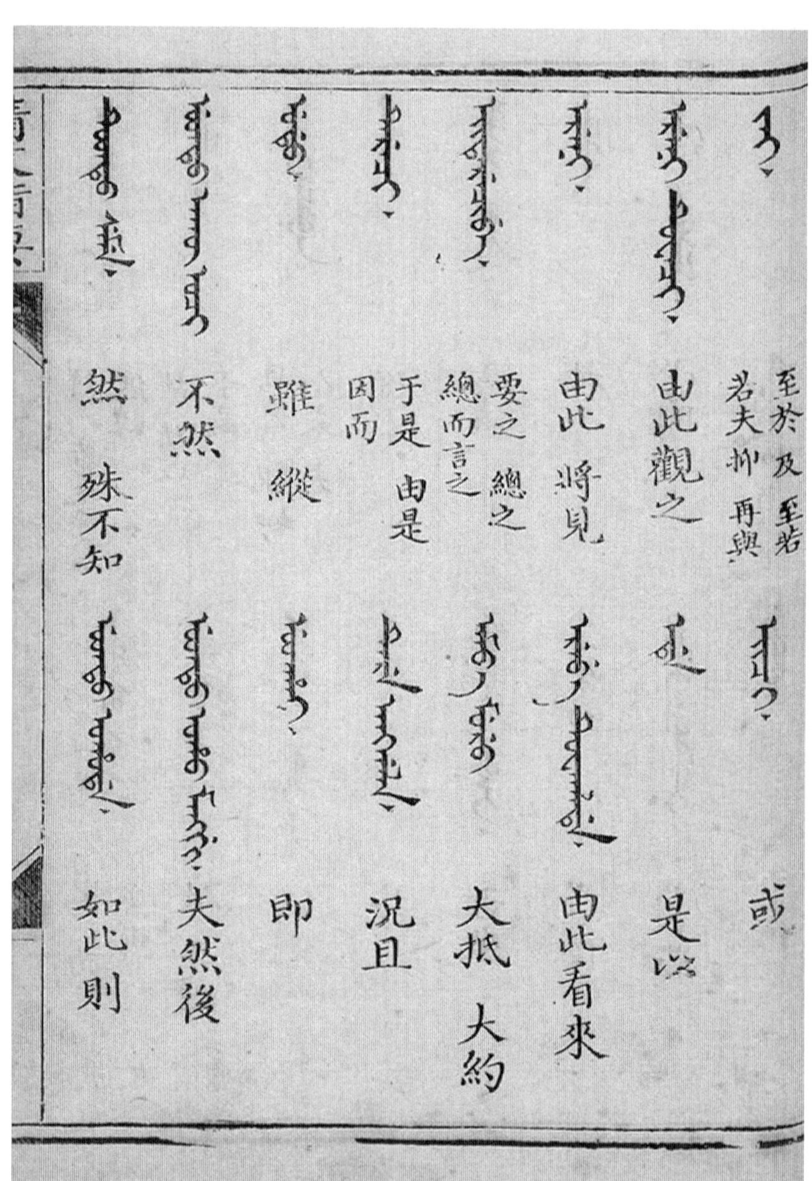

至於 及 至若
若夫 抑 再與

或

由此觀之

是以

由此 將見

由此看來

要之 總之
總而言之

大抵 大約

于是 由是
因而

況且

雖 縱

即

不然

夫然後

然 殊不知

如此則

[05-01B]

清文指要 一 二

惟願 議得

惟只但弟 伏乞 求着

近時 近聞

此外 其餘 如此者

尚且

斷然 必決

奚為 何為 作甚麼

何得 怎能勾

恐字意

痛楚聲 惡

往後

當 宜

猶如同

何以 安得 焉能

甚

何曾 幾曾 幾時

每事每物之每 挨次

否則 無已 不然

贊歎詞 何往
甚矣

不拘怎樣 無往

何如

暫時

剛剛的 甫

照常 仍然

有何定準

早已

豈敢 豈有此理

料麼 追憶之辭也
擬其為然而記不真也

想必 問人之詞也
心擬其然而不真也

何故 以何

藉令 假若
設使 倘苟

何有 何妨 何難

為何 因何

如若

〔05-03A〕

或有

頻 不住的

常 恒 經

以來 往這裡

自 左右 橫豎 皆必然之詞也

此 這樣

切 各 凡 庶

任憑 怎樣

至于今 至今

自此 從此

或者

自然 應諾語

反倒

或

自然

尤 益 更 甚

清文指要

〔05-03B〕

可為

不可 不許

直至於此

或此或彼之或 雖可

為 使

使令辭

了 已然辭 作為已畢辭

不曾 未許 未為

右隨 嚮往

彼此 互相

將然 庶幾

以至

是 亦

自 自然

已經 既已 〔遭見〕

與

四

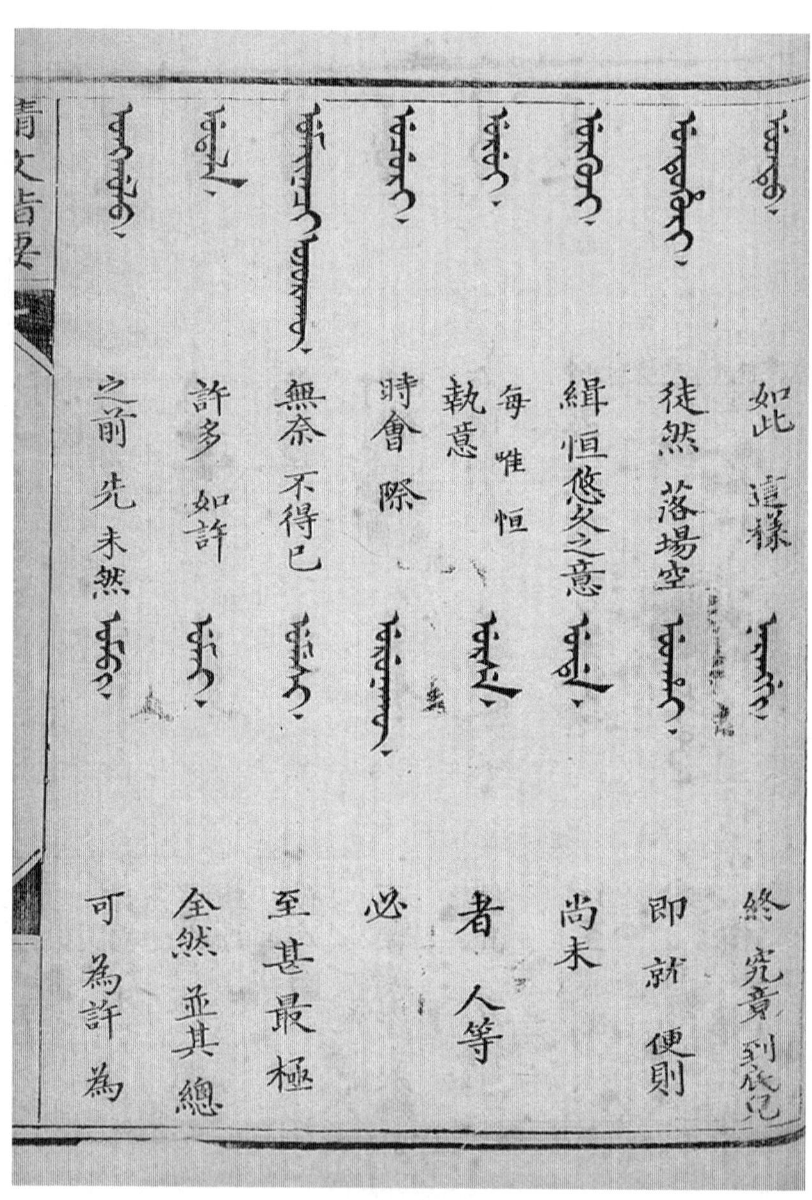

[05-04B]

循循 一任 由其

各自各自 陸續 接接連連的

反覆 二

件件 種種 漸漸的

忽然 將 庶乎 庶幾 幾乎

反加適 猛然 突然

者的 連茹之連 和衆之和 徹底之徹

當時際間 將就

五

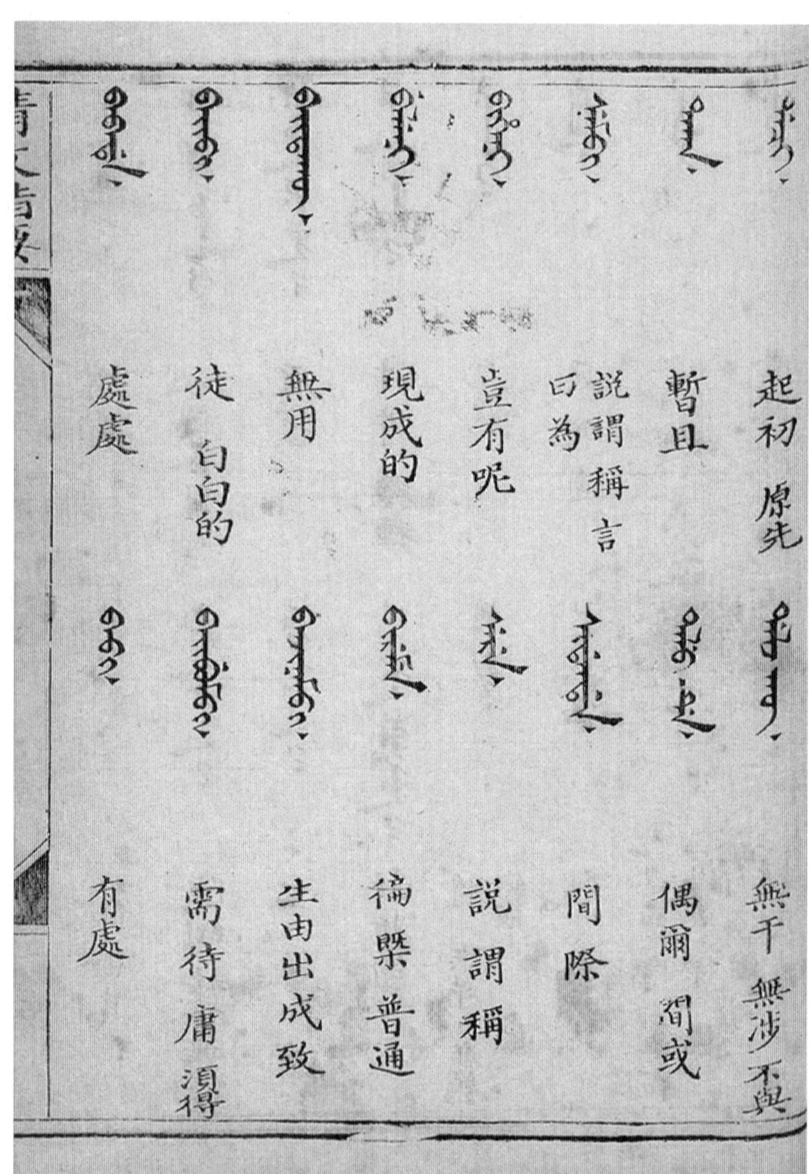

清文指要

起初 原先

暫且

說謂稱言 曰為

豈有呢

現成的

無用

徒 白白的

處處

無干 無涉 不與

偶爾 間或

間際

說謂稱

俻槩 普通

生由出成致

需待 庸 須得

有處

[05-05B]

信手 誠哉

甚哉 果真的

徒然 白張羅

不識 不知

原來 竟曾

以外 其餘

甚 着實

惟但只止徒

何干

往那

孔惟 實在

暑少 須臾

譬如 假比

終究 到底

必然 決然

由 從

至今 迄今

六

〔05-06A〕

寧 能 幾何　理當 宜

皆 都　歟

實 真 誠 信 洵 固　如 似 同 猶 若

果然 如　凡

平常 賴 着　疇 孰 非問詞

定要 究竟　正然 亟 悠久

三 再三 儘着　忒 太 甚

僅 纔 是　任意

混鬧胡行 亂來　非此而何

胡來 撾着就來　得甚麽是甚麽

誰想 豈料　想起甚麽是甚麽

至少不過　不料 不意

勿毋別 禁止詞　至多 不過 滿破着

當彼時　代替為

無端 平白的　竟 總不之總

不妥 變卦　太遠 毫不親切

七

〔05-07A〕

先 臨去之臨 將入之將

幾乎 險些兒 差一點

不由的

任憑怎樣 至不及口氣

各 各人的

幾幾乎 差一點兒 險些兒 此字尤緊

倘或

任你 憑怎樣的 極其

登高致遠

孝於親忠於君弟於長信於友

家修廷獻

好喫懶做

在彼無惡在此無射

厚於此薄於彼

於 在 上 前 裡

地方 時候

單聯義同 如云

八

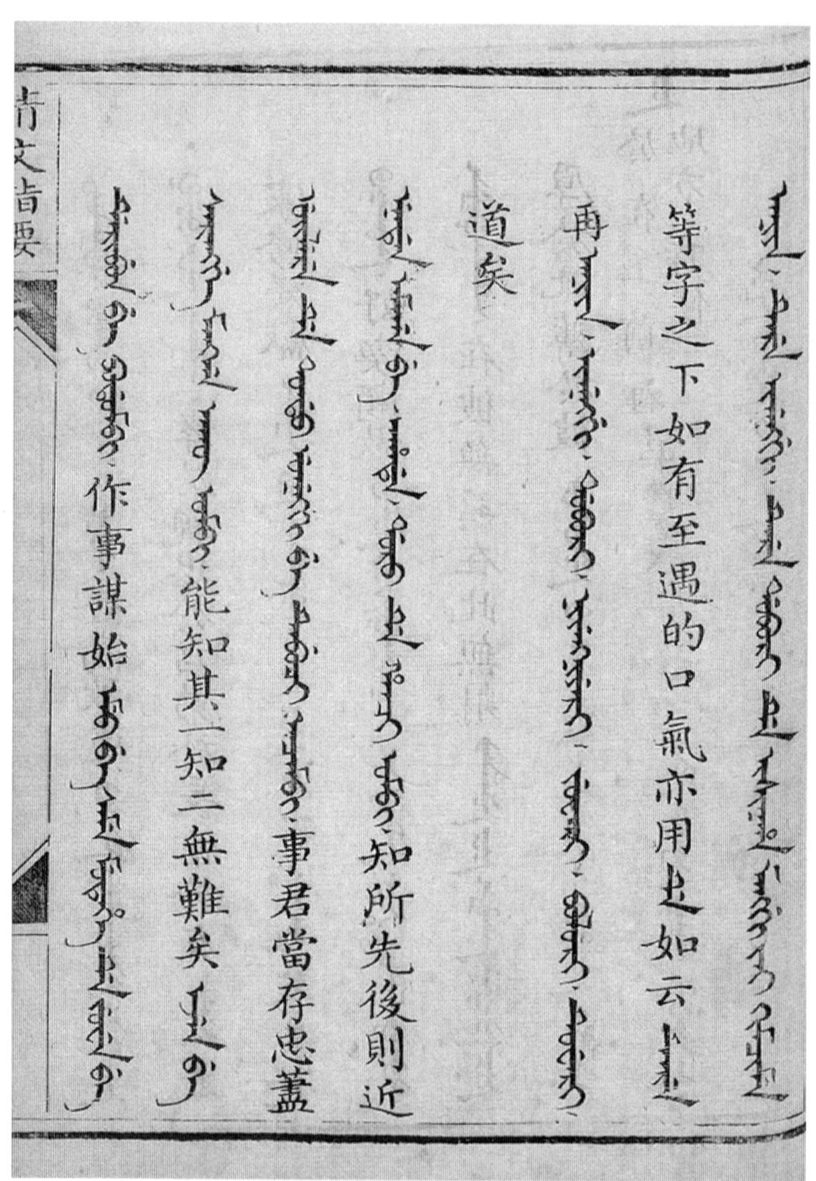
清文指要

等字之下如有至遇的口氣亦用　如云

再

道矣

知所先後則近

事君當存忠蓋

能知其一知二無難矣

作事謀始

〔05-08B〕

書曰
的進士
戊戌年中的舉人已亥年中
如云
行定議 如無至遇的口氣直接下文者皆不用
俟遇某春某夏某秋某冬再
俟至某年某日某夜再行酌辦

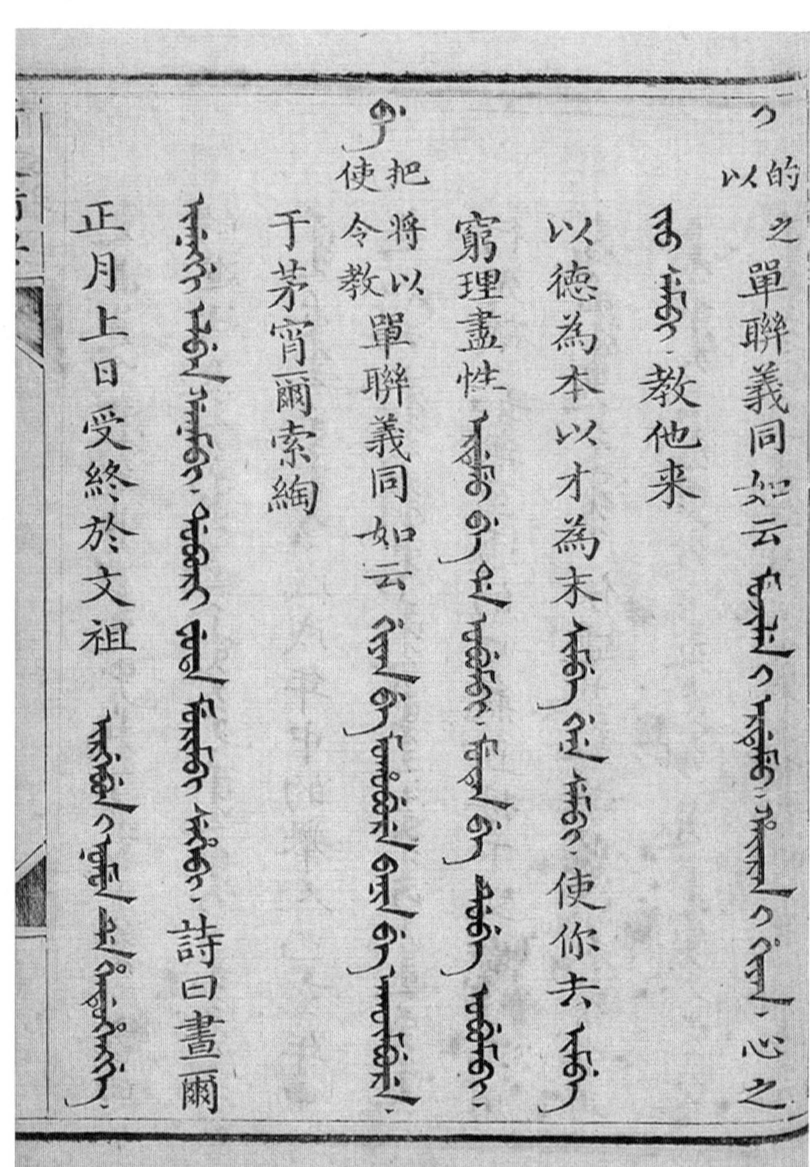

的以 之單聯義同如云 心之

教他来

以德爲本以才爲末 使你去

窮理盡性

把使 將令 以教 單聯義同如云

于茅宵爾索綯

詩曰晝爾

正月上日受終於文祖

〔05-09B〕

自由從 離比較 如云 自上及下

何以報子之恩

豈可得乎 原来如此呢

之才之美 此何故哉

武王之勇 周公

與字同 哉 乎 呢 等字意 乃驚歎語氣 單聯義同 如云

以仁育萬物以義正萬民

德愛之理

十

大哉問 末之有也 末之難

哉也矣
焉啊 乃自信決意之詞如云

離家避禍

下班辭親

忠恕違道不遠

較前大進 比人強

一而十十而百

由近而遠

清文指要

若然
乃未然之工夫也
如云
如
蔽於私欲故失其本心
先王制禮而民知敬讓
瀆於君前
跟前 又如此的上頭
乃已然之工夫也
如云
冒
啊
矣
殆有甚焉
狠好

〔05-11A〕

敬而又敬

舊習漢文今棄漢學滿

語人矣

原係良人後變而為

舊 原先 乃遡始之詞也

而且 更且 乃重疊之詞也 如云

以我看來真不爽也

若勤學則學問日進

之何則可

有棺而無槨 富而絕嗣

而乃上正下反之轉文也 如云

酒

德之士 惡醉而強

學踈才淺而不尊有

富且貴貧且賤

而乃疊上文轉上文之詞也 又 如云

有良師復有益友

伏乞

以君子為賢而好之以小人為否而惡之

無向上之心打亦何益

人不知而不慍

雖然縱乃駁上文之詞也
以為等因乃述上文之詞也

如云

其二

但知其一不知

[05-12B]

或知或不知不敢自以為知

寤寐求之

而意念匪僻

雖學不勉

容貌端莊

日用

無財而有子

雖有俸餉不敷

雖有　雖然　乃駁上文之詞也

又或字意　乃重疊塡宕之詞也

如云

皇上睿鑒等因具奏

有了 在了 曾
来着 原 乃追述之詞也 如云

百年而後崩

師以教之 良久方答

憂人之不學為

故不曾買 居官任事

學習繙譯 因為無錢

因為
為了 如云 因係滿洲

[05-13B]

匪人今則不為良人矣

若親

若非有本事如何得官來

倘曾
乃改言前事之詞也 如云

顔子不貳過

去年曾讀來着今年不讀了

道德高明 原不知

在孔門者皆有聖人之一體而

汝既到來且請坐談

既然 因而 乃根本上文醞釀下文之詞也 如云

臣者承流宣化者也

學所以明理也

仁者人也義者宜也

者 所謂者 乃呼下文之詞也 如云

桀紂不失道亦為堯舜矣

官則當盡職

既然居

既然讀書則當端品

既然乃分所當然之詞也　如云

域矣

以學則不知者可知不能者可能漸臻於聖賢之

學者誠能潛心

十五

既坐在學又不讀書

擎杯不飲

既而 乃宜然而不然之轉語也 如云

其生又欲其死

商四國咸服 既欲

武王克

知止而後有定

而後 然後 乃順頂上文之詞也

又既然 乃理不宜然而然之詞也 如云

[05-15B]

生知安行者其惟聖人乎

此事想必有成

其由也歟

歟 乎 猜料語

乃心擬其然口不遽然而作揣度之詞也 如云

是非之間 暗中保佑

棍之長也及眉

去 從水路而来

由 從 自 傍 近

乃依倚之意也 如云 由驛站而

俟命

與其行險以徼倖不如居易以

與其媚於奥寧媚於竈

與其強如 乃貶上文之詞也 如云

不過一微員耳有甚尊榮

述而不作

不過是 乃止於如是不復再有之詞也 如云

〔05-16B〕

而已 則已 又極似語 乃別無餘事之詞也 如云

無不能之處

人惟專心去學漫說一篇書即十篇書亦

長進且得功名

非惟學問

不但無益而且有損

不但 非惟 且漫說 乃上文淺下文深之詞也 如云

不能況二件乎

一件尚且

尚且而況之套詞也 如云

此人甚奸極似曹操

難行而已矣

矣

致遠無

故君子有不戰戰必勝

[05-17B]

不識字者何故由於不讀書也

陝西亦不近

雲南路固遠而

可則算之不可則不算之

說 又固字意

乃安上援下之助語也 如云

至誠感神矧茲有苗

不力於農桑可乎

君后至尊且躬親農桑小民

十八

而能言

一見如故 生

二字皆係將然之意 如云

語氣不少停

貪凉而被風

矯枉過正

只管

乃執一不他顧之詞也 如云

大事固宜敬而小事亦不容忽也

[05-18B]

語畢虛結 乃現在未然之詞也 若整字與
此等口氣之字各成一體不在此例
來 入 吃 存住 取 求
汝敬 汝忠 你去 你行
等虛字即為使令口氣 如云
使令之詞 整字之下單用之 若遇破字則不用
之形長 明明看見了
形狀事物之詞也 如云 關防

〔05-19A〕

ᡶᡳ着字 乃語氣未完述事未足直接下文之詞也

[illegible] 柳下惠不隱賢見賢必舉

古人之行事則用 [illegible] 如云 [illegible] 儉則有餘奢則不足 若述

[illegible] 日後必有出息定然考中 [illegible] 我考 [illegible]

等字之下則用 [illegible] 如云 [illegible] 誰考 [illegible]

彼已知之久矣

與 等字之下則用 如云

了字 乃完畢一事復有一事之串文也 若整字

知好色則慕少艾

能順能不違

向着書數着字眼看着手指着熟讀

若整字 等字之下則用 如云

清文指要 二十

洒掃應對之節

平文單用則用 如云 為學之道

尾乃言盡而意不盡之語 若下綴 等字則為

不贅 係未然語若在句中作之字解 若在句

此三字體異用同 叶上韻耳 後凡遇此類

鋪下紙洗了硯研了墨舐了筆寫字

放下棹

汝尚不告何為

[05-20B]

清文指要　二十一

[illegible]

在句尾作了字觧　單用則用 [illegible]、如云 [illegible]

凡遇此不賛　係已然語　若在句中作之字觧　若

[illegible]、此六字體異而義同　叶上韻耳　後

於敗亡矣

[illegible]、不然則放肆而不免

時存畏懼 [illegible]

[illegible]、吾語汝 [illegible]、宜

[Manchu] 請命之詞 單用則用 [Manchu] 如云 [Manchu]
小大由之 [Manchu] 為天下君
如云 [Manchu] 指其掌 [Manchu]
[Manchu] 等字 意盡詞盡已然之結尾也 單用則用 [Manchu]
[Manchu] 均是賦性成形而或賢矣或不肖矣
[Manchu]
之謀所提之事所約之言施行矣 [Manchu]
[Manchu] 達人學士照去年所議

[05-21B]

滿招損謙受益　又有數解

操則存舍則亡

用則用　如云

如　若則即上工夫以起下效驗之詞也　單

予欲無言

如云　欲行仁政

欲也　乃期於如是之詞也　單用則用

請事斯語矣　吾執御矣

孟子見梁惠

一解懸揣上文的確下文之詞也　如云

我在第八

一解次第　如云　你在第幾

及

一解比較　如云　比我長　比你不

奚自　嗣後

一解自從由　如云　自古以來

[illegible]、使令之詞 又由其 也罷之詞 單用則用 [illegible]、

們

一解等第 如云 [illegible] 何等人 [illegible]、都是誰

進之無力退之可惜

察之乃隱於暗地 [illegible]、

竟莫之得 [illegible]、復詳

三子告不可 [illegible]、各處求之

王王立於沼上 [illegible]、之

女奚不曰我無
云 此處坐罷 常來是呢
是呢口氣 乃婉令其然之詞也 較 柔和 如
回 欲無玷可得乎
經 百折不
與其殺不辜寧失不
他去由他去罷
如云 去罷 留下他罷

驚醒

注目而視 坐待

等字 經久不已之意 單用則用 如云

恐或不勤

憂 恐其倦怠

如云 父母惟其疾之

恐字意 乃慮其或然之詞也 單用則用

與焉云爾

二十四

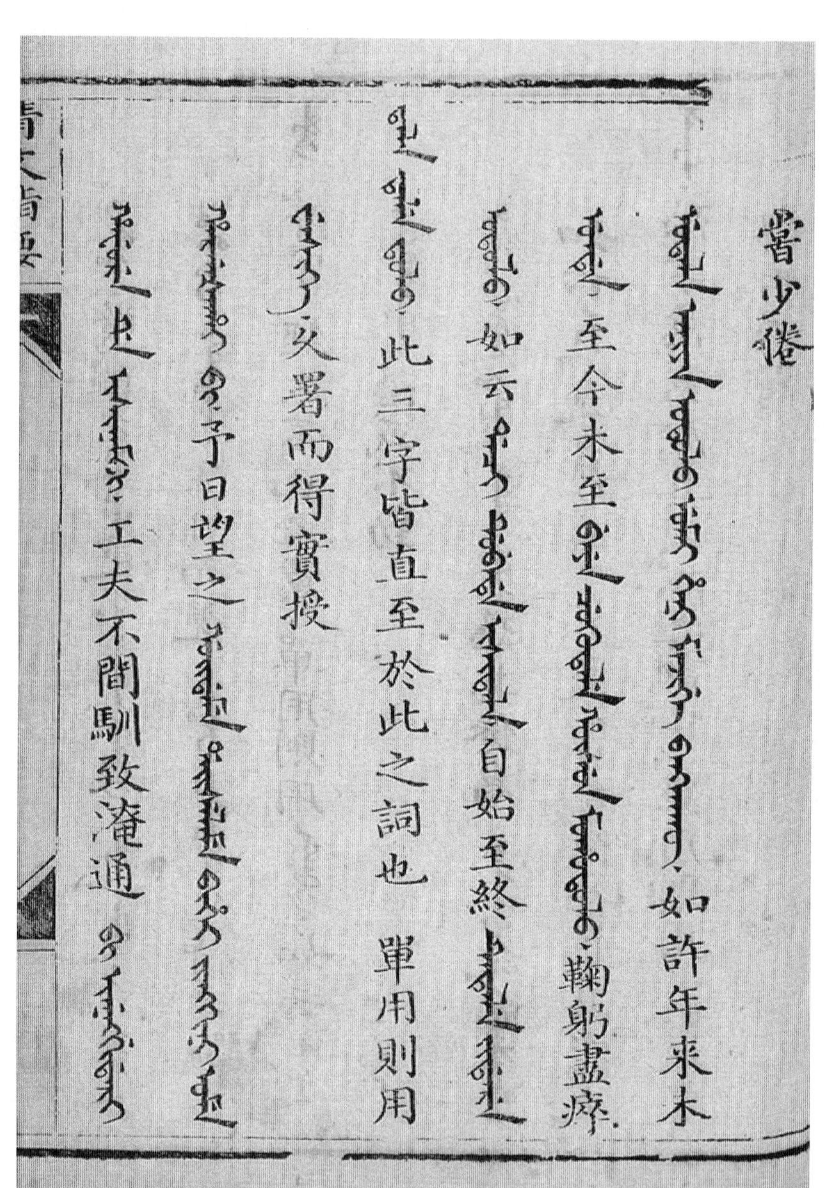
嘗少倦

如許年來木

至今未至

鞠躬盡瘁

如云

自始至終

此三字皆直至於此之詞也

單用則用

久署而得實授

予日望之

工夫不間馴致淹通

清文指要

[05-24B]

將欲 乃直出上文歸重下文之詞也 如云

志之人

神 所有之事 凡同

所至之處 過化存

凡 所該括之意也 單用則用 如云 凡

每去不空回

日就月將 歲考

每 如云 時習

〔05-25A〕

不 乃未然語 單用則用 如云

巍巍蕩蕩首出羣倫

領而望 引

柔化而為剛 引

與 字同 又形容事物太甚之詞也 如云

則必稱堯舜

論治

師行則弟子捧杖

〔05-25B〕

學

知行並進

如云 知之明

等字 者字意 乃未然語 呼應之字也 單用則用

單用則用 結煞則用 與 有間

此四字同係未曾未經乃已然語

心 邪則身不正

不妨 無傷 不忍

二十六

二字俱係可字意 如云

不曾者 已然語 與 有間 單用則用

不者 未然語 之反面也 單用則用

則用

等字 者字意乃已然語 與 等字有間 單用

者之所以讀書非欲為官也將以明道也

ᠪᠠᡳᡵᡝᠣ 懇乞施恩 ᡩᠣᠨᠵᡳᠴᡳ ᠣᠮᠪᡳᠣ 可得聞乎

仰望懇乞之詞也 如云 ᠣᠨᠴᠣᡩᠣᠮᡝ ᡤᡠᠸᡝᠪᡠᡵᡝᠣ 望乞容恕 ᠪᡳᠣ

ᠣ 乎哉歟 乃質問之詞也 凡有三義 一 ᠩᡤᡝ ᠩᡤᠠ ᠩᡤᠣ

者

可患者 ᡩᠣᡵᠣᠩᡤᠣ 有道者 ᡨᠠᠴᡳᠨ ᡩᡝ ᠠᠮᡠᡵᠠᠩᡤᠠ 好學

ᠠᠮᡠᡵᠠᠩᡤᠠ 如云 ᡥᡳᠶᠣᠣᡧᡠᠩᡤᠠ 孝者 ᡝᠯᡩᡝᠩᡤᡝ 有光者 ᡴᡝᠮᡠᠨᡳ

ᡥᡝᠰᡝᠩᡤᡝ ᡥᡝᠰᡝᠩᡤᡝ ᡥᡝᠰᡝᠩᡤᡝ 三字俱係著字乃未然語 單用則用

其言可嘉 ᡳᠰᡳ ᠪᡳᡩᡝ ᡴᡝᠰᡝᠩᡤᡝ 此事可疑

此豈爾所知者乎 豈
一反詰之詞也 如云 豈不休哉
非歟 有威者乎
不曾去者乎 可疑者乎
者乎 凡所去者乎 不去者乎
欲去乎 去者乎 曾去
已去乎 曾去過乎 不曾去乎
一正問之詞也 如云 去乎 去矣乎

此事真乎

質問口氣則仍留其字頭下加一字 如云

質問之詞 凡字頭之字若在字尾或應用

可乎不可乎

見乎 不曾食乎 有意無意乎

也 如云 汝不能乎 汝不曾

二字俱係不乎口氣 乃 之問詞

不可乎

ᠮᡠᡩᠠᠨ 次遍 如云 ᡝᠮᡠ ᠮᡠᡩᠠᠨ 一遍 ᠵᡠᠸᡝ ᠮᡠᡩᠠᠨ 二遍 ᡳᠯᠠᠨ ᠮᡠᡩᠠᠨ 三遍

[illegible] [illegible] [illegible] 月蝕初蝕三分

點點耳 [illegible] [illegible] 畧似 [illegible] [illegible] [illegible] [illegible]

[illegible] 微字意 如云 [illegible] [illegible] [illegible] 螢火之光斯

早早的来 [illegible] [illegible] 少少的添

[illegible] 微少 [illegible] [illegible] 多多的買 [illegible] [illegible]

上文着力之詞 如云 ᠯᠠᠪᡩᡠᡴᠠᠨ 微多 ᡝᡵᡩᡝᡴᡝᠨ 畧早

ᡴᡝ ᡴᠠᠨ ᡴᡝᠨ 三字俱係微字畧字 若下加 [illegible] 字則為重

餘倣此

ᠰᠠ ᠰᡝ ᠰᡳ ᠰᠣ ᡨᠠ ᡨᡝ 六字俱係人等 人們 如云 ᠸᠠᠩᠰᠠ 王等 ᠠᠮᠪᠠᠰᠠ 官員等 ᡤᡠᠩᠰᡝ 公等 ᠵᡠᠰᡝ 子女們 ᠣᠮᠣᠰᡳ 孫們 ᠮᠣᠩᡤᠣᠰᠣ 蒙古們 ᠠᡥᠠᡨᠠ 兄等 ᡩᡝᠣᡨᡝ 弟等

ᡨᠠ ᡨᡝ ᡨᠣ 三字俱係每人若干之詞 如云 ᠨᡳᠶᠠᠯᠮᠠ ᡨᠣᠮᡝ ᡳᠯᠠᡨᠠ 每人三個 ᠨᡳᠶᠠᠯᠮᠠ ᡨᠣᠮᡝ ᠵᡠᠸᡝᡨᡝ 每人二個 ᠨᡳᠶᠠᠯᠮᠠ ᡨᠣᠮᡝ ᡨᠣᡶᠣᡥᠣᡨᠣ 每人十五個

ᠩᡤᠠᠯᠠ ᠩᡤᡝᠯᡝ ᠩᡤᠣᠯᠣ 三字俱係臨字將字 乃將然未然之詞

三字皆着落人之詞也 如云 膠固

台

奉茹 等奉送來 君命

令來之詞 單用則寫 如云 來咨

致身報効 抵死不從

二字皆決無回轉之詞也 如云

臨去一顧 未獻供先擧

也 如云 臨入使聲

傍晩 絆扯意
紅貌 肥壯貌 聳立貌
也 如云 輕浮意 鬱悶意 臉
此七字皆形狀景況之詞
字也 恥辱之整字也
斂破為整之字也 如云 憂患 憂患之整
飲食之物
膠固之人 飲食

清文指要 三十

頻拉扯 頻展翅 約束之

二字亦頻頻不已之意 又着力之意 如云

頻撓 細心 以強 慎之

意 如云 頻展眼 頻叩首

三字皆頻頻不已之意 又用力行為之

穗 結咕嘟

告訴去 去坐 去迎 生

三字皆去字意 又生出長成之意 如云

清文指要

三字皆齊字意 又不定之意 如云

急之 樂之 由之

三字皆着力之意 又行為之意 如云

斷之 明之 撅之

漸老 往外出

用譏 淫樂 寬之

三字皆行為之意 又漸進之意 如云

蹬踹

三十一

使惡　亂之　鄉居

輪班　說　說蒙古語

三字亦行為之意　又着力之意　如云

尋思　盼望　驚怍

如云　禮待　喜之　委靡

三字皆行為之意　又經久不已之意

跳踏　龍躍

齊立　齊坐　齊哭　窺伺

〔05-31B〕

来看

来字意 如云 来學 来告訴

化 提

故以 墊之 如云 倦

三字乃墊文也 字頭下不便於用

滿之 完之 平之

賄賂 遠略 損之

六字皆着力之意 如云

使事成

者則為自然字　如云　使親悅

字者為被字　如本身有力上無　下有 ᠪᡠ 字

字者則為轉使字　如本身有力上有　下用 ᠪᡠ

字者則為使令字　如本身有力上有　下用 ᠪᡠ

ᠪᡠ 使　被　又效驗自然字　如本身無力上有　下用 ᠪᡠ

共與起

ᠴᠠ ᠴᡝ 二字皆相字意　如云　相鼓舞

力之字 去 則為無力之字矣 益

興起之 倫之 以上七字皆為有

立之 化之 成之 鼓舞之

明德 德明 定之

齊家 家齊

事牽扯 修身 身修

抒誠 被人打 被

使臣盡職 令士

三十三

使人修身　又有同此一字而意各
國治　受治於人
存乎其人不可泥為一致而槩之也　如云
力之字矣　又有同此一字而各解者神而明之
著　以上十三字皆係無力之字　去◉反為有
遇　行　逢　錯
明　泥　糜　伏
辨　塞　正

之者不少矣故反復申明之

以上諸解最易眩人宜早為之詳辨細味蓋昧

[illegible] 民不能自治頼於使之治焉

治者向化矣 [illegible]

[illegible] 圖治 [illegible] 受

別者總以文義為別耳此尤顯然者矣 如云

[05-34B]

清文指要

[Manchu] [Manchu] 等字之上應用 [Manchu] 字

字

[Manchu] [Manchu] [Manchu] [Manchu] [Manchu] 等字之上應用 [Manchu]

[Manchu] [Manchu] [Manchu] [Manchu] [Manchu] [Manchu] 此六字不可抬寫於行首

義同

可聯寫 [Manchu] [Manchu] [Manchu] 字頭下則用 [Manchu] 字　體異而

[Manchu] 字 [Manchu] [Manchu] [Manchu] 字頭下讀為呢餘讀依字 [Manchu] [Manchu] [Manchu] 字頭下

[Manchu] [Manchu] [Manchu] [Manchu]

三十五

[Manchu] 之上必用 [Manchu] [Manchu] [Manchu] [Manchu] [Manchu] [Manchu] 等字

[Manchu] 下 必應 [Manchu] 字接

[Manchu] [Manchu] [Manchu] 等字之上應用 [Manchu] 字

[Manchu] [Manchu] [Manchu] [Manchu] [Manchu] [Manchu] [Manchu] [Manchu]

[Manchu] [Manchu] [Manchu] 等字之下應用 [Manchu] 字口氣接

應用 [Manchu] 字

[Manchu] [Manchu] [Manchu] [Manchu] [Manchu] [Manchu] [Manchu] [Manchu] [Manchu] [Manchu] 等字之下

[Manchu] [Manchu] [Manchu] [Manchu] 等字之上應用 [Manchu] 字

[Manchu]、[Manchu]、二字下必應 [Manchu] [Manchu] [Manchu]、等字

[Manchu]、字之下必應 [Manchu]、字

[Manchu]、之上必用 [Manchu] 字

[Manchu]、之下必應 [Manchu] [Manchu] [Manchu] 等字接

[Manchu]、之上必用 [Manchu] 字

[Manchu] [Manchu] 等字

[Manchu]、[Manchu]、[Manchu]、[Manchu]、[Manchu]、[Manchu]、等字之上必用 [Manchu]

[Manchu] [Manchu]、之上必用 [Manchu]、[Manchu]、[Manchu] 及整字

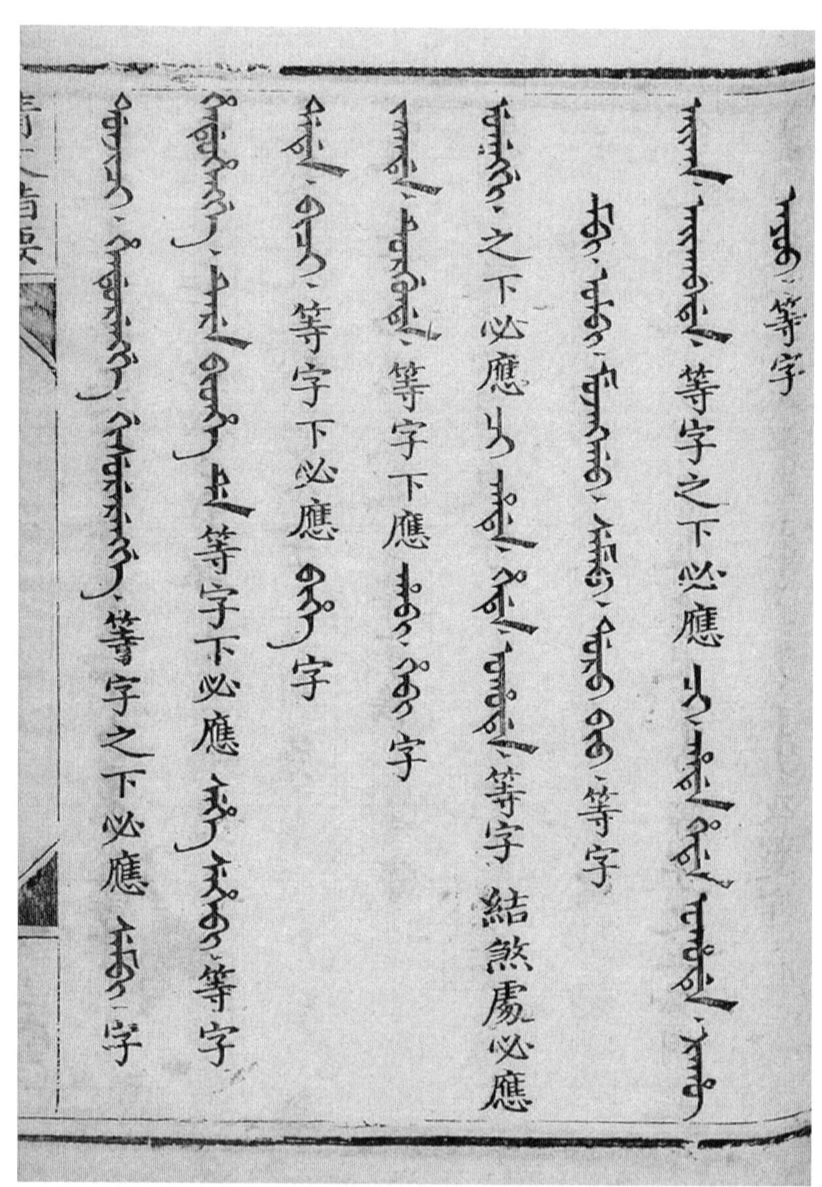

[05-36B]

[illegible]之下必應[illegible]、[illegible]、[illegible]、[illegible]等字

[illegible]、之下必應[illegible][illegible]、[illegible]、等字

[illegible][illegible]、[illegible]、等字之下必用[illegible]字

[illegible]之下必應[illegible]、[illegible]、[illegible][illegible]、等字

[illegible][illegible]之下必應[illegible]、[illegible]、[illegible]、等字

[illegible]、之下必應[illegible]、及使令口氣等字

[illegible]之下必應[illegible][illegible]等字

[illegible]之下必應[illegible]、字

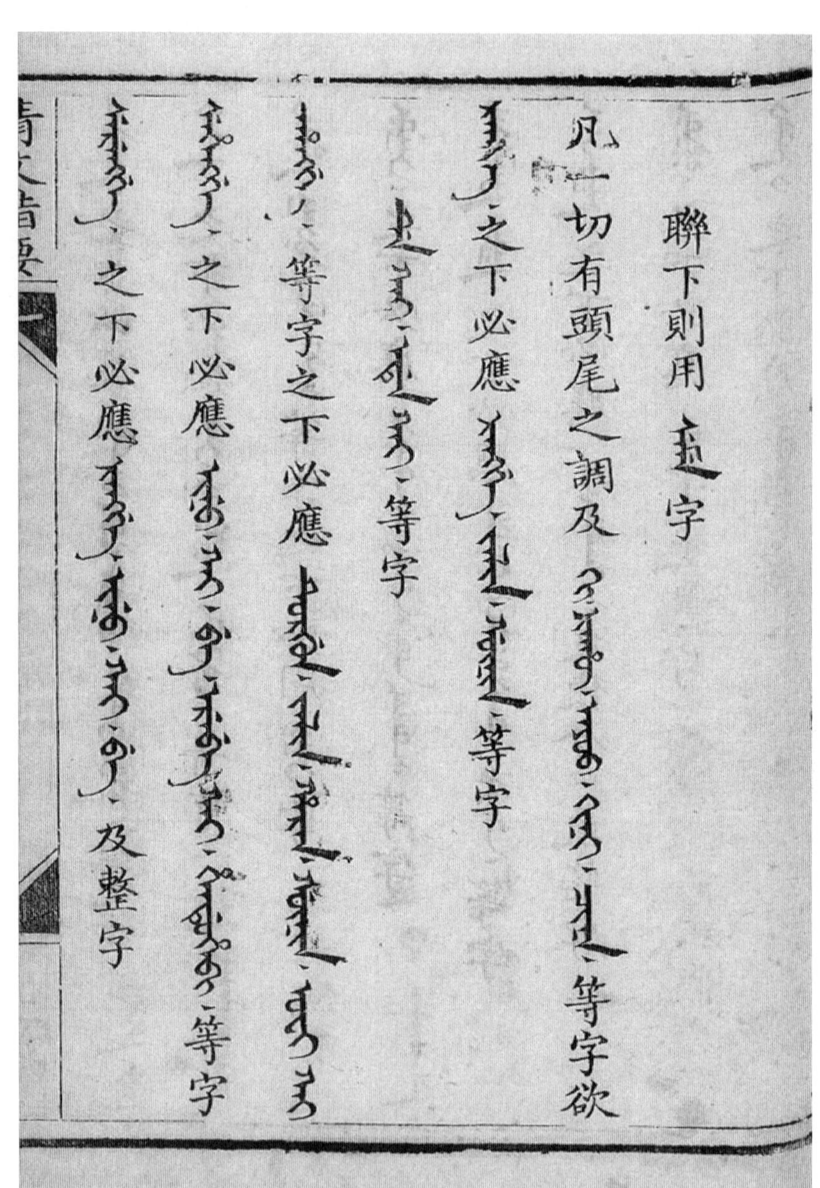

清文指要

聯下則用 字

凡一切有頭尾之調及 等字欲

之下必應 等字

等字

等字之下必應

之下必應 等字

之下必應 及整字

〔05-37B〕

見識淺鮮

弓馬兼優

親親何有長長何有

正心誠意

省俱於下句總之可也　如云

省者申明之如排聯處有相同落脚者上句可

淸文虛神有宜增宜減者已見於諸篇今以假借可

乎

舉枉錯諸直則欲君子在位小人在野其可得

苟

欲任君子去小人則當舉直錯諸枉

爲忠臣

在家可以爲孝子在國可以

建官爲賢

位事惟能

湯之王以七

十里

聖學之

三十九

[05-39A]

清文指要

所肇基者維何精求者維何推及者維何其所肇基

者其惟格致誠正乎其所精求者其惟身心性命乎其

所推及者其惟家國天下乎

凡小任

可用小材至于大任則不可用小材也

孝思

不惟不可負親

其病則吾聞之矣其沒則吾未之聞也

學者亦知為學至於勤則漠然不知

一主於敬

飲食起居

非特可用於事親即事君亦可用也

〔05-40A〕

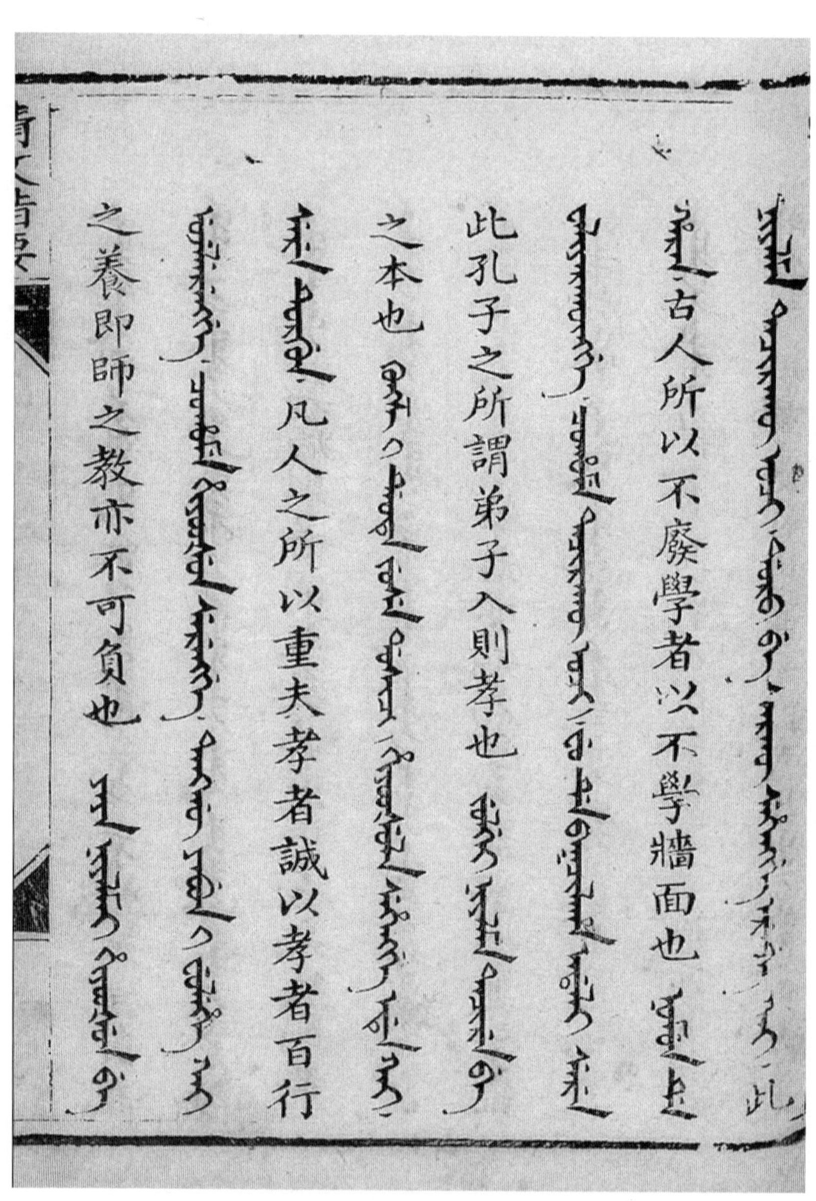

此

古人所以不廢學者以不學牆面也

此孔子之所謂弟子入則孝也

之本也

凡人之所以重夫孝者誠以孝者百行

之養即師之教亦不可負也

〔05-40B〕

不然雖可為法於天下不能使之可傳於後世也

則亦岳武穆矣

今之為臣者若能得為忠臣

忠臣也

史氏以岳武穆為忠臣者以岳武穆可得為

經所謂人不學不知道也

人能法伊尹顏淵過則聖及則賢矣

人能孜孜不倦五年則必有成

可離非道也

業可以千古不磨故可傳於後世

聖賢事

〔05-41B〕

6

청문접자(清文接字)

청문접자(清文接字) 해제

『청문접자(清文接字, cing wen jiye dz bithe)』는 숭실(崇實)이 그 부친인 숭낙봉(嵩洛峯)의 저서를 동치 5년(1866)에 출간한 것으로서 만주어 허자(虛字)에 대한 단행본의 효시로 알려져 있다. 『청문접자』는 판본의 간행년도에 따라서 크게 취진당각본(聚珍堂刻本, 1866)과 취진당중각본(聚珍堂重刻本, 1867), 그리고 송회(松滙)가 중간한 삼괴당각본(三槐堂刻本, 1888)의 세 계통으로 분류해 볼 수 있는데, 국립중앙도서관 소장본은 취진당각본에 해당하며 중앙민족학원도서관 소장본은 삼괴당각본에 해당한다.

『청문접자』에서 허자(虛字)라는 말 대신에 접자(接字)라는 용어를 쓴 것은 만주어의 교착어적인 성격을 의식한 것으로 추정된다. 『청문접자』의 본문은 총 42장으로 1면이 5행으로 이루어져 있으며 행마다 경계선은 없다. 사주쌍변(四周雙邊)이고 판심은 단하향흑어미(單下向黑魚尾)이다. 표제어는 'mbi, me'에서 '-ša-, -še-, -ja-, -je-'에 이르기까지 118개의 항목을 제시하고 있으며, 표제어가 제시된 행은 한 단어씩 올려 써서 구분해 놓고 있다. 부분적으로 표제어에 대한 자세한 설명이 필요할 때에는 하나의 표제어를 두 개의 항목에 걸쳐서 설명하기도 하였는데, 특히 첫 번째 표제어인 'mbi, me'부터 37번째 표제어인 'hakūngge'까지는 'hūla-'[念]와 'baitala-'[用]를 기본 어근으로 삼아서 문법 형태소에 따른 활용형을 표제어로 제시하고 있다는 특징을 지닌다.

〔06-앞표지A〕

〔06-앞표지B〕

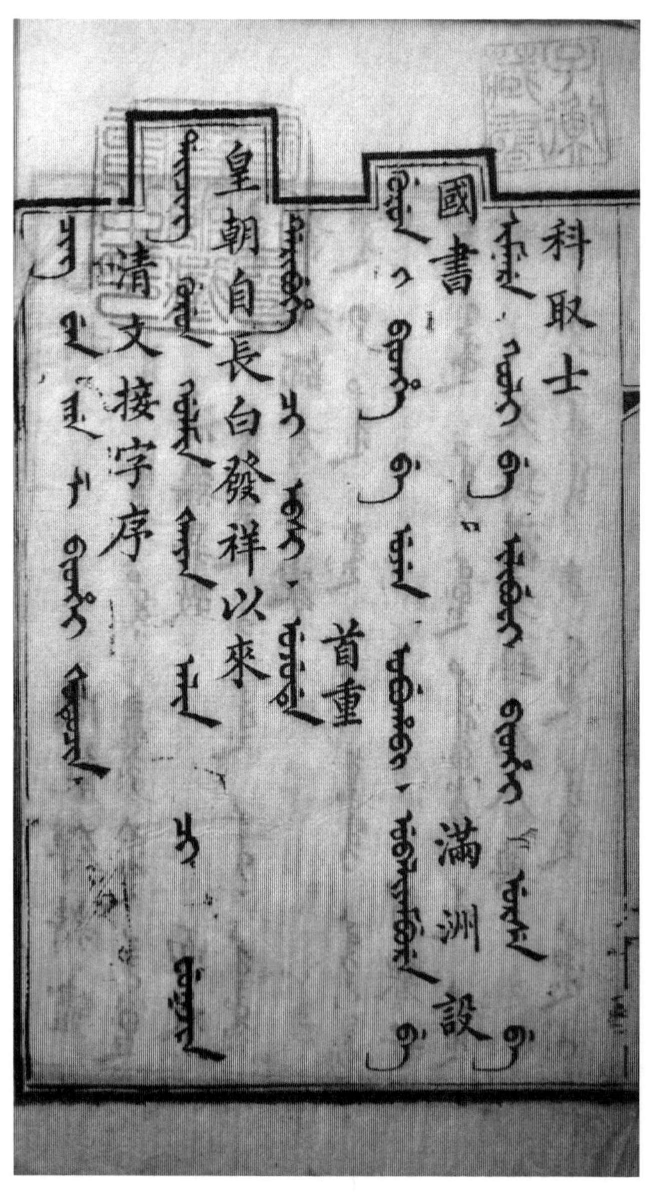
清文接字序

皇朝自長白發祥以來

滿洲設科取士首重

國書

[06-序01A]

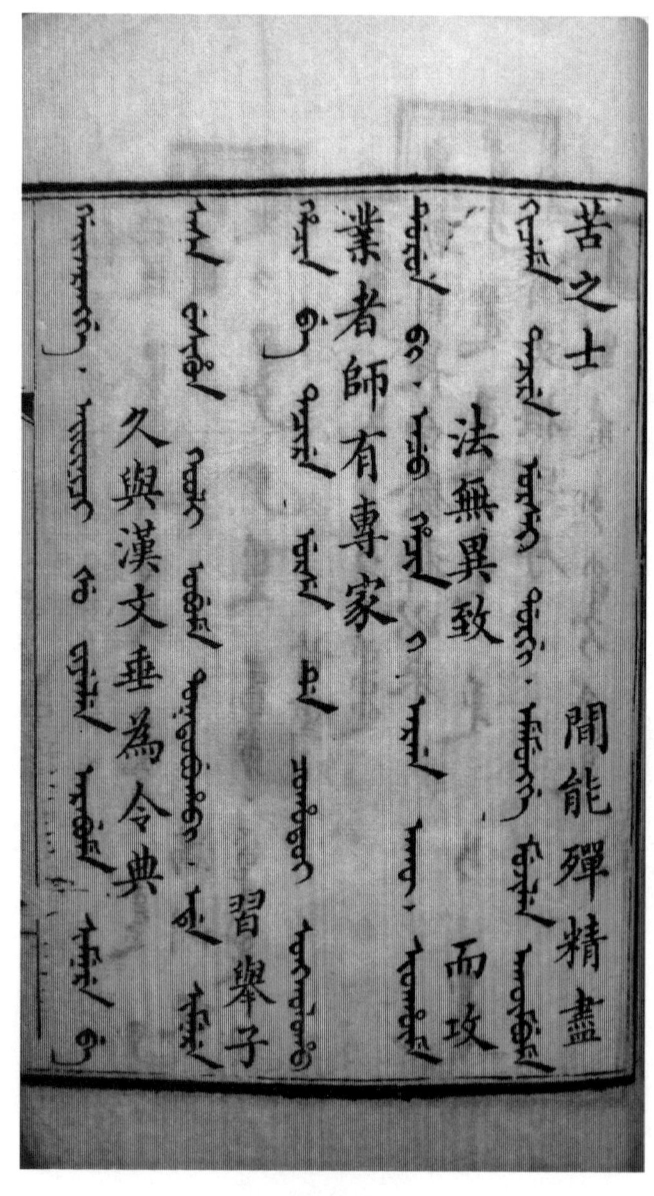

苦之士　間能殫精盡
法無異致　而攻
業者師有專家
習舉子
久與漢文垂為令典

〔06-序01B〕

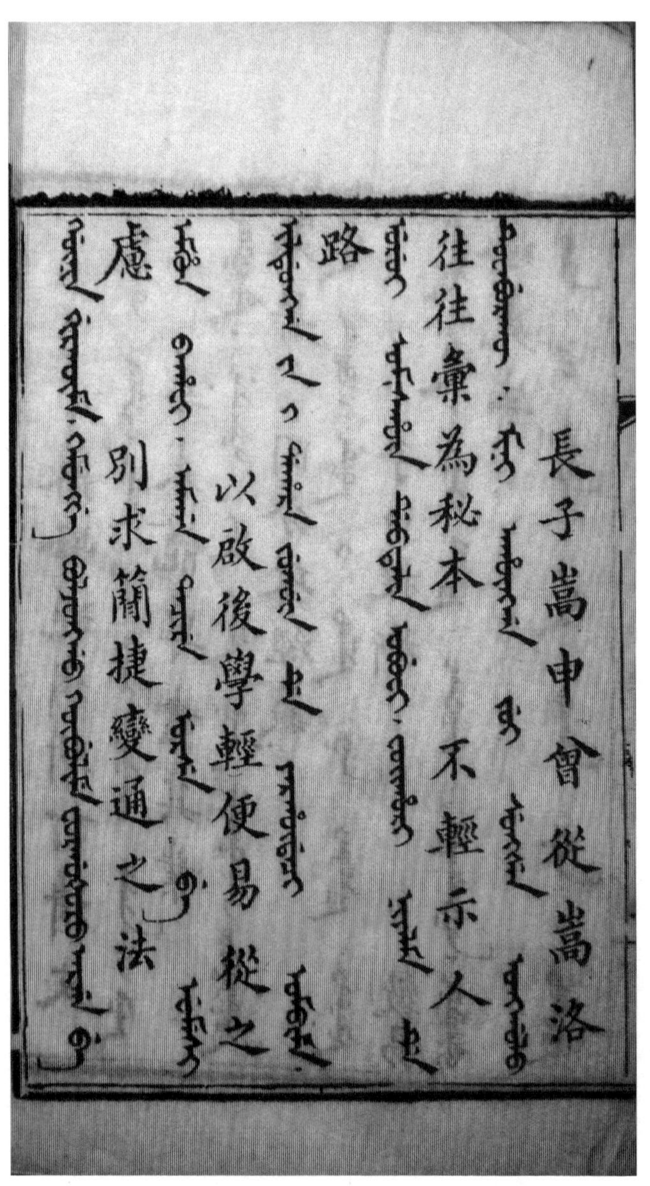
長子嵩申曾從嵩洛

往往彙為秘本不輕示人

路

以啟後學輕便易從之

處

別求簡捷變通之法

〔06-序02A〕

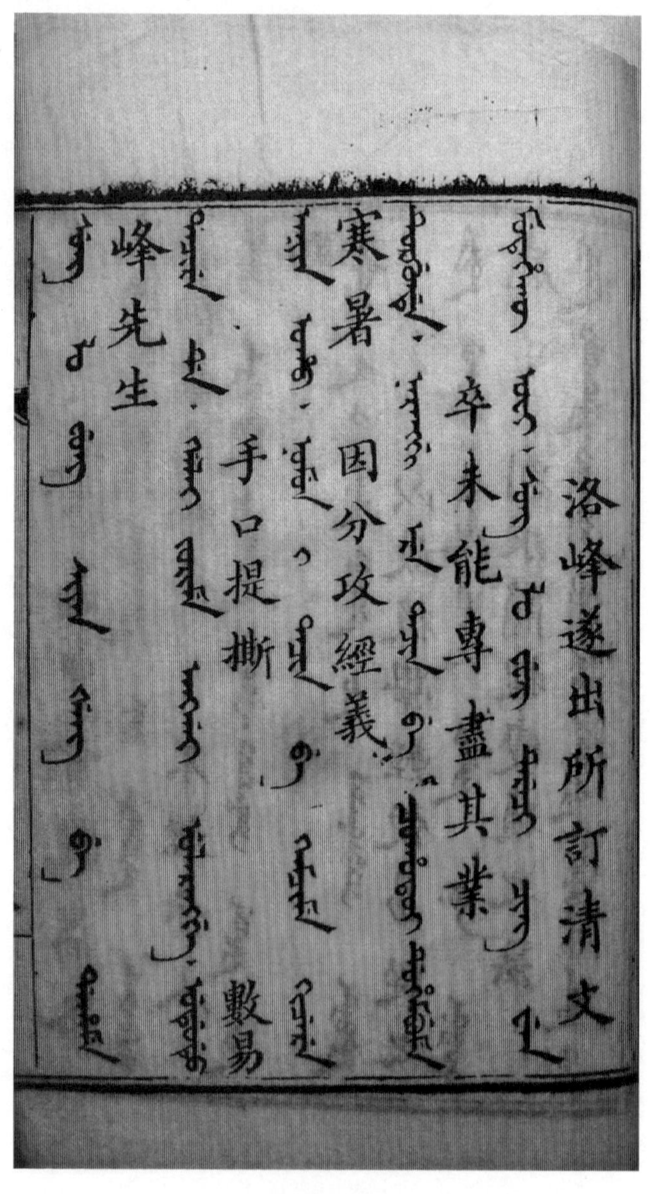
洛峰遂出所訂清文
卒未能專盡其業
寒暑因分攻經義
手口提撕數易
峰先生

〔06-序02B〕

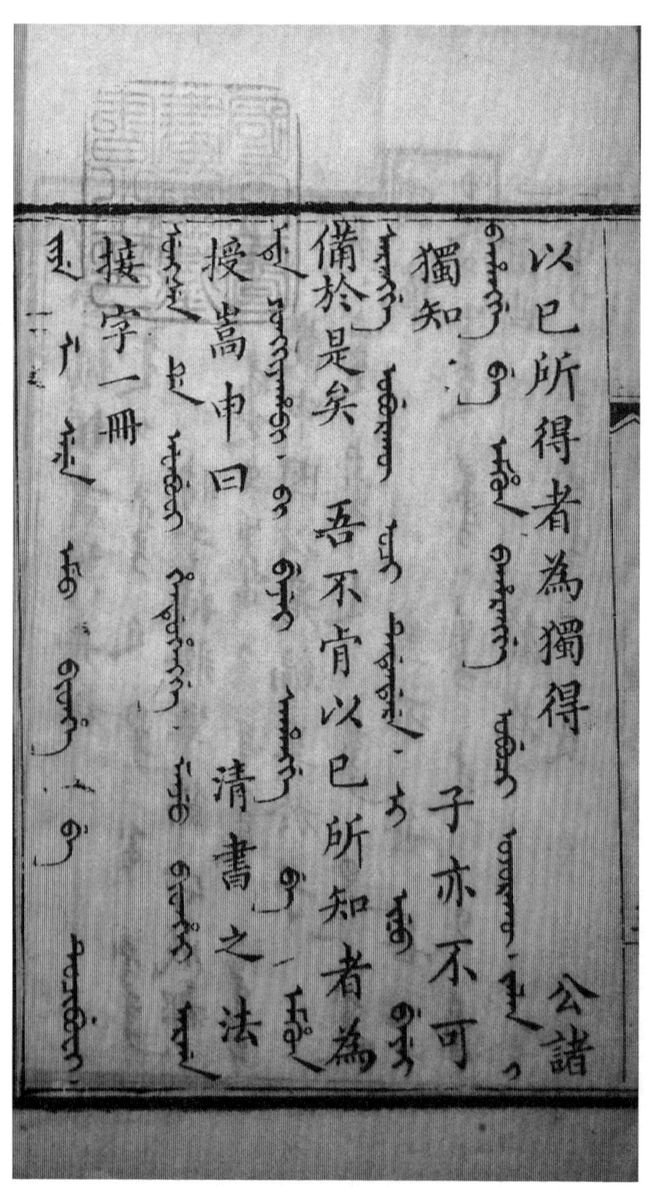
以己所得者為獨得　公諸
獨知　子亦不可
備於是矣　吾不肯以己所知者為
授嵩申曰　清書之法
接字一冊

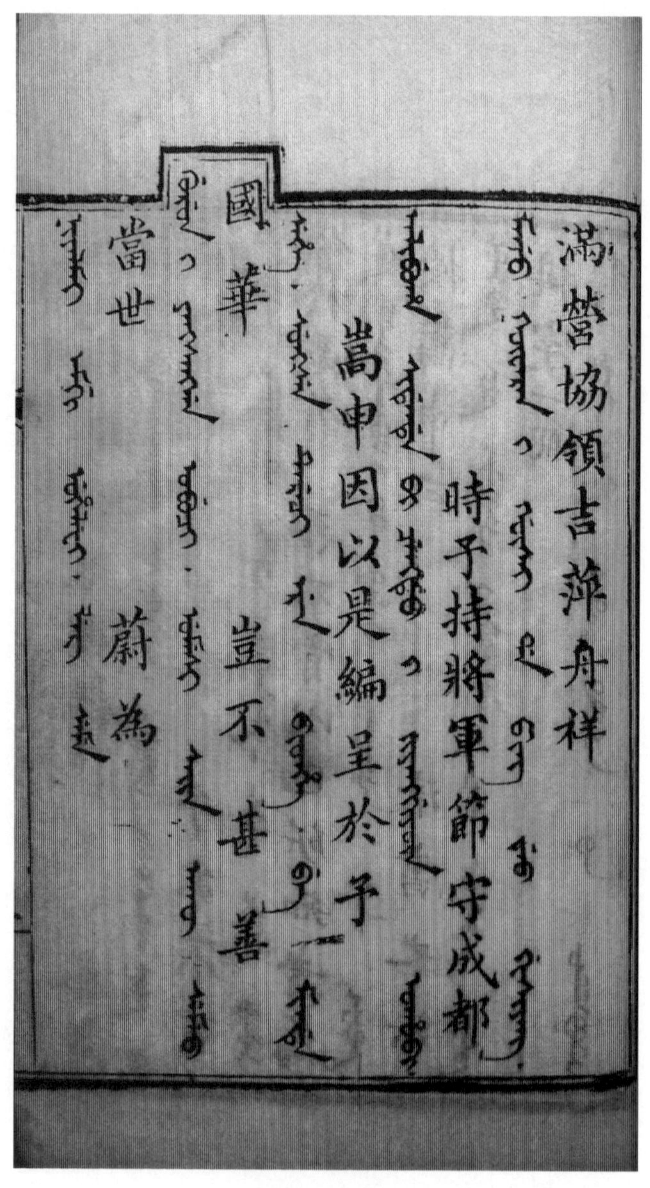

滿營協領吉萍舟祥

時予持將軍節守成都

嵩申因以是編呈於予

國

華　豈不甚善

當世　蔚為

〔06-序03B〕

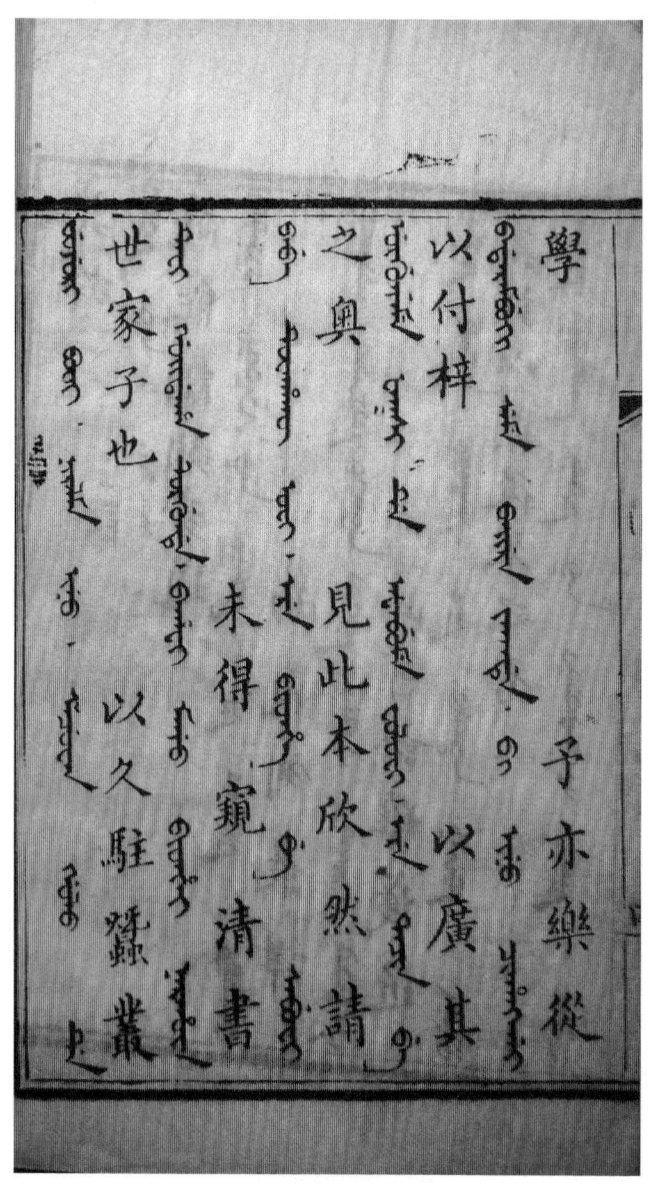

學　予亦樂從
以付梓　以廣其
之與　見此本欣然請
未得窺清書
世家子也　以久駐蠶叢

〔06-序04A〕

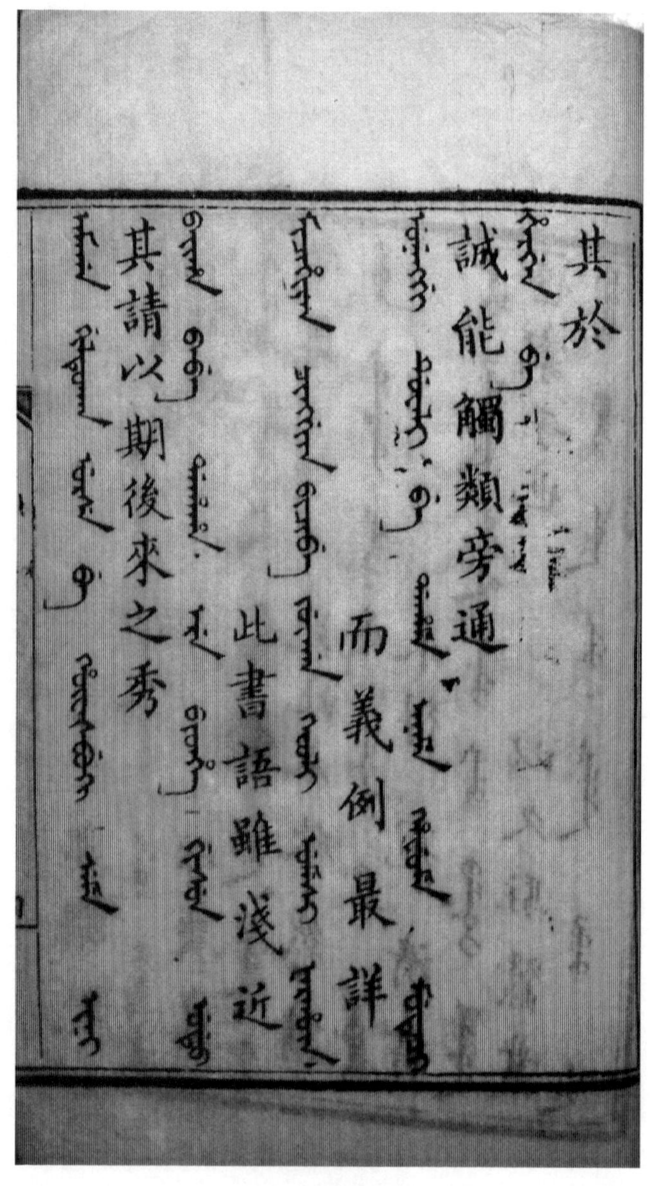

其於
誠能觸類旁通
而義例最詳
此書語雖淺近
其請以期後來之秀

〔06-序04B〕

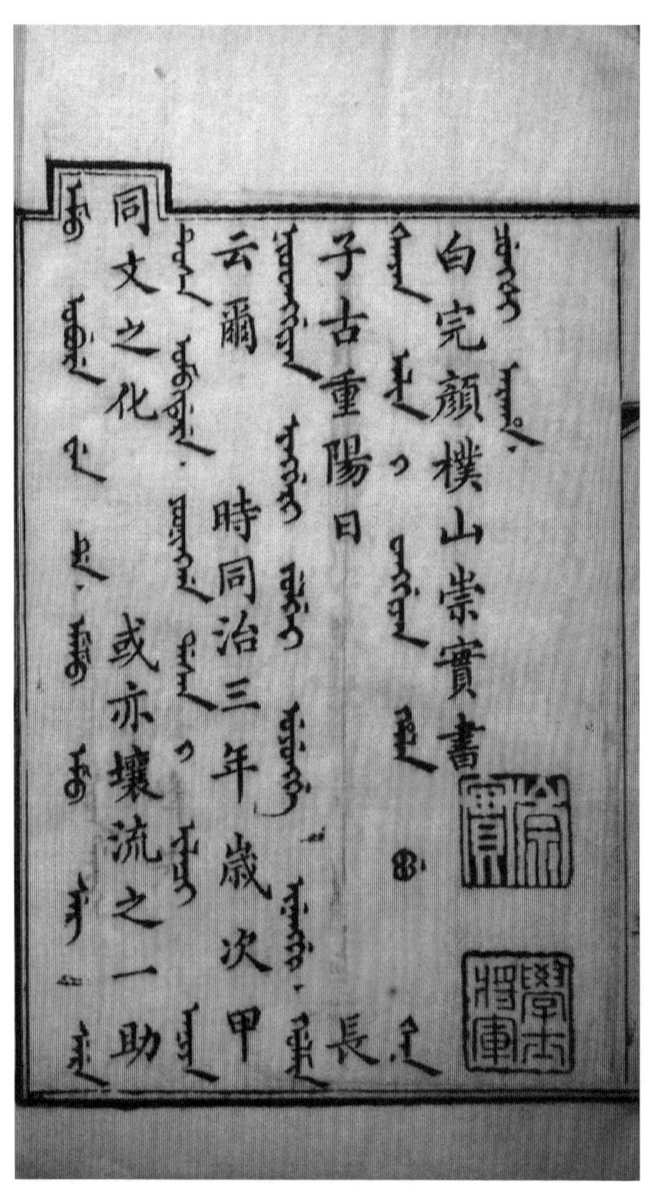

同文之化 或亦壤流之一助
云爾 時同治三年歲次甲
子古重陽日 長
白完顔樸山崇實書

[06-序05A]

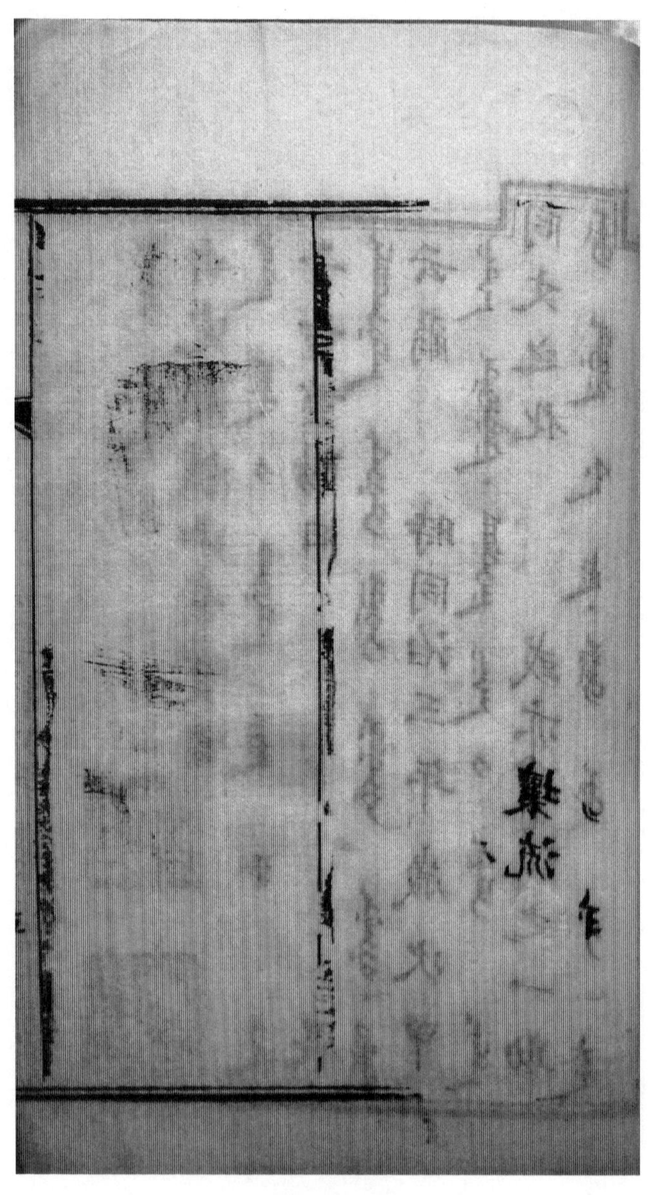

〔06-序05B〕

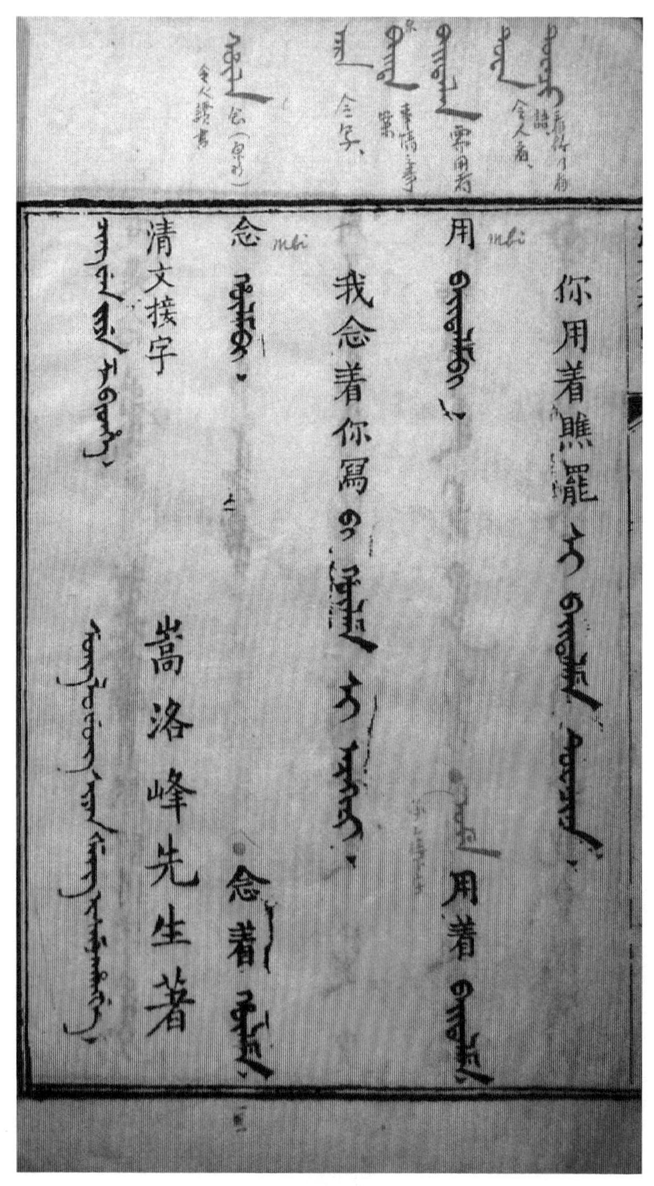

[06-01A]

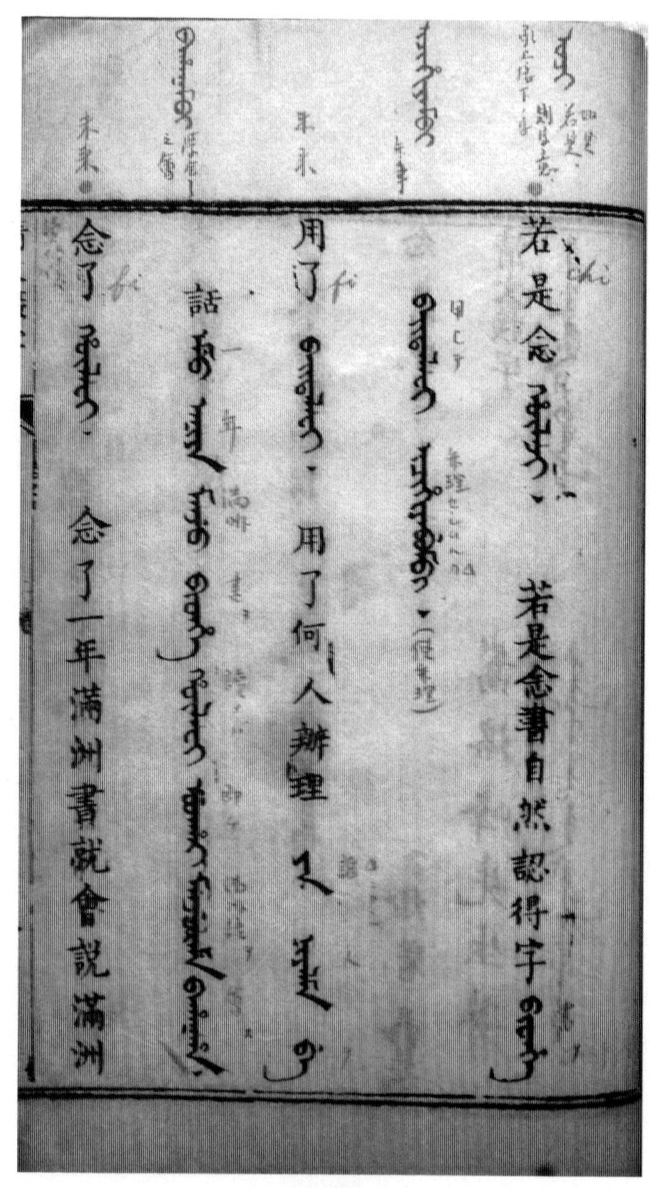
若是念

若是念書自然認得字

用了

用了何人辦理

話

念了

念了一年滿洲書就會說滿洲

[06-01B]

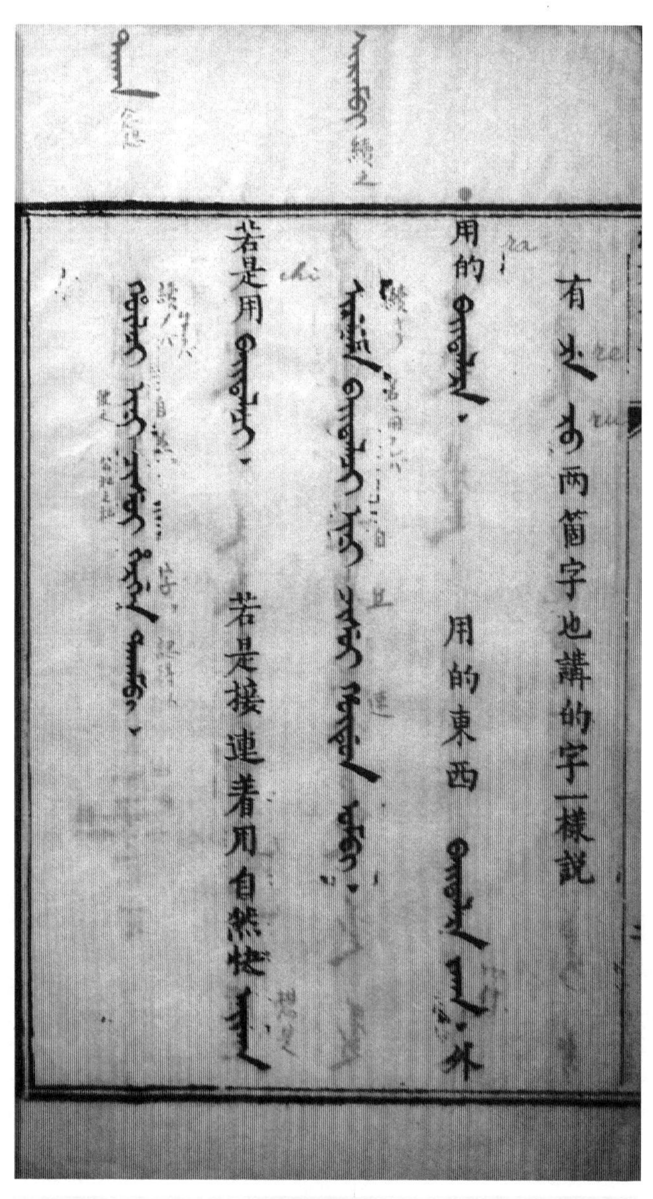

有　　兩箇字也講的字一樣說

用的　　。用的東西　　。外

若是用　　。若是接連着用自然使

[06-02A]

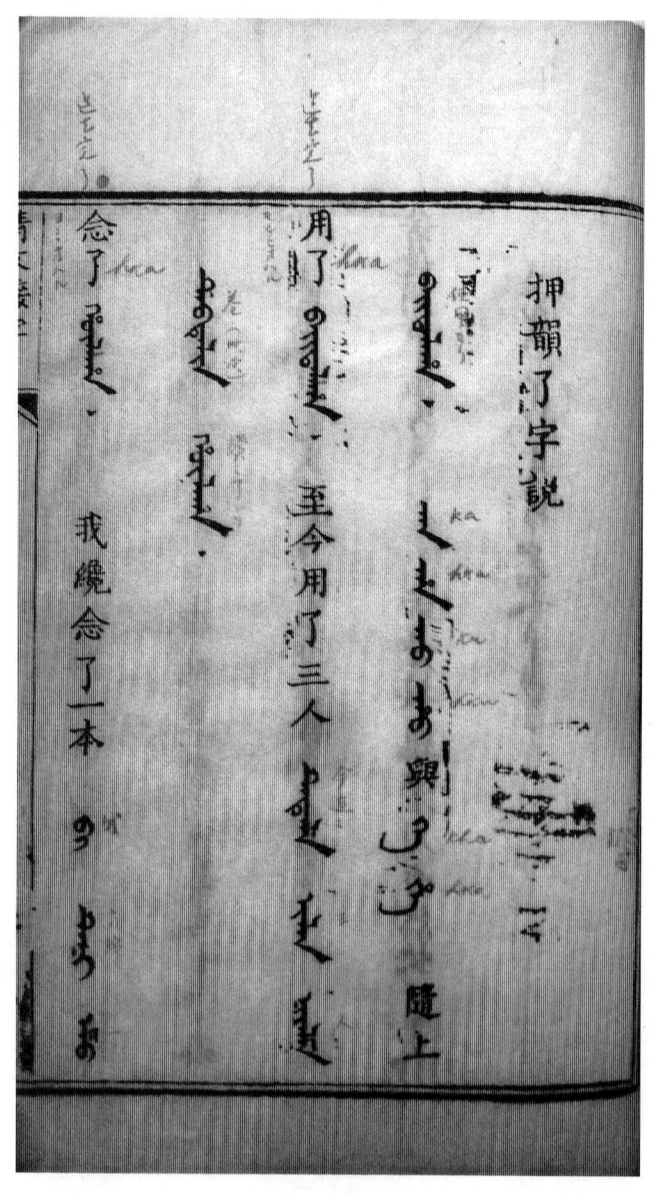

[06-02B]

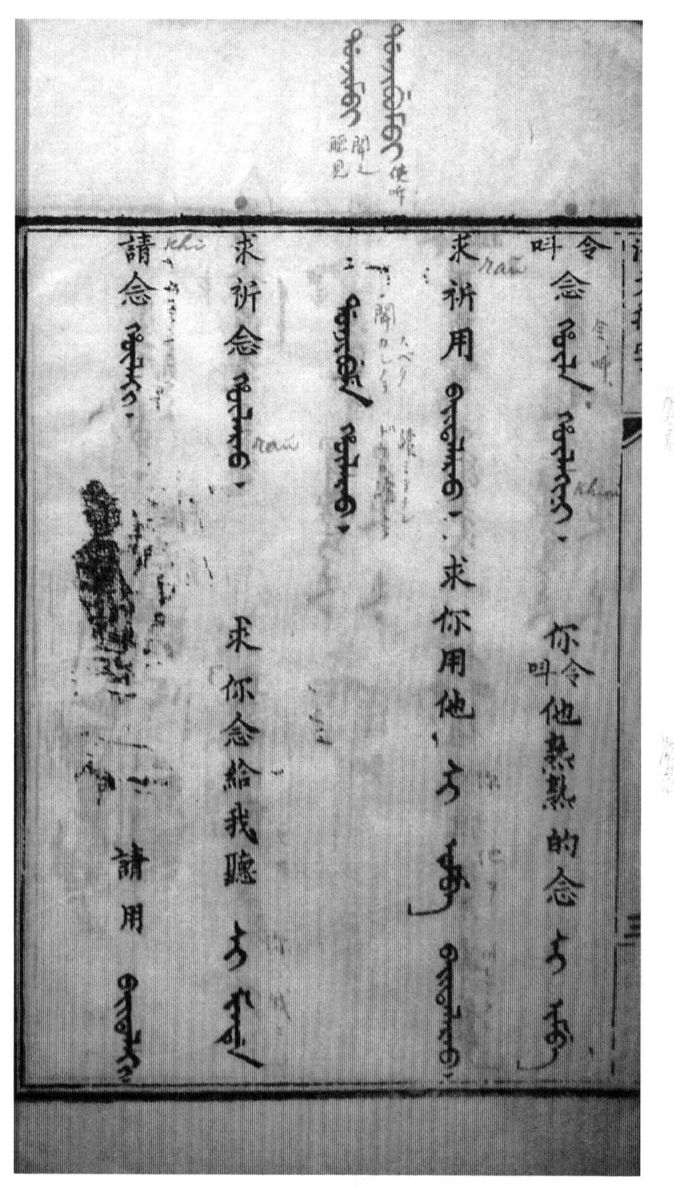

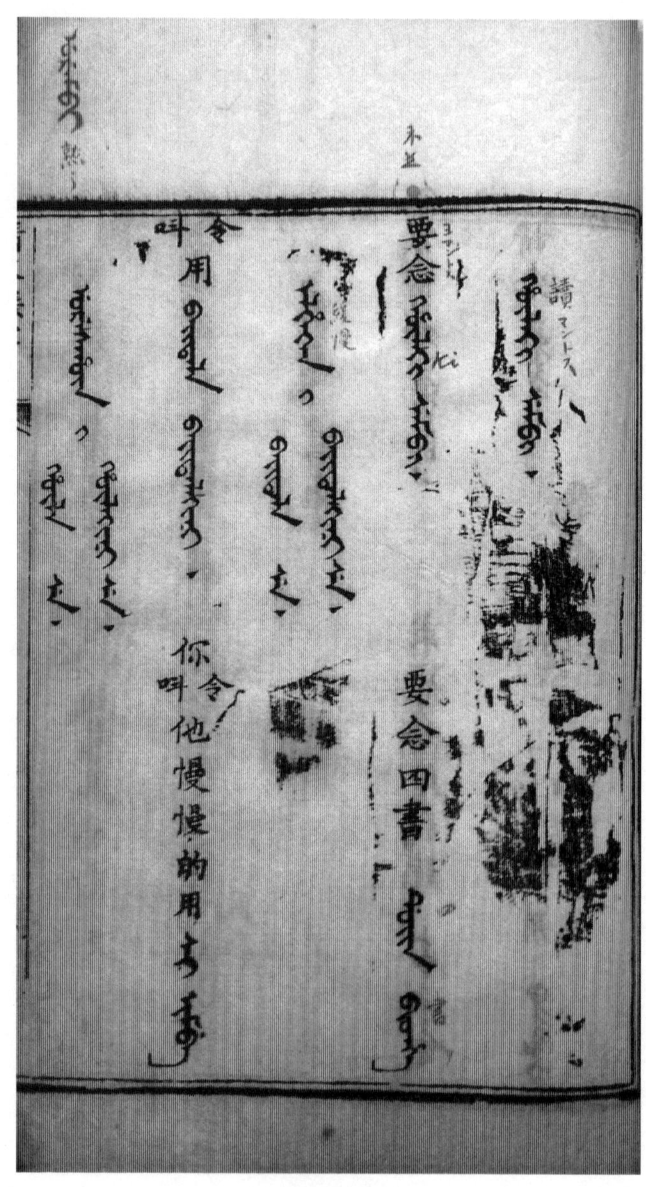

〔06-03B〕

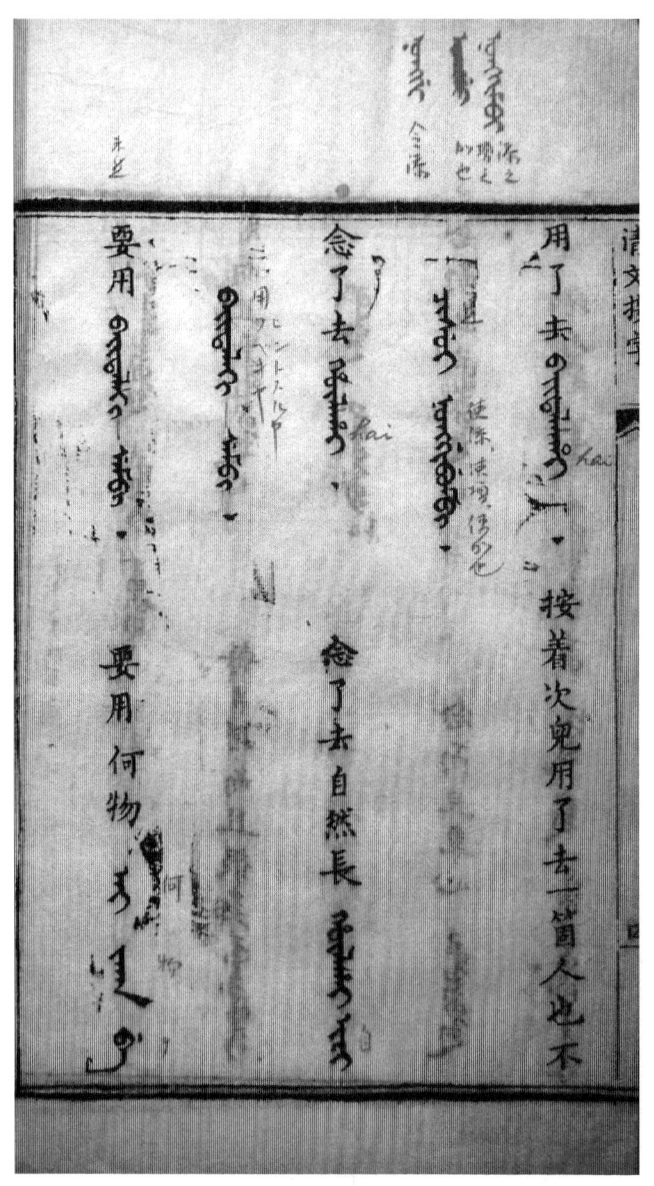
清文接字

用了去 接着次兒用了去一箇人也不

念了去 念了去自然長

要用 要用何物

〔06-04A〕

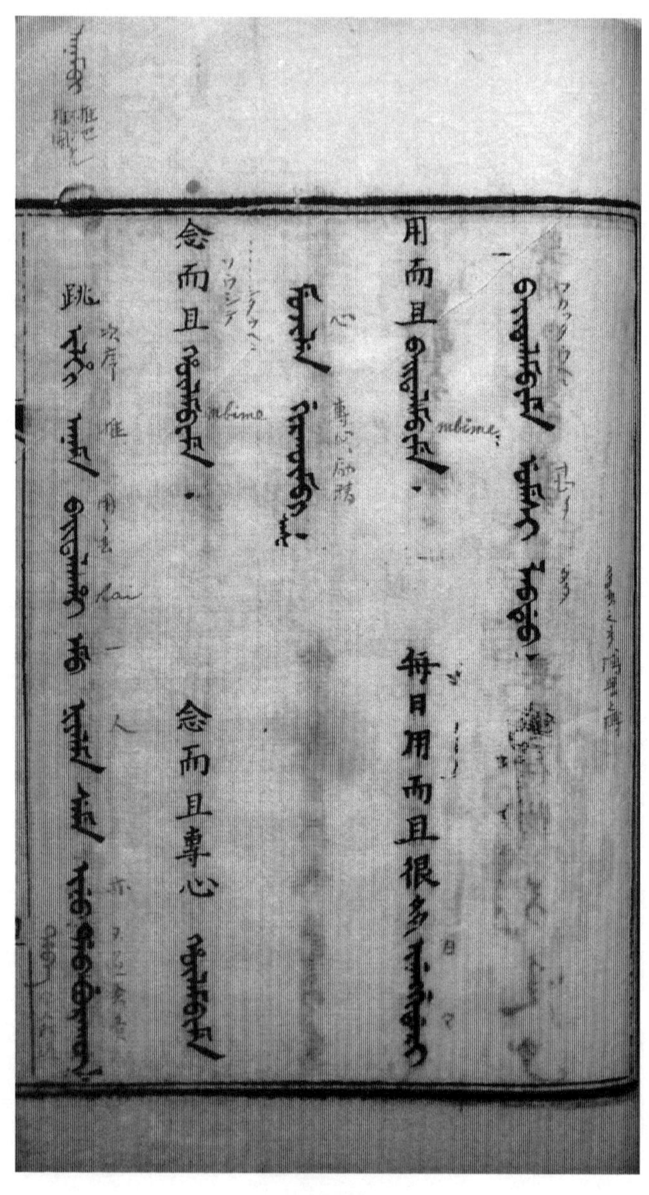

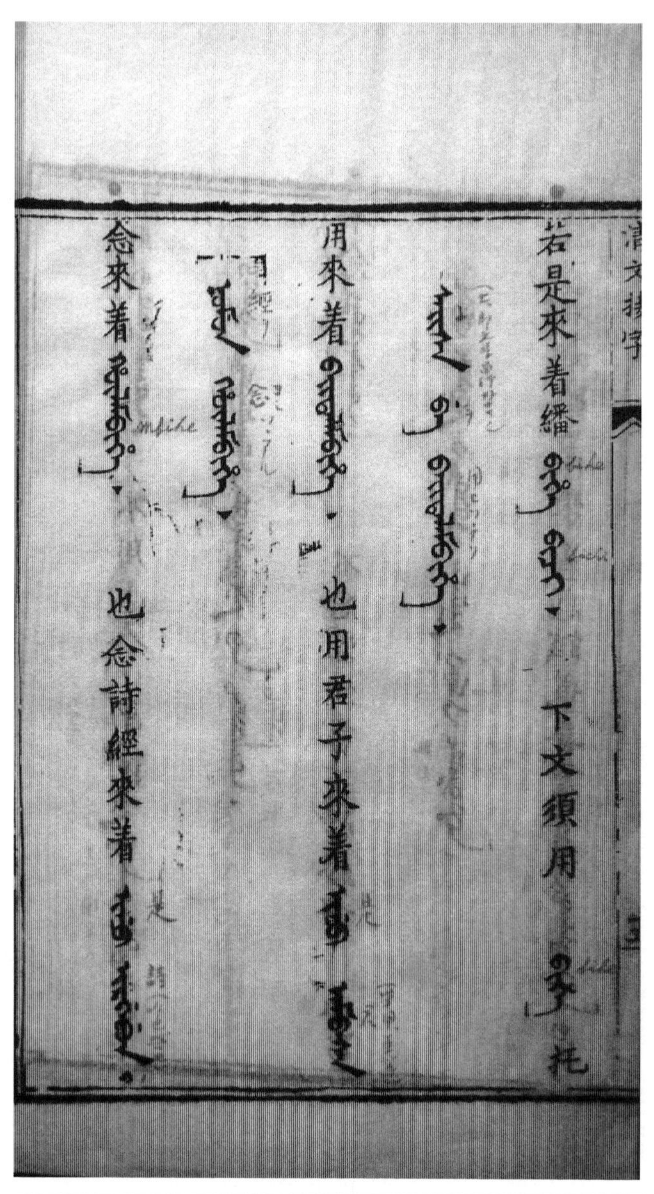

清文接字

若是來着繙 ▼ 下文須用 耗

用來着 ▼ 也用君子來着

念來着 ▼ 也念詩經來着

[06-05A]

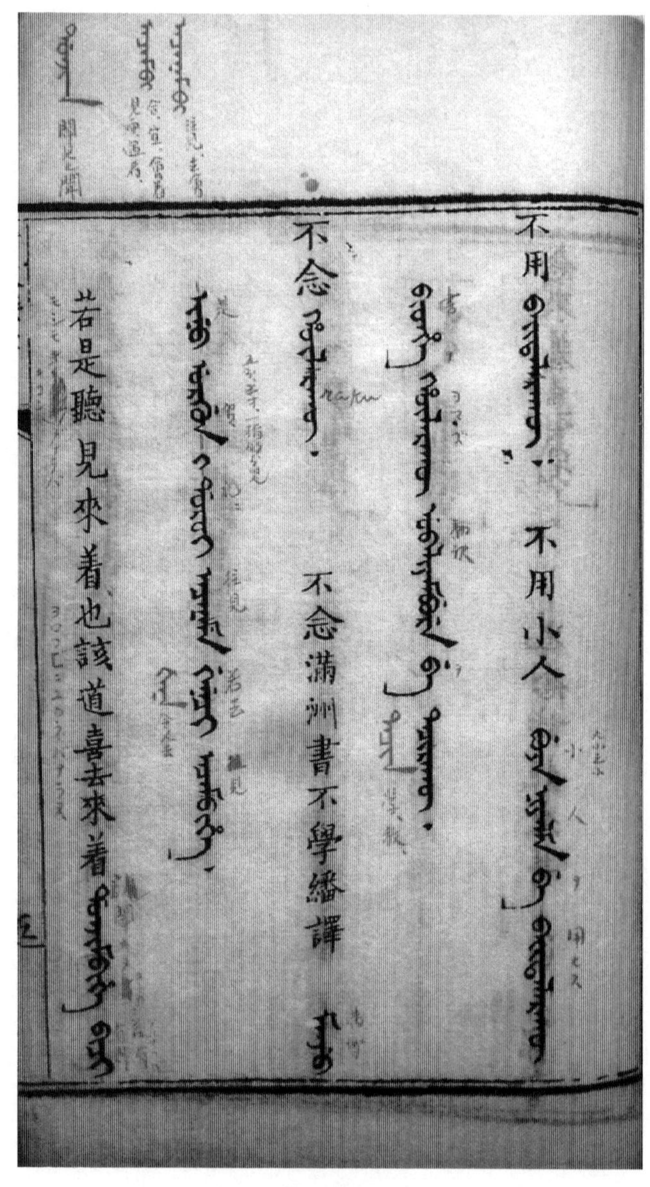

〔06-05B〕

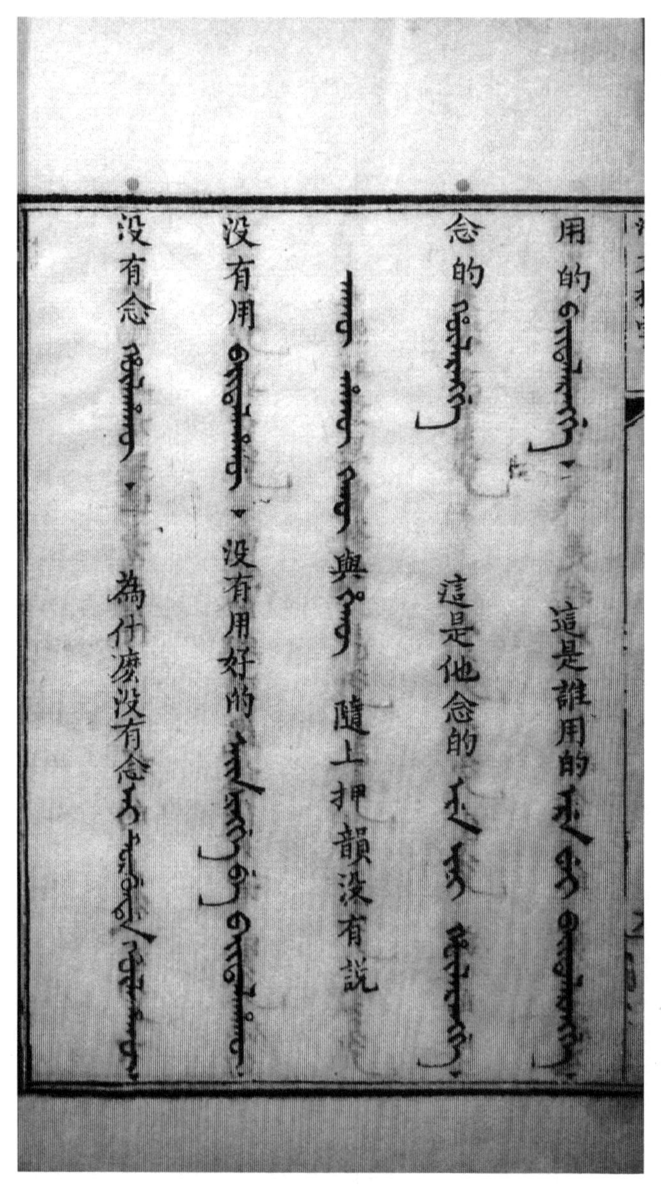
用的　這是誰用的

念的　這是他念的

與　隨上押韻沒有說

沒有用　沒有用好的

沒有念　為什麽沒有念

[06-06A]

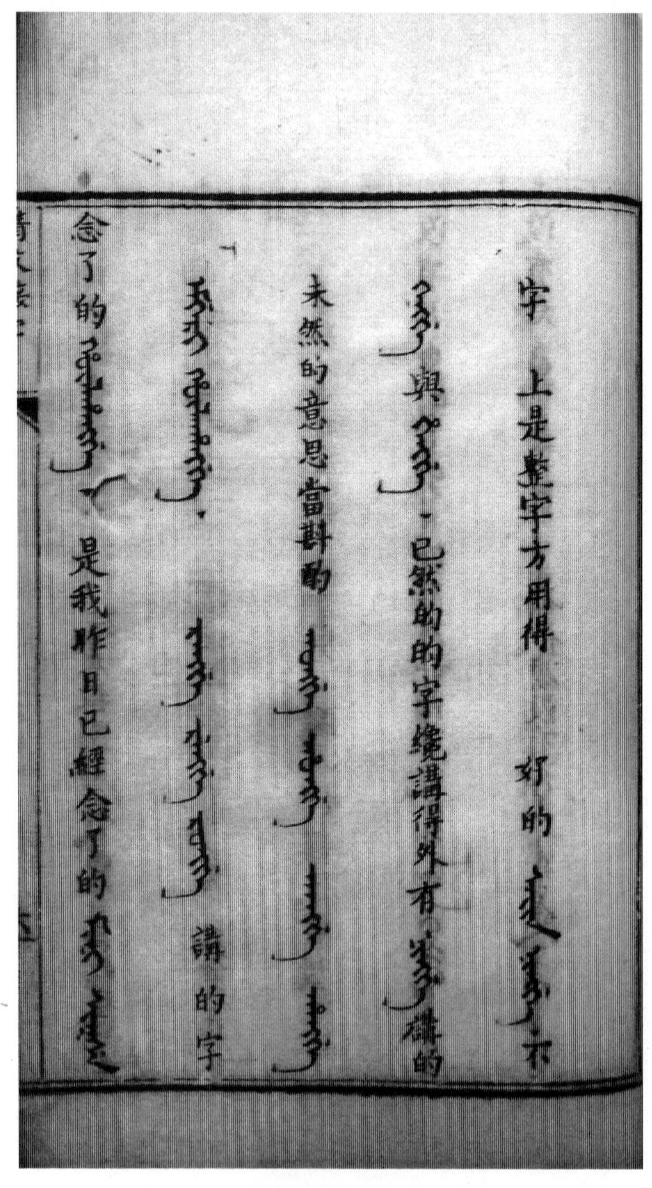

字上是整字方用得 好的 不
與 已然的的字纔講得外有 講的
未然的意思當斟酌
講的字
念了的 是我昨日已經念了的

[06-06B]

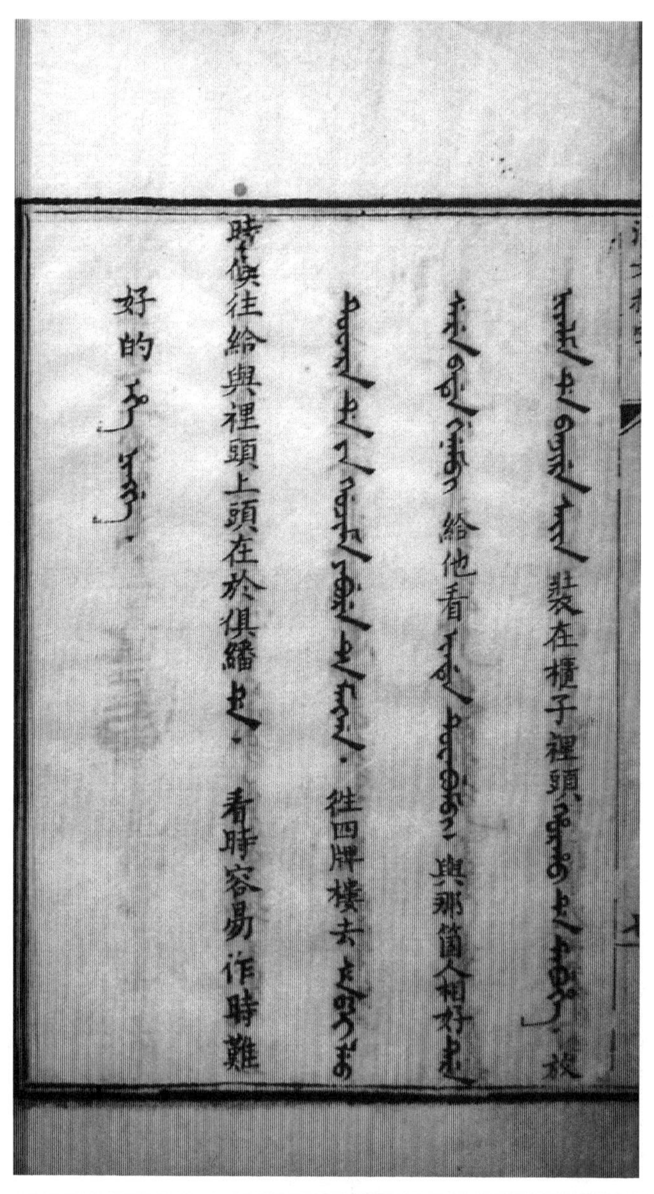

裝在櫃子裡頭 放

給他看 與那箇人相好

往四牌樓去

時候往給與裡頭上頭在於俱繙 看時容易作時難

好的

[06-07A]

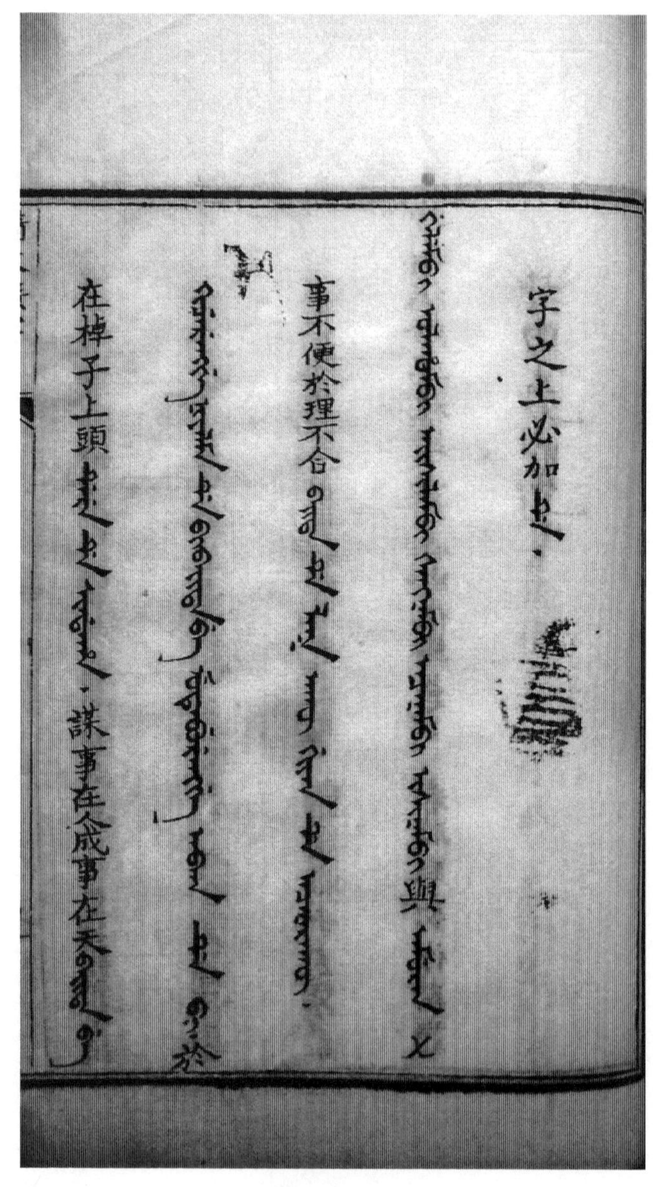

〔06-07B〕

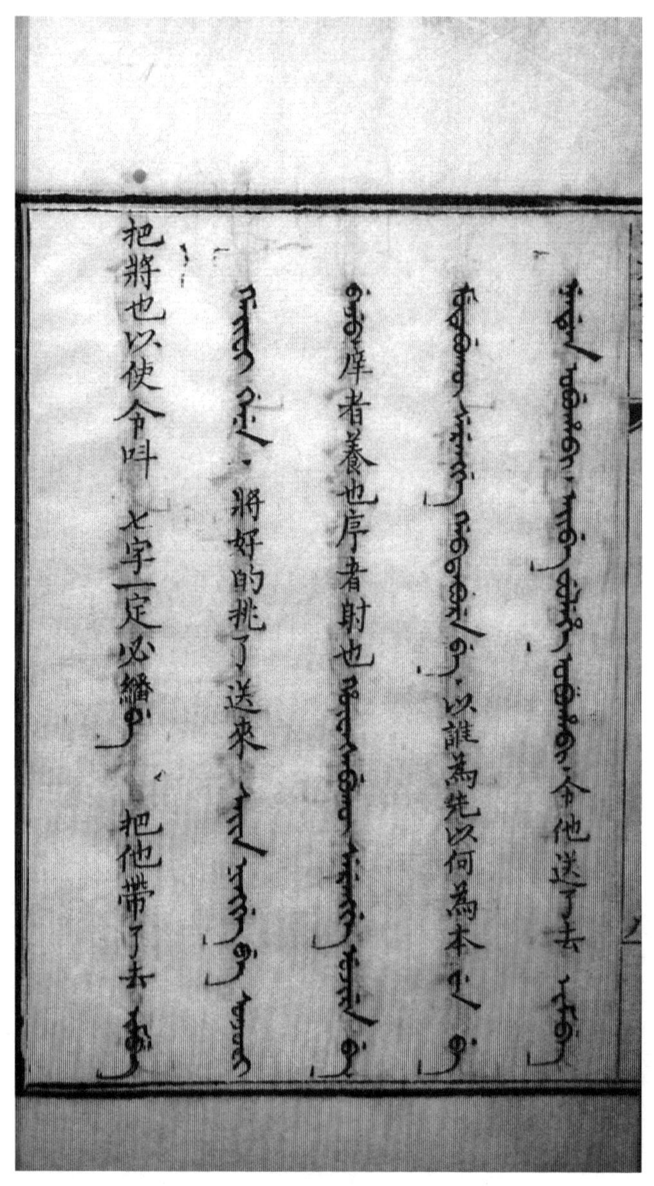

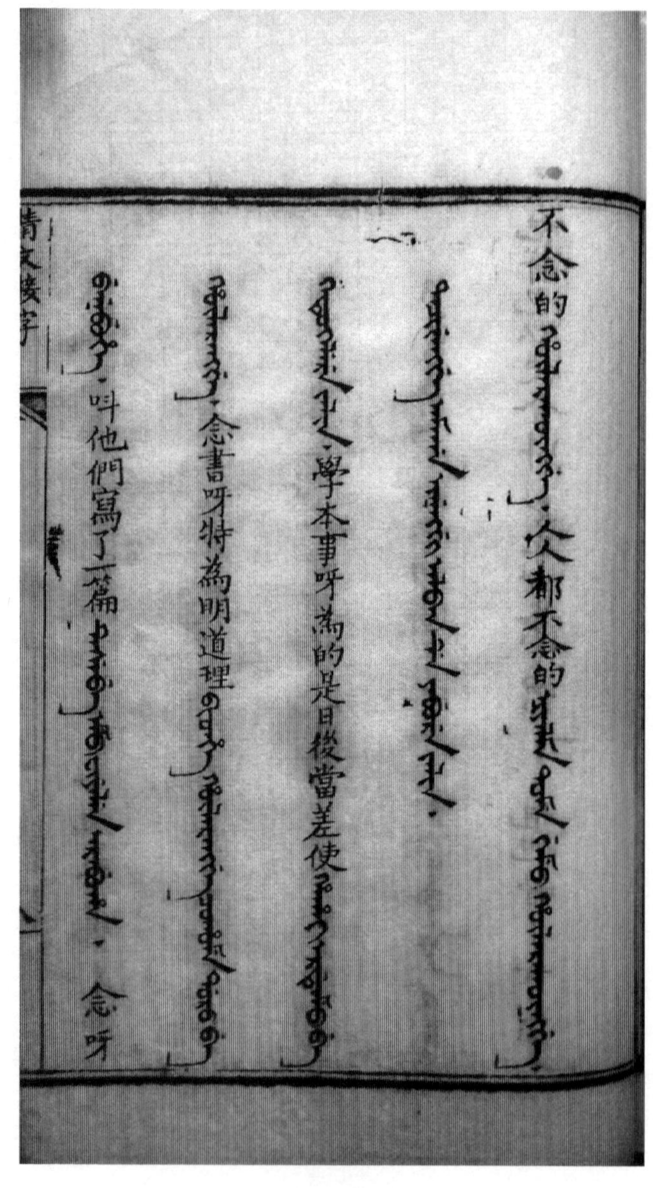

不念呀

你竟不念呀是什麼緣故

古人沒有行的

沒有念的

是他沒有念的

不能得的

[06-09A]

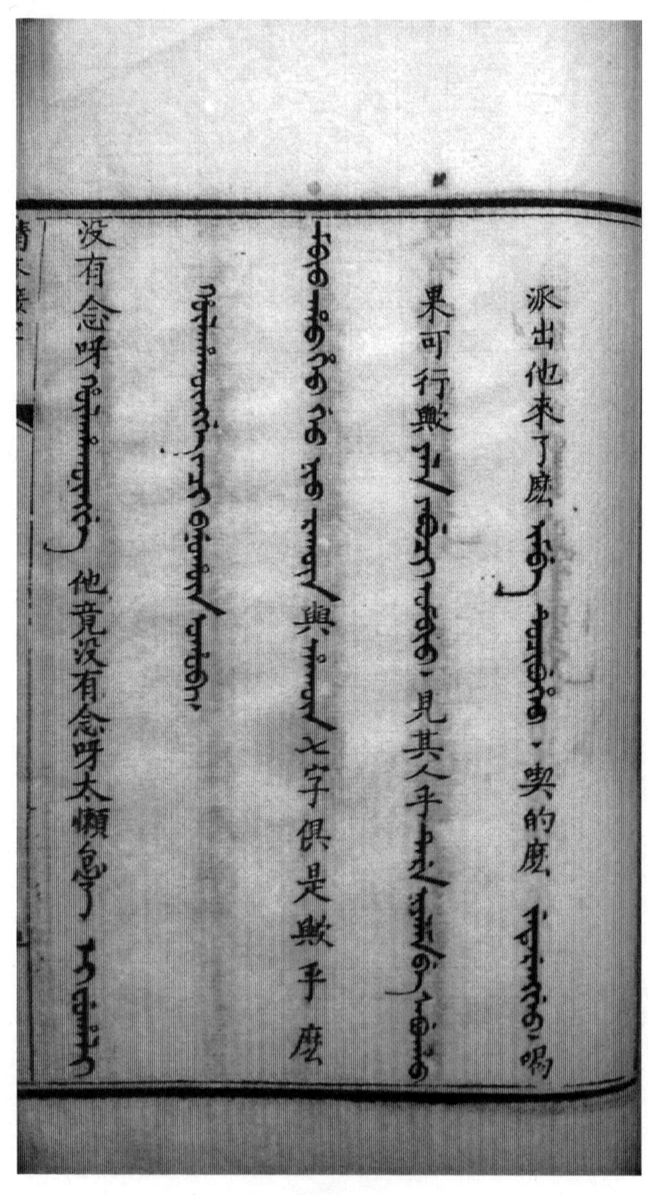

派出他來了麼 喫的麼 喝

果可行歟 見其人手

與 七字俱是歟乎麼

沒有念呀 他竟沒有念呀太懶怠了

[06-09B]

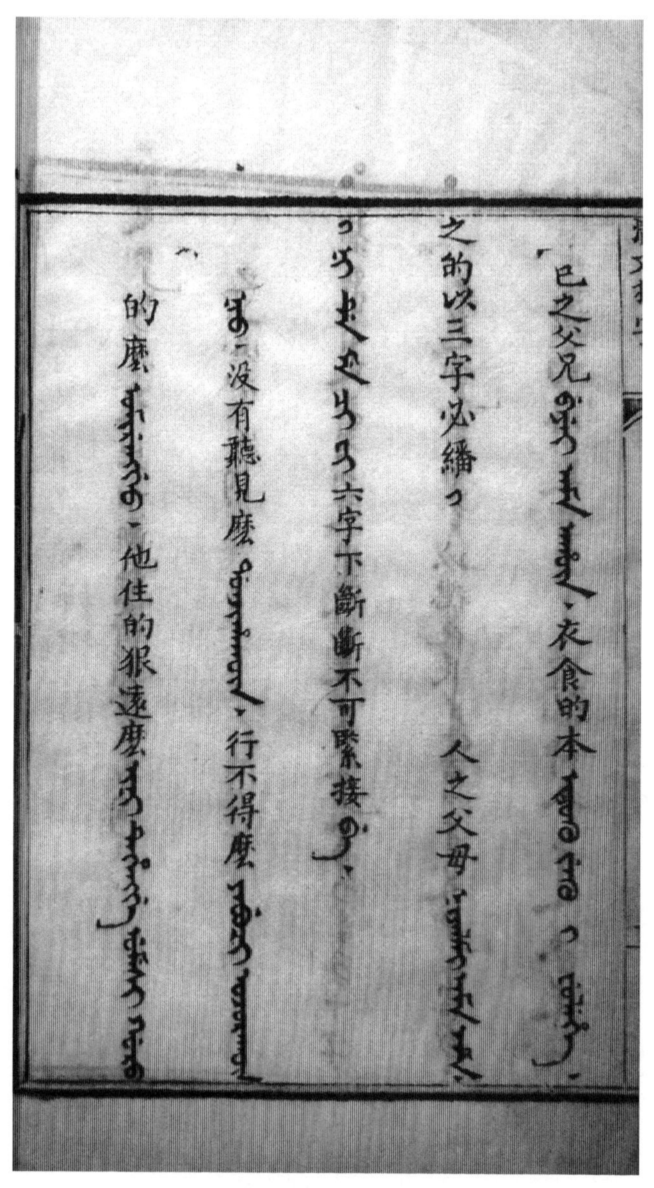

〔06-10A〕

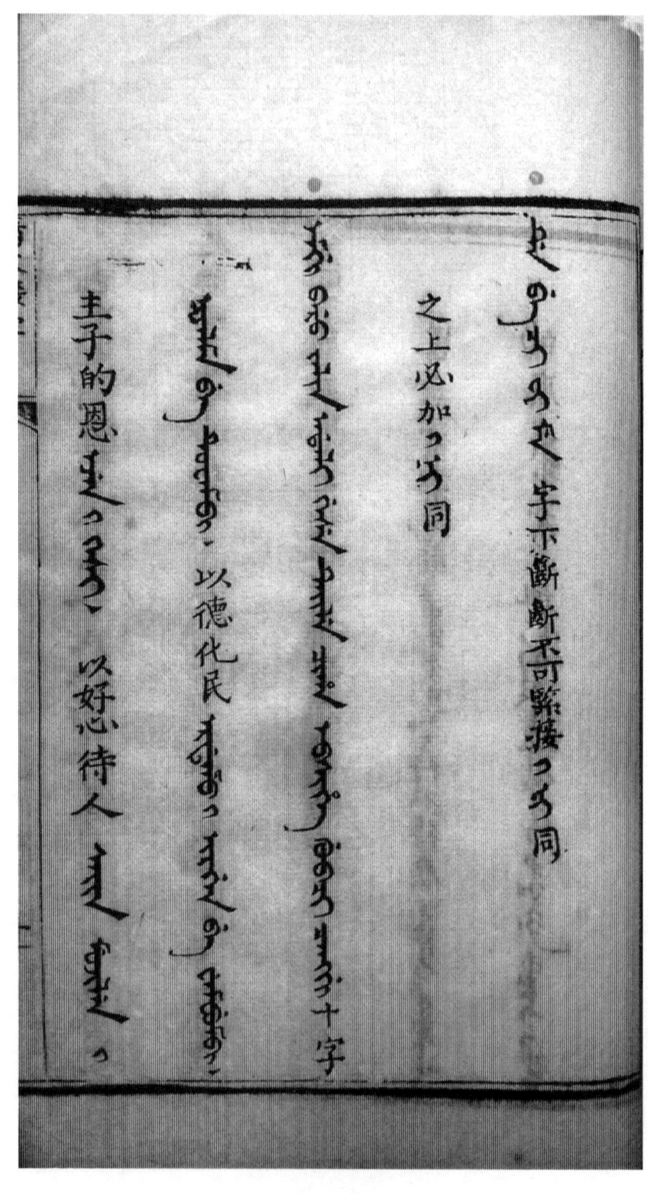

字下斷斷不可緊接 同

之上必加 同

十字

以德化民

主子的恩 以好心待人

〔06-10B〕

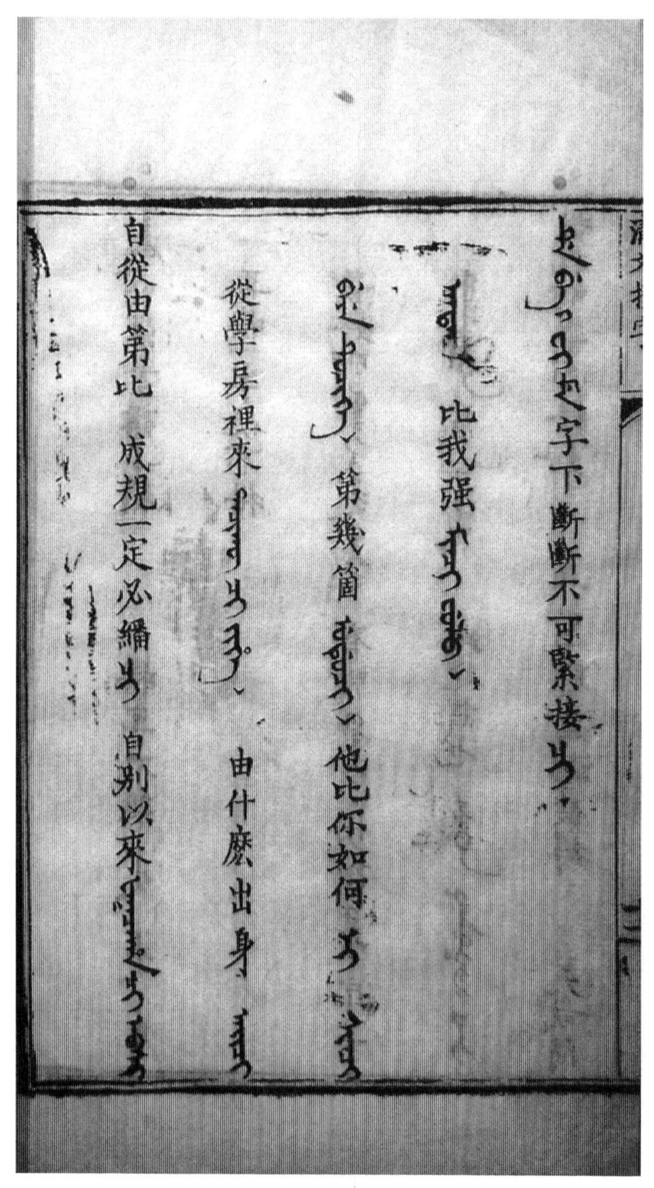

字下斷斷不可緊接

比我强

第幾箇 他比你如何

從學房裡來 由什麽出身

自從由第比 成規一定必繙 自別以來

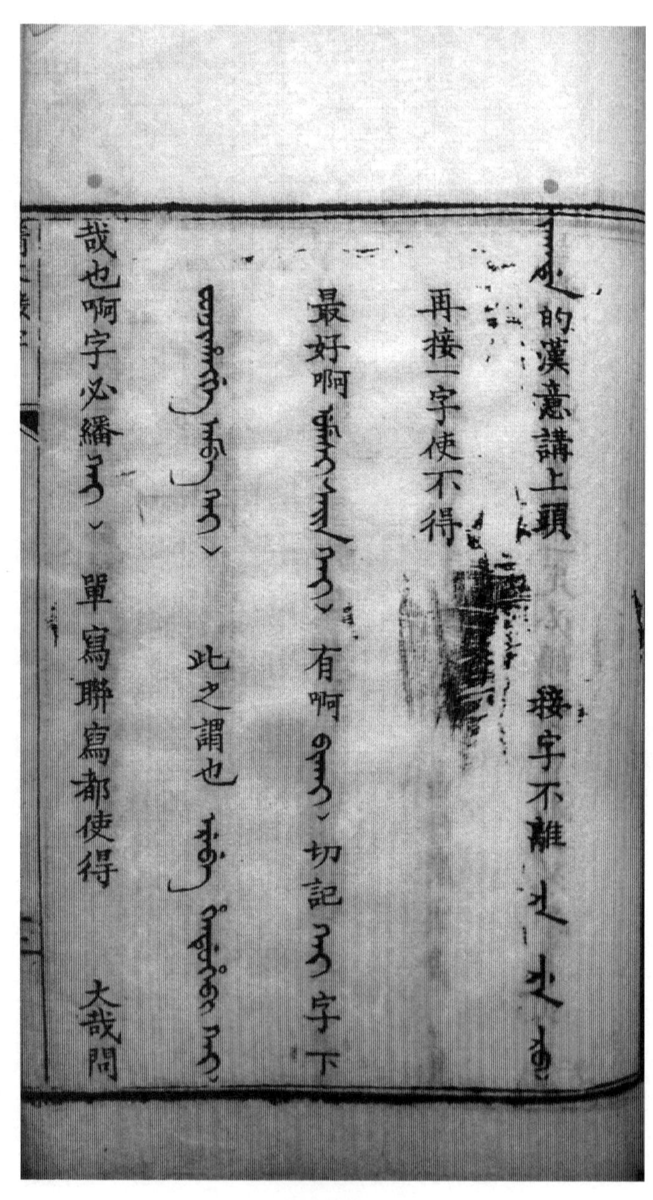

〔06-11B〕

之意因爲緣故講　一樣字一定用

知道的止頭所以沒有去

明明白白的告訴他的上頭他繞懂得了

不

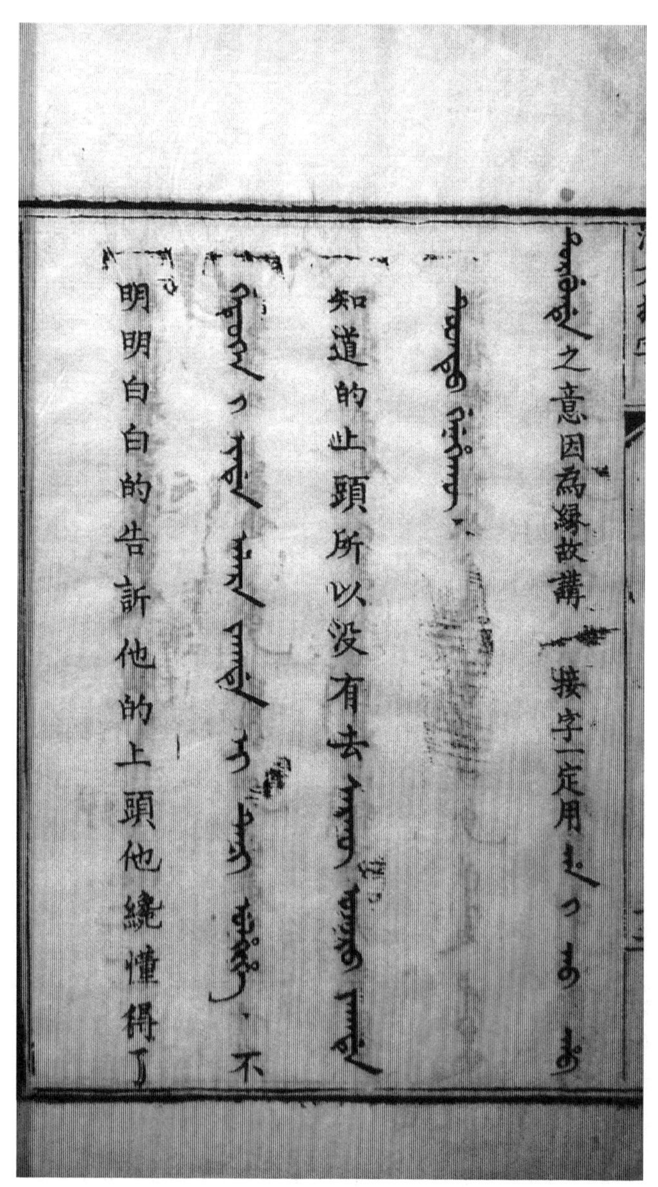

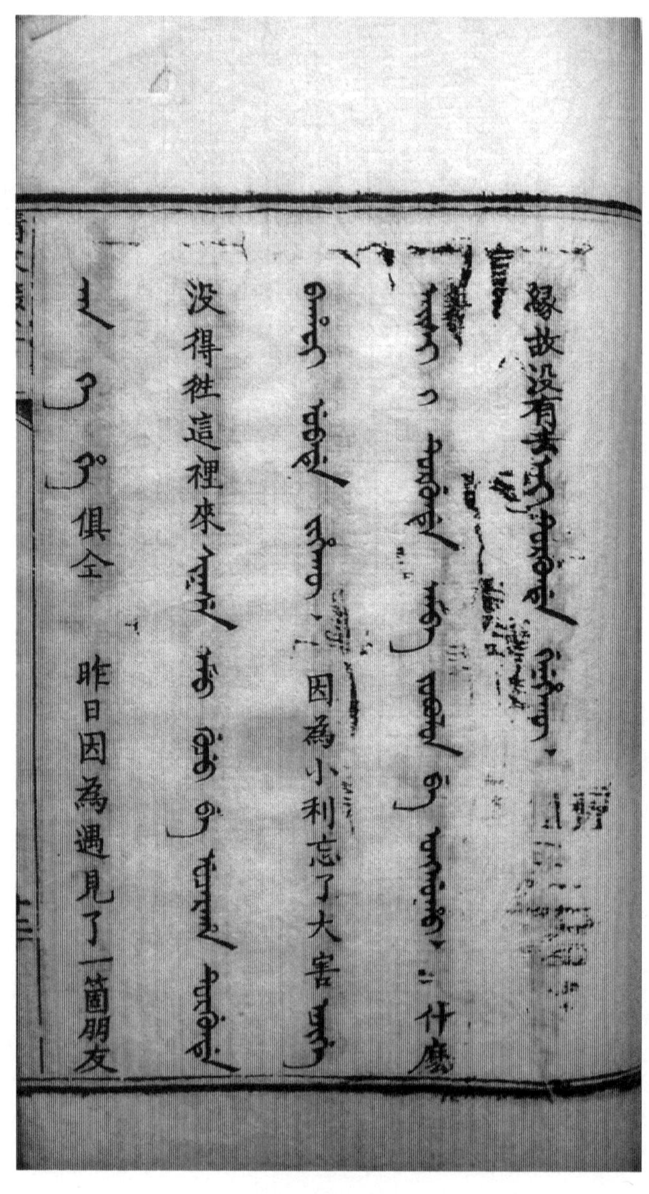

[06-12B]

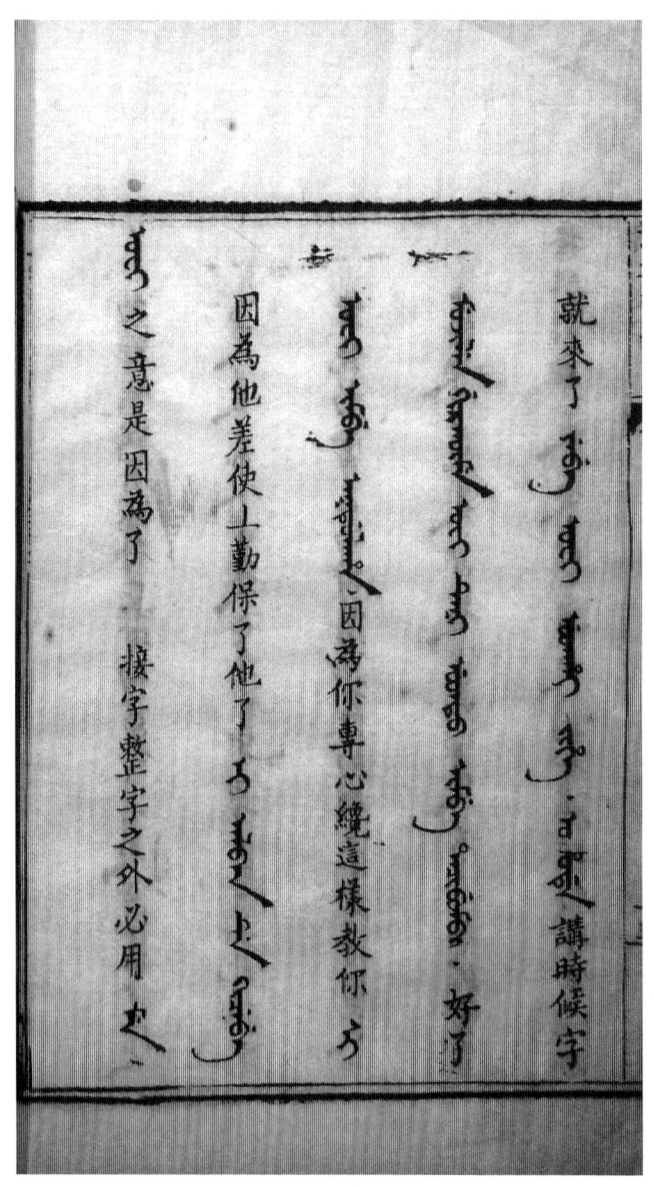
就來了 講時候字

好了

因為你專心纔這樣教你

因為他差使上勤保了他了

之意是因為了 接字整字之外必用

[06-13A]

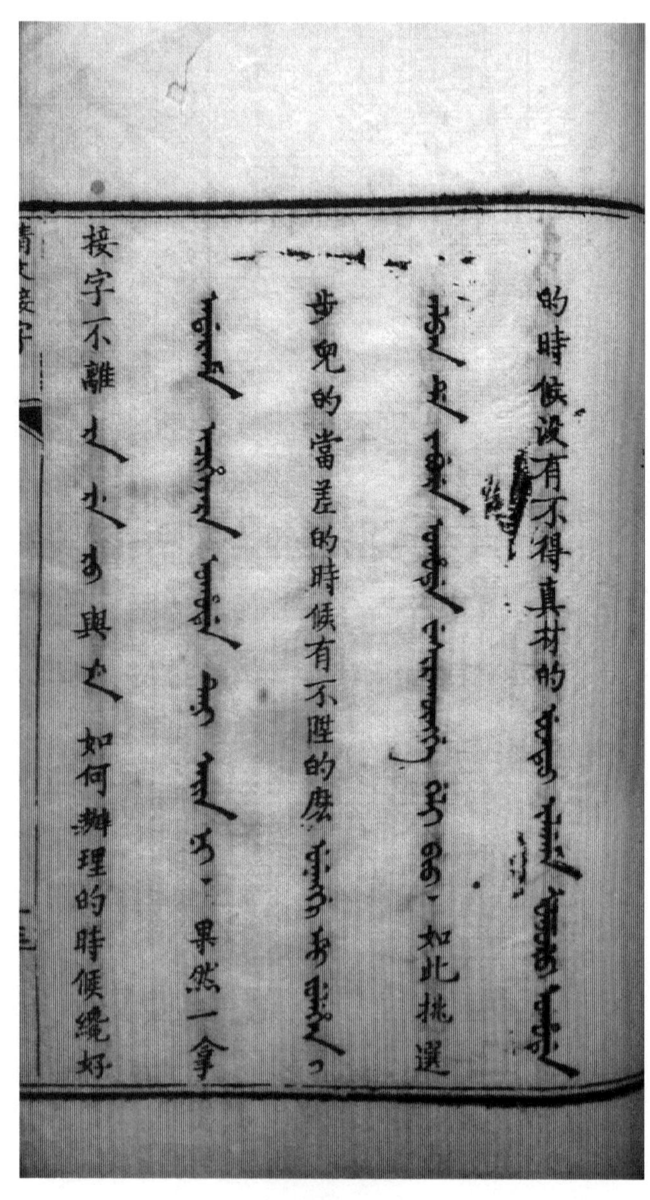

的時候沒有不得真材的

如此挑選

步兒的當差的時候有不陞的麽

果然一拿

接字不離 與 如何辦理的時候纔好

清文接字 十三

[06-13B]

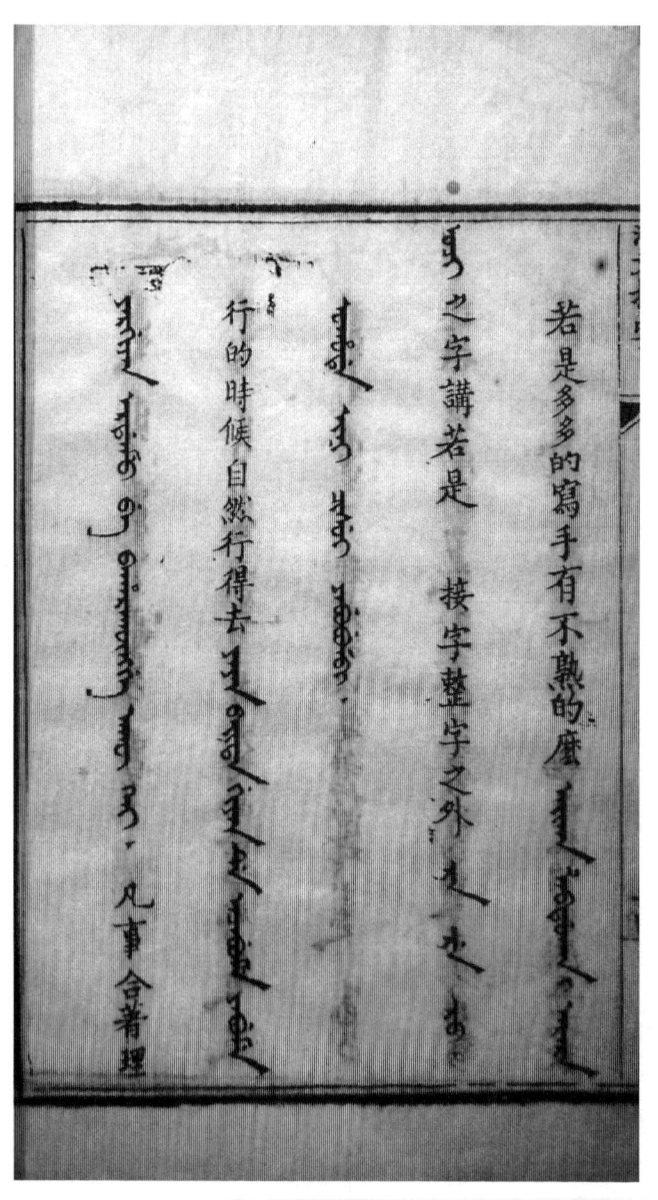
若是多多的寫手有不熟的麼
之字講若是　接字整字之外
行的時候自然行得去
凡事合着理

[06-14A]

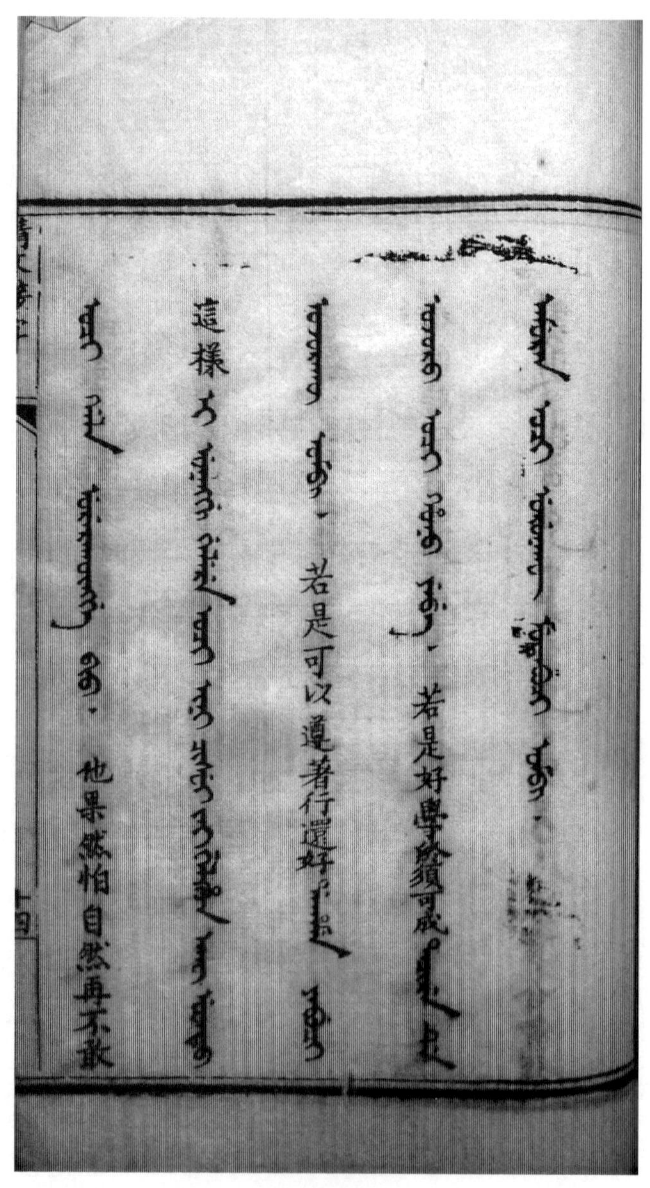
若是好學務須可成
若是可以遵着行還好
這様
他果然怕自然再不敢

[06-14B]

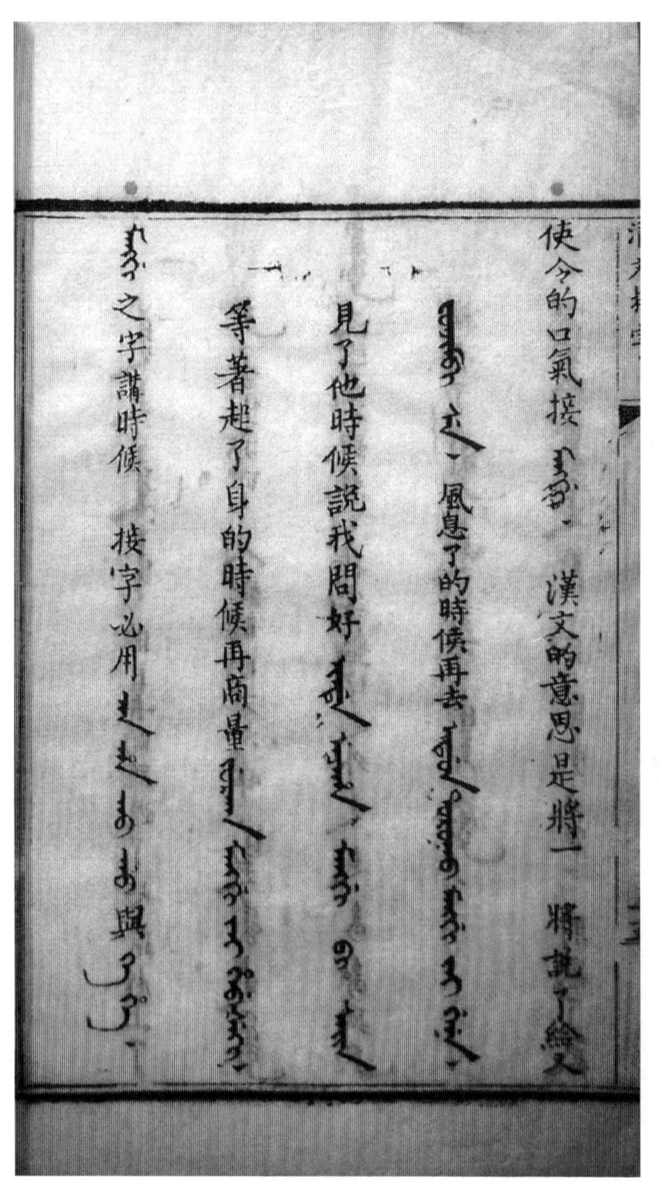
使令的口氣接 漢文的意思是將一 將說了給又

風息了的時候再去

見了他時候說我問好

等著起了身的時候再商量

之字講時候 接字必用 與

〔06-15A〕

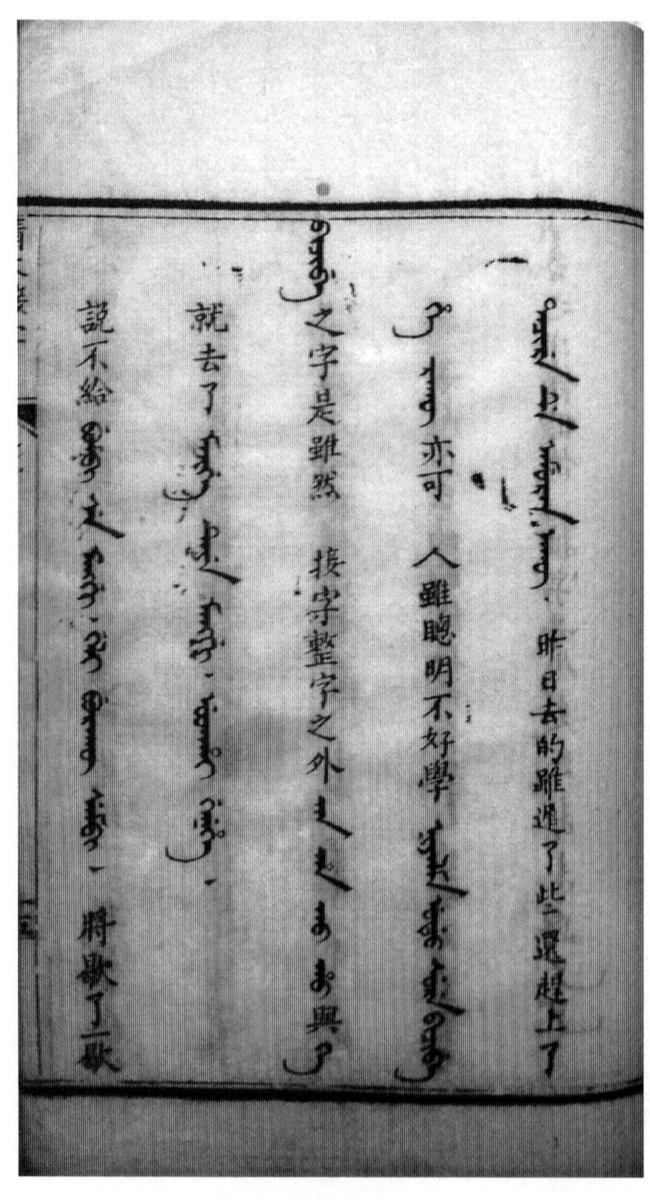

〔06-15B〕

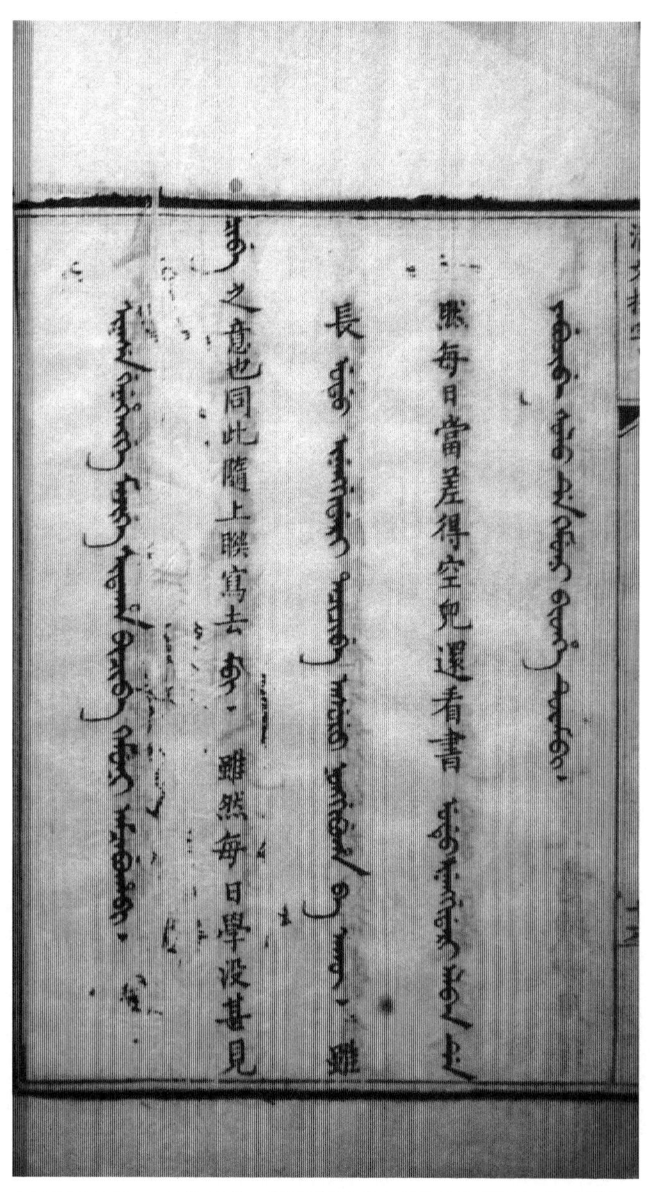

每月當差得空兒還看書

長 雖

之意也同此隨上聯寫去 雖然每日學沒甚見

〔06-16A〕

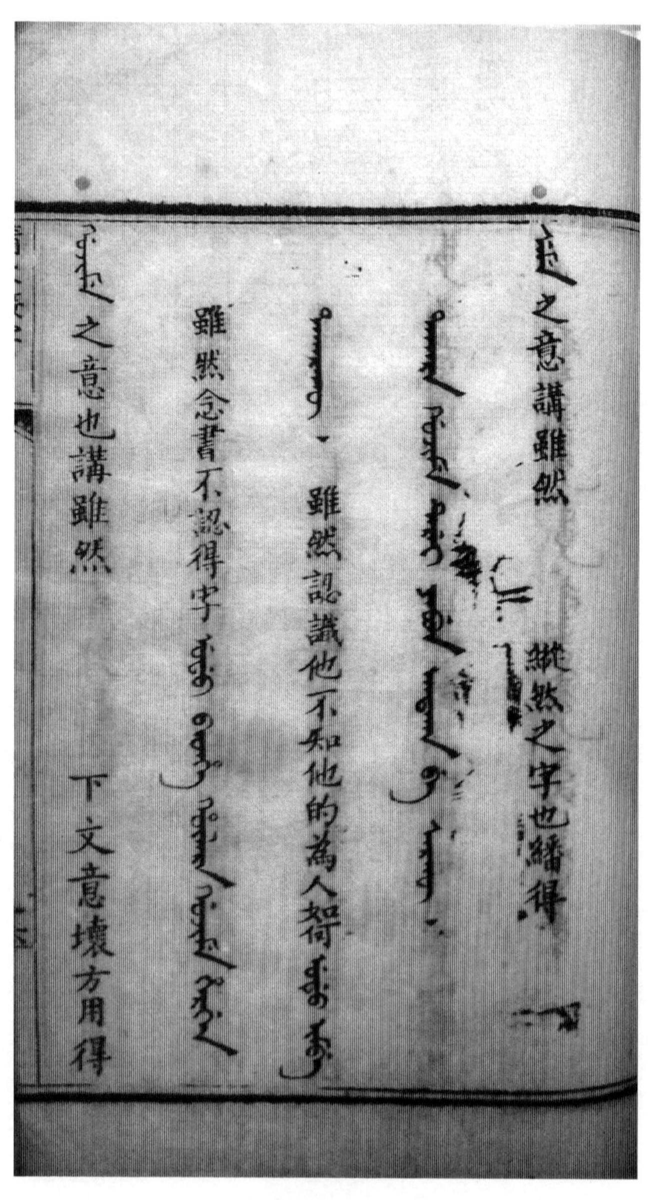

之意講雖然 縱然之字也繙得

雖然認識他不知他的為人如何

雖然念書不認得字

之意也講雖然 下文意壞方用得

[06-16B]

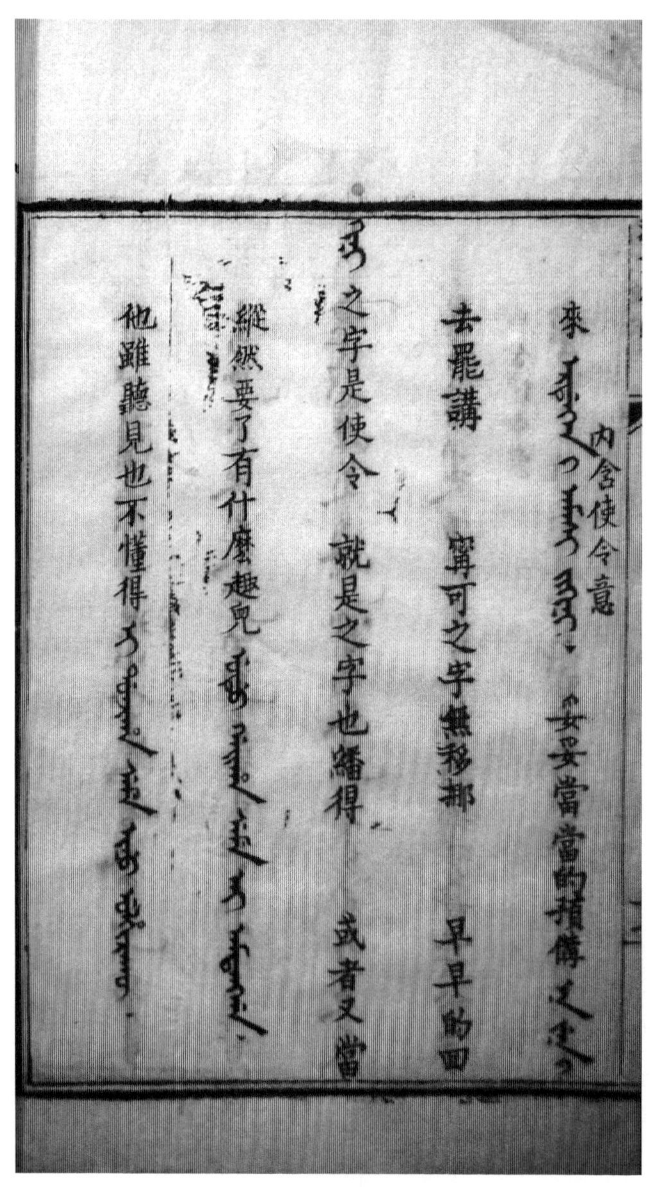

來 内含使令意 安安當當的預備

去罷講 寧可之字無移挪 早早的回

之字是使令 就是之字也繙得 或者又當

縱然要了有什麽趣兒

他雖聽見也不懂得

〔06-17A〕

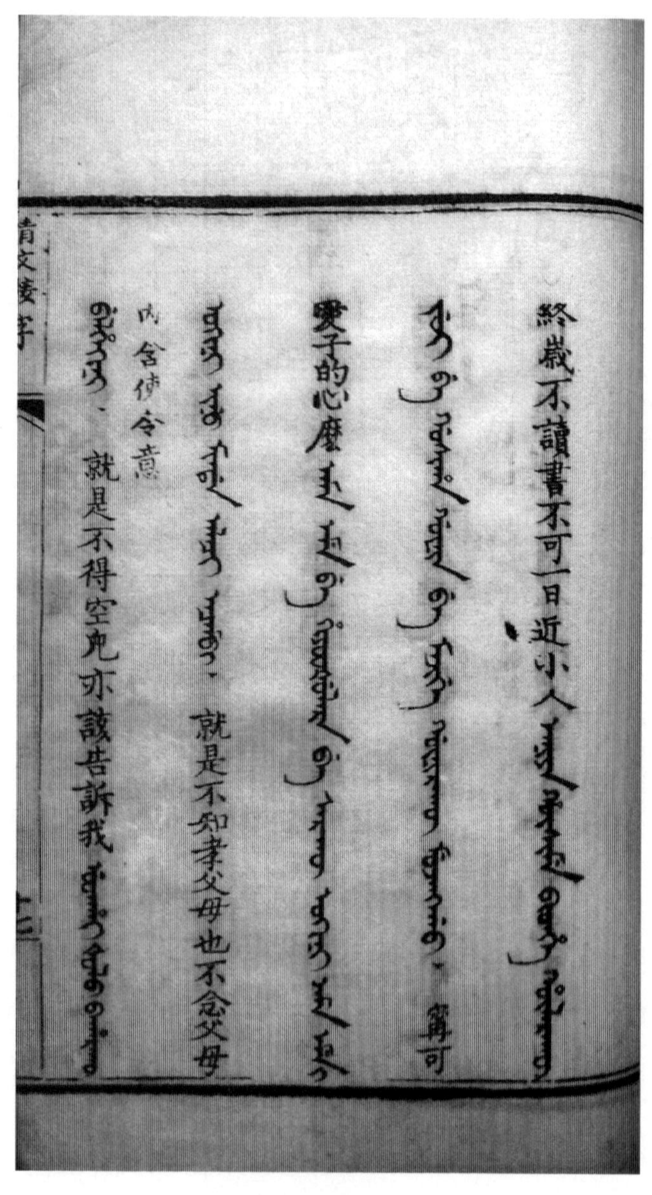

終歲不讀書不可一日近小人

寧可

孩子的心麼

就是不知孝父母也不念父母

内含使令意

、就是不得空兒亦該告訴我

清文接字

〔06-17B〕

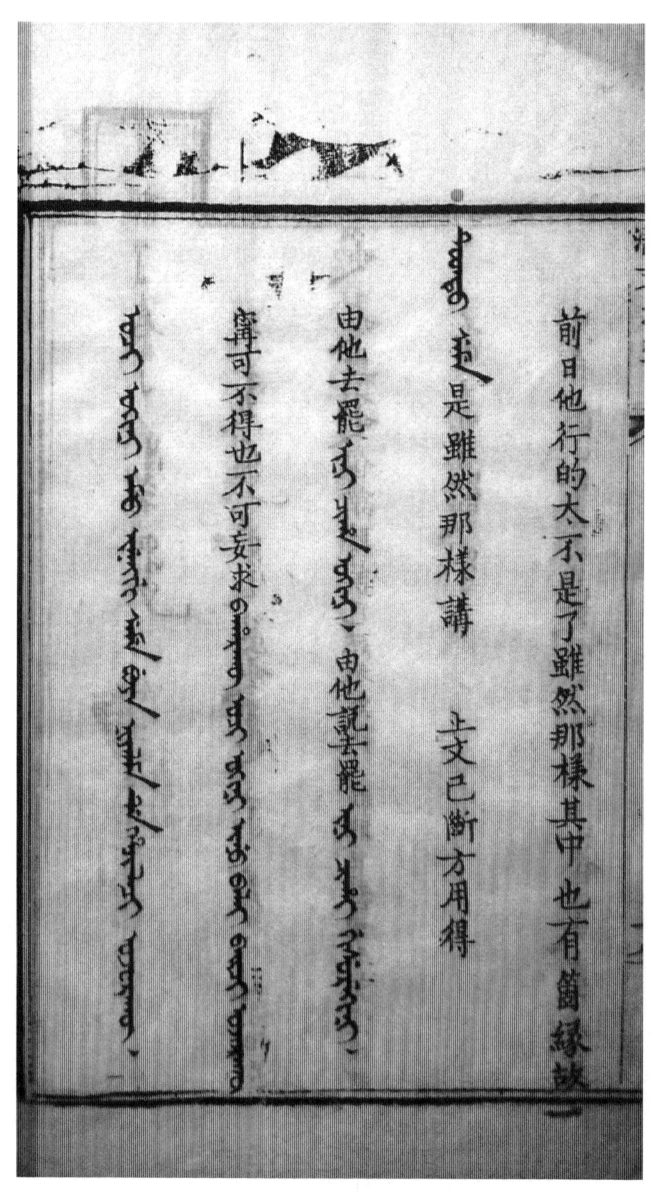

前日他行的太不是了雖然那樣其中也有箇緣故

是雖然那樣講　上文已斷方用得

由他去罷　由他說去罷

寧可不得也不可妄求

〔06-18A〕

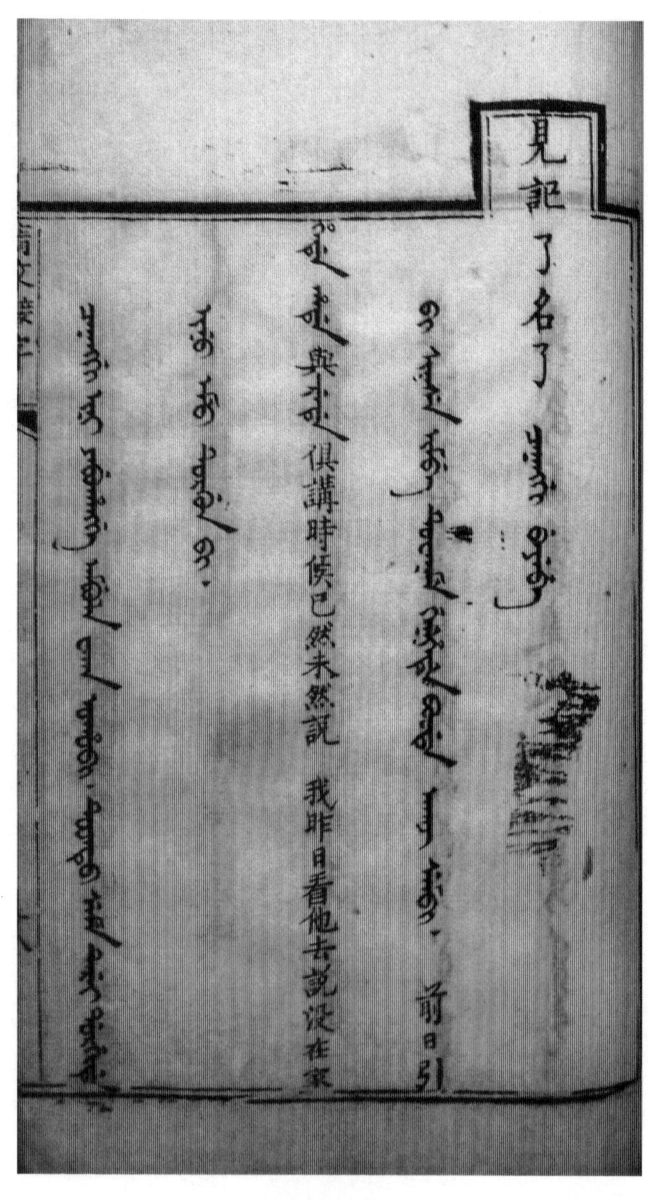

〔06-18B〕

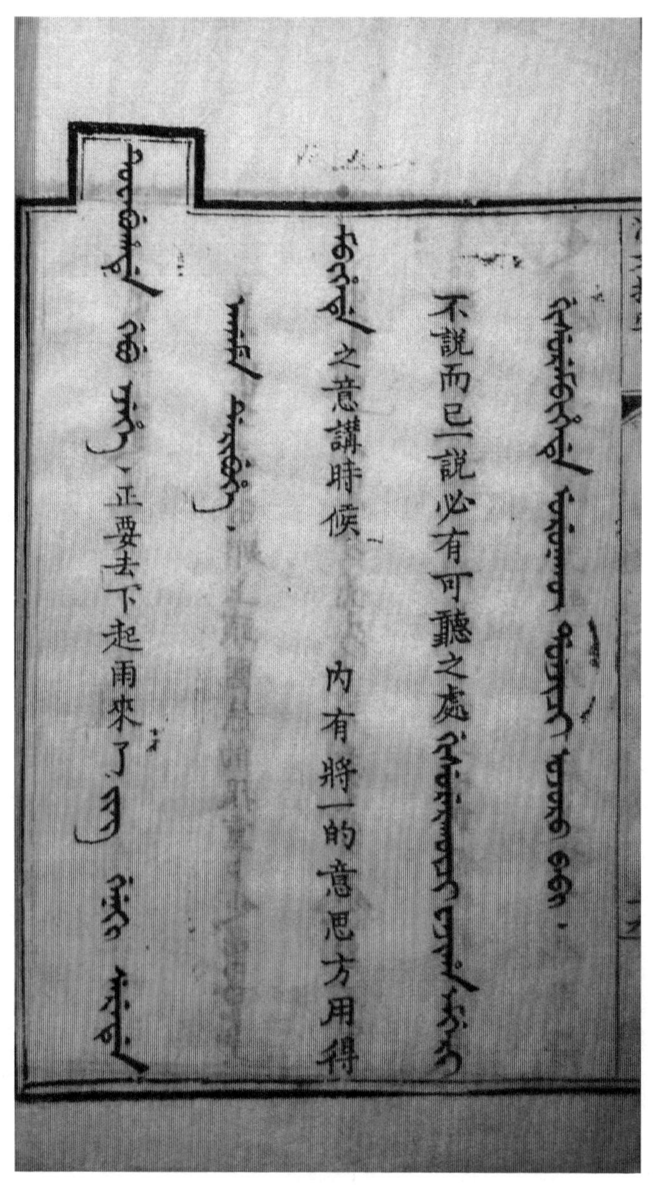
不說而已一說必有可聽之處

之意講時候　內有將一的意思方用得

正要去下起雨來了

〔06-19A〕

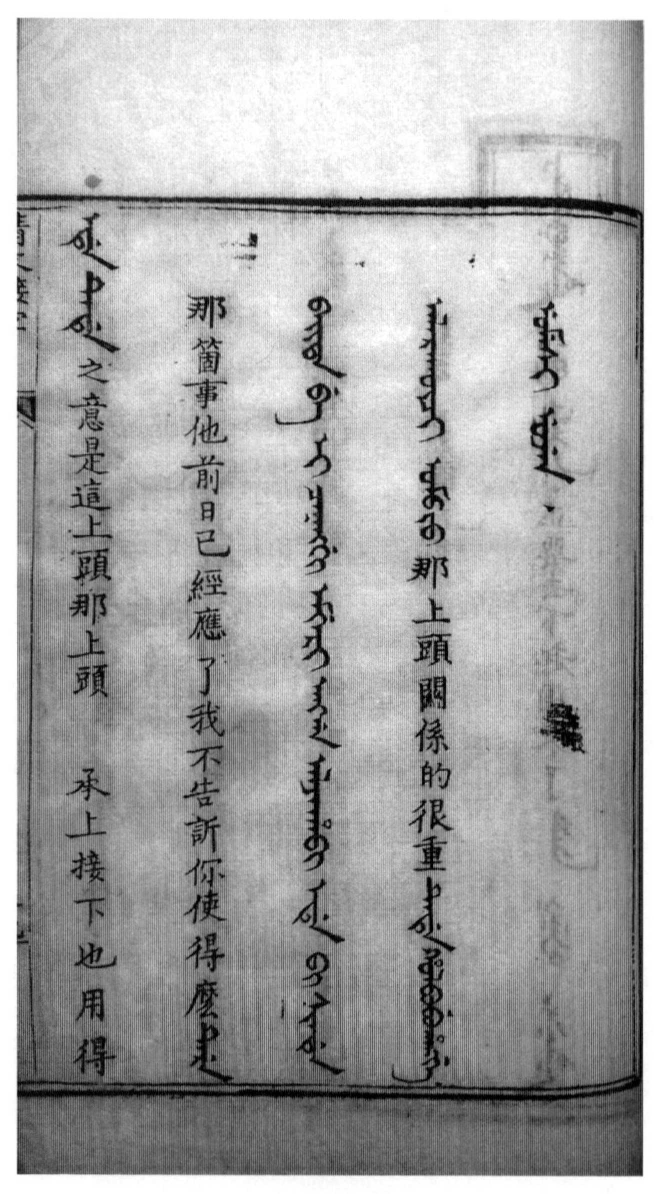

那上頭關係的很重

那箇事他前日已經應了我不告訴你使得麼

之意是這上頭那上頭　承上接下也用得

〔06-19B〕

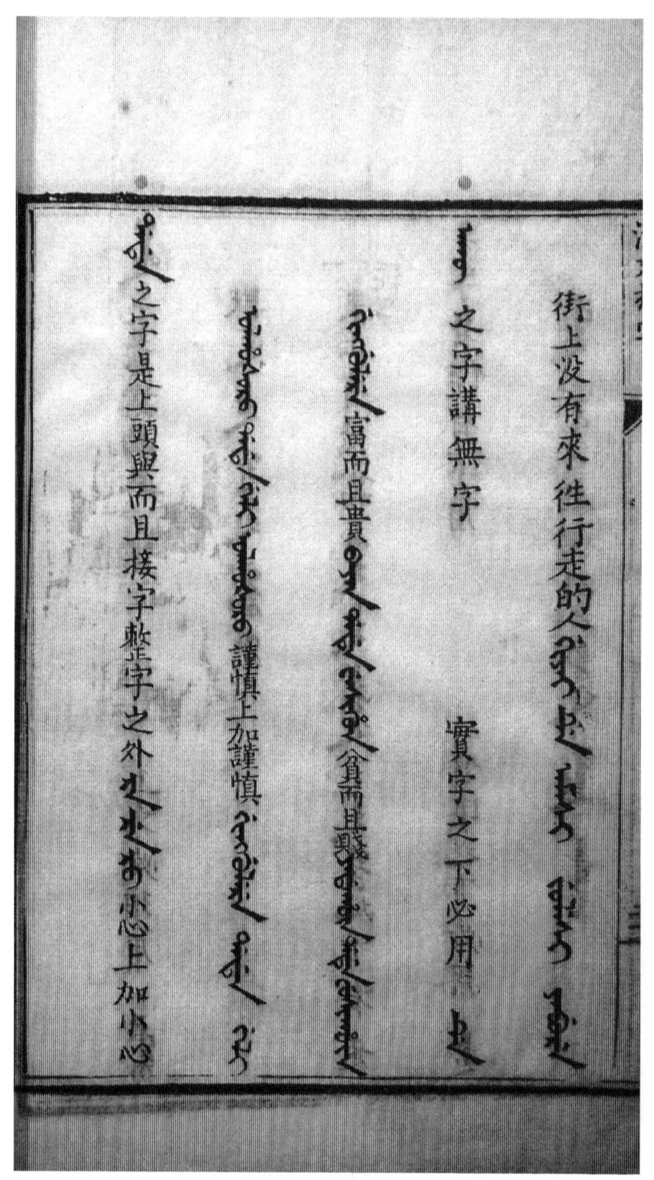

街上沒有來往行走的人

之字講無字　實字之下必用

富而且貴　貧而且賤

謹慎上加謹慎

之字是上頭與而且接字整字之外　小心上加小心

〔06-20A〕

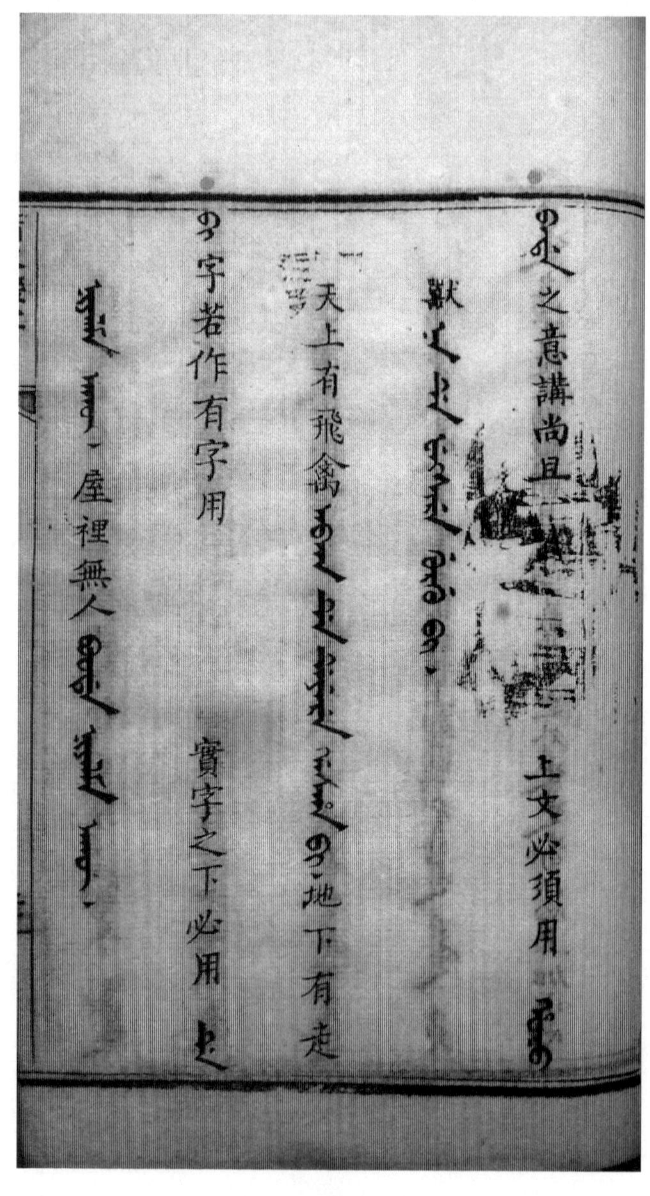

[06-20B]

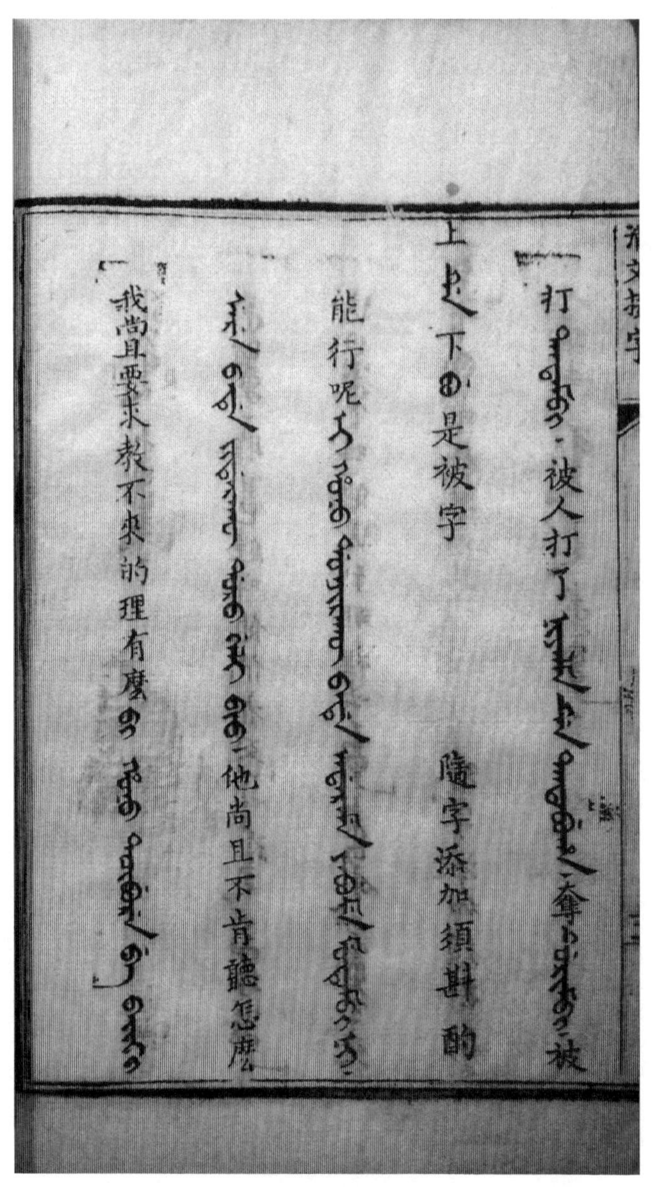

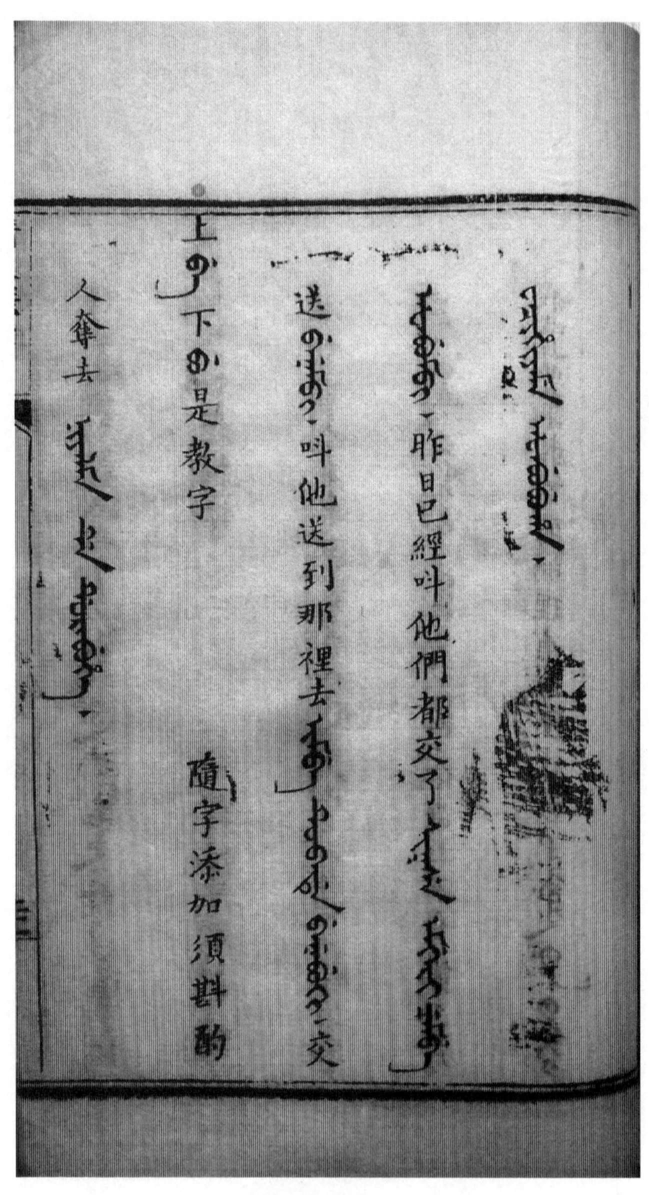

〔06-21B〕

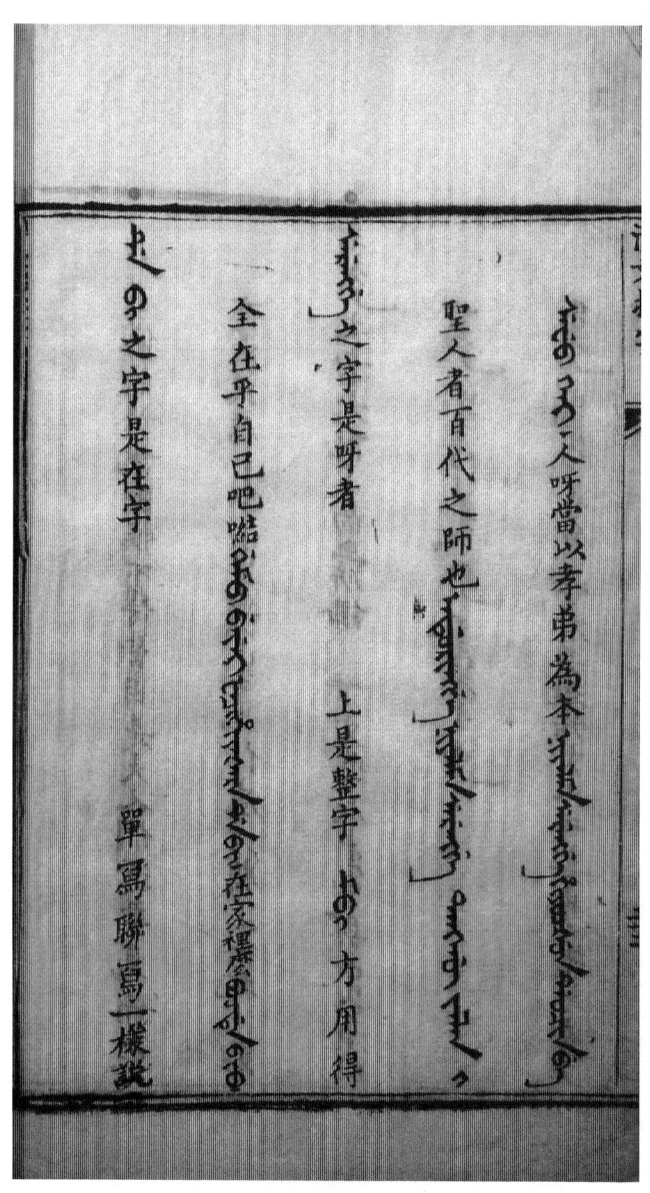

〔06-22A〕

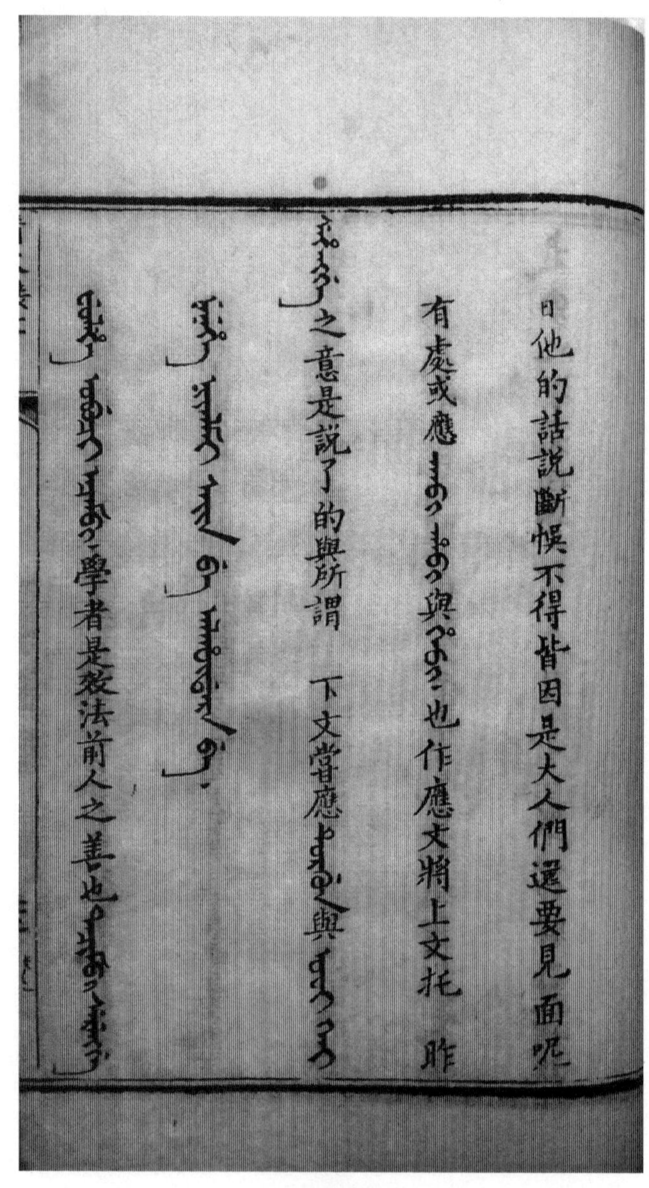

曰他的話說斷悞不得皆因是大人們還要見面呢

有處或應　與　也作應文將上文托　昨

之意是說了的與所謂　下文當應　與

學者是效法前人之善也

[06-22B]

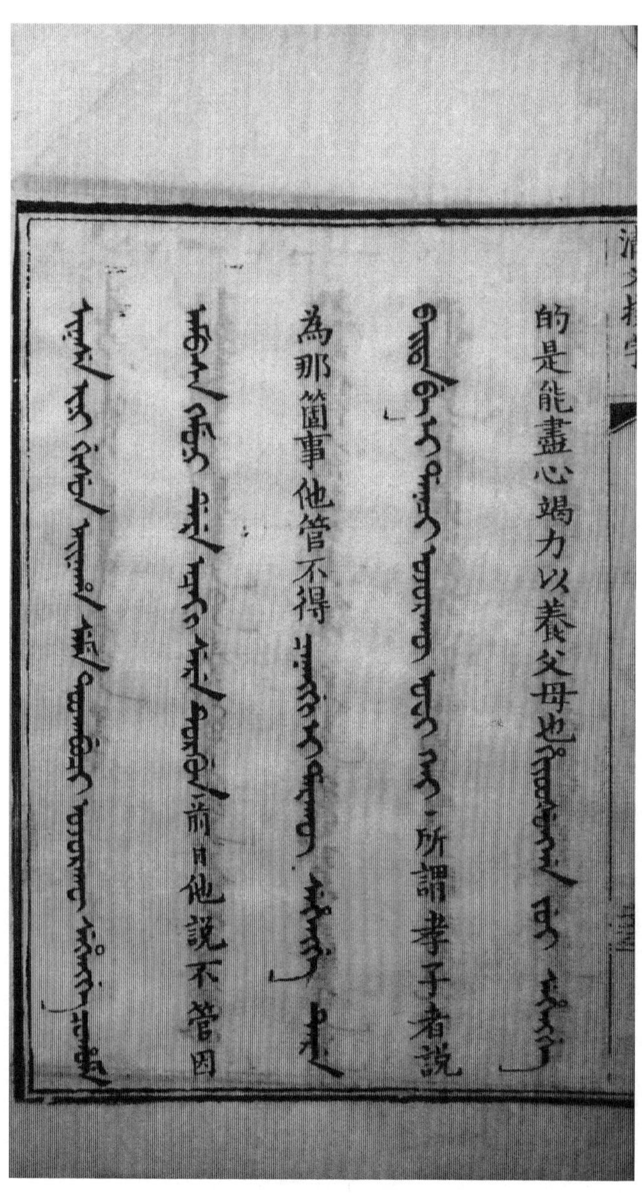

的是能盡心竭力以養父母也 所謂孝子者說 為那箇事他管不得 前日他說不管因

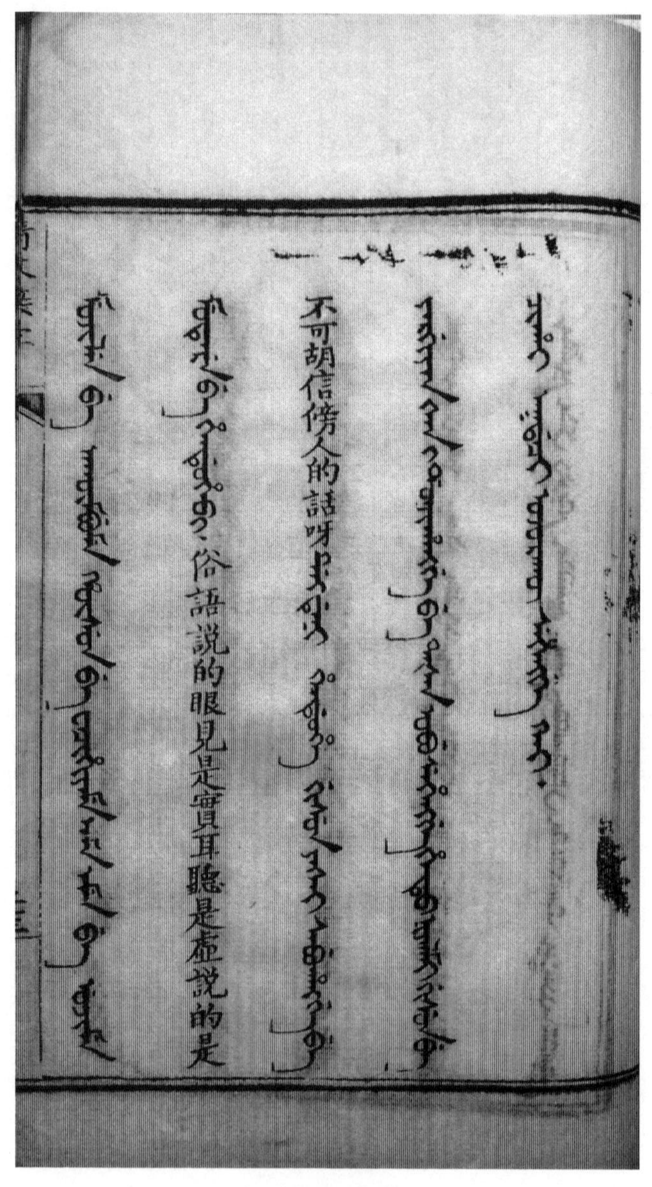

不可胡信傍人的話呀
俗語說的眼見是實耳聽是虛說的是

[06-23B]

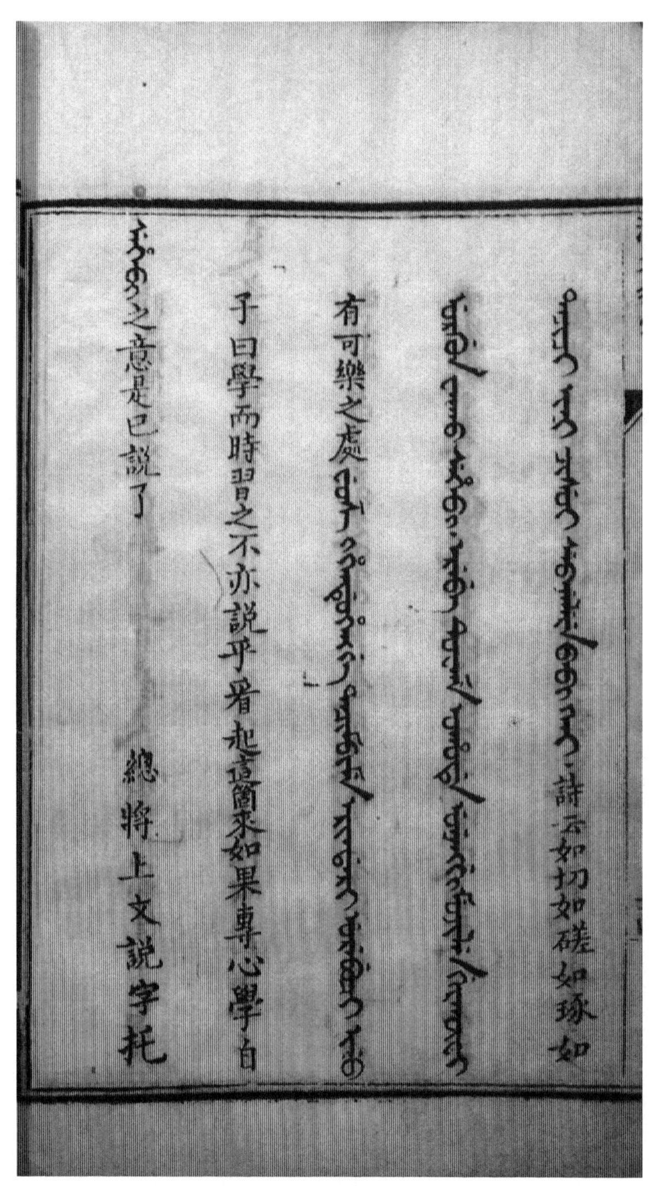
詩云如切如磋如琢如

有可樂之處

子曰學而時習之不亦說乎看起這箇來如果專心學自

之意是已說了　總將上文說字托

［06-24A］

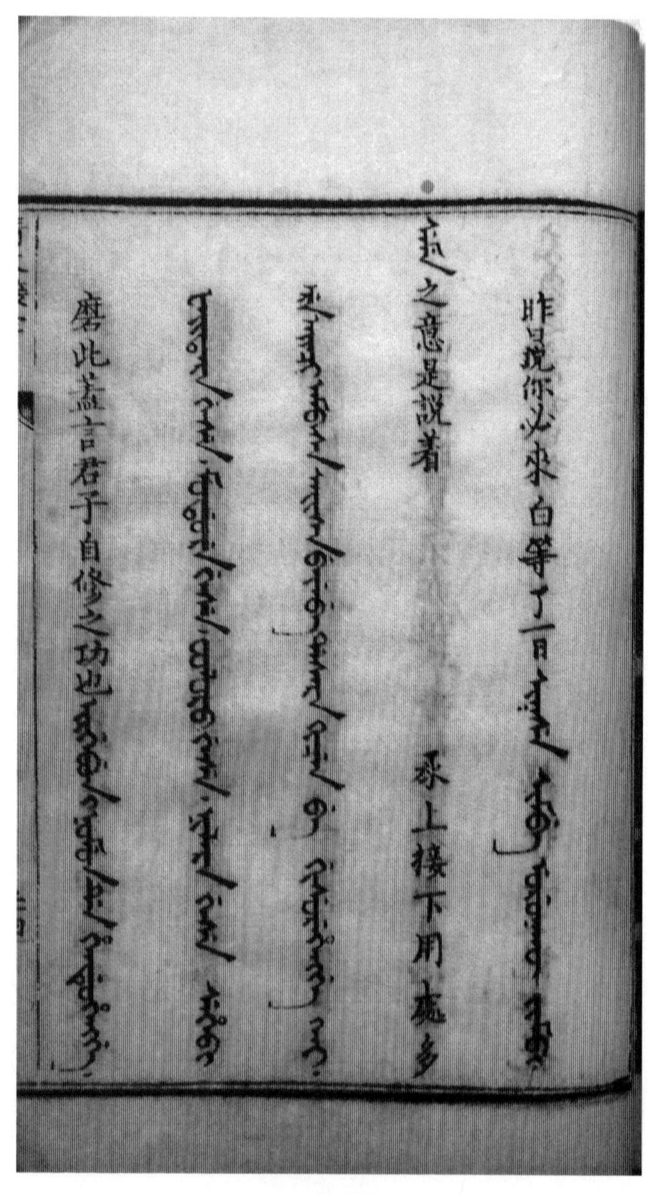

昨日說你必來白等了一日

之意是說着　承上接下用處多

磨此蓋言君子自修之功也

[06-24B]

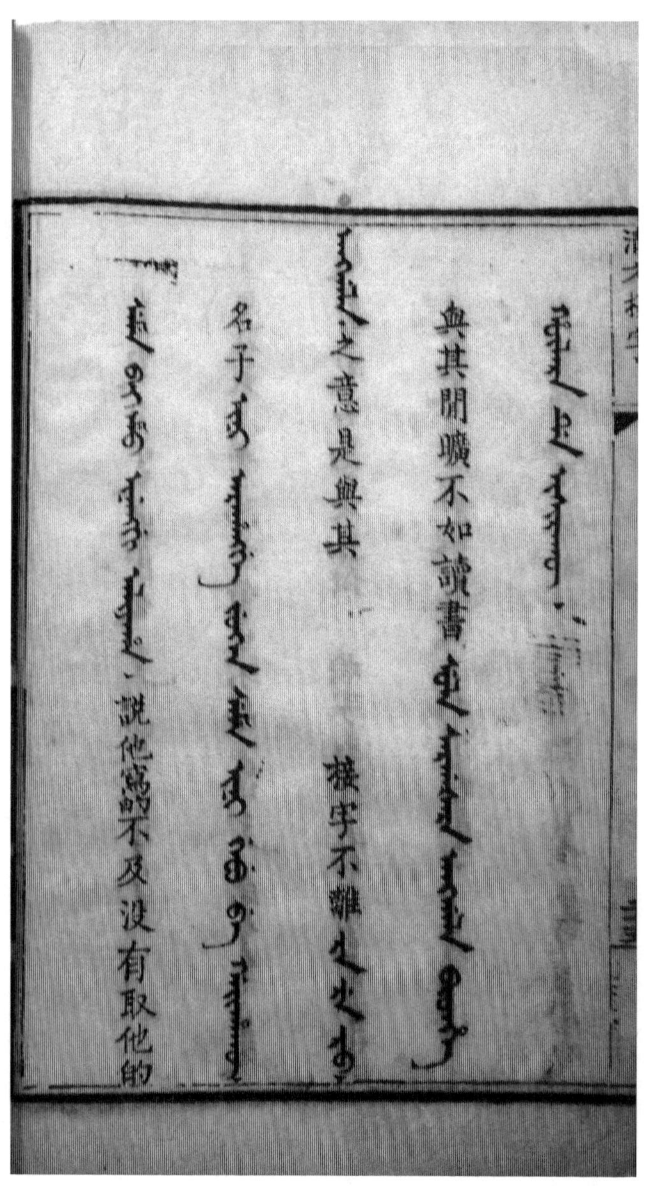

與其閒曠不如讀書

之意是與其　接字不離

名子

說他寫的不及沒有取他的

[06-25A]

豈但不念書馬步箭也不學

之意是豈但　接字整字之外用

與其向人爭不如作個情面

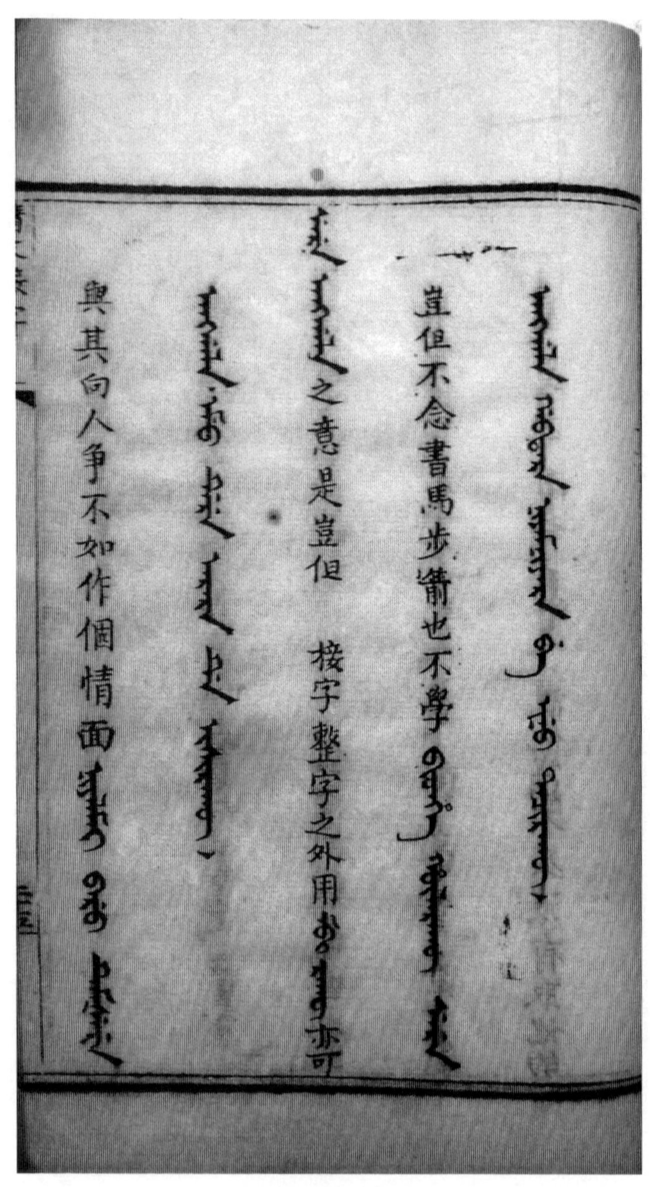

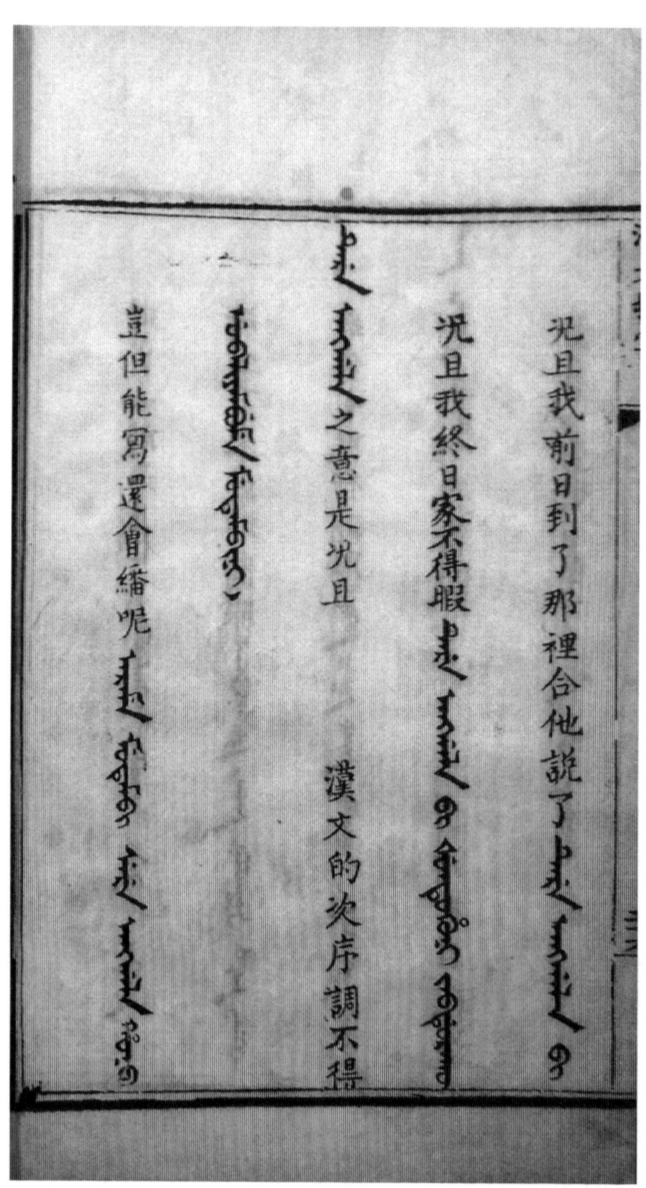

況且我前日到了那裡合他說了

況且我終日家不得暇

之意是況且

漢文的次序調不得

豈但能寫還會繙呢

〔06-26A〕

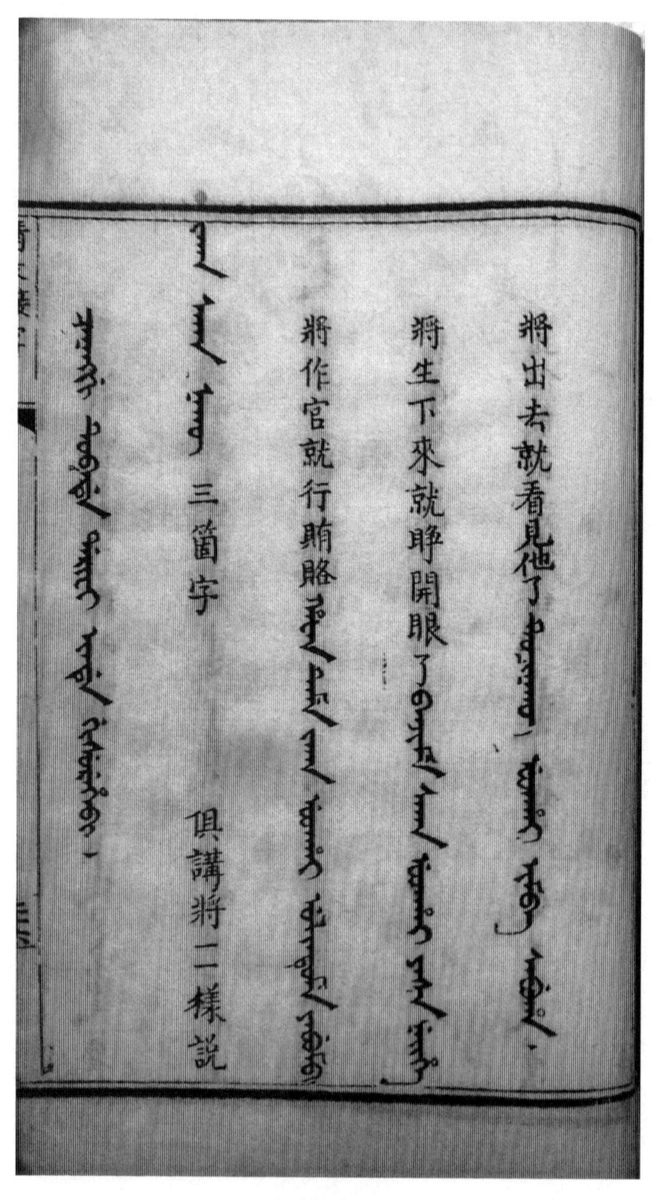

將出去就看見他了

將生下來就睜開眼了

將作官就行賄賂

三箇字　俱講將一樣說

[06-26B]

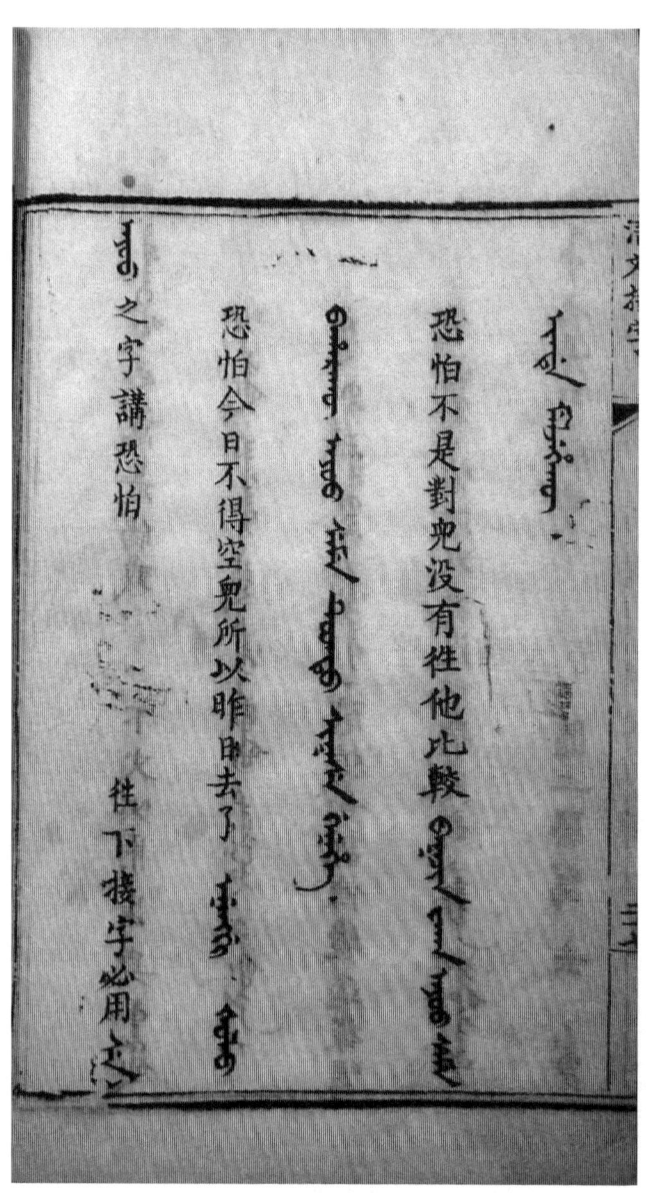

恐怕不是對兒沒有往他比較

恐怕今日不得空兒所以昨日去了

之字講恐怕

往下接字必用

[06-27A]

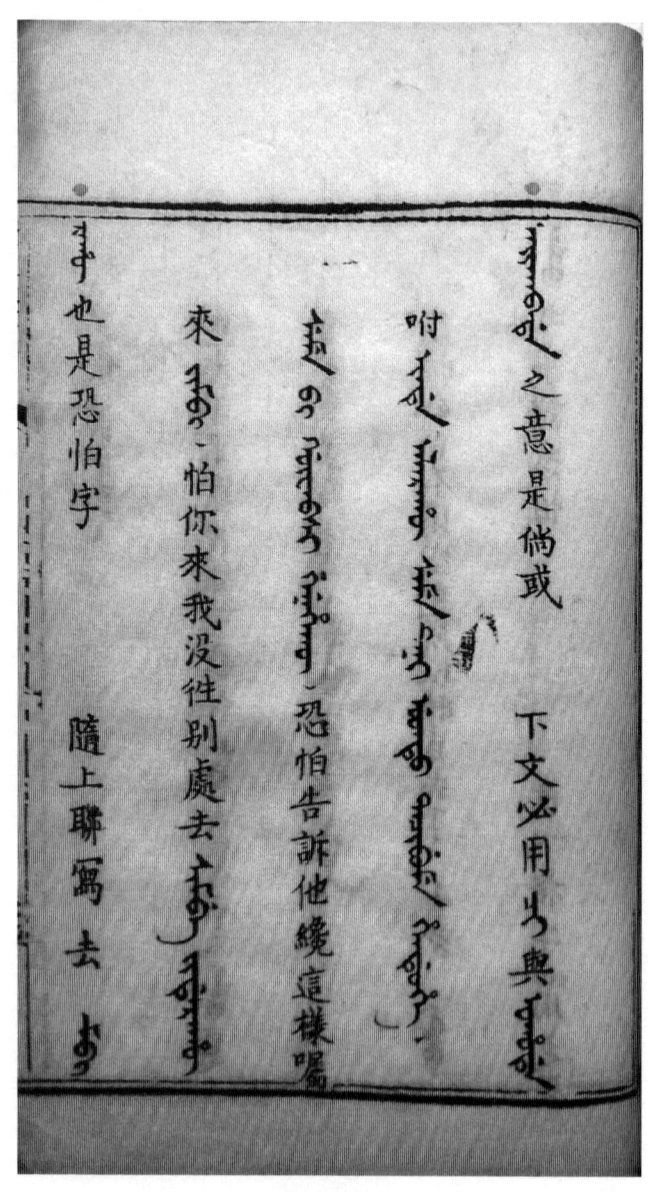

〔06-27B〕

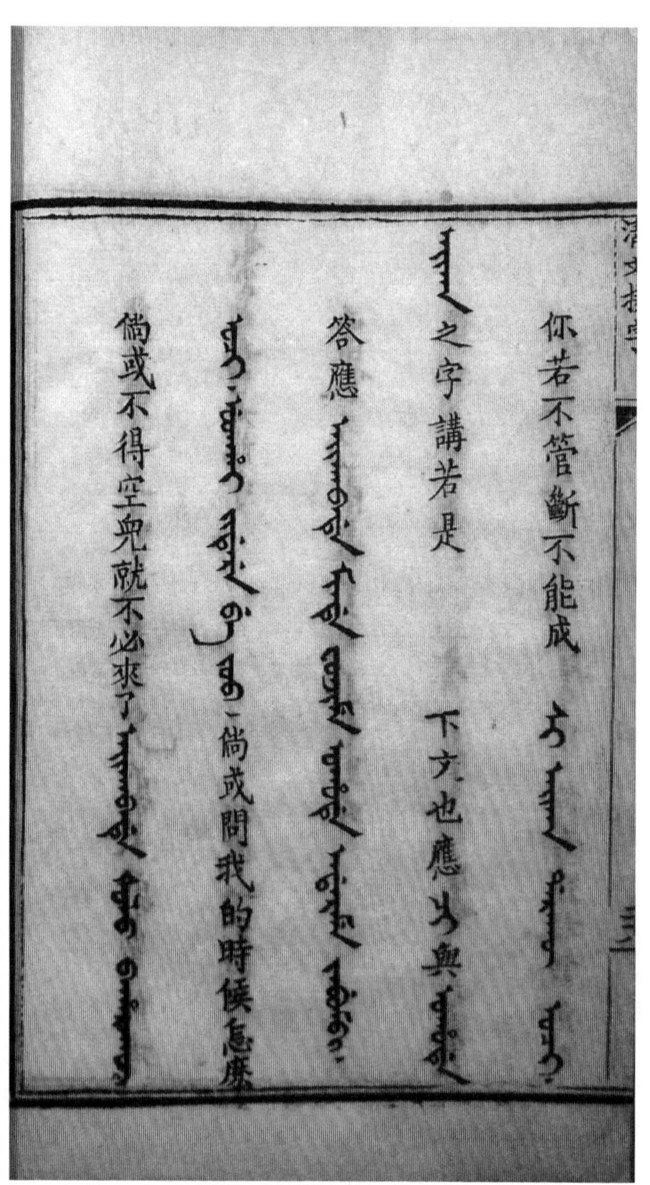

清文接字

你若不管斷不能成

之字講若是 下文也應 與

答應

倘或問我的時候怠慢

倘或不得空兒就不必來了

三

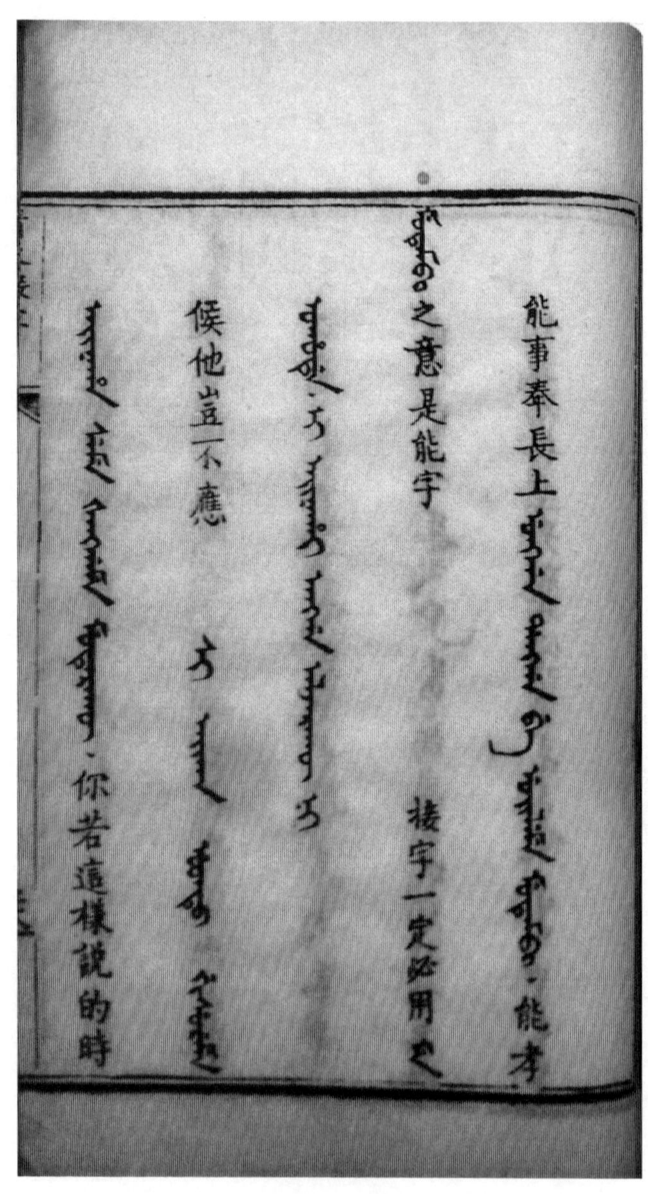

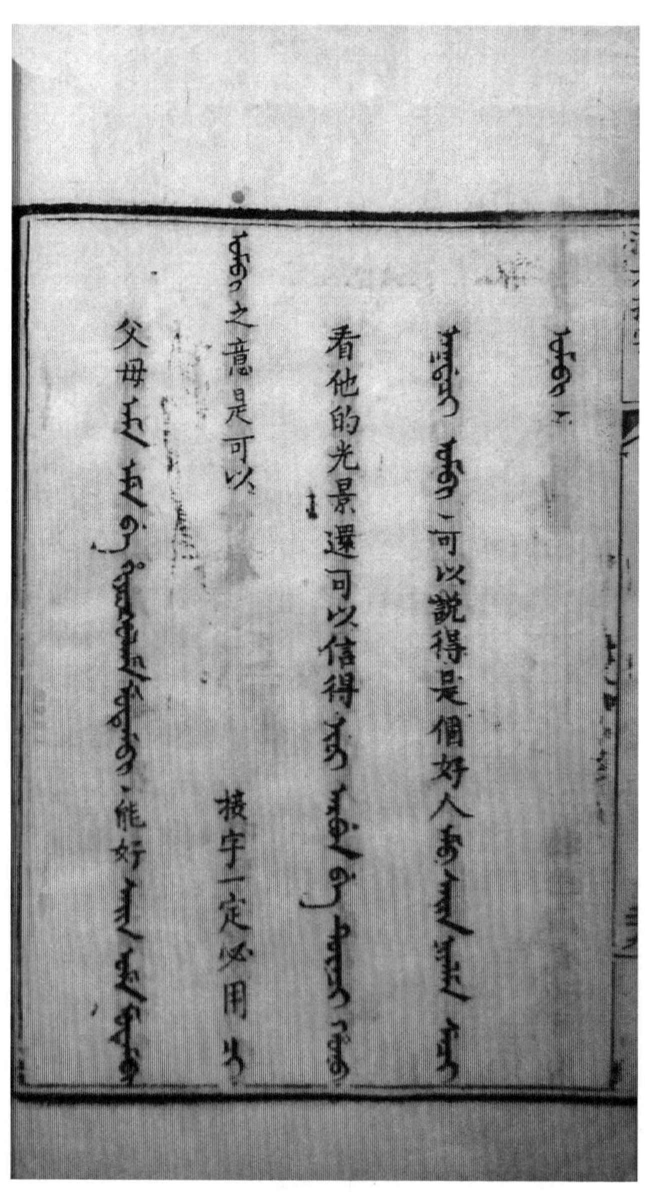
可以說得是個好人
看他的光景還可以信得
之意是可以
接字一定必用
父母
能好

[06-29A]

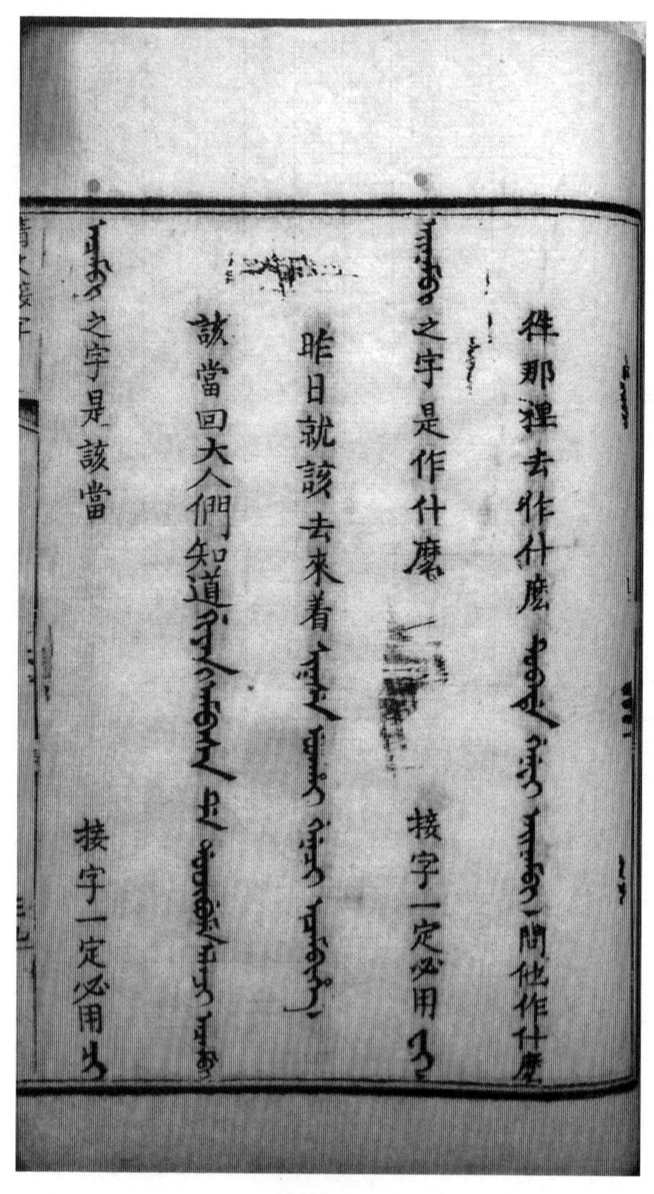

往那裡去作什麼 問他作什麼

之字是作什麼 接字一定必用

昨日就該去來着

該當回大人們知道

之字是該當 接字一定必用

[06-29B]

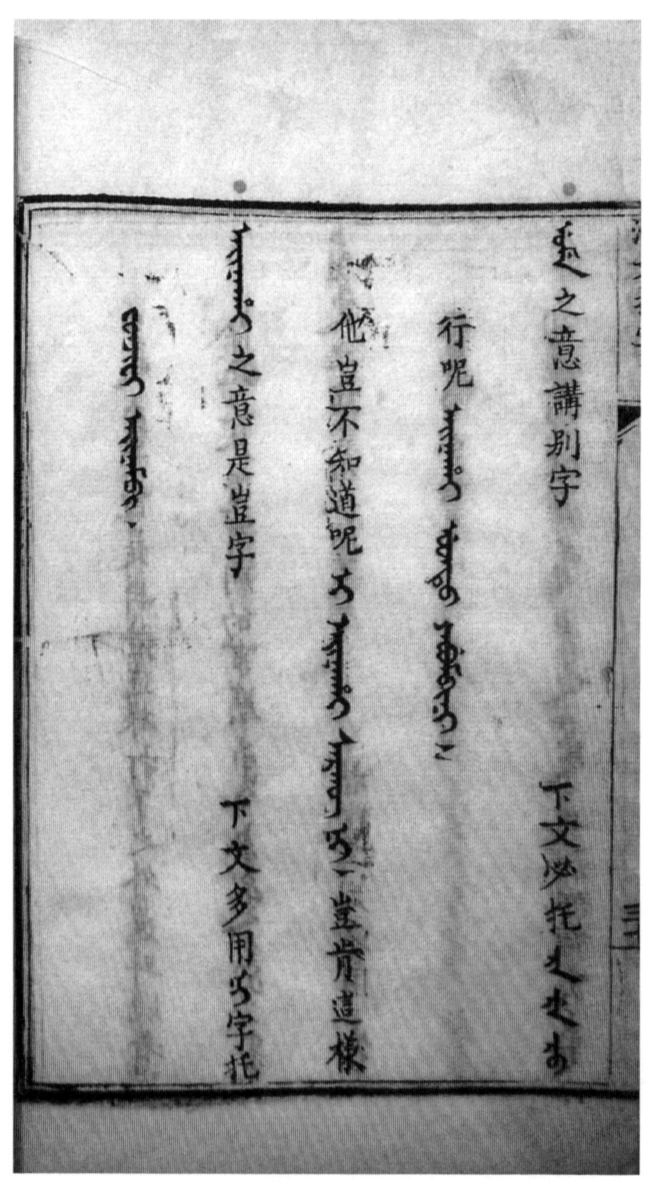

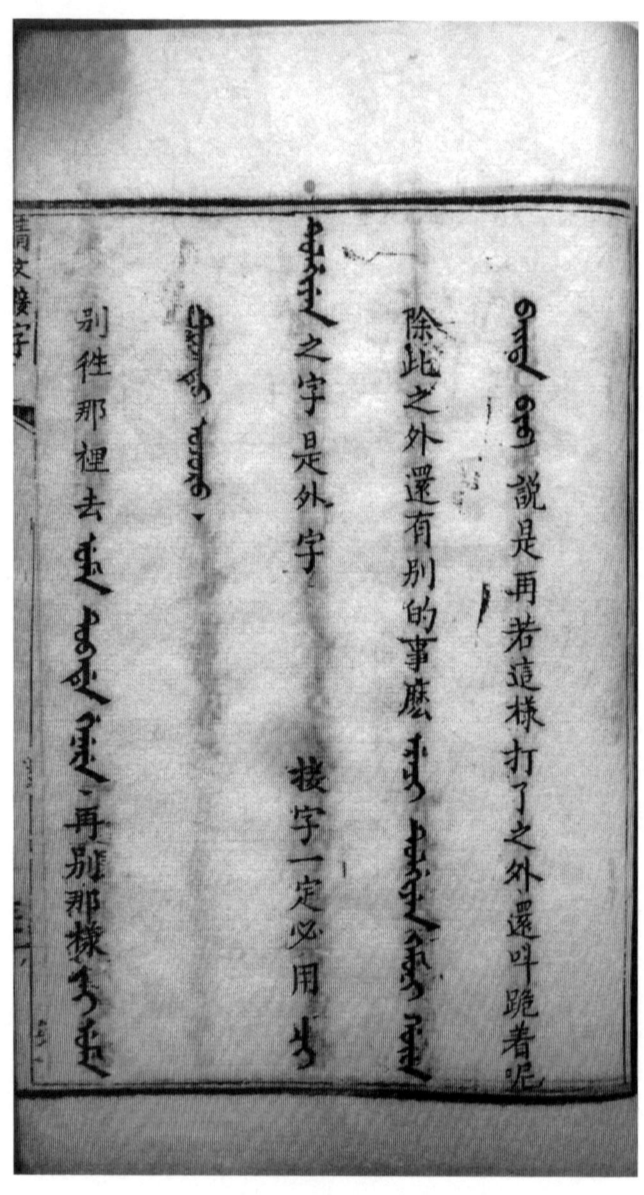

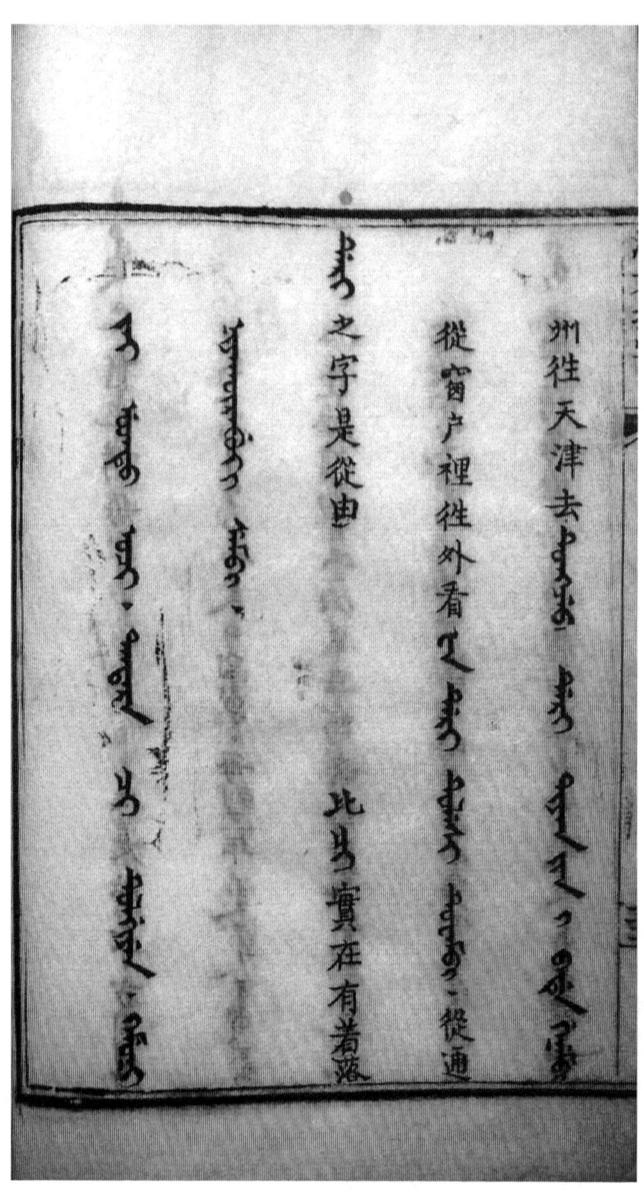

〔06-31A〕

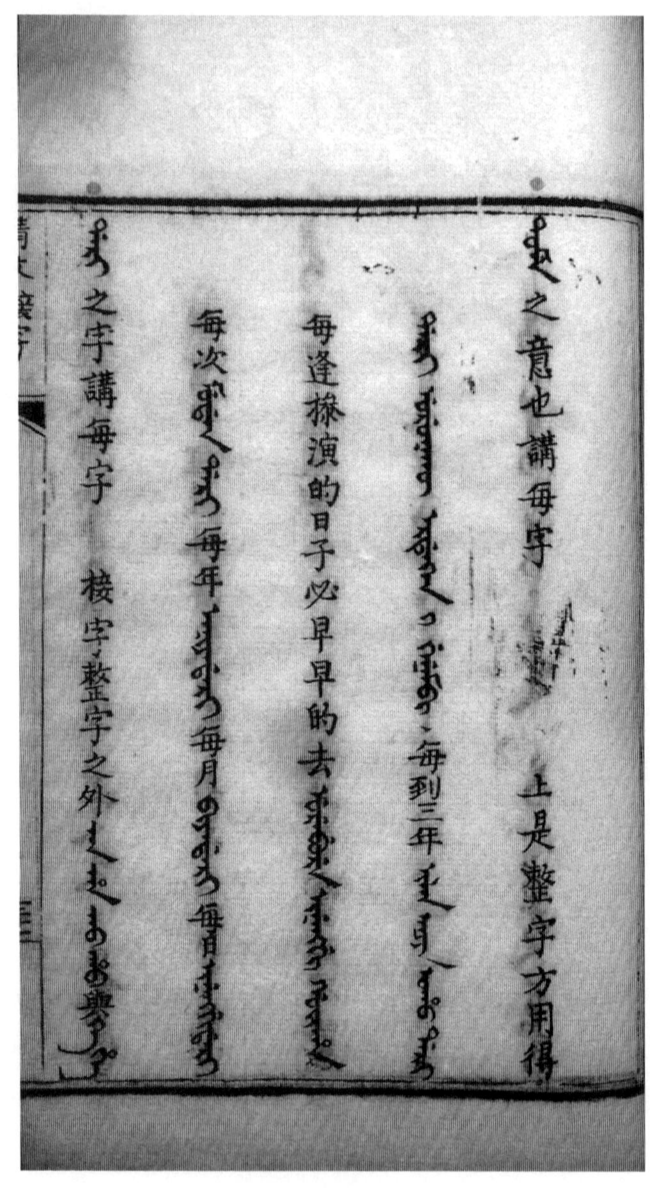

〔06-31B〕

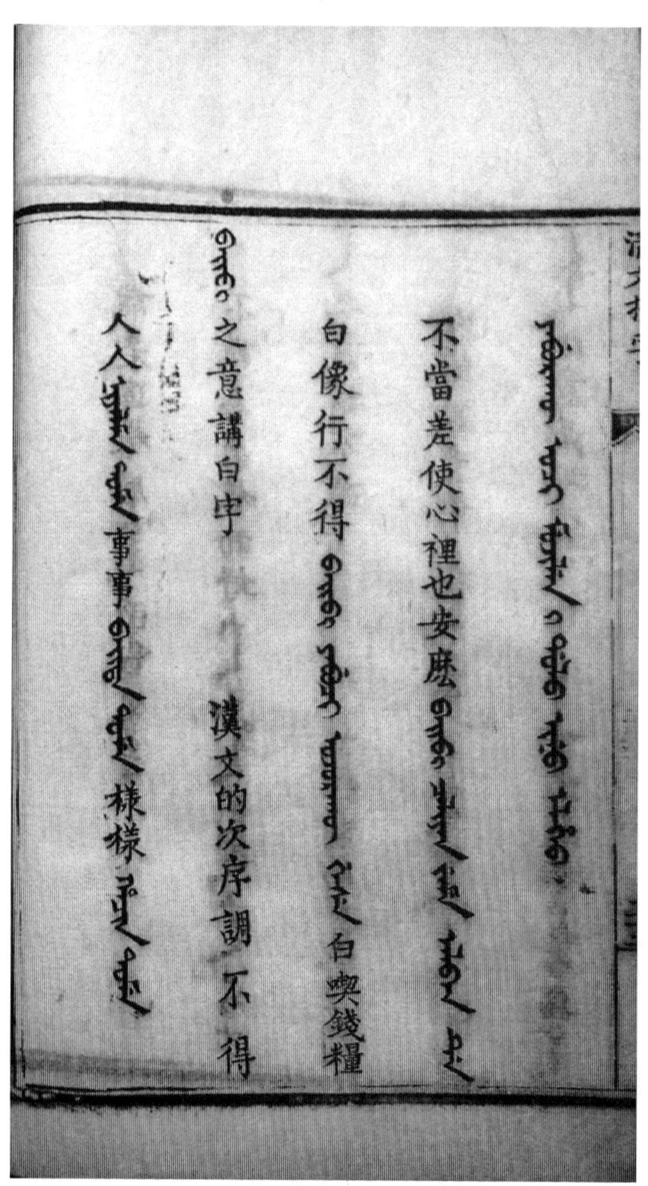

不當差使心裡也安麽

白像行不得　白喫錢糧

之意講白字　漢文的次序謂不得

人人　事事　樣樣

〔06-32A〕

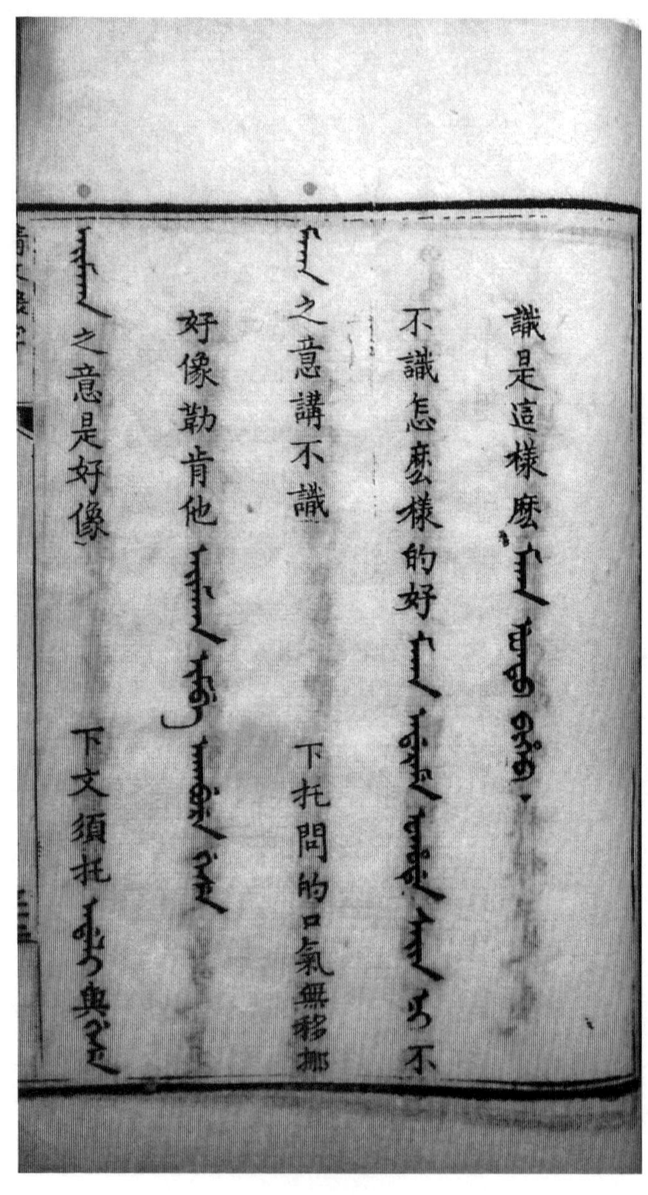

識是這様麽
不識怎麽様的好
之意講不識
好像勤肯他
之意是好像
下托問的口氣無移挪
下文須托

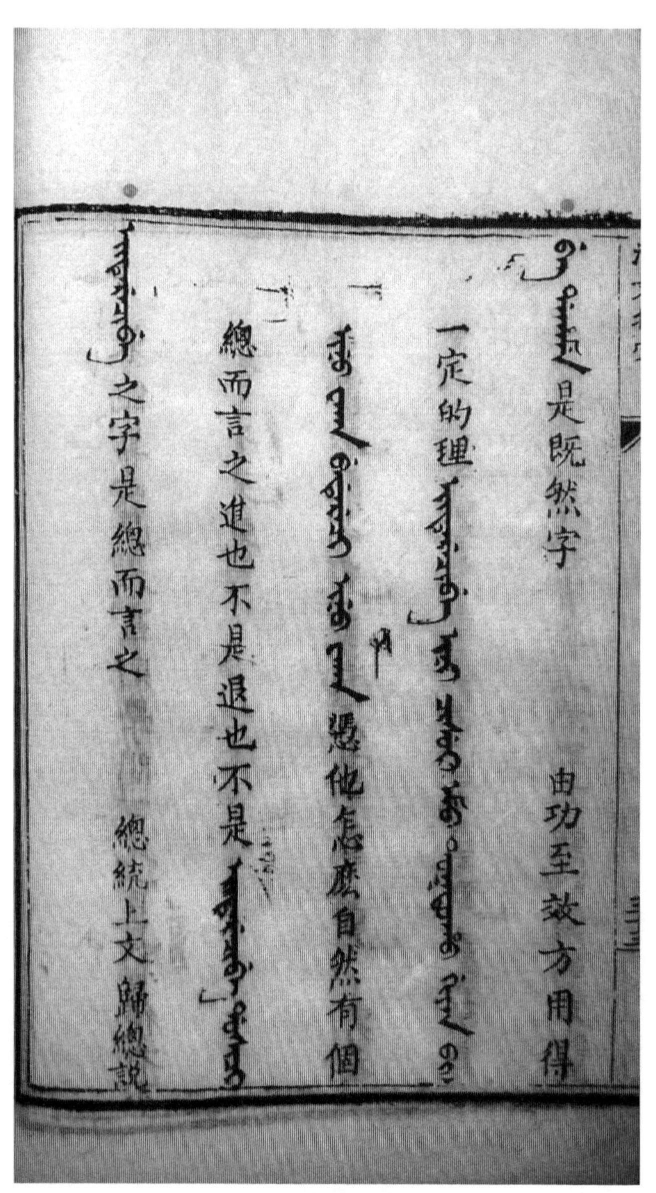

[06-33A]

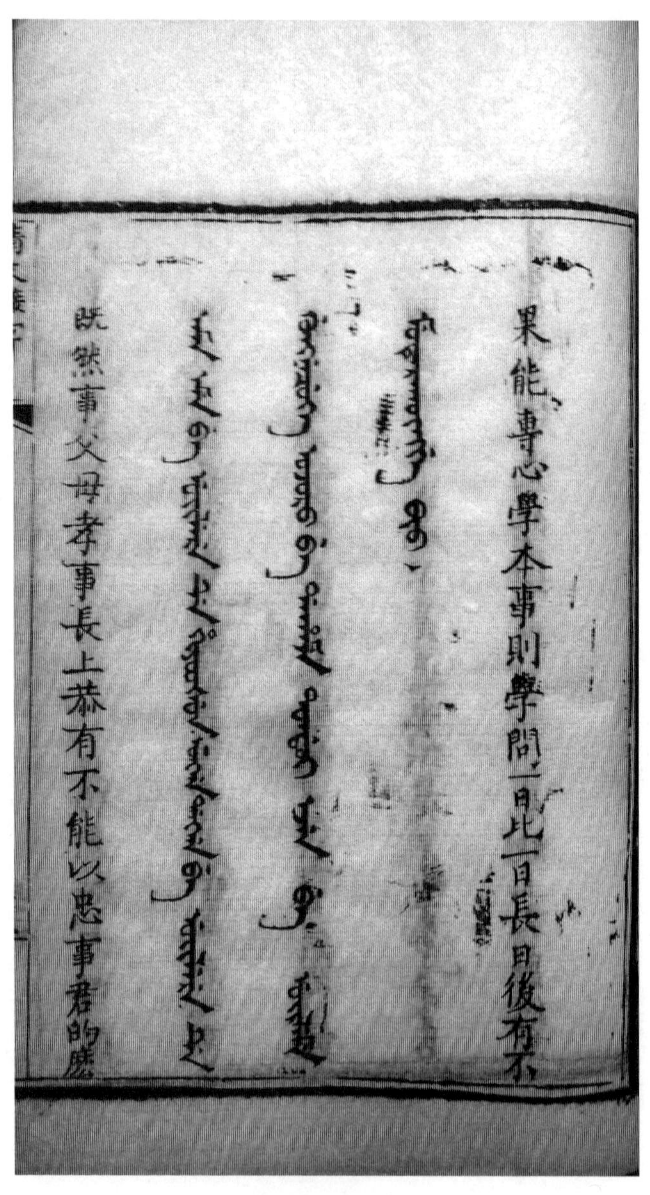

果能專心學本事則學問一日比一日長日後有不

既然事父母孝事長上恭有不能以忠事君的麽

[06-33B]

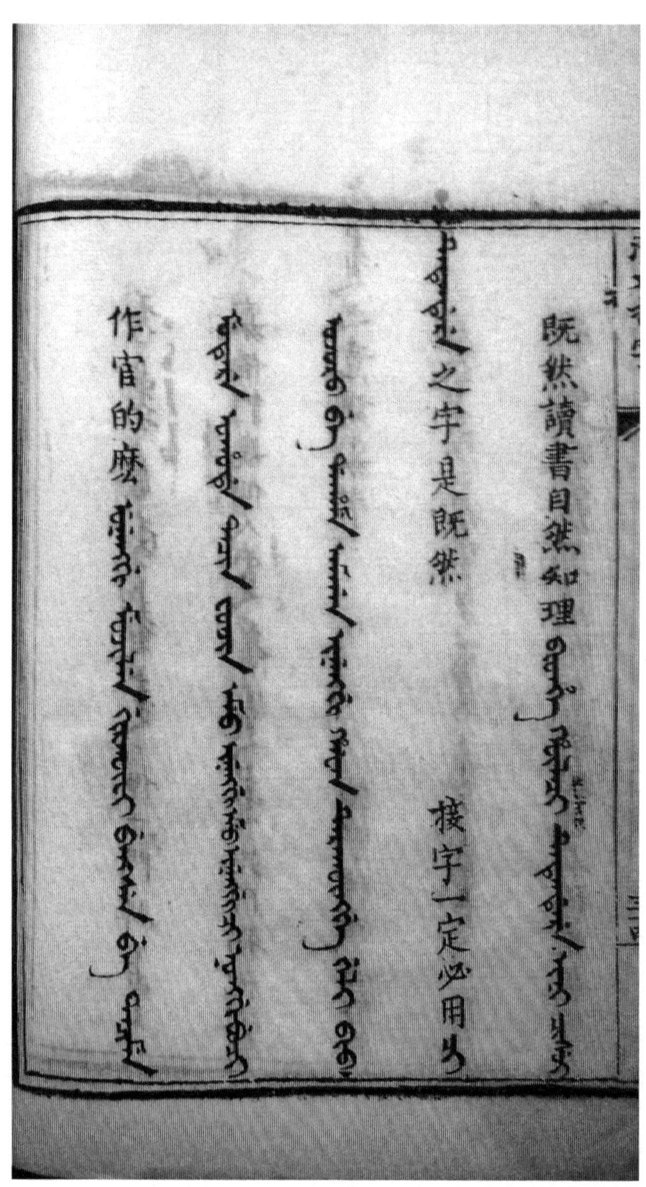

既然讀書自然知理

之字是既然

接字一定必用

作官的麽

〔06-34A〕

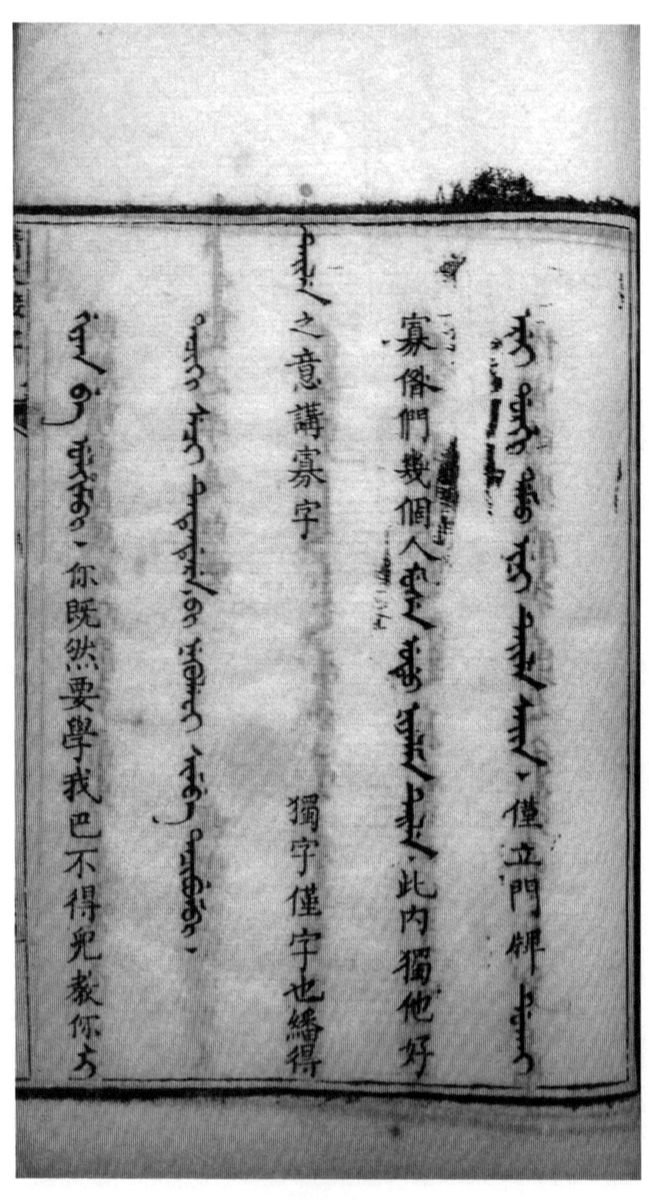
僅立門鋪
寡儕們幾個人 此內獨他好
之意講寡字 獨字僅字也繙得
你既然要學我巴不得兒教你大

〔06-34B〕

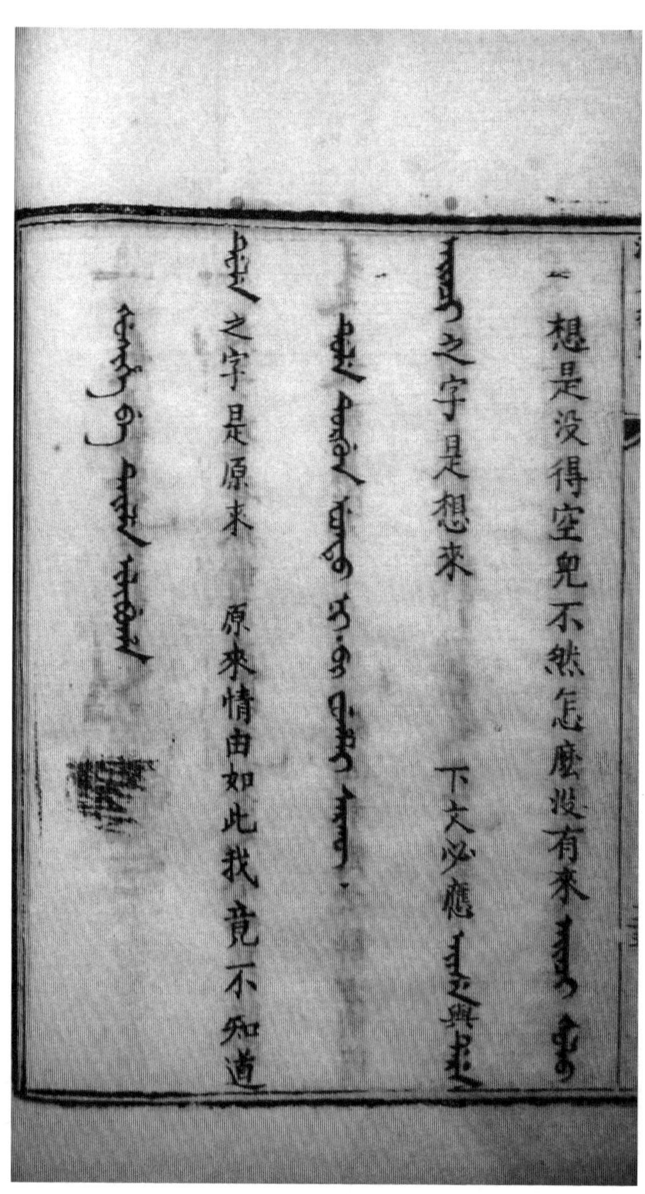
一 想是沒得空兒不然怎麼沒有來

之字是想來 下文必應 與

之字是原來 原來情由如此我竟不知道

〔06-35A〕

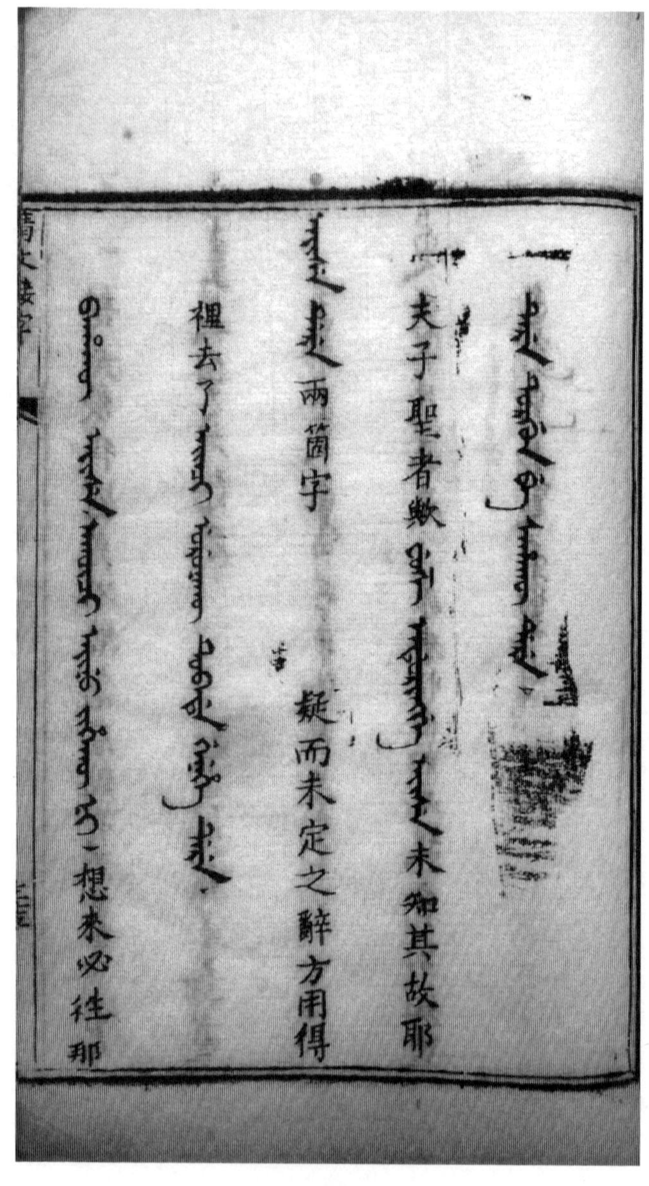

夫子聖者歟 未知其故耶

兩箇字 疑而未定之辭方用得

裡去了

想來必往耶

[06-35B]

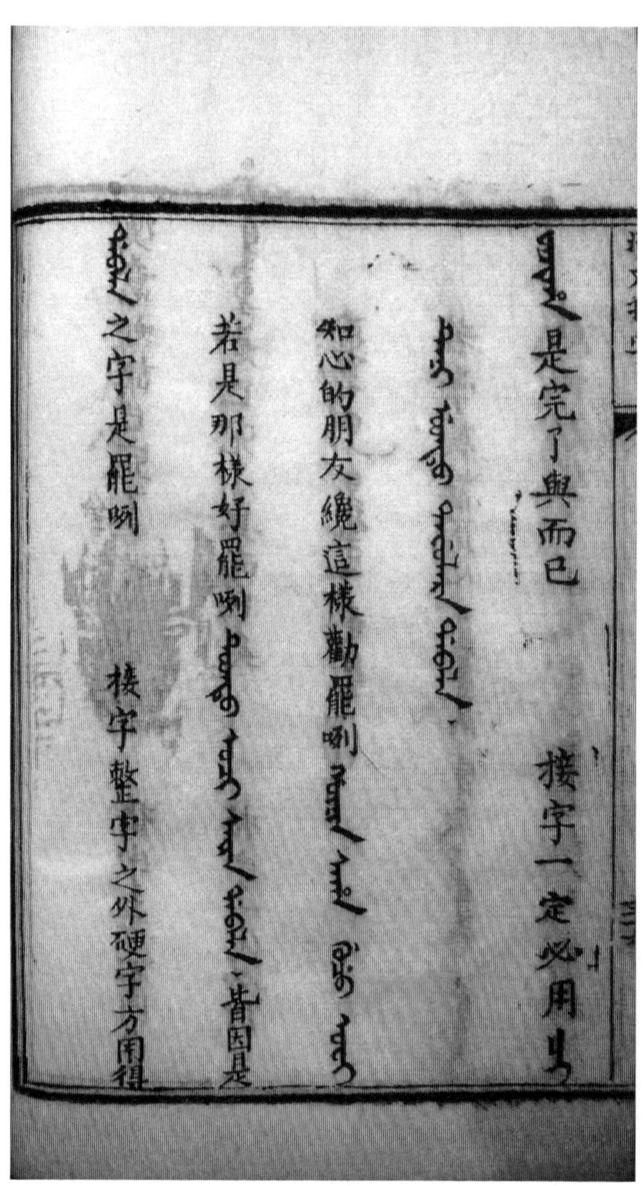

是完了與而已 接字一定必用

知心的朋友纔這樣勸罷咧

若是那樣好罷咧 皆因是

之字是罷咧 接字整字之外硬字方用得

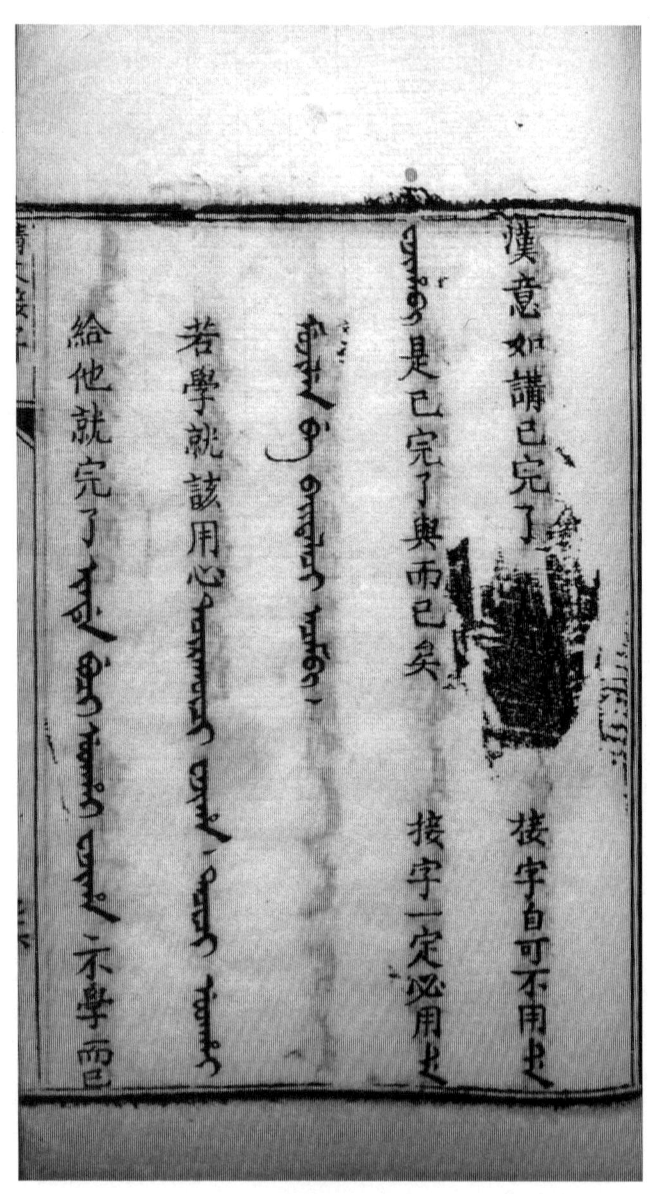
漢意如講已完了 接字自可不用
是已完了與而已矣 接字一定必用
若學就該用心
給他就完了 不學而已

[06-36B]

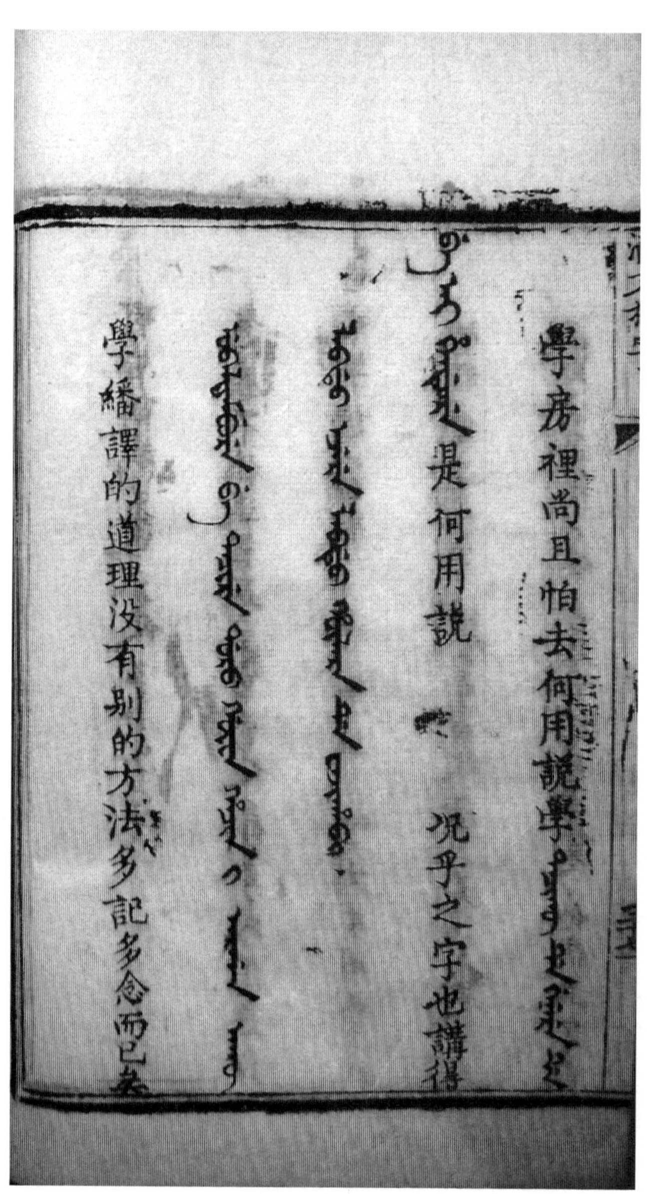

學房裡尚且怕去何用說學

是何用說

況乎之字也講得

學繙譯的道理沒有别的方法多記多念而已矣

〔06-37A〕

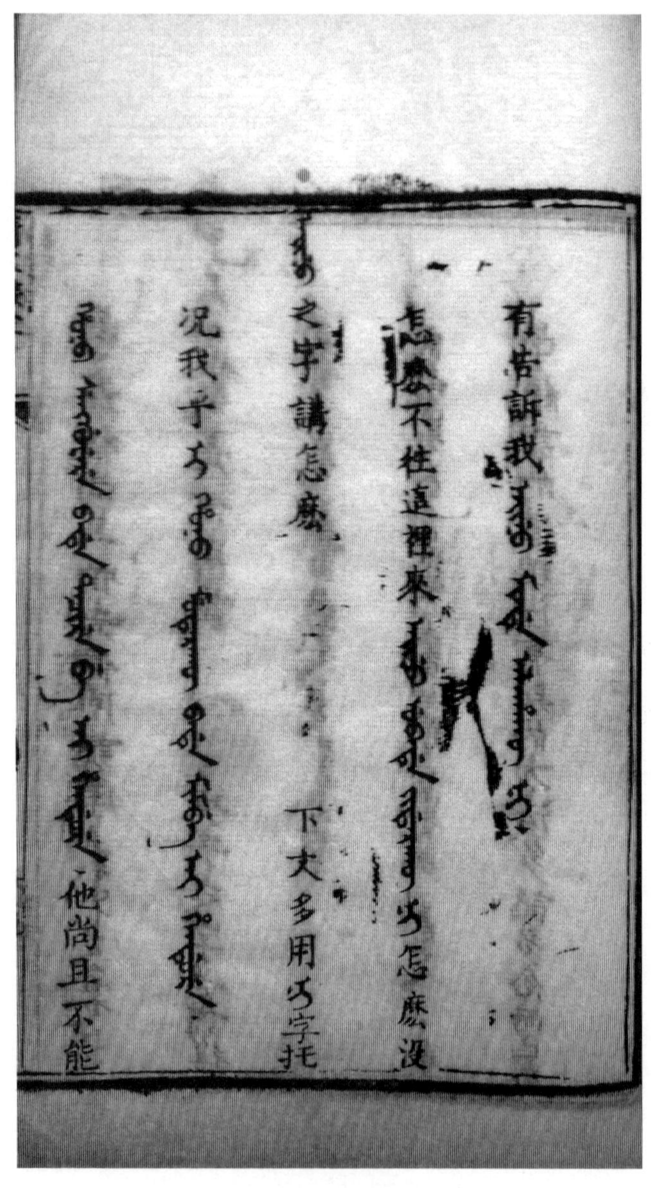

〔06-37B〕

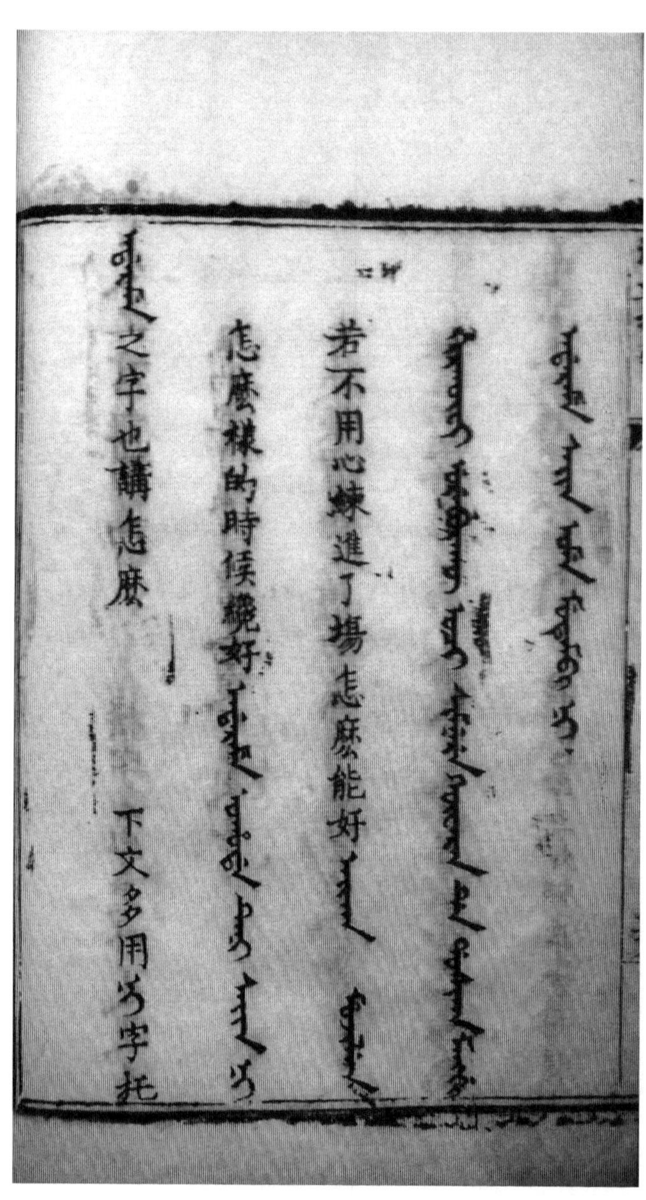

若不用心練進了場怎麽能好

怎麽樣的時候纔好

之字也講怎麽

下文多用字托

〔06-38A〕

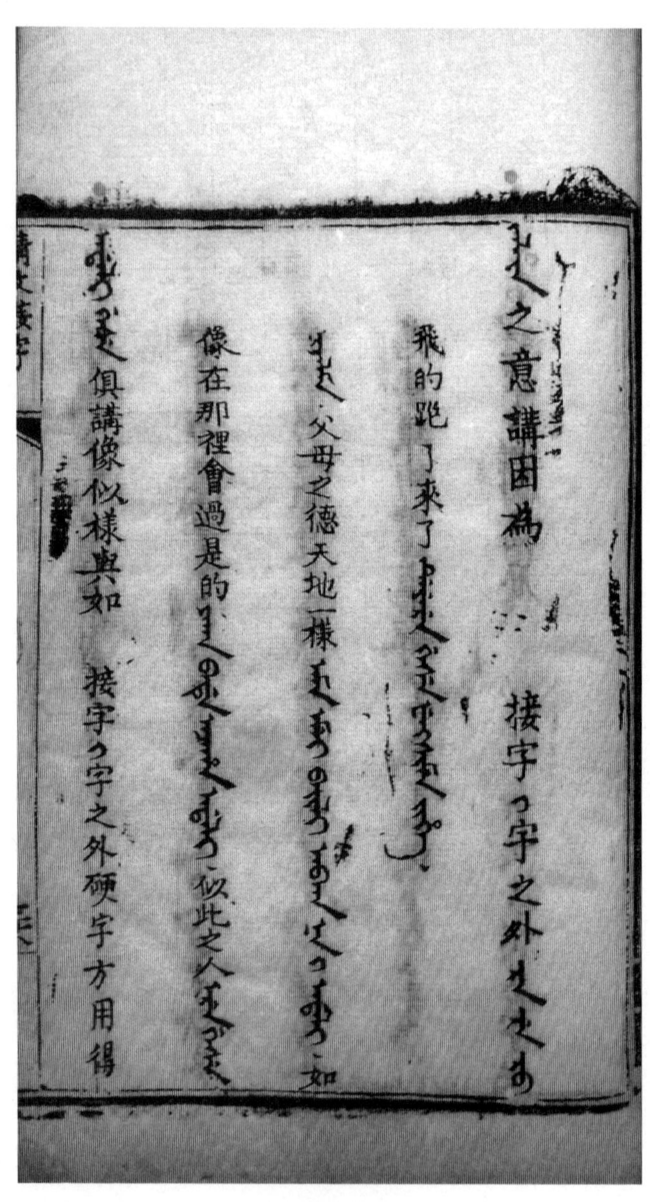

〔06-38B〕

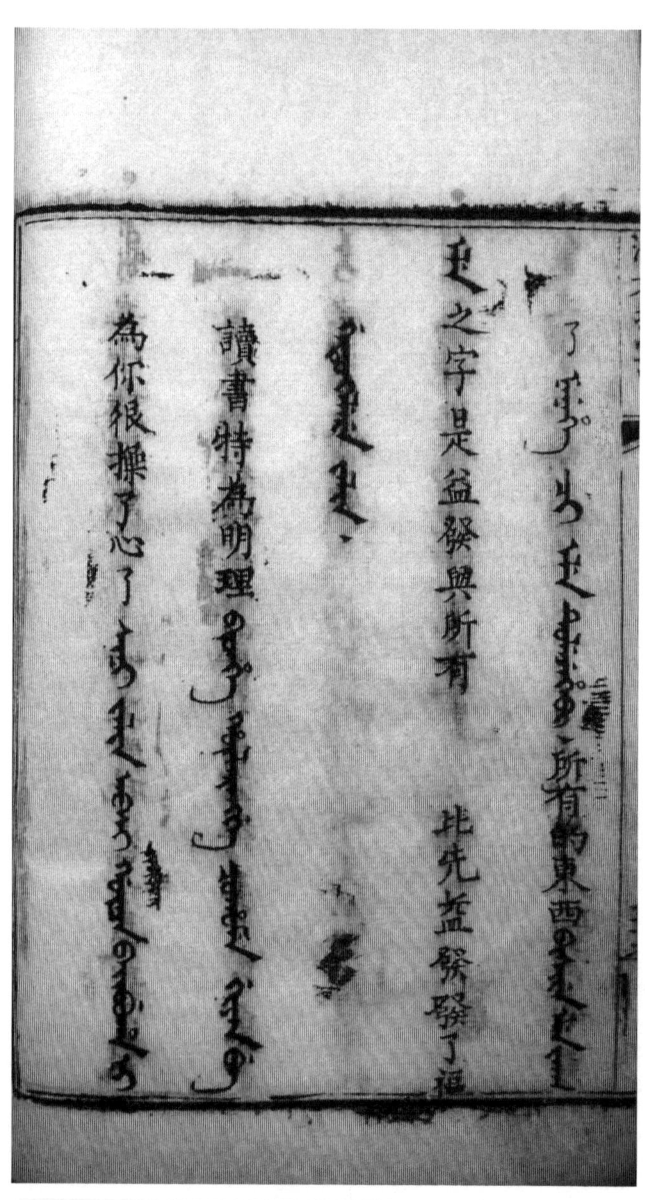

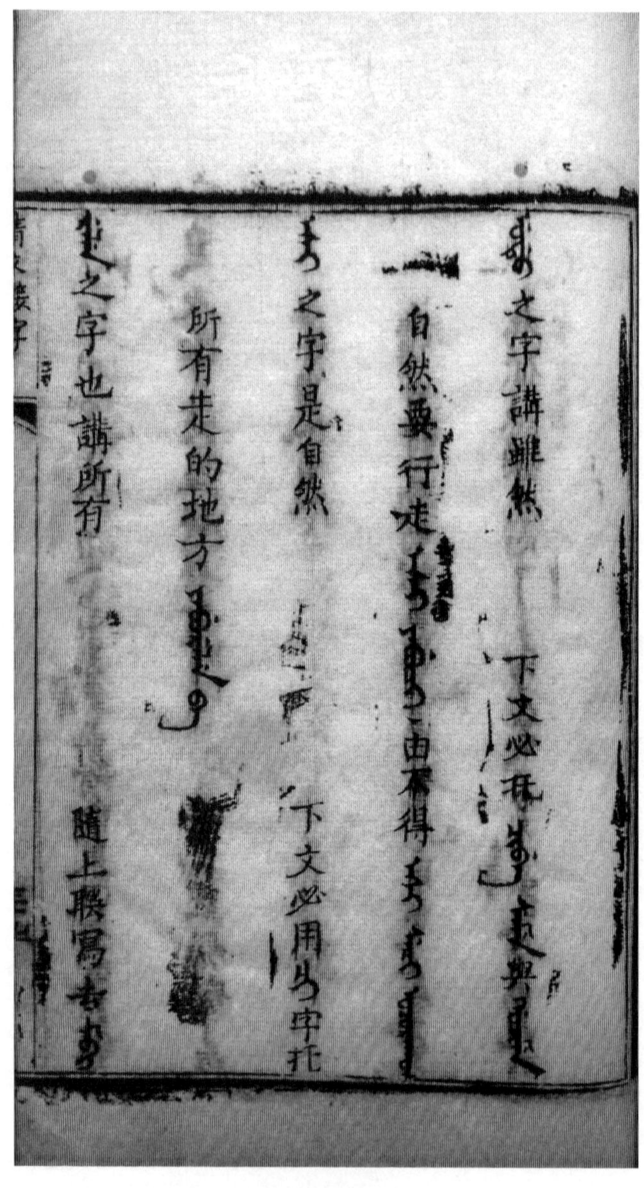

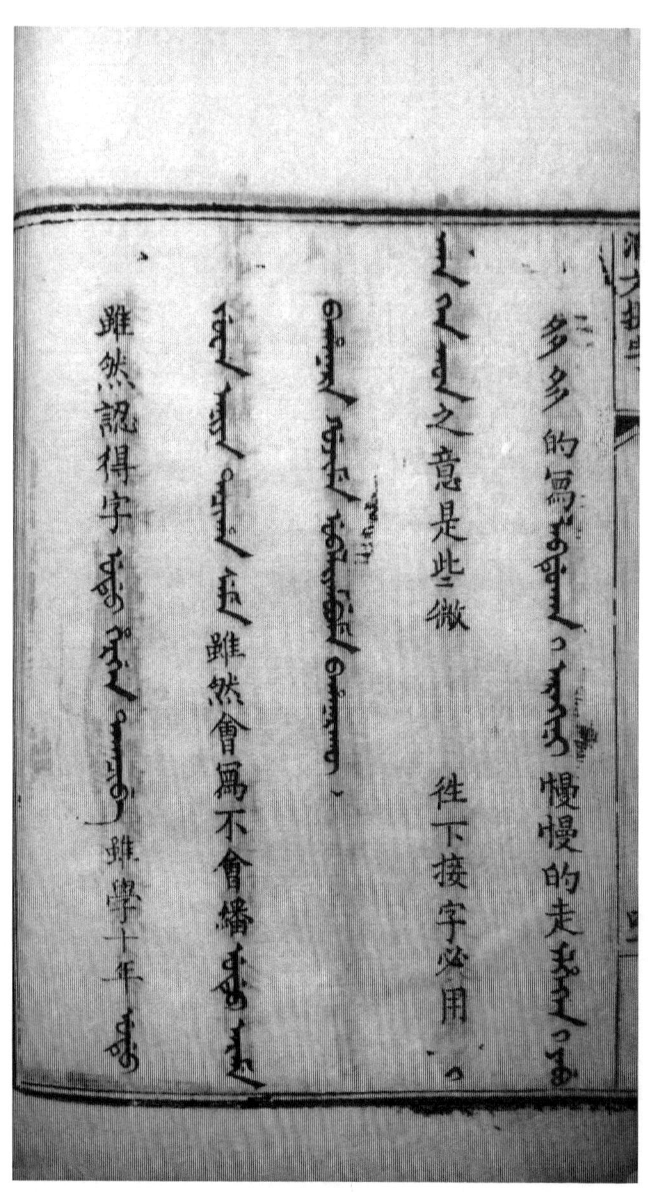

多多的寫 慢慢的走

之意是些微 往下接字必用

雖然會寫不會繙

雖然認得字 雖學十年

〔06-40A〕

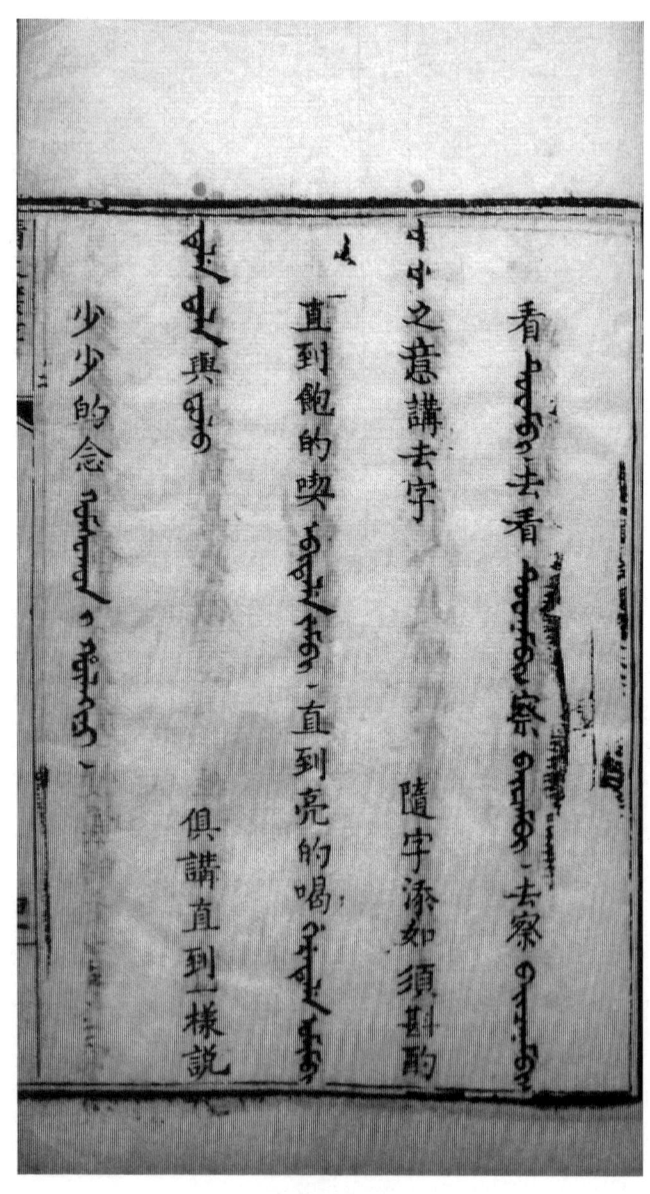

看 去看 察 去察

之意講去字　隨字添如須斟酌

直到飽的喫 直到亮的喝

與 俱講直到一樣說

少少的念

〔06-40B〕

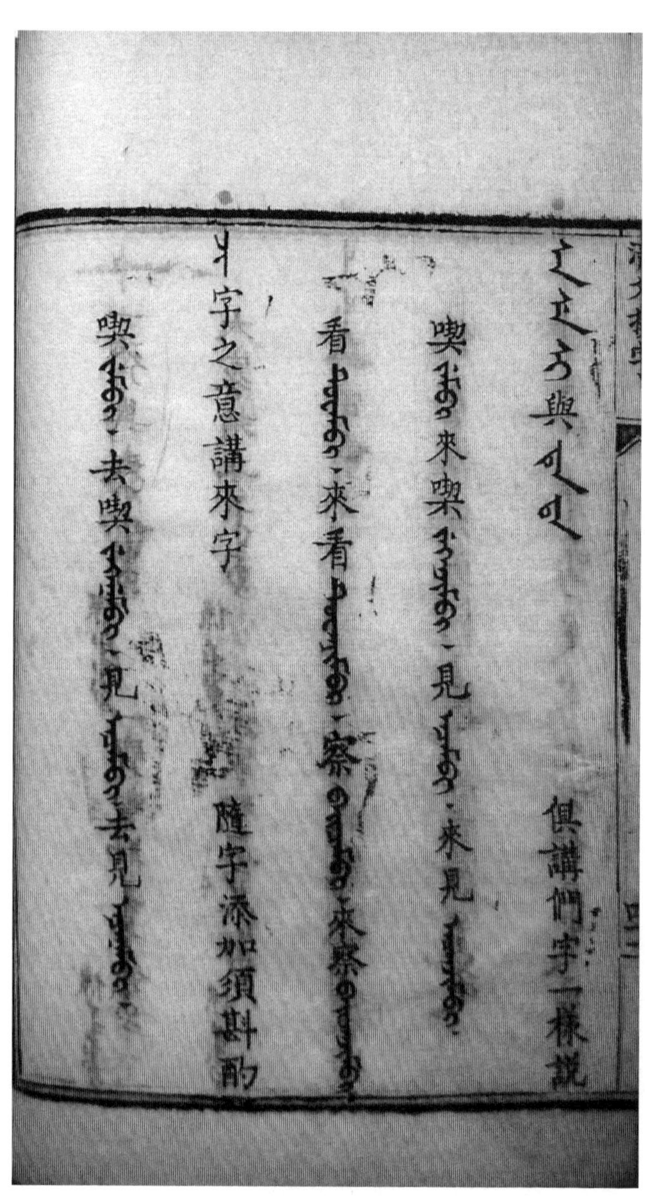

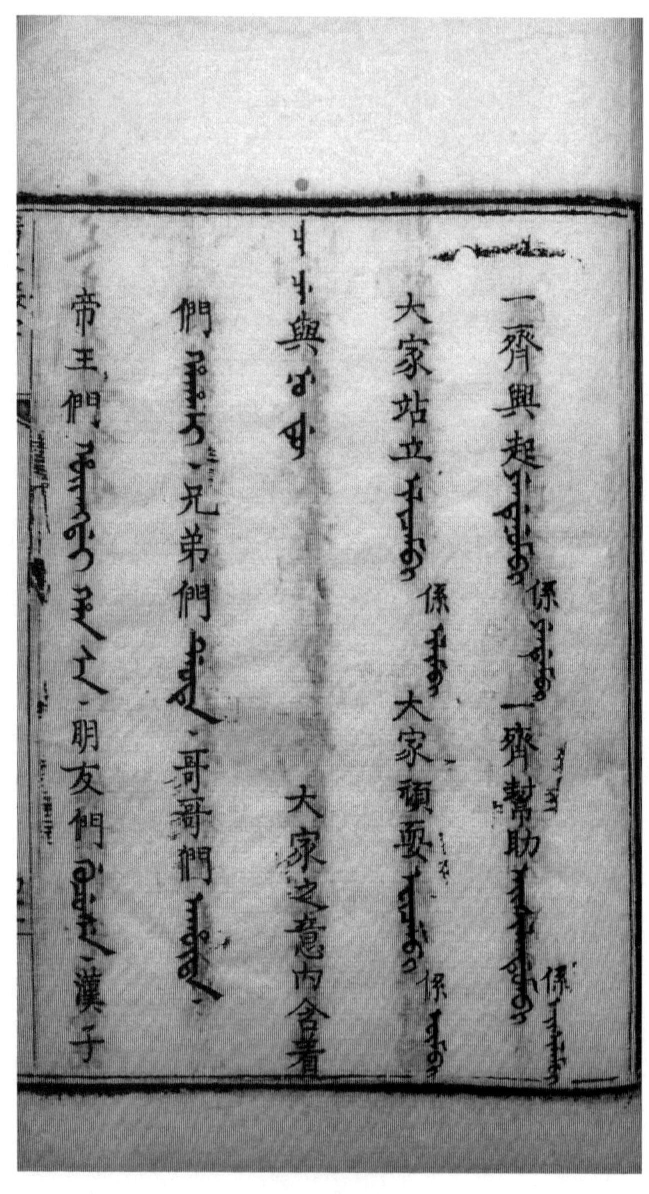
一齊興起 係 一齊幫助 係

大家站立 係 大家須要 係

與 大家之意內含着

們 兄弟們 哥哥們

帝王們 朋友們 漢子

[06-41B]

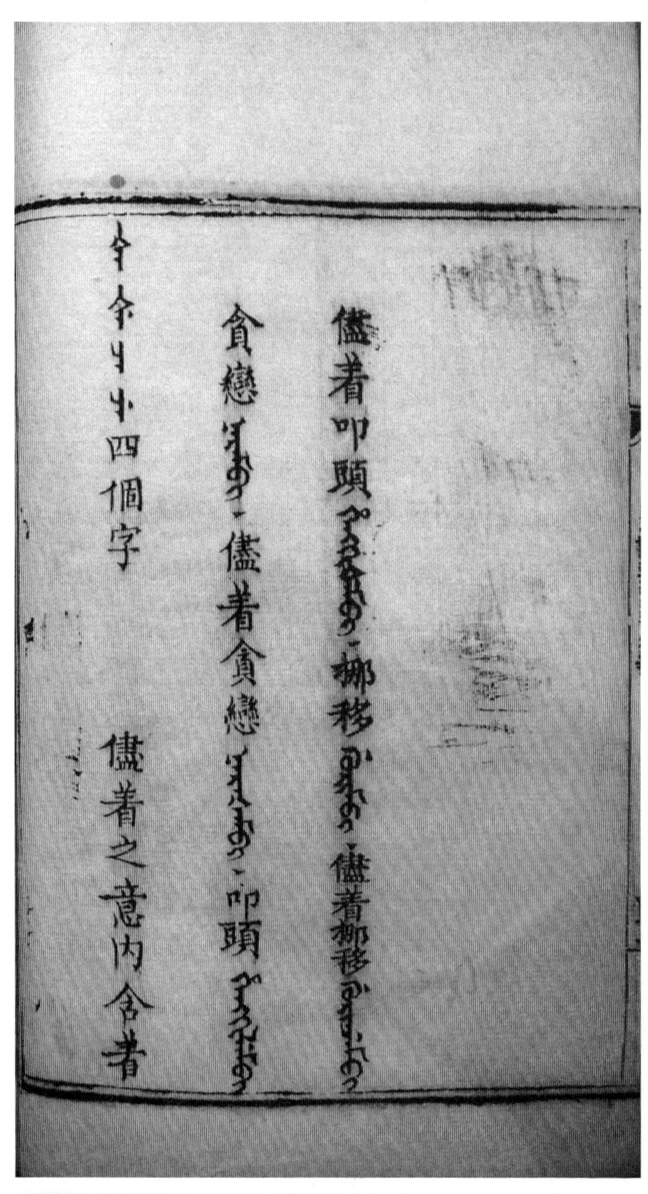

儘着叩頭 [illegible] 挪移 [illegible] 儘着挪移 [illegible]

貪戀 [illegible] 儘着貪戀 [illegible] 叩頭 [illegible]

[illegible] 四個字 儘着之意內含者

〔06-42A〕

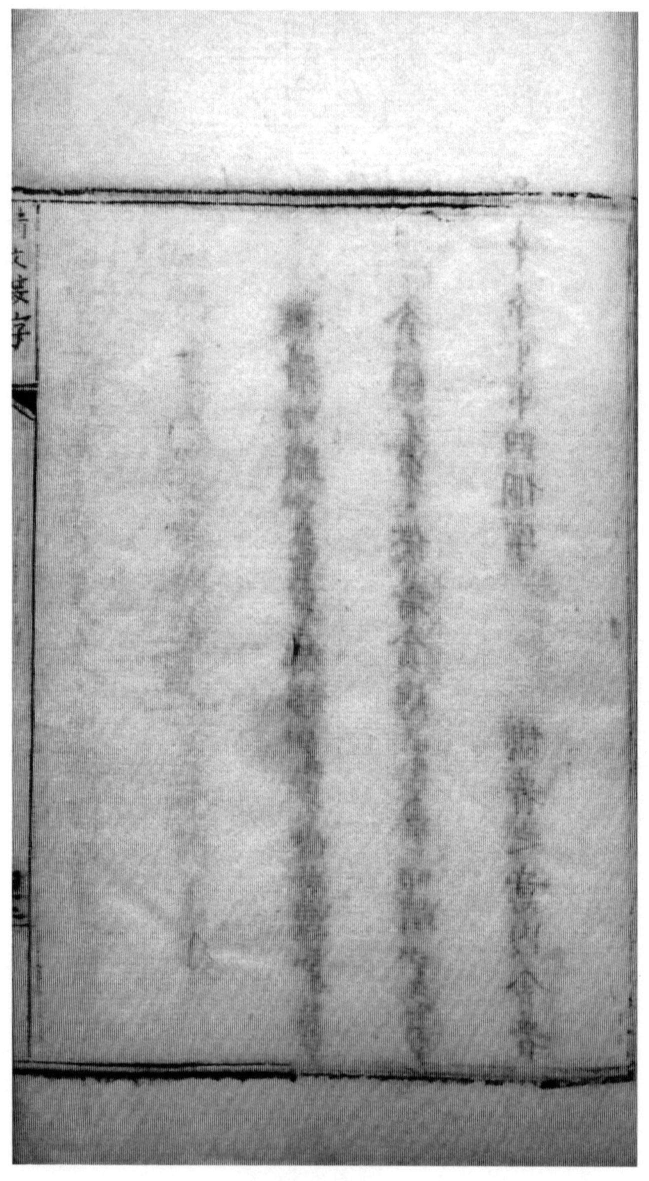

〔06-42B〕

〔06-43A〕

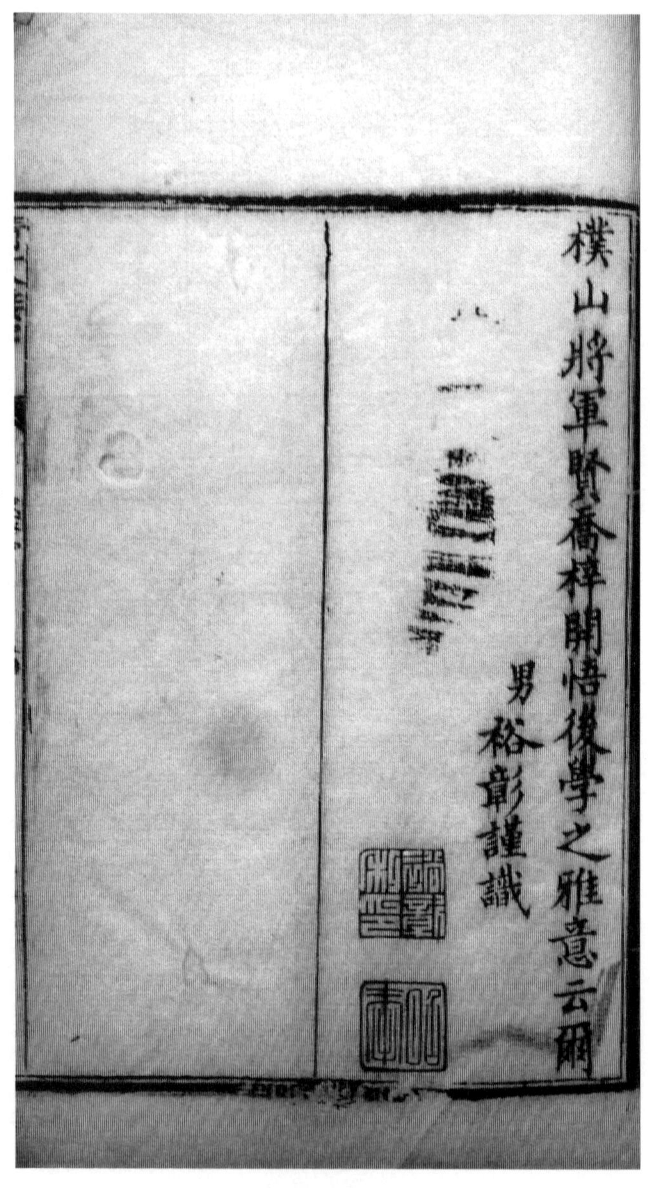
樸山將軍賢喬梓開悟後學之雅意云爾
男 裕彰謹識

[06-43B]

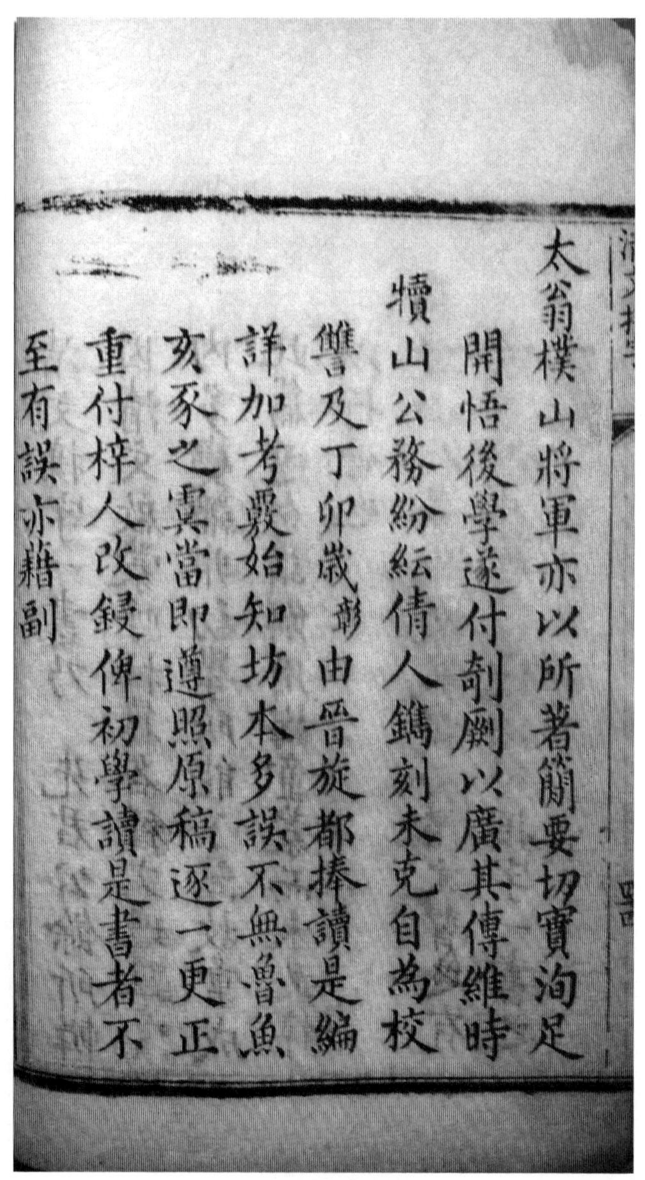

太翁樸山將軍亦以所著簡要切實洵足
開悟後學遂付剞劂以廣其傳維時
犢山公務紛紜倩人鐫刻未克自為校
讐及丁卯歲 彰由晉旋都捧讀是編
詳加考覈始知坊本多誤不無魯魚
亥豕之寘當即遵照原稿逐一更正
重付梓人改鋟俾初學讀是書者不
至有誤亦藉副

〔06-44A〕

清文接字一書乃　先君公餘所輯
因清文啟蒙呼拉篇各種文理雖淺
内多變繙非初學所能了然故彙成
此篇逐句講解用誨童蒙而未敢梓
以行世也
嵩犢山仁弟從遊數載於清文習之有
素自謂此藝稍通深得接字一書之
力其

〔06-44B〕

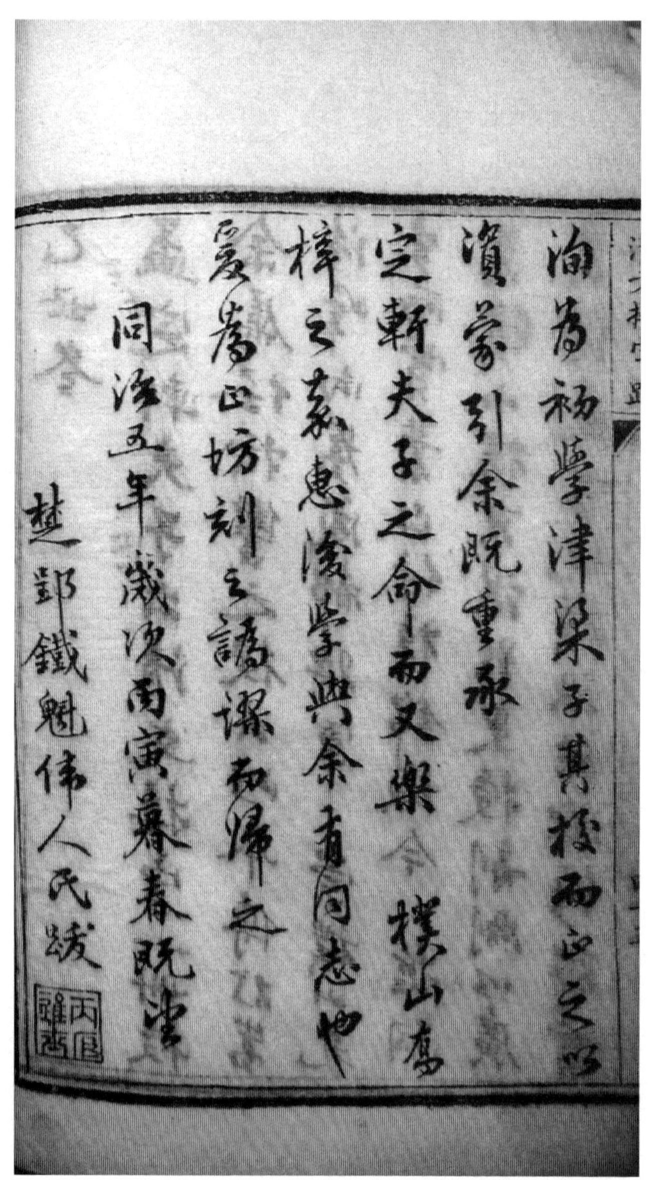
洵為初學津梁予其授而正之以
資蒙引余既重承
定軒夫子之命而又樂樸山高
梓之嘉惠後學與余有同志也
爰為正坊刻之譌謬而歸之
同治五年歲次丙寅暮春既望
楚鄂鐵魁偉人氏跋

[06-45A]

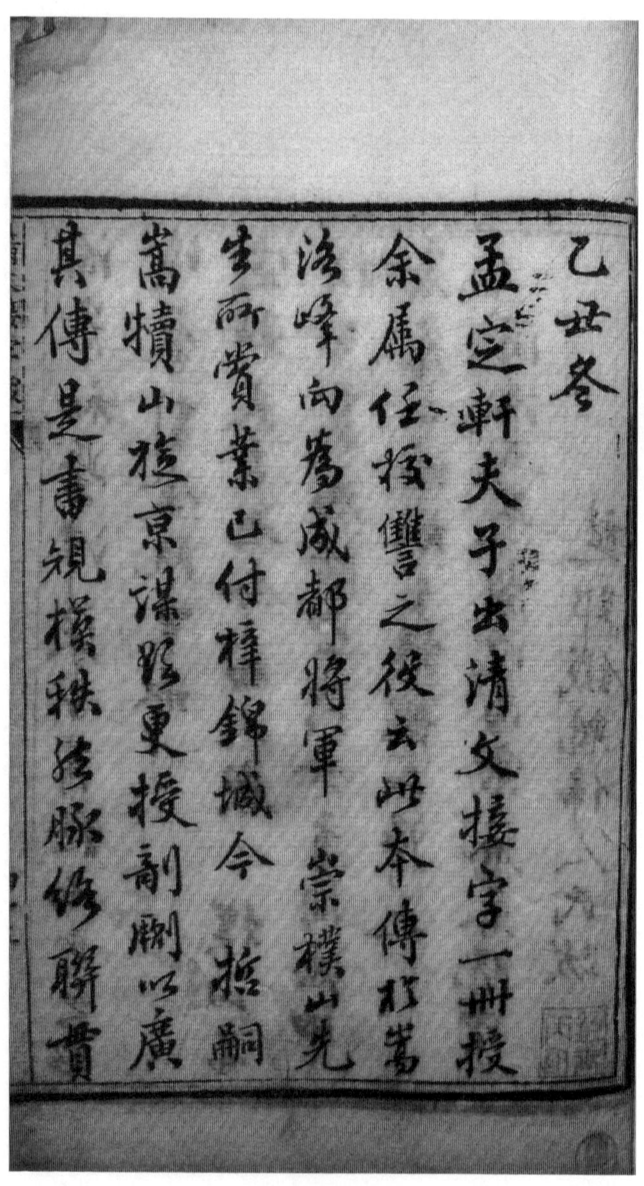

乙丑冬
孟定軒夫子出清文接字一册授
余屬任授讐之役云此本傳於嵩
洛峰向為成都將軍 崇樸山先
生所賞業已付梓錦城今 梧嗣
嵩犢山旋京謀更授剞劂以廣
其傳是書視模秩終脈絡聯貫

〔06-45B〕

7

중각청문허자지남편(重刻淸文虛字指南編)

중각청문허자지남편(重刻清文虛字指南編) 해제

『청문허자지남편(清文虛字指南編)』은 광서 11년(1885)에 만복(萬福)이 저술하였고 이를 광서 20년(1894)에 봉산(鳳山)이 교정한 것이 『중각청문허자지남편(重刻清文虛字指南編)』이다.[3] 『중각청문허자지남편』은 상하 2책으로 본문의 분량은 상권은 45장, 하권은 54장이며 1면은 7행으로 이루어져 있다. 표제어는 'de'에서 'wajiha, wajihabi'에 이르기까지 166개의 표제어를 설정하였으며 기존 문법서들의 체제와 달리 표제어 목록을 권상의 본문 앞에 제시하고 본문에서 형태정보나 통사정보와 같은 문법 설명은 2자를 내려써서 예문과 구별하였다. 이때 문법 설명은 기존의 줄글 형식과는 달리 암기하기 편하도록 5자 내지 7자의 한시체를 모방하여 제시하고 있다는 특징이 있고, 예문의 경우 모두 한문으로 번역하여 우측에 병기하였다.

『중각청문허자지남편』은 『청문허자지남편』에서 크게 세 가지 방면에서 수정을 가하였는데, 첫째는 해설에서 한자의 자형을 잘못 적은 것을 고쳤고(예: 亥→豕), 둘째는 뜻이 분명하지 않았던 것을 밝혔으며, 셋째로 상세하지 않은 설명을 보충하였다. 또한 구성에 있어서도 차이를 보이는

3) 오늘날 영인된 책들은 모두 『重刻清文虛字指南編』이다. 원간본인 『清文虛字指南編』은 각국의 도서관에서 간행된 도서목록집을 통해서 요령성도서관, 중국국가도서관, 교토대도서관 등등에 전해지는 것으로 확인되는데 앞으로 조사가 필요하다. 이 글에서 언급한 원간본 『清文虛字指南編』에 대한 내용은 "王敌非(2009), 「重刻清文虛字指南編」研究, 흑룡강대학 석사학위논문"을 참조하였다.

데 다음과 같이 두 항목이 제거되고 새롭게 세 가지 항목이 추가되었다.

『清文虛字指南編』	『重刻清文虛字指南編』
1. 長白覺爾察熙壹春序	1. 厚田萬福 序(heo tian wanfu i šuntucin)
2. 厚田萬福 序	**2. 漢軍劉鳳山 序(ujen coohai gūsai lio fungšan i šutucin)**
3. 本文	**3. 發明**
4. 跋文	**4. 目錄(hacin meyen)**
5. 厚田萬福 跋	5. 本文
	6. 跋文

『중각청문허자지남편』은 만주어 문법서의 완성판이라고 할 수 있을 정도로 체계를 갖추고 있다. 현대 중국에서 간행된 만주어 문법서들이 이 책을 바탕으로 예문이나 설명을 인용하고 있는 것이 단적인 예이다.

『청문허자지남편』은 광서 11년(1885) 판본이 있고, 『중각청문허자지남편』은 다시 광서 20년(1894) 판본과 선통 1년(1909) 판본으로 나누어 볼 수 있다. 『중각청문허자지남편』의 경우, 선통 1년본은 중국변강역사어문학회(中國邊疆歷史語文學會)에서 영인본을 간행한 바 있고, 광서 20년본은 와세다대 도서관 홈페이지에서 원문보기를 제공하고 있기 때문에 쉽게 확인이 가능한데,[4)]『청문허자지남편』의 경우는 별도의 영인본이 간행되지 않았고 중국 내의 몇 군데에서만 소장하고 있기 때문에 비교 연구를 위해서라도 앞으로 조사가 필요하다.

4) 영인본을 볼 수 있는 주소는 아래와 같다:
http://archive.wul.waseda.ac.jp/kosho/ho05/ho05_00793/

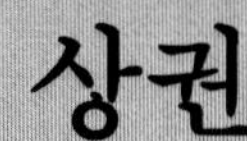

상권

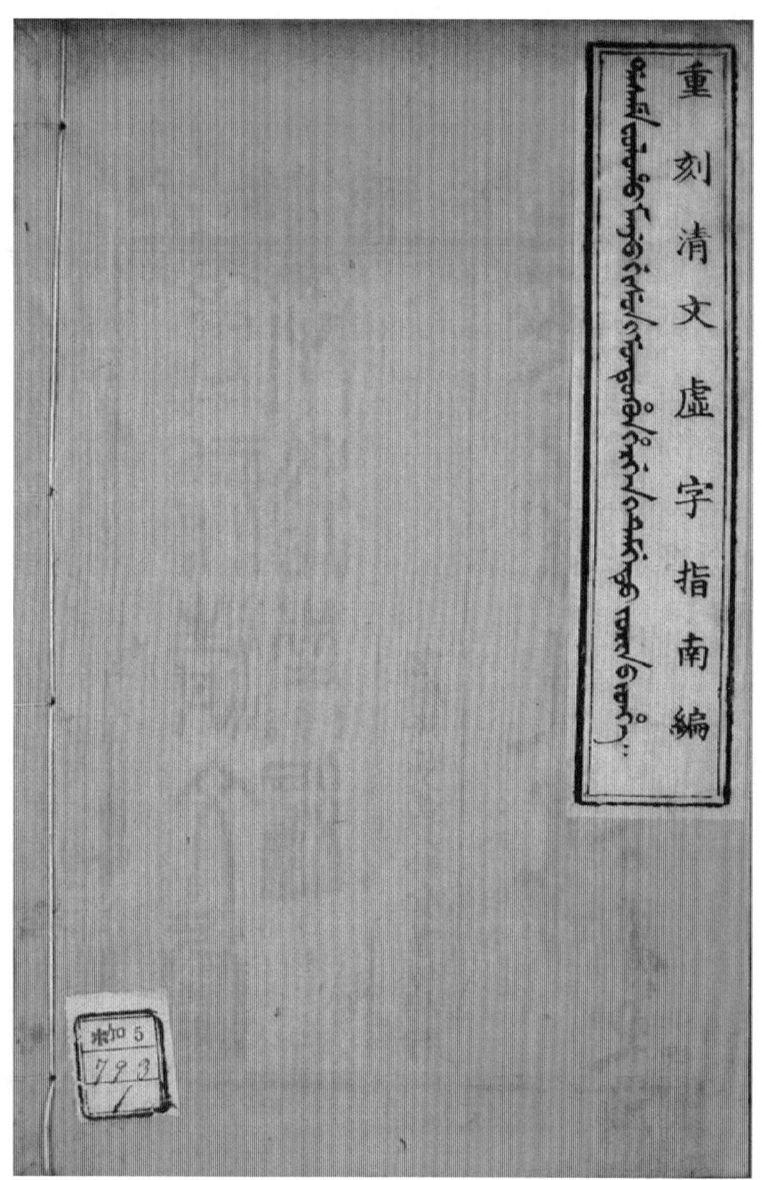

〔07-上-앞표지A〕

〔07-上-앞표지B〕

原序 一 聚珍堂

而文亦由辭而顯也 夫

是道以文明

言之無文 行之不遠

悉屬傳文之具 孔子曰

興 辭有古今

文無清漢 皆為載道之

清文虛字指南編序

句有一字未解

有一句不知　即為一句之疵

清文則弗然　文

久之自有即此達彼之妙

而融會貫通

載籍靡窮　然漢文雖博

汗牛充棟

指南編

克傳其神　學者不得其準繩

非虛文　弗

以達其義　貫串之脈絡

非虛文　無

而不在實字　起合之準繩

純在虛文

卽為一字之玷　且清文之難

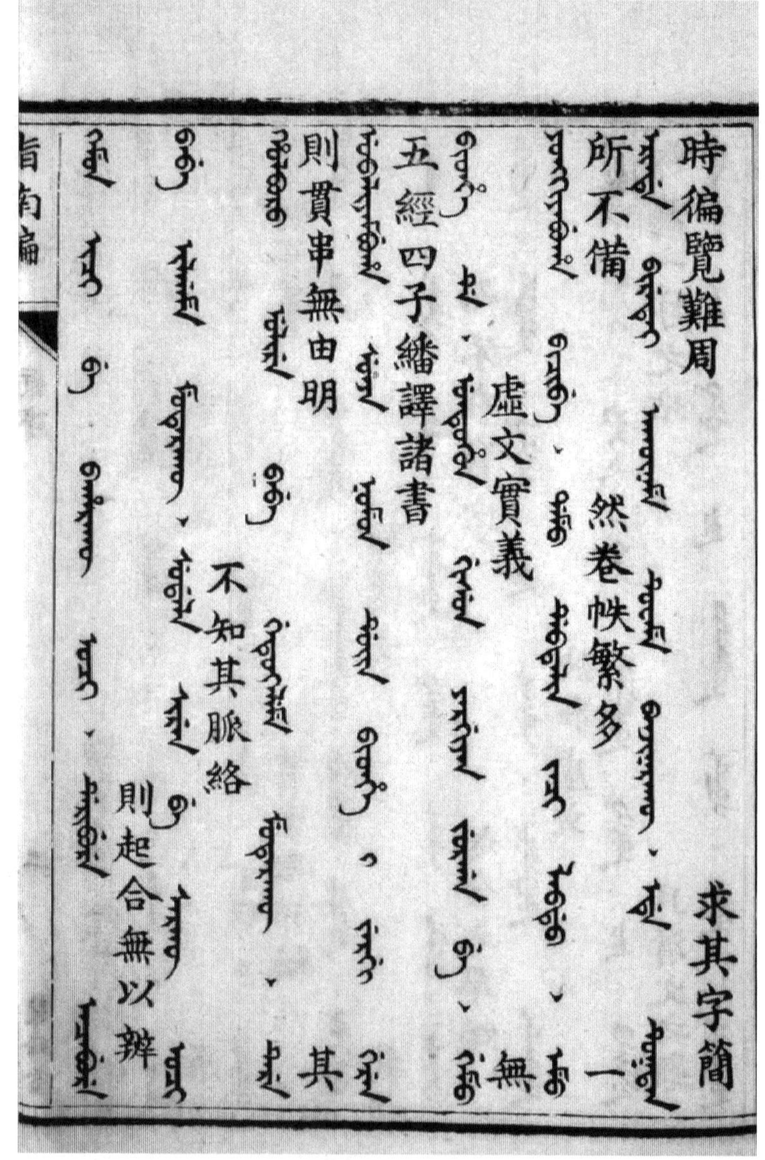
時徧覽難周 求其字簡
所不備 然卷帙繁多 一
虛文實義 無
五經四子繙譯諸書 其
則貫串無由明 不知其脈絡
則起合無以辨
指南編

〔07-上-原序02B〕

逐句逐字 引以譬語

稍加潤色

樗櫟自專 取清文虛字歌

於是不揣鄙陋

每念及此 不覺有感於斯

戛戛乎難之

句易有裨於初學者

不無引此失彼之弊

之蒭菲芻蕘　集是編也

梁也與　第以余

可為梯山之捷徑　航海之津

或

曰指南　初學繙譯者誠取而熟玩之

集成一帙　命之

指南編

〔07-上-原序03B〕

少一字之憾　豈

一言之益　去一字

不逮　則多一言　有

大爲筆削　補其不足　匡其

高明遇此

惟願

厚田萬福謹識

光緒十年甲申陽月朔

余之幸也　亦來許之幸也

指南編

〔07-上-原序04B〕

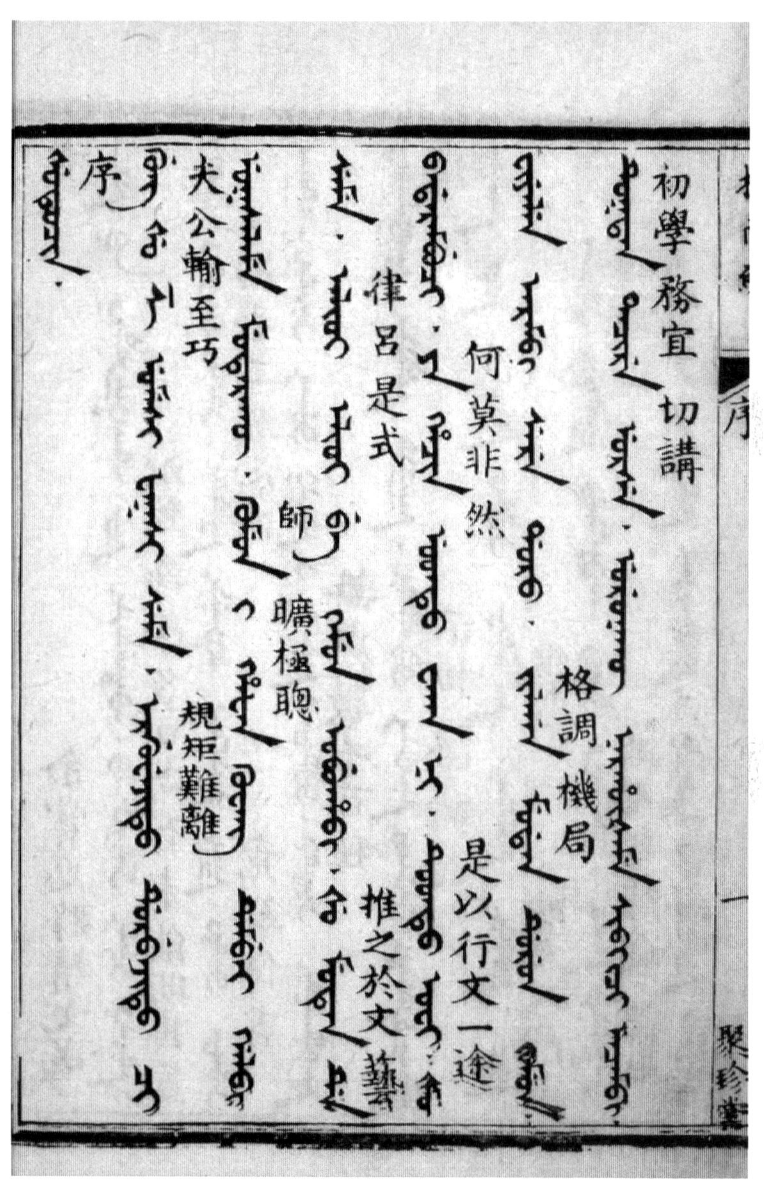
初學務宜切講
格調機局
何莫非然
是以行文一途
律呂是式
師曠極聰
推之於文藝
夫公輸至巧
規矩難離
序

序 一 聚珍堂

者
余嘗思將清文成
以致為學多日尚有未能明其旨
而吾三韓心法
竟鮮傳書
無慮數千百種
法
示初學諸篇
惟考
漢文入門之
精
英藻麗
工久自能造詣也

〔07-上-序01B〕

指南編　序　二　聚珍堂

展卷讀之　愛不釋手　先生之意

清文指南　友人某已梓之矣　余

先生出一卷示余曰　此

同寅萬公　語及其故

未敢自專　一日與

而自問淺識寡見

法集而為書以益後進

先生韙之然後筆之於書也

又且補其不足　去其重複　然必

理有未詳　而請解之

於是意有未明　而請剖之

鈔假多人　間有魯魚亥豕之弊

不無繁衍簡略之虞

蓋先有獲於我心者也　惟是編諸一手

〔07-上-序02B〕

曰重刻清文虛字指南編

故加校核　以付剞劂　增其名

我後學　復羡其益

國書

索余藏本　余既嘉其振我

有志重梓

癸巳春聚珍坊主

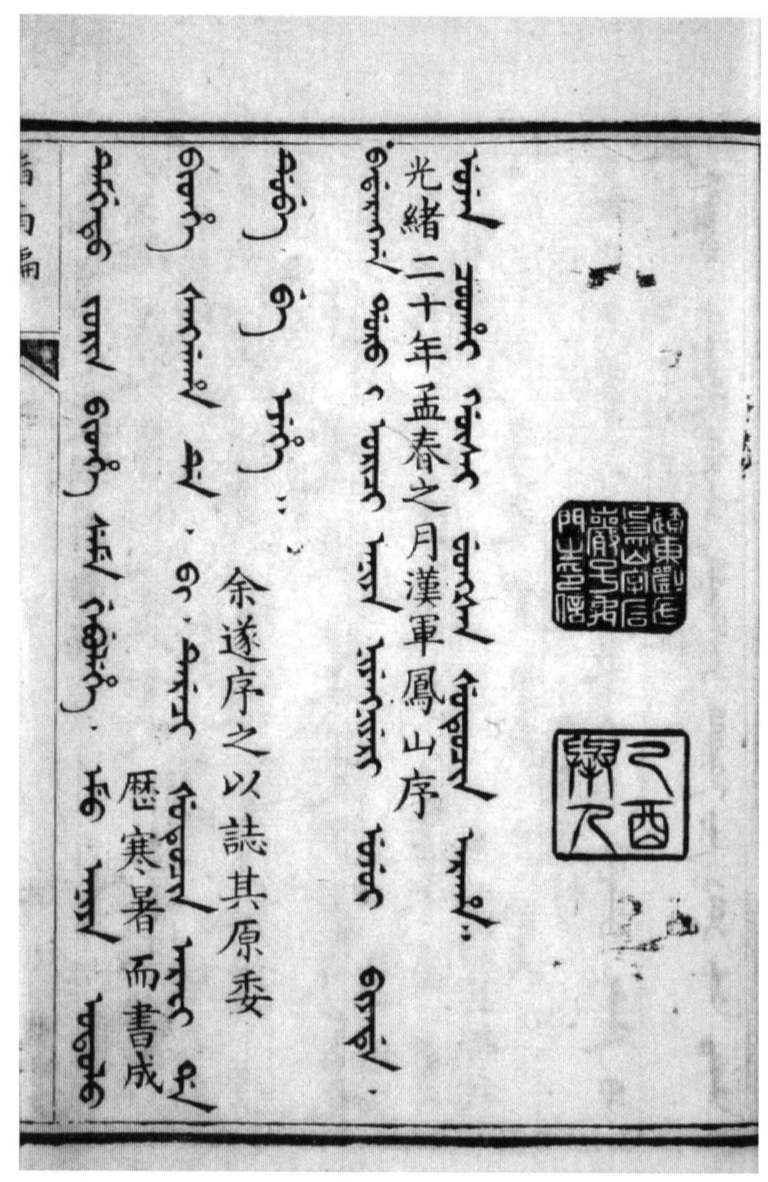

歷寒暑而書成

余遂序之以誌其原委

光緒二十年孟春之月漢軍鳳山序

〔07-上-序03B〕

一是書與原本除正筆誤外尚有增入者若干條刪改者
若干條然非自用皆平昔與先生隨時商訂者兹於刋
板之便全行照錄但期學者展卷易明續貂之譏所不
計也

一是書原無著者姓氏兹特於卷首標出蓋不敢因訂正
之名而掩作者之美也

一是書原板尚存惟係家藏傳刷不易今重付剞劂者為
廣流傳也

一是書原祇一卷且篇頁較長兹特梨棗稍小上下卷分
以便讀者

一是書原無目錄發明而讀者一時未能盡悉兹將其二
種增添以資省覽

發明

指南編

一著書問世本爲學者之忌張香濤之輶軒語曾明言之
蓋士生今之文明大備之日無容剿竊陳言自立門戸
也而清文不然自
御製諸書外刊板者無多更有祕本精鈔率皆握珠懷玉以
至學者尋徑甚難茲先生之意在繼往開來與好事盜
名者不可同年而語矣

一是書爲講究清文虛字而設故旁徵遠譬不厭精詳雖
先正哈貫庵夫子有度鍼一集亦未有如是之多也且
未梓行傳鈔不廣此其包羅宏富引譬詳明雖不敢謂
緇銖無遺而玉度金鍼已盡入錦樓矣

一是書雖引用經典不少然借助於俚辭鄙句者頗多蓋
清文之口氣不若此不克肖其神且爲初學設固不必
深文也茲於原書稍加修飾博雅君子觀者諒之

〔07-上-發明01B〕

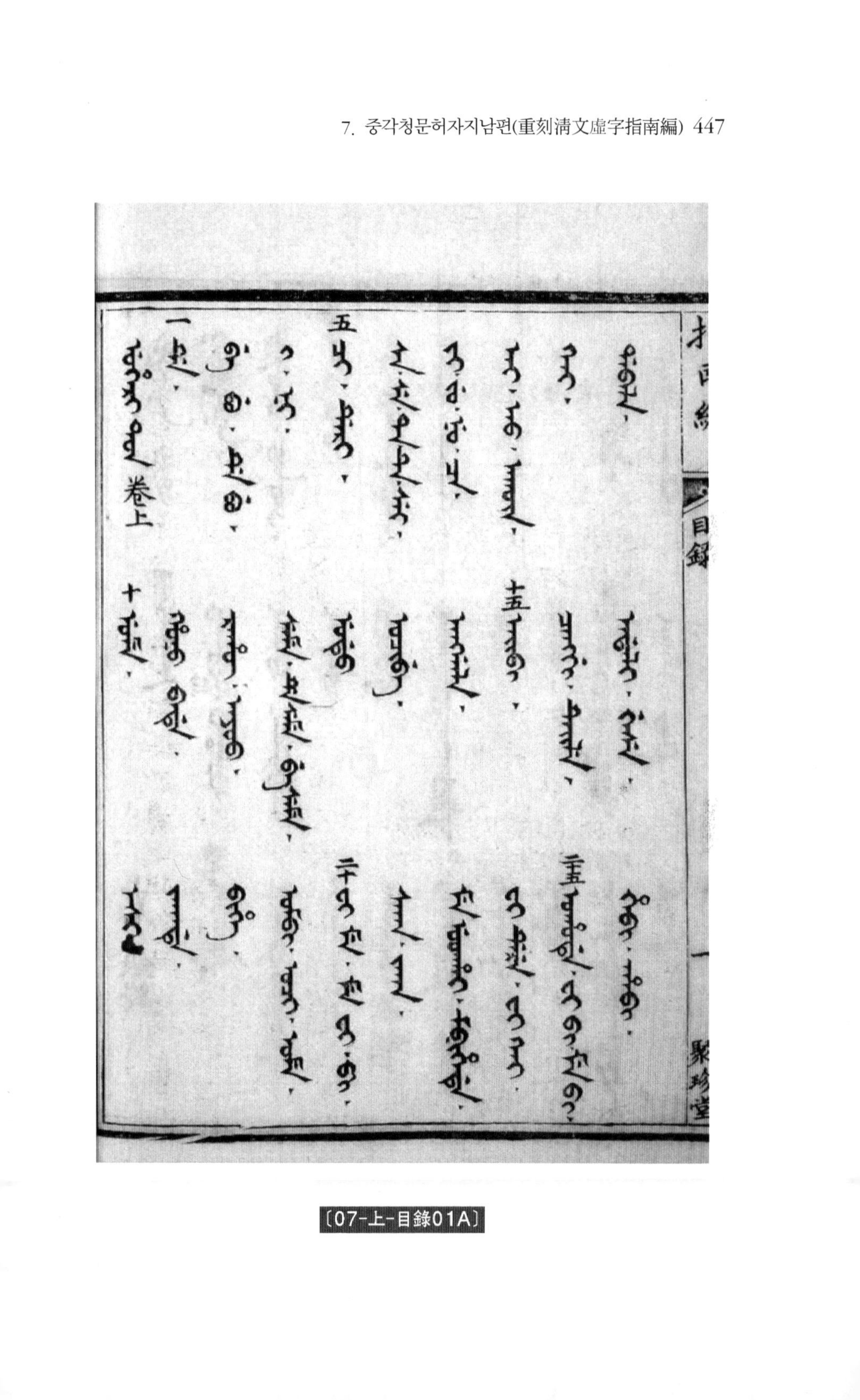

目錄

一 聚珍堂

五

十五

二十五

二十

一

卷上

十

〔07-上-目錄01A〕

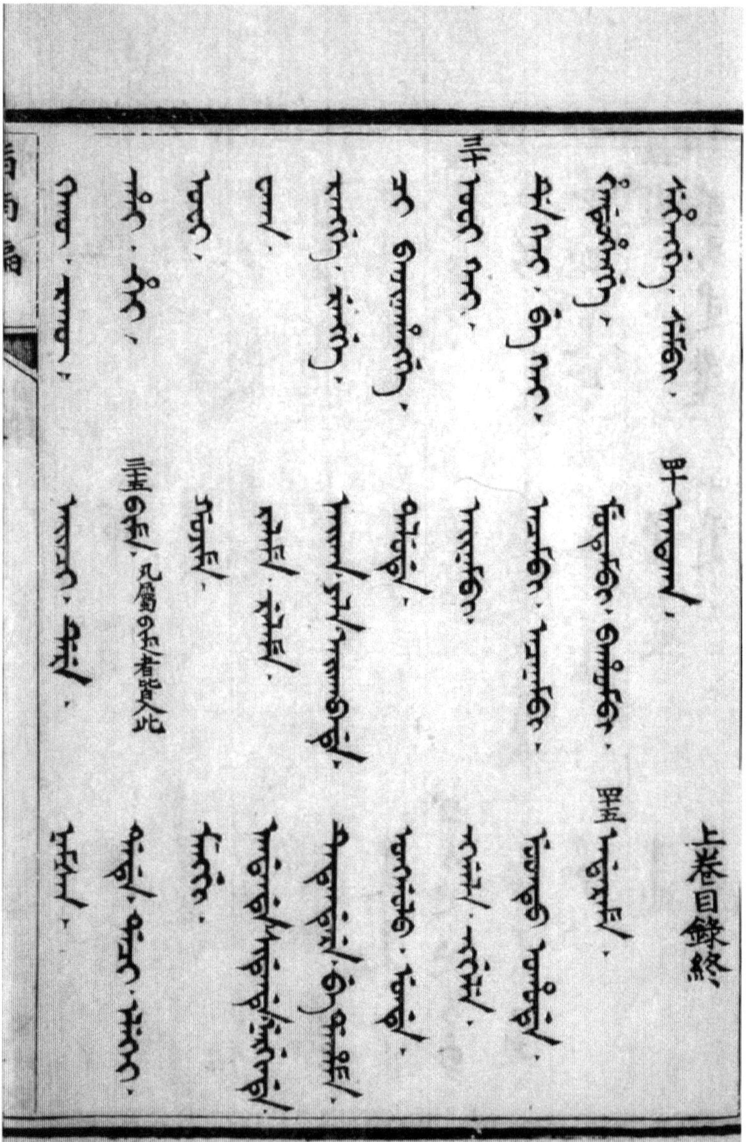

上卷目錄終

〔07-上-目錄01B〕

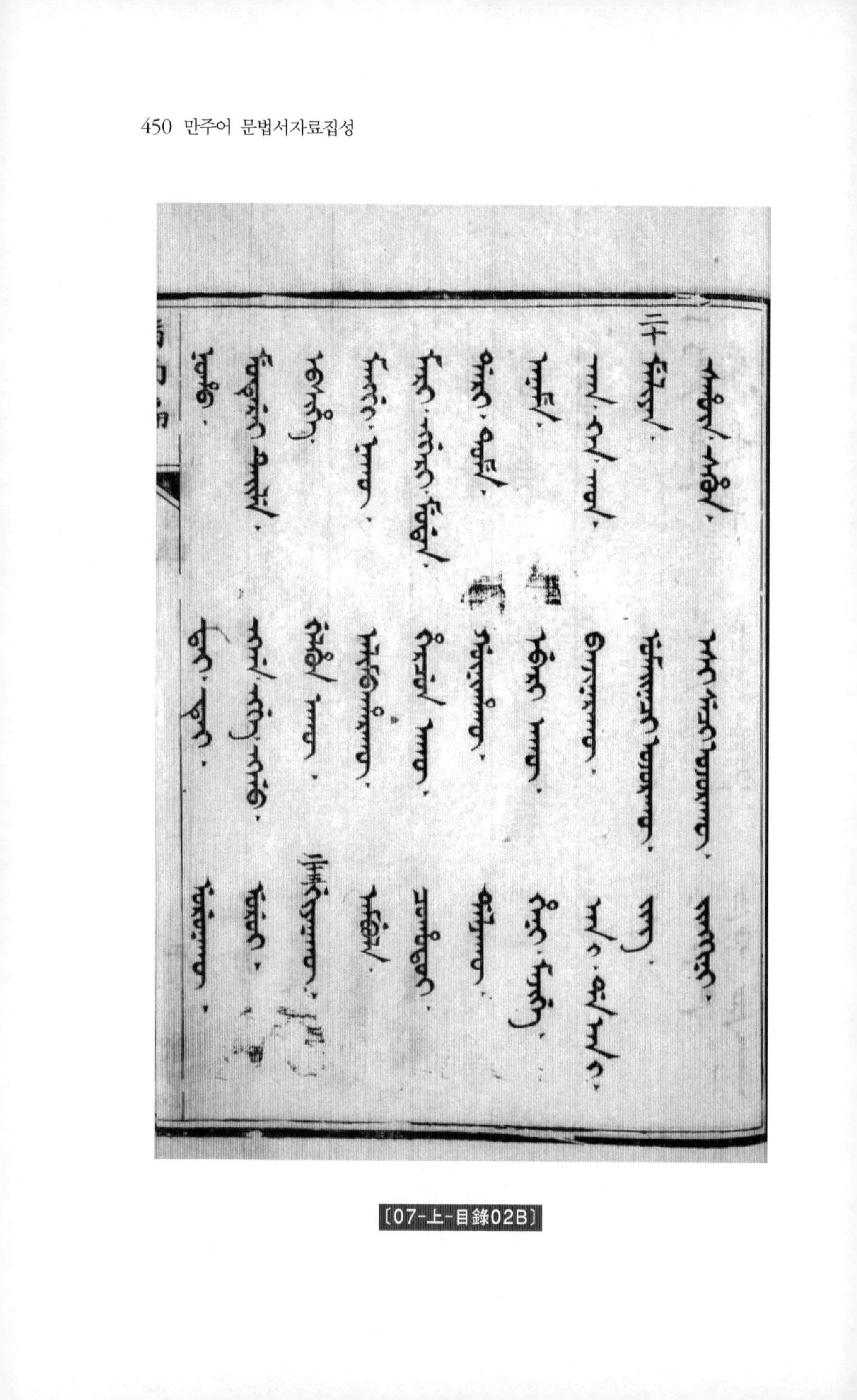

二十

〔07-上-目錄02B〕

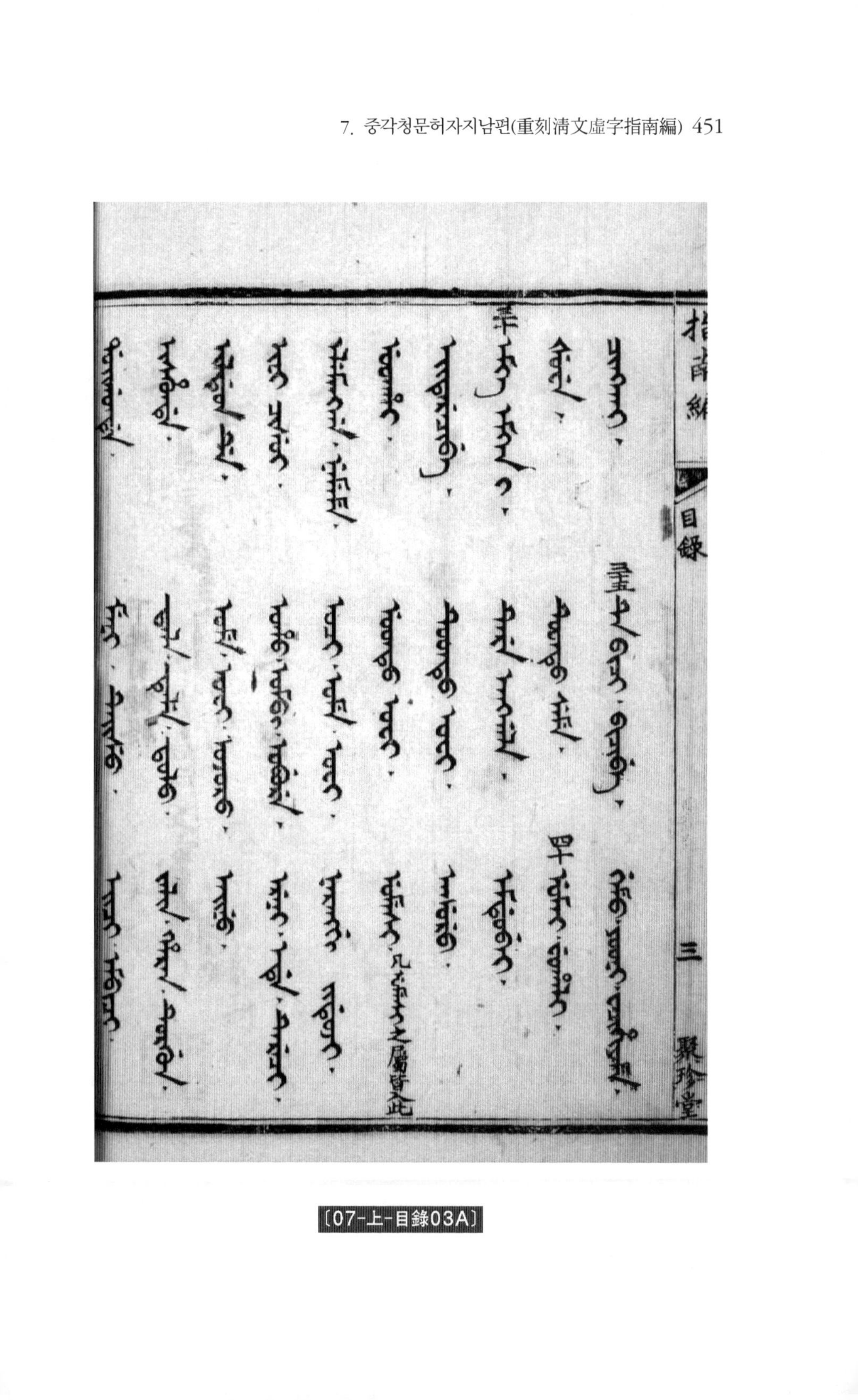

指南編 目錄 三 聚珍堂

早

凡[illegible]之屬皆入此

〔07-上-目錄03A〕

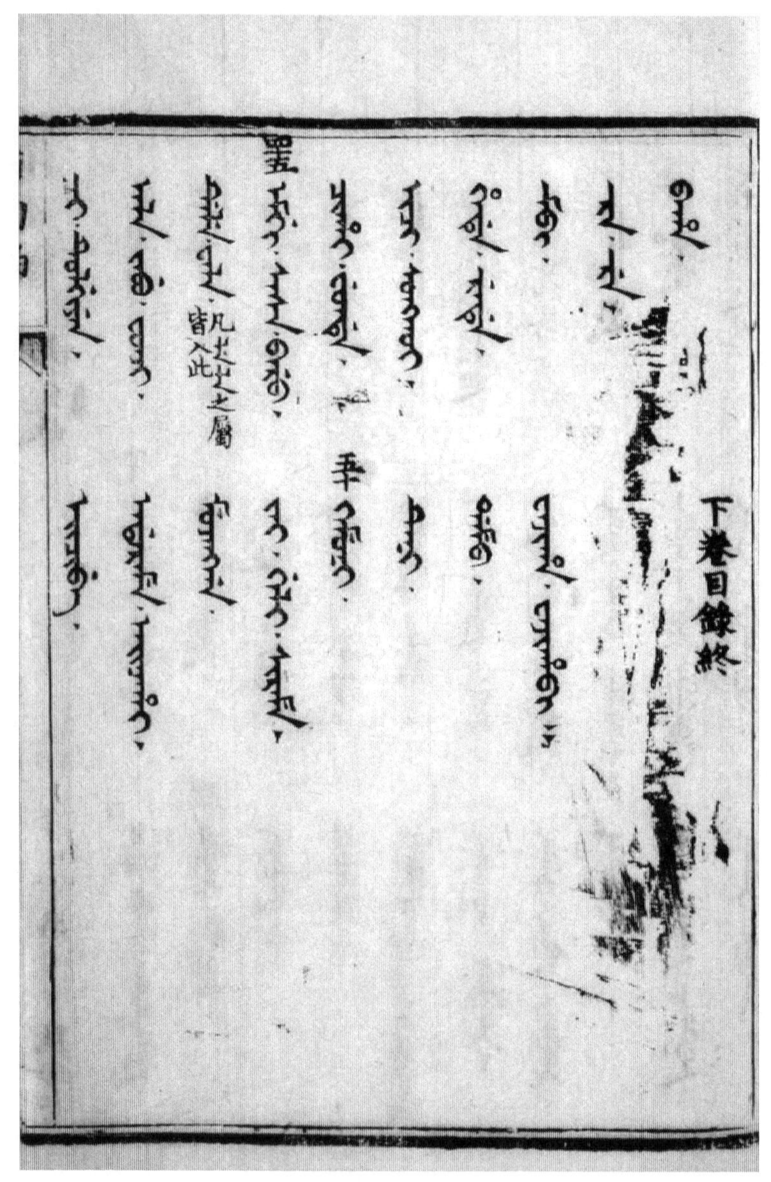

〔07-上-目錄03B〕

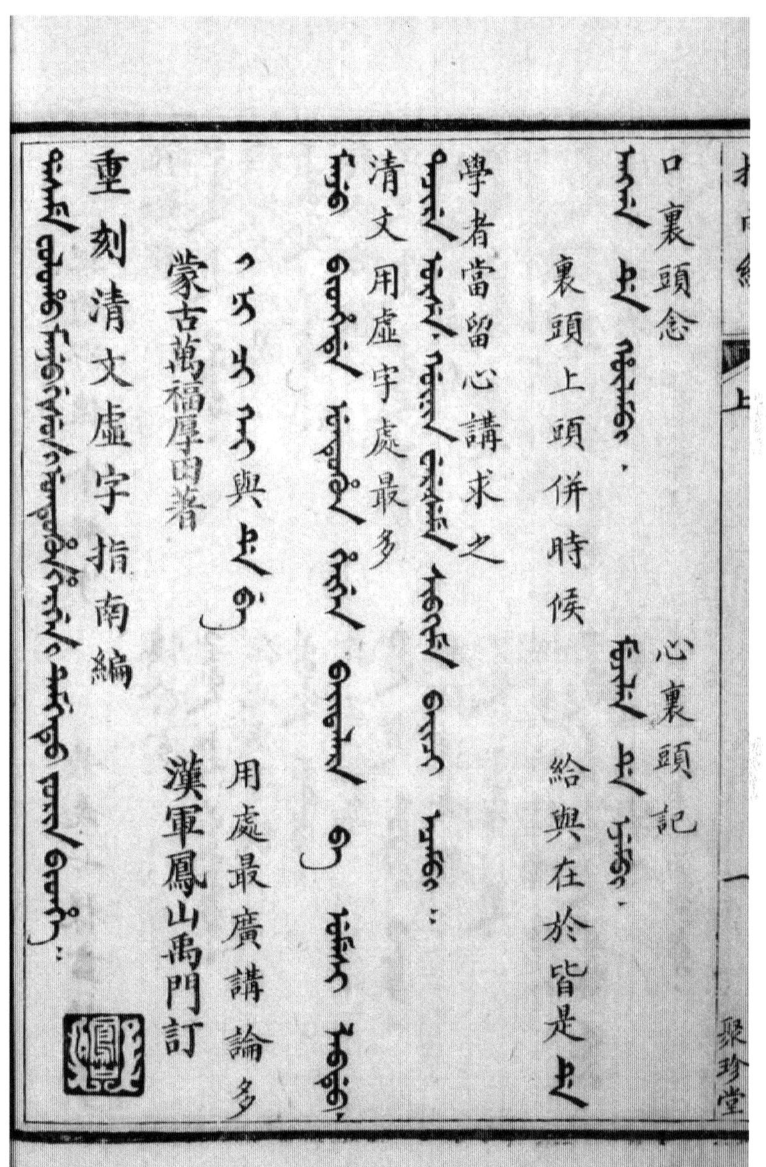
上 一 聚珍堂

口裏頭念　心裏頭記

裏頭上頭併時候　給與在於皆是

學者當留心講求之

清文用虛字處最多　用處最廣講論多

與

蒙古萬福厚因著　漢軍鳳山禹門訂

重刻清文虛字指南編

〔07-上-01A〕

把將以使令教字　共是七樣盡繙

敏於事
慎於言

在何方相見
在此處等候

與人方便
與己得益

給我拿來看
給他送去瞧

作官的時候要清
辦事的時候要公

頭上頭頂之
掌上頭擎之

〔07-上-01B〕

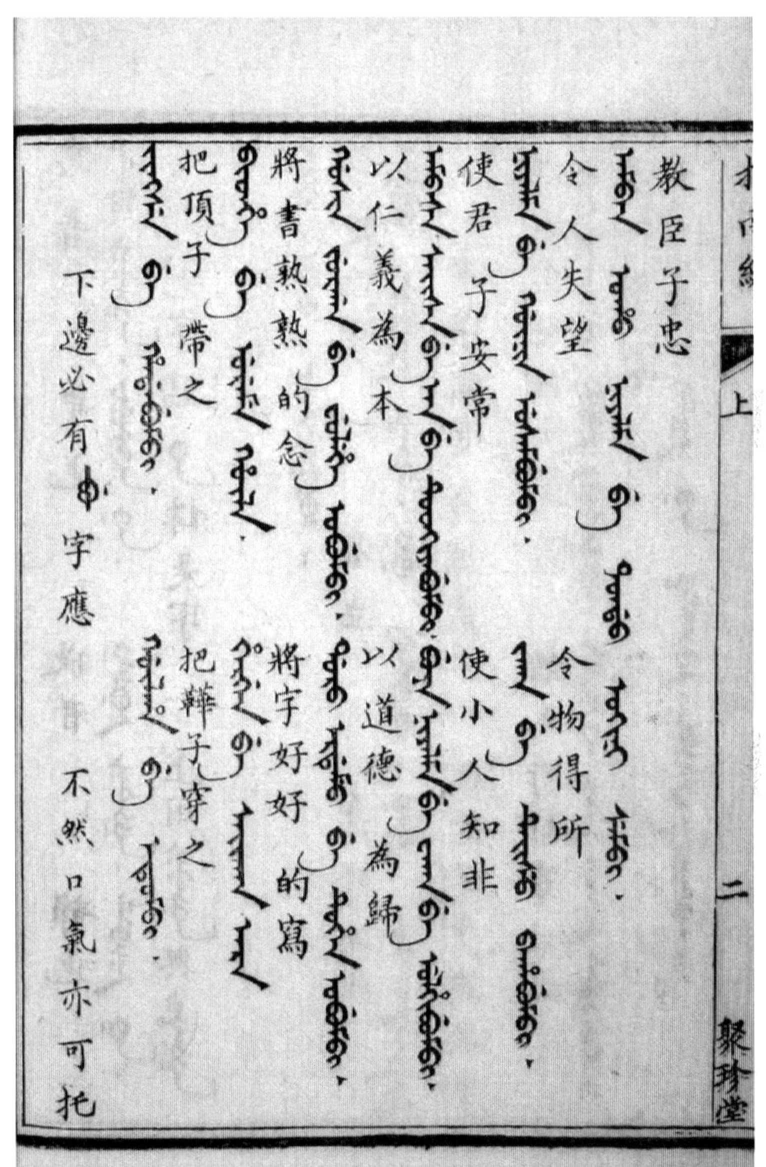

教臣子忠　令物得所

令人失望

使君子安常　使小人知非

以仁義為本　以道德為歸

將書熟熟的念　將字好好的寫

把項子帶之　把韈子穿之

下邊必有ᠮᡝ字應　不然口氣亦可把

指南編　上　二　聚珍堂

忠者 中也 敬者 靜也

也字繙 講是字 上用 與

家齊

德建而後 名立 身修而後

字亦有自然處 祇看有 與無

教人說好話 教人行好事

教人子孝

新陳的案件　是非的情形

的之以用皆繙　在人運用要斟酌

被人恥笑　被人欺壓

上下為被字　用法如同上有

所謂學文者　是攻詩書也

所謂務本者　是行孝弟也

性即理也　理即氣也

天文　地理　人情　物態

調停齊楚　辦理裕如

遜讓之風　忠信之行

四頭之下　念　此外單連都使得

用鎗扎　用叉杈

以忠事君　以寬御下

四海之廣　萬物之多

〔07-上-03B〕

這是什麼東西呢 我為何不認得呢

與 與

句尾之 呢哉用 上承文氣有所托

霸王之勇 張良之智

那王的屬下 那公的門上

五頭的之字繙 猶同 字一樣說

用眼瞧 用手指

從古至今皆如是

自天而降

否則上連破字用

字若在整字下

因何如此慢

何能寬宥

其事豈偶然哉

從此以往復如何

自地而生

若字若是還有則

自從由第比離說

怎麼那們忙

豈足蔽辜

其理豈或爽哉

〔07-上-04B〕

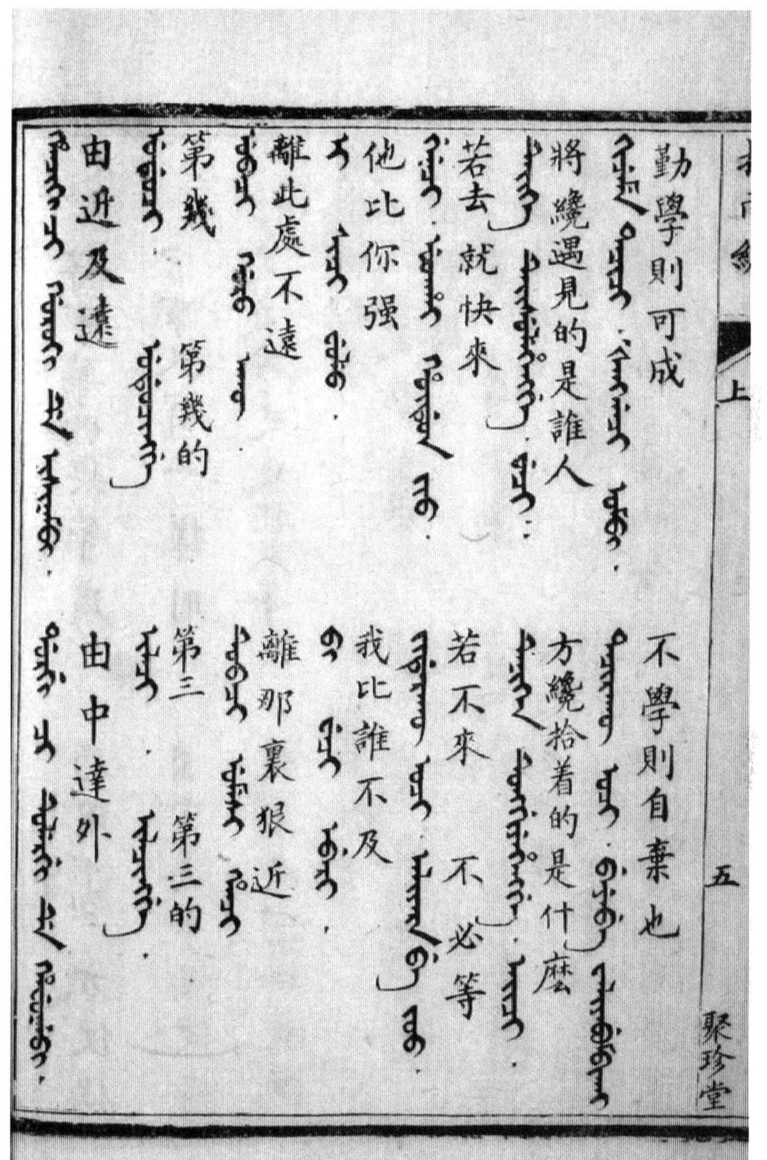

上 五 聚珍堂

勤學則可成　不學則自棄也

將纔遇見的是誰人　方纔拾着的是什麼

若去就快來　若不來不必等

他比你强　我比誰不及

離此處不遠　離那裏狠近

第幾　第幾的　第三　第三的

由近及遠　由中達外

[07-上-05A]

指南編

等事等物與等處　乃用　方使得

官事又有二様用　字與　俱使得

們衆等　祇看本字口氣說

自牖執其手　自海運於河

水由泉出　風由孔入

從此處何往　從那裏回家

亦是從由字　比　實在有著落

〔07-上-05B〕

是來 是去

衣食等物 遠近等處

臣等查 得失等事

大學士鄂爾泰等謹題

伯父們 衆兄們 叔父們 衆弟們

大臣等 官員等 民人等 賢士們 衆男子 衆女人

君等 王等 公等 侯等

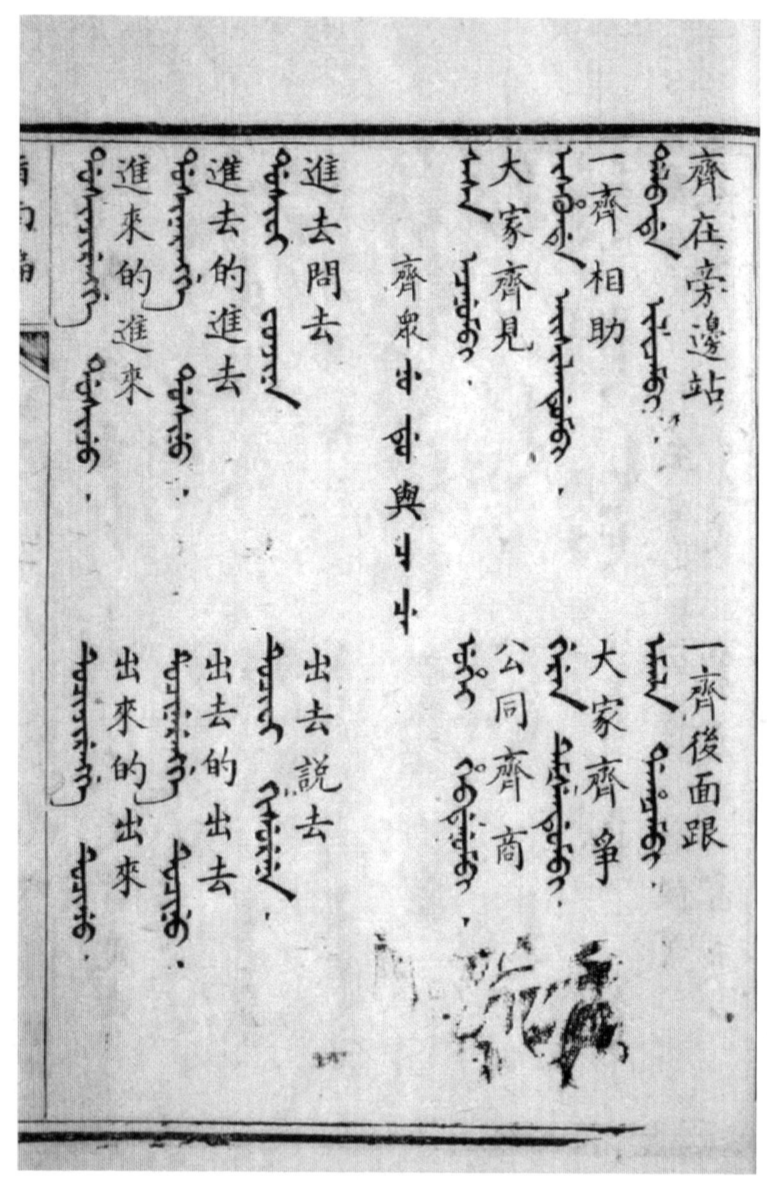

齊在旁邊站　一齊後面跟
一齊相助　大家齊爭
大家齊見　公同齊商
齊衆　與
進去問去　出去說去
進去的進去　出去的出去
進來的進來　出來的出來

〔07-上-06B〕

連連戳刺　常常撒謊　頻頻生芽　常常喧鬧

連連展眼　頻頻摩搠　頻頻照耀　連連增加

頻頻補綴　連連摔抖　連連進步　常常思索

常常幫助　頻頻反覆　連連攪和　常常容納

此等字樣皆一意　頻頻常常連連說

與

齊都靜坐　大衆閒談

甚麼趣兒　甚麼樣子

什麼心意　什麼行為　什麼本事　什麼能柰

何事　何故　何干　何苦

ai字多貼何字講　又是什麼與甚麼

頻頻恐怕　常常畏懼

常常思想　頻頻猶豫　連連指望　常常醒悟

連連打顫　常常安逸　頻頻愧恨　常常煩惱

有外此者乎

原來這樣麼

有什麼趣兒嗎

前日你去了麼

瞧見古蹟了麼

認得那個人麼

尾皆疑問

又作反口語氣説

豈加於此哉

豈只是我嗎

真是個樂兒麼

昨天他來了麼

聽見謠言了麼

懂得這個理麼

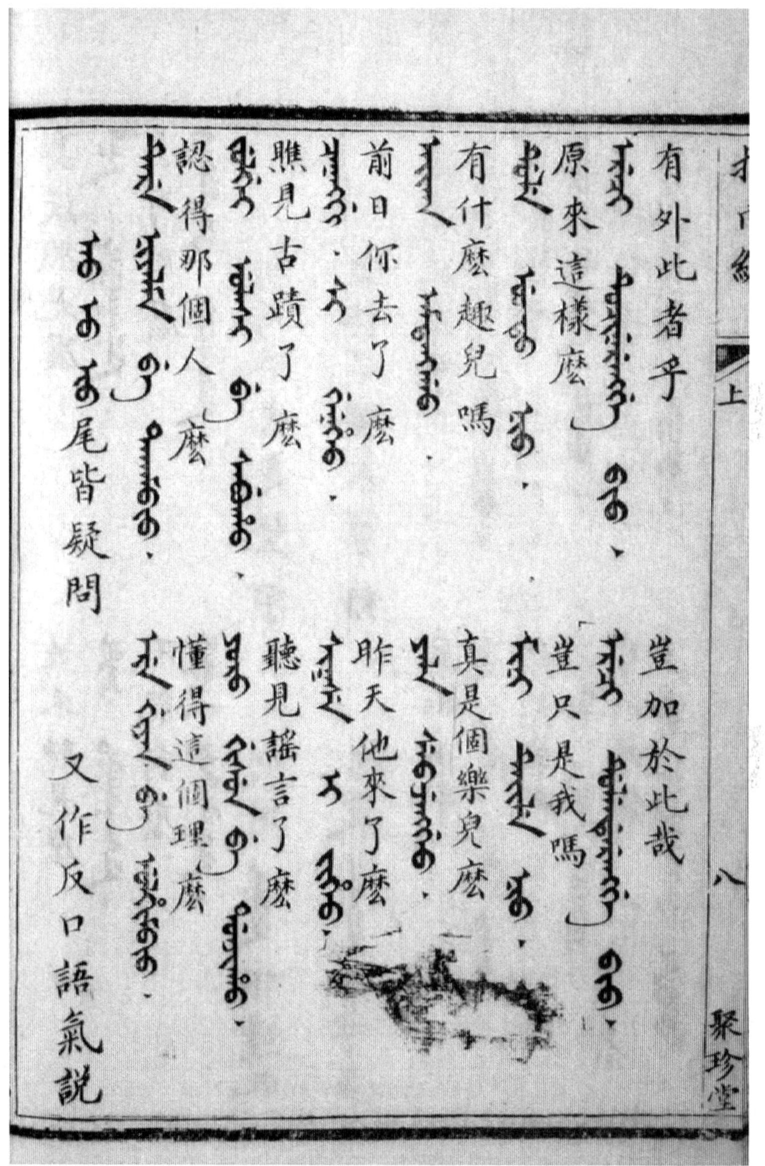

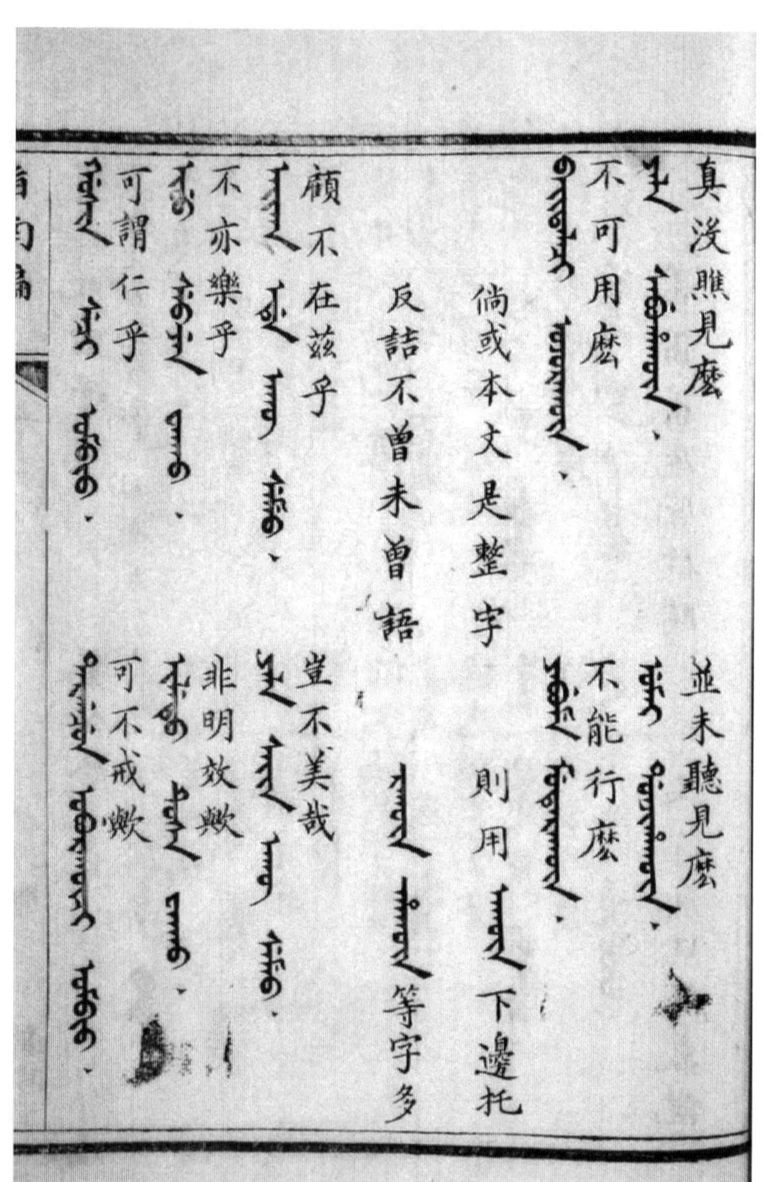

看起來果然哪　所言真不假呀

ni字落腳即決斷　繙作哪呀啊也說

那宗事真麼

這一向好麼　他的話假麼

四頭整字變疑問　[Manchu]字尾接着

學的不好麼　練的不強麼

偺們沒言說麼　你們未商量麼

夫仁亦在乎熟之而已矣

夫人豈以不勝為患哉 弗為耳

人人有貴於己者 弗思耳

竟嗜說罷 不過勸人罷

或然又作而已矣 尾接處多

本是罷字意 又作耳字也使得

一定的道理啊 自然之理也

若無反詰何況處 與 俱可托

是尚且 下有何況

毋不敬

莫輕忽 別忘記

休懶惰 勿遲悞

是休勿莫別毋 下用 字托

君子行法以俟命而已矣

有何益哉

途

是舍清明之世而入幽暗之

而於老莊之術一味鑽研

世之異端之士於孔孟之書尚不能解

書尚且不會講　何況作文章

還有下接　處　臨文隨地細斟酌

指南編

〔07-上-10B〕

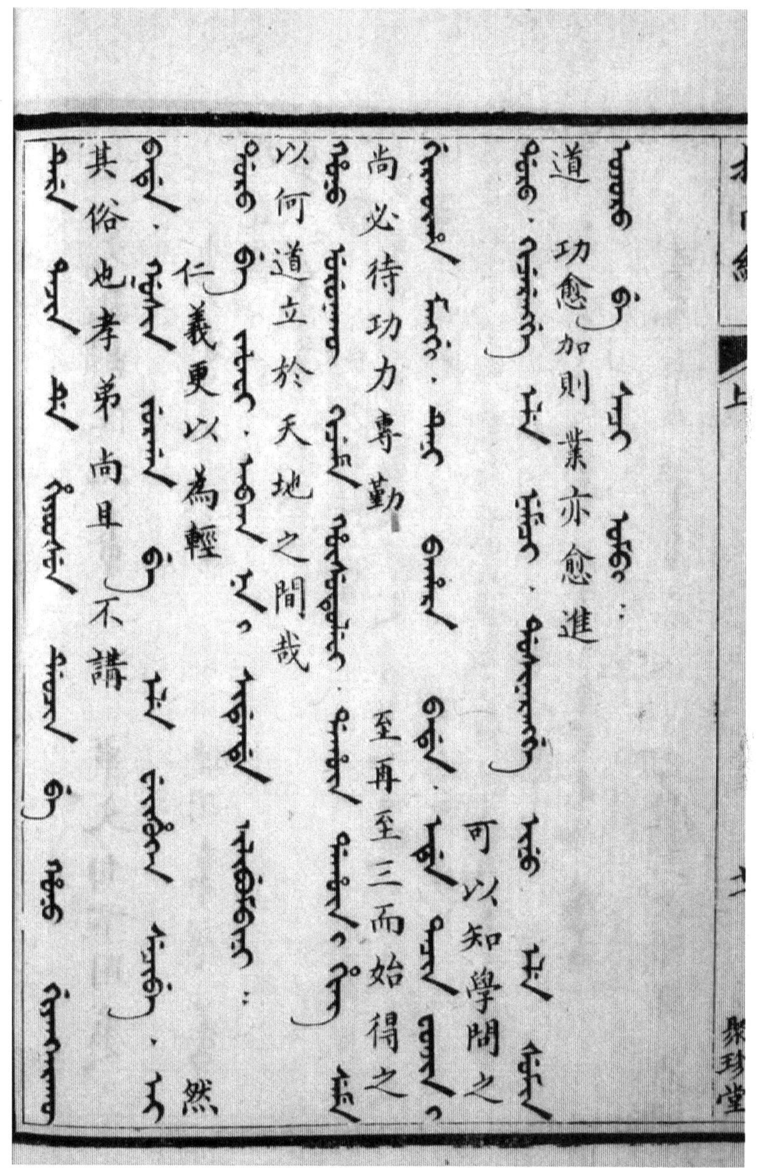

指南編

文氣斷住托　串文句下用

是恐字　連用　單

深造哉

一勤　則心領神會　學問豈不

世事尚然如是　不亦悲乎

尚且於己有益　可不專心麼

三字上亦可用

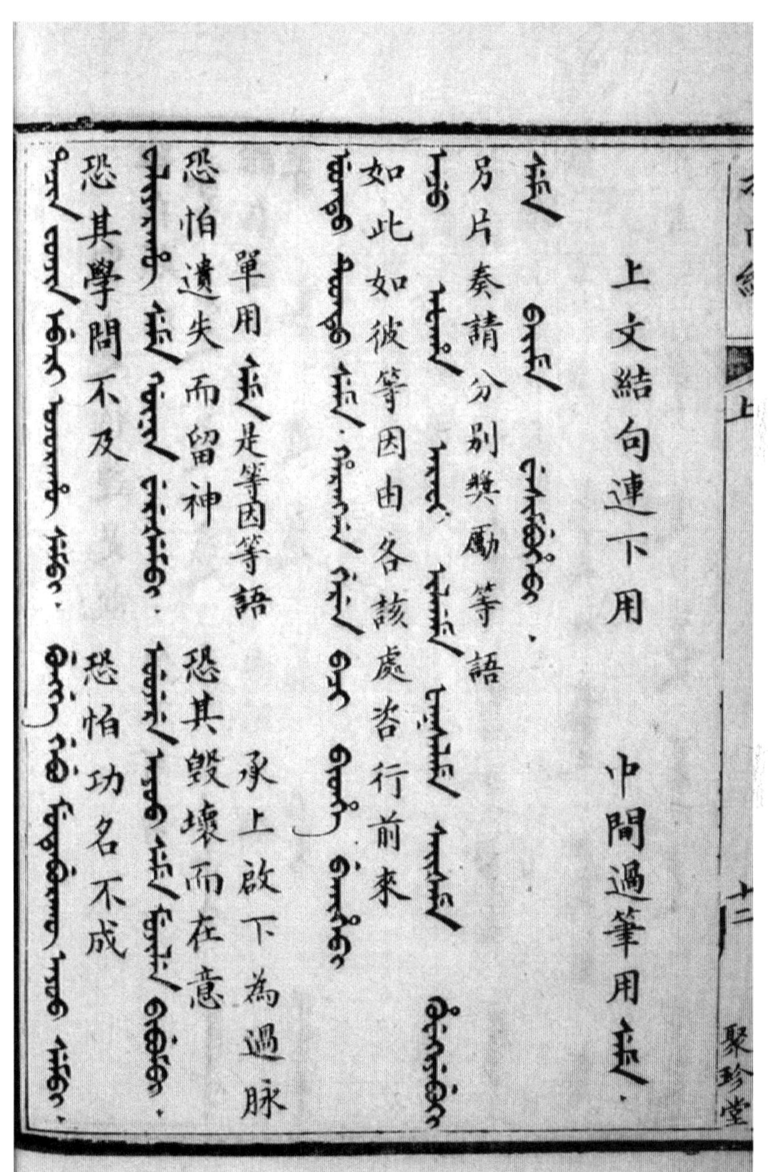
上文結句連下用　中間過筆用

另片奏請分别奬勵等語

如此如彼等因由各該處咨行前來

單用　是等因等語　承上啟下為過脉

恐怕遺失而留神　恐其毀壞而在意

恐其學問不及　恐怕功名不成

上　十二　聚珍堂

作連是說

雖在顛沛 仍不可去

雖在造次 亦不可離

是雖在講

故不敢拘泥成格

於地方實有裨益

不但與兵餉無虧

指南編

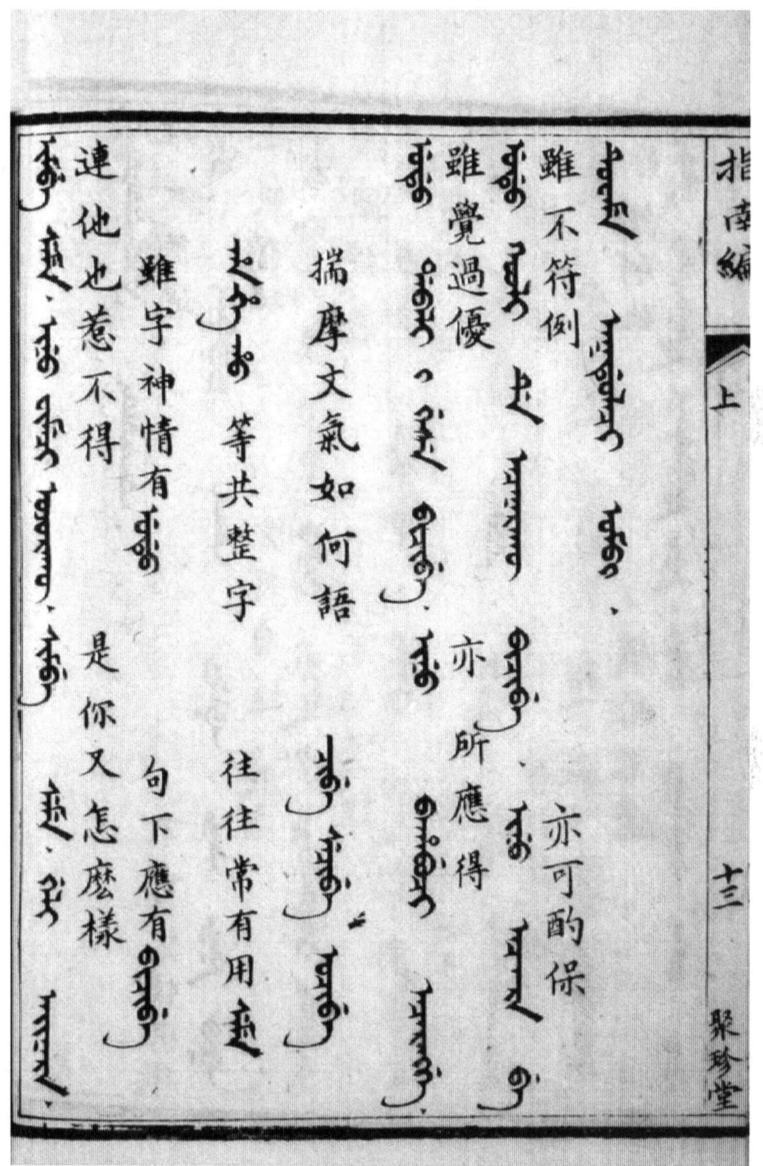
指南編 上 十三 聚珍堂

雖不符倒 亦可酌保

雖覺過優 亦所應得

揣摩文氣如何語

等共整字 往往常有用

雖字神情有 句下應有

連他也惹不得 是你又怎麼樣

〔07-上-13A〕

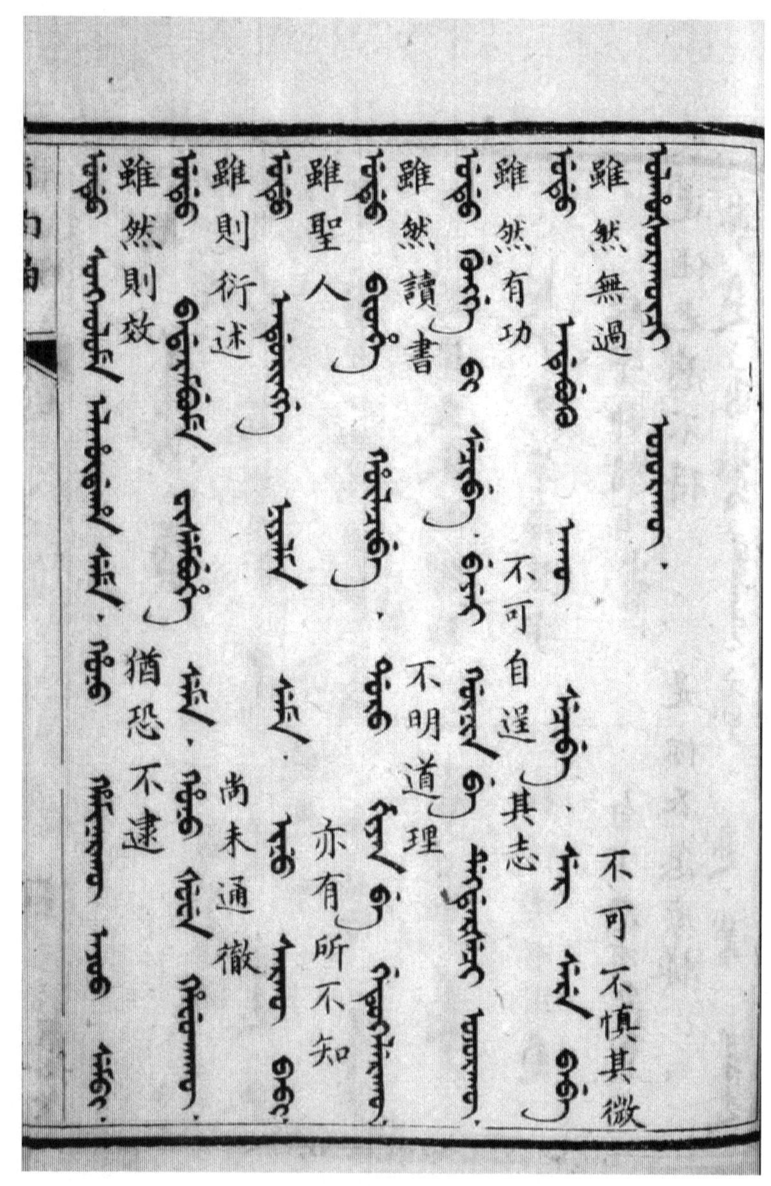

雖然無過 不可不慎其微

雖然有功 不可自逞其志

雖然讀書 不明道理

雖聖人 亦有所不知

雖則衍述 尚未通徹

雖然則效 猶恐不逮

〔07-上-13B〕

與其繙為 上連必用

或壽或夭 孰非命算

無論滿漢 皆屬臣民

即便不合式 亦得遷就着使

是總然即便 又作無論或是說

雖然不費力 亦須勉強

雖是不勞心 也得思索

不但陞官 且又發財

不惟參天 亦且兩地

是不惟不但 又作豈惟豈但說

與其不會 莫若趕着學

與其空說 不若照着行

與其竟念 不如心裏記

下有不如不若字 用 托

能以禮讓為國乎　何有

連是何有

豈能遽忘　豈能不成

豈肯造作　豈肯為非

豈肯豈能用　上面須用

豈但修己　抑且治人

豈惟身體　而且力行

僅此一人　止此而已乎

竟作孽　只逞强

專尚浮華　純乎天理

二字上接　字　等字多

專純竟只使　僅上惟獨用

有話　何妨說明

何妨　上連

二字之上接　與　諸字多
總作比如似若說

不止能戰　如同相似
又且善守

不獨學問見長
品行也好

若是不獨不止句　語活多

惟有欲速
予獨不然

與彼相同與此相似上又接

似不妥　似不足

有若無　實若虛

如登高山　如臨深淵

從善如登　從惡如崩

壽比南山　福如東海

他的形容如同你　你的品貌似乎他

上 十七 聚珍堂

他告訴我　我纔知道了

上邊若接　字 又作跟前字句說

皆一體用　引証已往述辭多

上用　下文落腳

自然來　自然去　自然喫　自然喝

之下　字托　短章粗語方使得

他學的與你相同　你作的與他相似

指南編

驅猛獸 而百姓甯

而天下平 周公兼夷狄

昔者禹抑洪水

本領高强 所以出衆

點上燈 所以大亮

親於親 所以揚名

你不記着 所以忘了

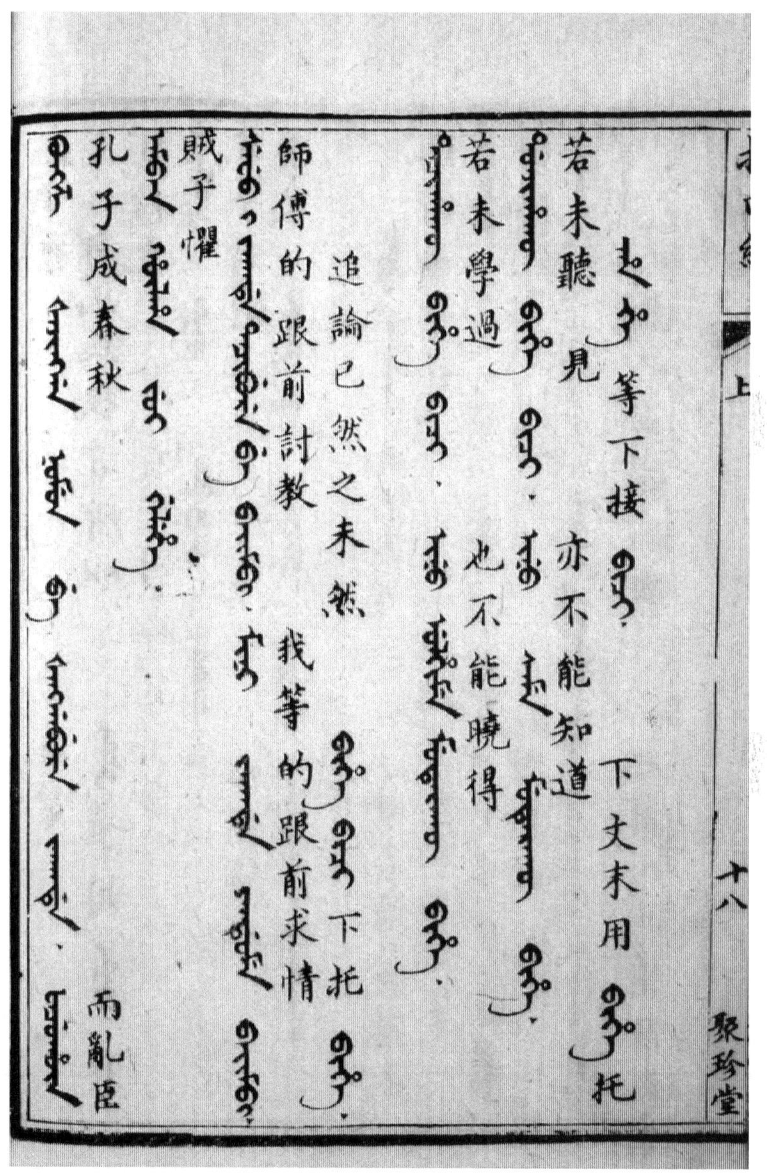

指南編

由此及彼言所以 下用 在

可欺也 不可罔也

君子可逝也 不可陷也

為可不可 上連 字是法則

從前要留神 如今也不能不知道了

當時若是認真辨 也不至舛錯

比論往事若如彼 也就如此意思說

若將藹藹文人

宜其法爲表範

若將若把說

若往

外

則撫巡邊疆

若在內

則拱衛京師

若在若往

主乎忠信

不難行已

不知禮義

無以立身

上

十九

聚珍堂

則由近及遠　人皆敬重而厚待之矣

能信乎朋友　和夫鄉黨

整字難破接　猶同之之用法活

二者皆法堯舜而已矣

欲為君盡君道　欲為臣盡臣道

字若要接整字　不作可字作為說

若把赳赳武夫　應須依作干城

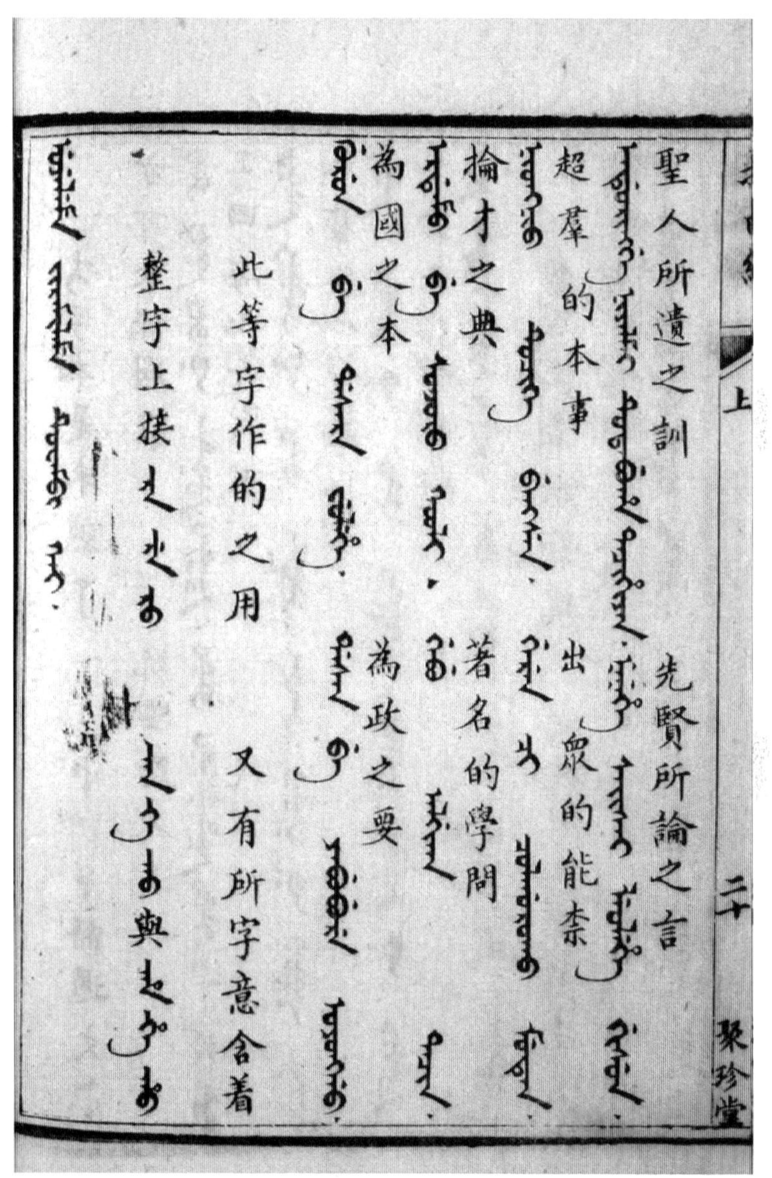
上 二十 聚珍堂

聖人所遺之訓 先賢所論之言

超羣的本事 出衆的能柰

掄才之典 著名的學問

爲國之本 爲政之要

此等字作的之用 又有所字意含着

整字上接 與

[07-上-20A]

字本是未然了　中間串語過文[illegible]

方可永保國家　統垂悠久也

正四海以化天下

正羣僚以治萬民

人君正己以臨朝

若遇文氣難斷處　逐句只管用

朝廷所定之例

指南編

萬邦協和 庶績咸熙

百姓普化 萬物咸若

有力神情應用 又比 字意活潑

日久而生厭 舍舊而圖新

先行其言 而後從之

君子居易以俟命

回了家喫了飯 上了學 好生學本事

引領而望　忍心而行

虛字在中為串貫　句尾卻又講之着

化裁推行　教養生成

敦崇孝友　服習詩書

謹身率教　循理奉公

遵之古禮　合着時勢　待人處事

豈有不好的

將及甫及與方及 往往常有用

剛一臨文 曷深慨歎

纔一展卷 感切由衷

纔一剛一文氣快 向中文字只須

剛纔同身 不覺又倒下了

方纔合眼 忽然就睡熟了

方纔剛纔如之何 上接

指南編

立身行道　顯親揚名

＿字下面有＿字　不有＿即＿

必有忍　乃有濟　必黽勉　方有功

一見便知　一目了然

＿字若連＿　語氣緊如＿

方及三年而化成

將及旬日而藏事　甫及匝月而成功

ᠴᡳ字下面有ᡩᡝ字　工夫遞進語言多

而幾乎賢且進於仁矣

準今酌古　近思切問

而日就荒廢焉

沽名釣譽　勤始惰終

無虧於人子之道也可

上　二十三　聚珍堂

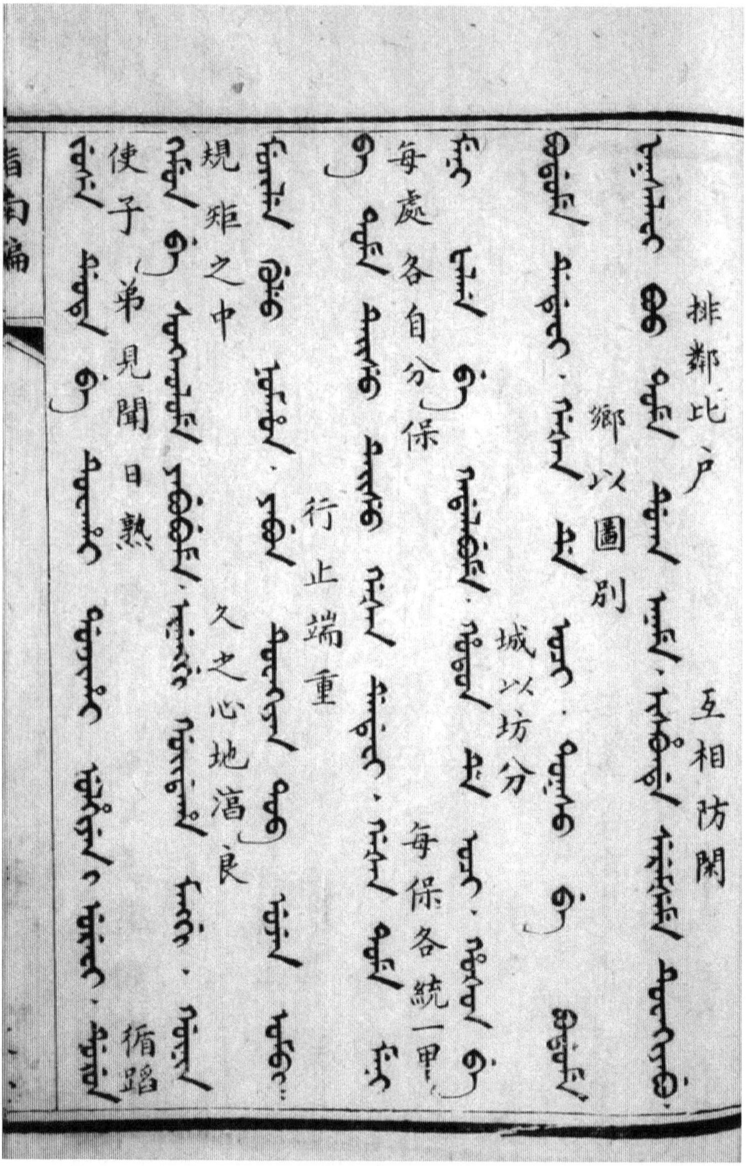

排鄰比户 互相防閑

鄉以圖別

城以坊分

每處各自分保 每保各統一甲

行止端重

規矩之中 久之心地淳良

使子弟見聞日熟 循蹈

指南編

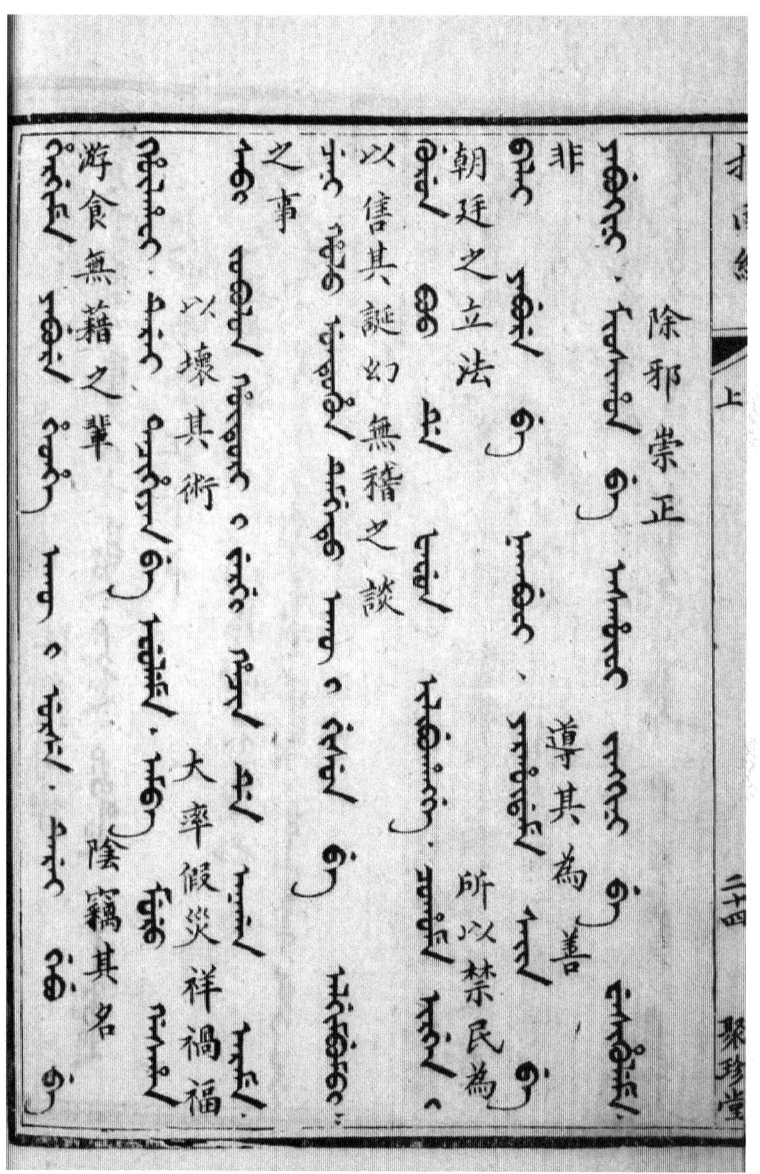
指南編 上 二十四 聚珍堂

除邪崇正 導其為善

非 所以禁民為

朝廷之立法

以售其誕幻無稽之談

之事

以壞其術 大率假災祥禍福

游食無籍之輩 陰竊其名

旁徵遠引 往覆周詳

字平平往下串

凡學之無成者 以其心不專也

耳

人之越分妄為 不知夫義理

連 與 字 暗述上文因字活

云危就安者也

或　或　連連用　句尾當托

學者須自勉焉

自慊　自省　自反　自修

畢文斷落

撙節愛養　勿愆於度

春耕秋斂　勿失其時

意取顯明

將見道於是乎高德於是乎厚矣

而神凝　義精而仁熟

敦厚以崇禮　自然和氣

溫故而知新

盡己而恕人　致知以格物

下文還得托　起止界限方明白

工夫說到效驗處　自然而然

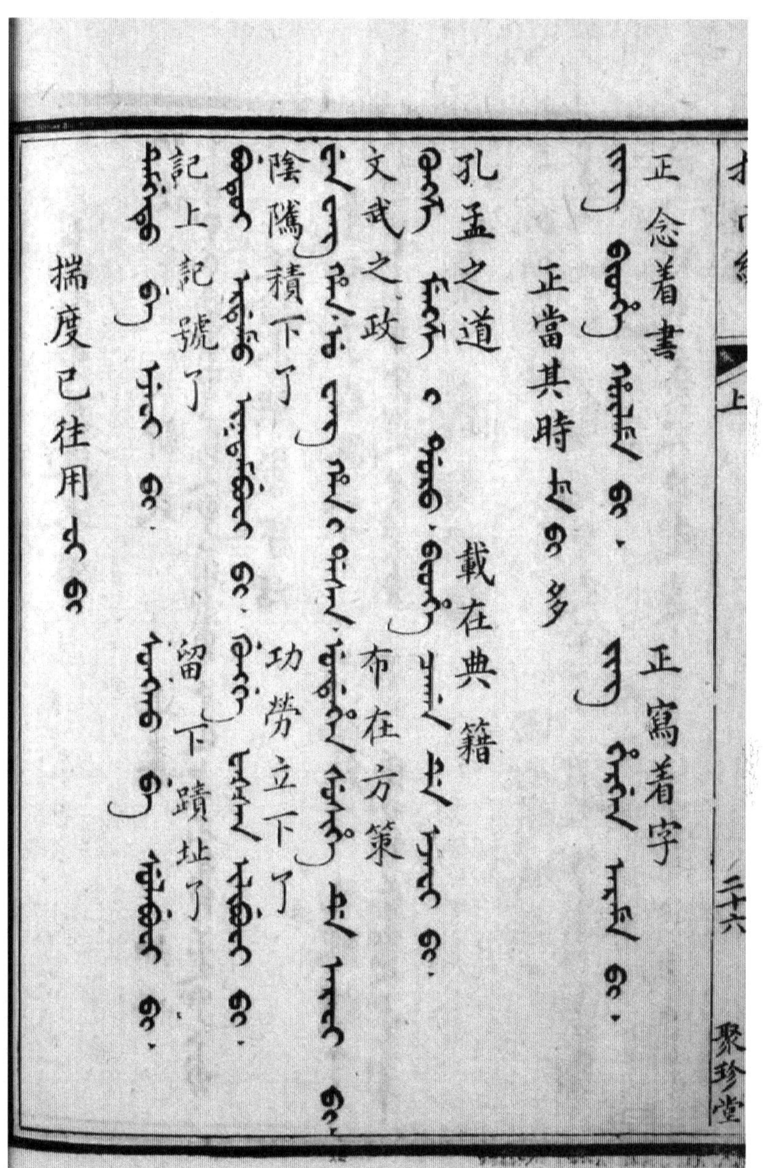

正念着書
正寫着字
正當其時多
孔孟之道
載在典籍
文武之政
布在方策
陰隲積下了
功勞立下了
記上記號了
留下蹟址了
揣度已往用
二十六
聚珍堂

[07-上-26A]

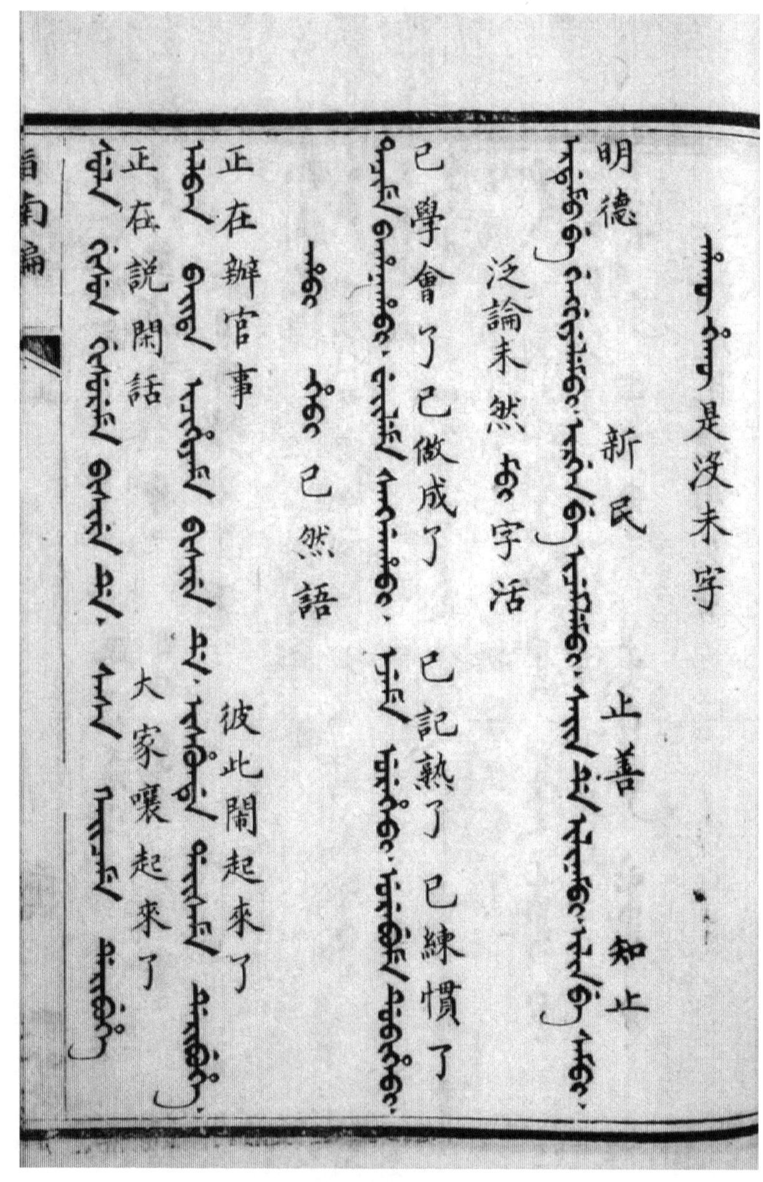

是沒未字

明德 新民 止善 知止

泛論未然 字活

已學會了 已做成了 已記熟了 已練慣了

已然語

正在辦官事 彼此鬧起來了

正在說閑話 大家嚷起來了

指南編

[07-上-26B]

情切文字意難盡 下 連着

只管走不歇着 只是說不止 儘只算不完

只管只是儘只語 字串着說

有弗學 學之弗能 弗措也

不以禮節之 亦不可行也

專以不弗說

未稟報 未奏聞 沒得告訴 沒說出來

因為無頭緒　所以為難着急

因為好學　本事方能出衆

因為品行好　人纔敬重

句中又作為是講　上連整字方使得

因為神情是 [Manchu]　上非整字必用 [Manchu]

久有籌畫

立候辦事　予日望之

不是貪多　太不符用啊

非至德　孰能如是乎

平素不是這樣人　這是怎麼了

之上　非整字　必用　與

是人而不通人理　則何以為人

為官蒞政　須秉公心

因為節儉　所以致富

人之任意妄為　乃由氣質之

其學之不成者　乃由於不勤也

追述上文褒貶語　下用

法例者　帝王不得已而用之也

博聞强記　所以畜德而弘業者也

開口一叫使　末尾亦用長音托

原為圖名　非是求利

指南編 上 二十九 聚珍堂

是的者用 暗有人字意藏着

從義者

尊德樂道之人也

從時 擇善

守分

三字平行歸一致 下接

不肯讀書所致也

偏

大凡不明禮義者

夫聖學 昌於鄒魯

仁義者 理之本也 刑罰者 理之末也

夫志 氣之帥也 氣 體之充也

下文若是有也者 字作着落

是論夫者字 整字與 亦可托

為善者 享福 作惡者 受罪

殺人的 償命 欠債的 還錢

指南編

夫政也者 蒲盧也

明斷用也

中正本也

道 威德至善 民之不能忘也

有斐君子 終不可諠兮者

夫道統 肇自中天

春鼓之以風　夏潤之以雨　是天

是也說

也

凡人失其本性者　不能明善復初

不知夫義利之區也

世人之常變操守者

是倒裝語

指南編

句尾須用 起止界限方明白

若是引經與據典 必用

是攝束身心而不他適也

也 主敬者

所謂定志者 是一心擇善而固執之

下濕者宜秔稻 是地之利也

之時也 高躁者宜黍稷

用 引述起 句下須用

輔世長民之要務也

莫善於禮 是知禮也者

孝經云 安上治民

莫過於禮也

可見辨尊卑 分上下

禮記曰 禮達而分定

子曰學而時習之　又曰學如不及

不能躬行實踐也

者　蓋恐其徒托空言

孔子云　古者言之不出　恥躬之不逮也

言凡事豫則立　不豫則廢也

昔人云　有備無患

往往中間用　只看單連意何如

夜裏光照於天地者 日月

日間光照於天地者 日日

至厚而載萬物者 為地

至高而覆萬物者 為天

為宇謂宇是 上面必有叫着

臾而或輟也

乃使人及時勤學不可須

魚躍於淵 言其上下察也

鳶飛戾天

詩云

代申其意 發明已往經典多

謂之利 無所為而為 謂之義

氣禀之謂情 有所為而為

叫作水 天命之謂性

在地上高聳的 叫作山 由泉中流出者

尊祖 故敬宗 敬宗

旨哉言乎 禮云

不恆其德 或承之羞 易曰

蓋業與志本相須而成也

業廣惟勤

書曰 功崇惟志

下用 原是猜疑話來着

所謂寓兵法於保甲中也

此所謂盜賊難弭也

明人道必以睦族為重也

故收族

又作罷而已　如用一樣托

蓋禮爲天地之經　萬物之序

蓋自古民風　皆貴乎勤儉

想必睡着了罷　想必還沒醒罷

那件事情想是成了罷　這宗東西想是壞了罷

如今竟作蓋牢用　不必托

仁義而且忠厚 積德而且累仁

也是又字意 之字緊連着

下有又字加 若遇已然即

本作而且用 整單破連用法活

有婦人焉 九人而已

有始有終的 纔是人罷

上面若非遇整字 非用 不可托

上文頻住又而且 與

興仁而且講讓

濟人而且利物

讀了書而且把字亦寫了

持齋而且念經

然而用

而且至誠之道 不外中庸

可一日近小人

而且甯可終歲不讀書 不

宰於一心

而且千變萬化

亦如是 緊接上文字句說

變文上下皆好意 句下 托

僅能如彼 不能此 上好下歹是

且君子不器

後

乃不知物力艱難 任意奢

乃且多

然而不王者 未之有也

句中作爲隨且用　行文用意甚活潑

正然如此又如彼　等字連

其利　明其道而不計

而不除弊　正其誼而不謀

務名而不求實　興利

句中皆以而字用　只看本文意思說

上　三十七　聚珍堂

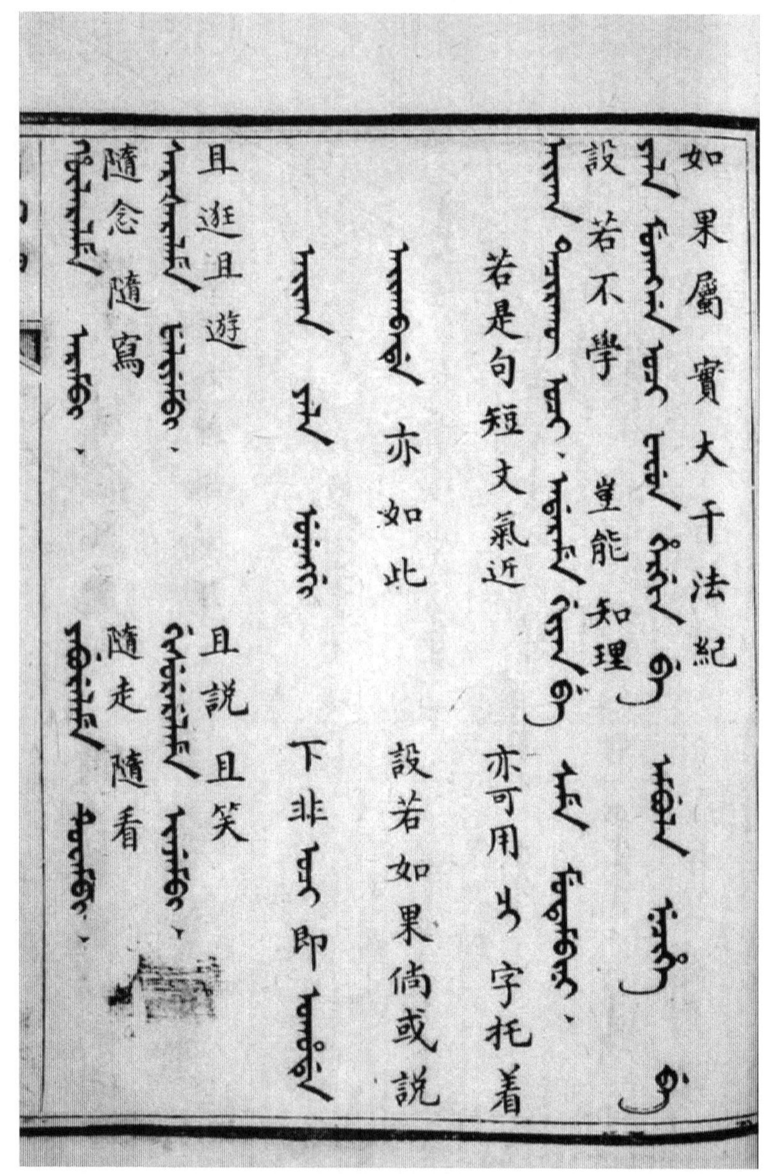

如果屬實大干法紀

設若不學豈能知理

若是句短文氣近

亦如此

且逛且遊

隨念隨寫

亦可用字托着

設若如果倘或說

下非即

且說且笑

隨走隨看

〔07-上-37B〕

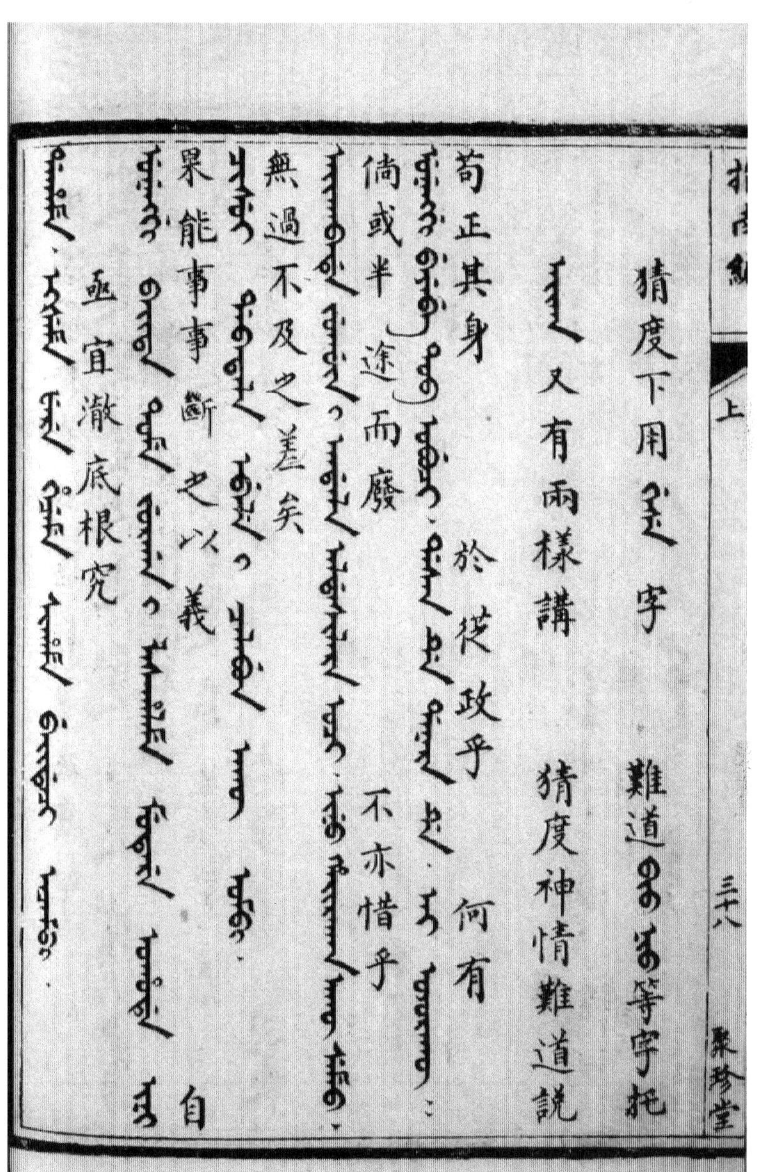

指南編 上 三十八 聚珍堂

猜度下用 字 難道 等字托

又有兩樣講 猜度神情難道說

苟正其身 於從政乎何有

倘或半途而廢 不亦惜乎

無過不及之差矣

果能事事斷之以義 自

亟宜澈底根究

設使偶罹於法　則累及妻孥

設或萬一丟了呢　後悔不及呀

萬一偶或用　比語設或

難道不好麼　難道沒信麼

難道有事麼　難道不行麼

那道兒莫非是不可謀

這事兒想必是不能辦

須當為善 不應作惡

上必接 上應用

何用錢多 何必禮大

何必他求 何須遠慮

上破字用 整字過文須用

百苦備嘗

試思一蹈法網

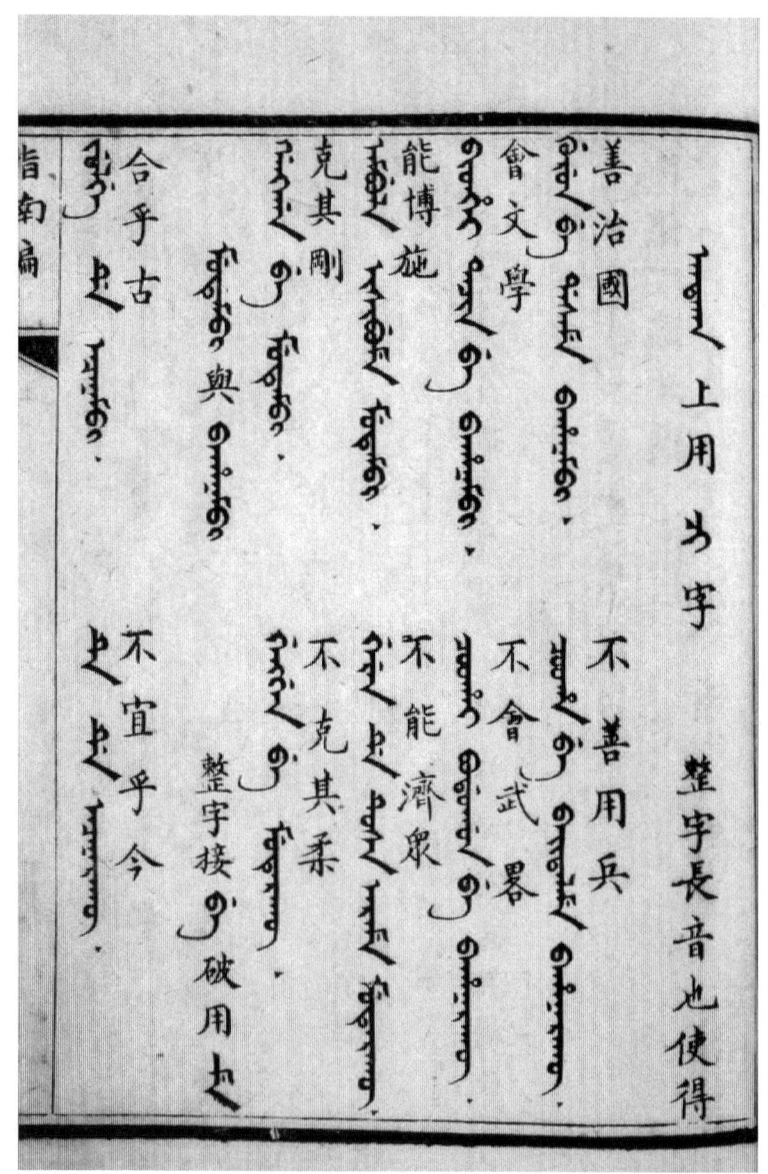

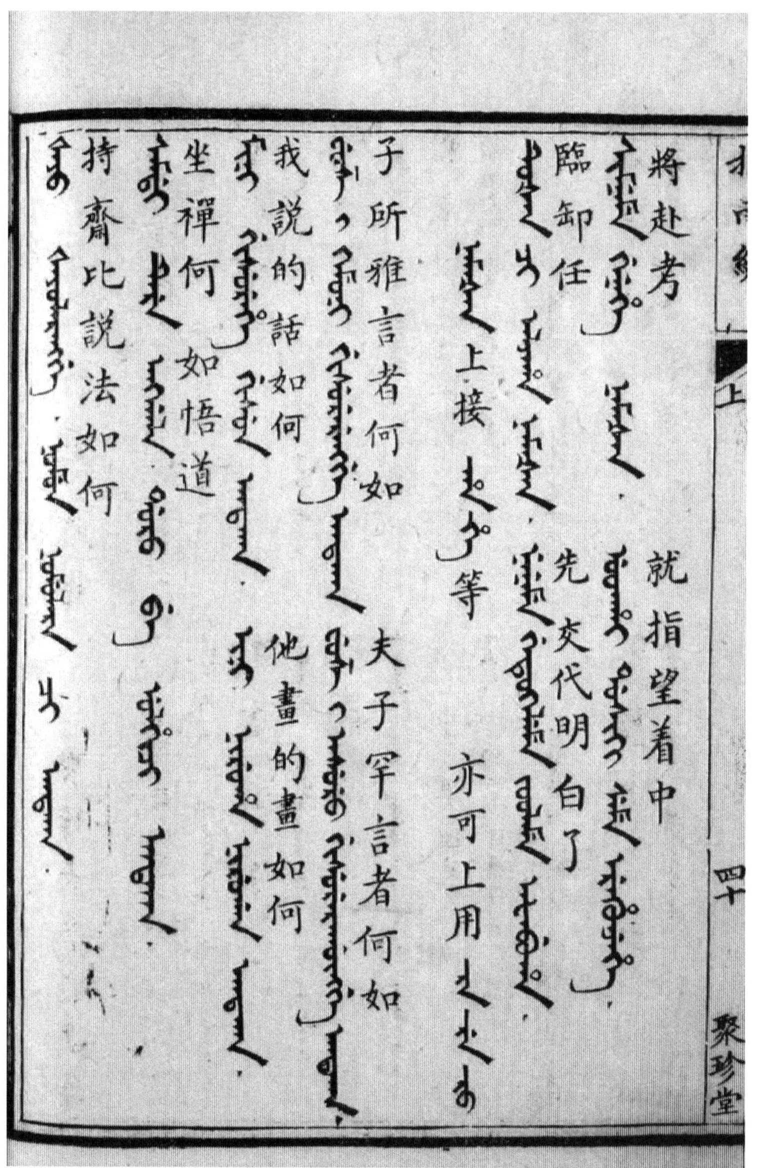

將赴考　就指望着中

臨卸任　先交代明白了

上接　等　亦可上用

子所雅言者何如　夫子罕言者何如

我說的話如何　他畫的畫如何

坐禪何如悟道

持齋比說法如何

上　四十　聚珍堂

與 字句之上緊連着

本講虛時候 繙作而後然後說

幾乎受累 差一點兒失落了

由來尚矣 從不稀罕

原先在別處住 起初全居

下 與 等字托

臨起身 留下盤費了 臨回頭 帶來行李了

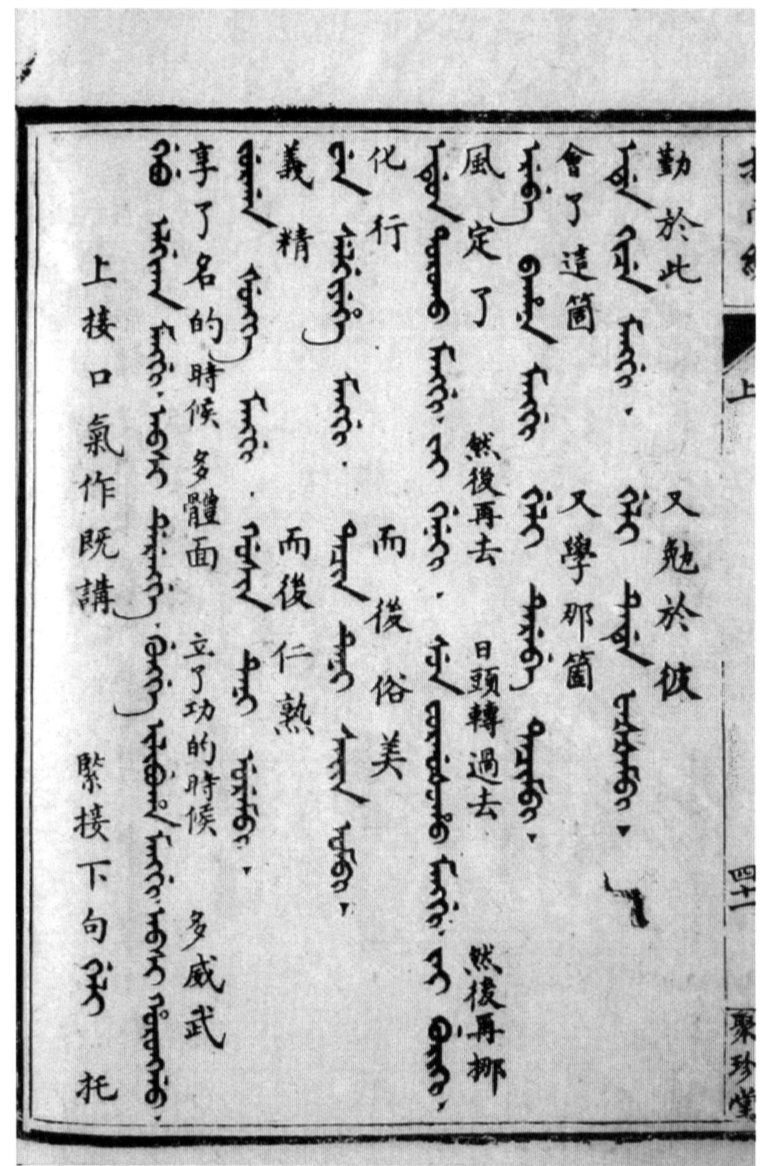

〔07-上-41A〕

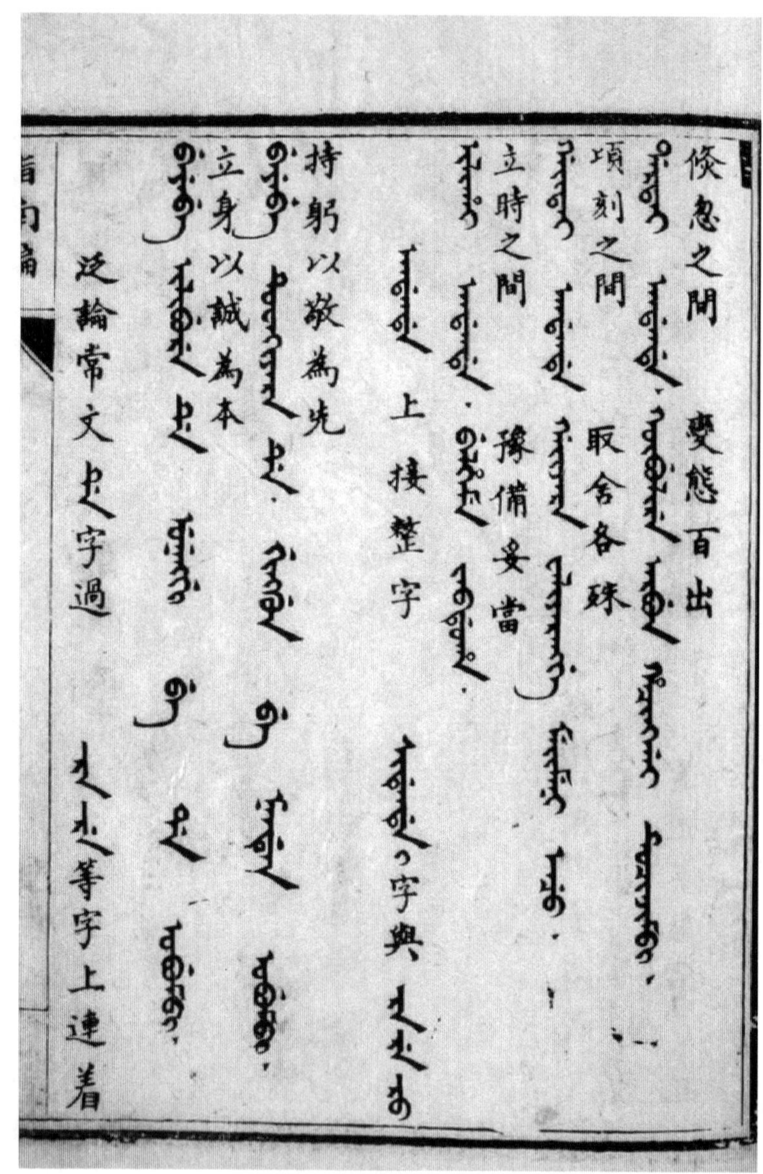

倏忽之間 變態百出

頃刻之間 取舍各殊

立時之間 豫備妥當

上接整字 字與

持躬以敬為先

立身以誠為本

泛論常文 字過 等字上連着

指南編

[07-上-41B]

閒談之中　有關名教

下雨之際　正好用工

天地之間　人為至貴

一旦悔改　如冰消霧釋

一朝猛省　疑團解釋

須臾之頃　陰雲四起

會計之頃 毋少紊亂

上接 與 等字多

倉猝之間 記憶不清

盤察之際 不可頓易生手

尋思之下 驀然想起

病篤之餘 不覺昏沈

癱潰之頃 異常痛楚

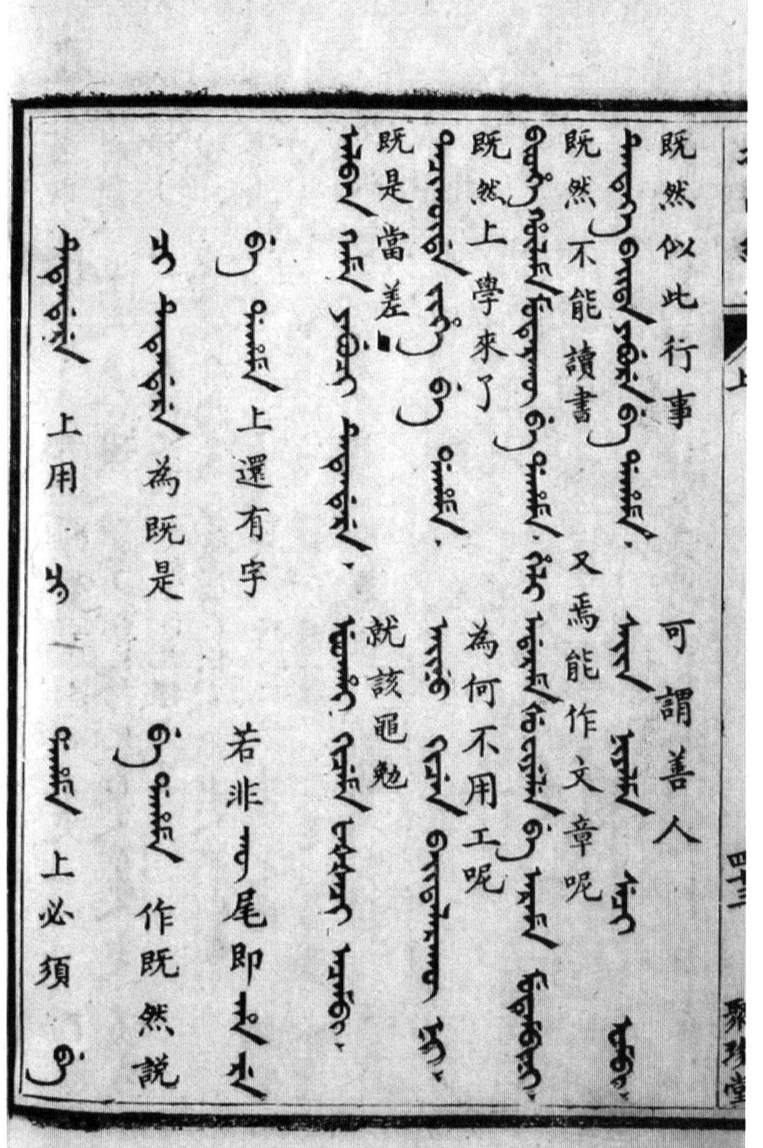

〔07-上-43A〕

尚未派　先得了信了　尚未交　已看

悟了　未調之先　先擬定了

未放之先　已算妥了　未陞之先　就覺

未先　尚未　字上連着

業經忘了　何必提他

已然辦了　何必忙　已然說了　還改口麼

已然業經是　下用　等字托

指南編

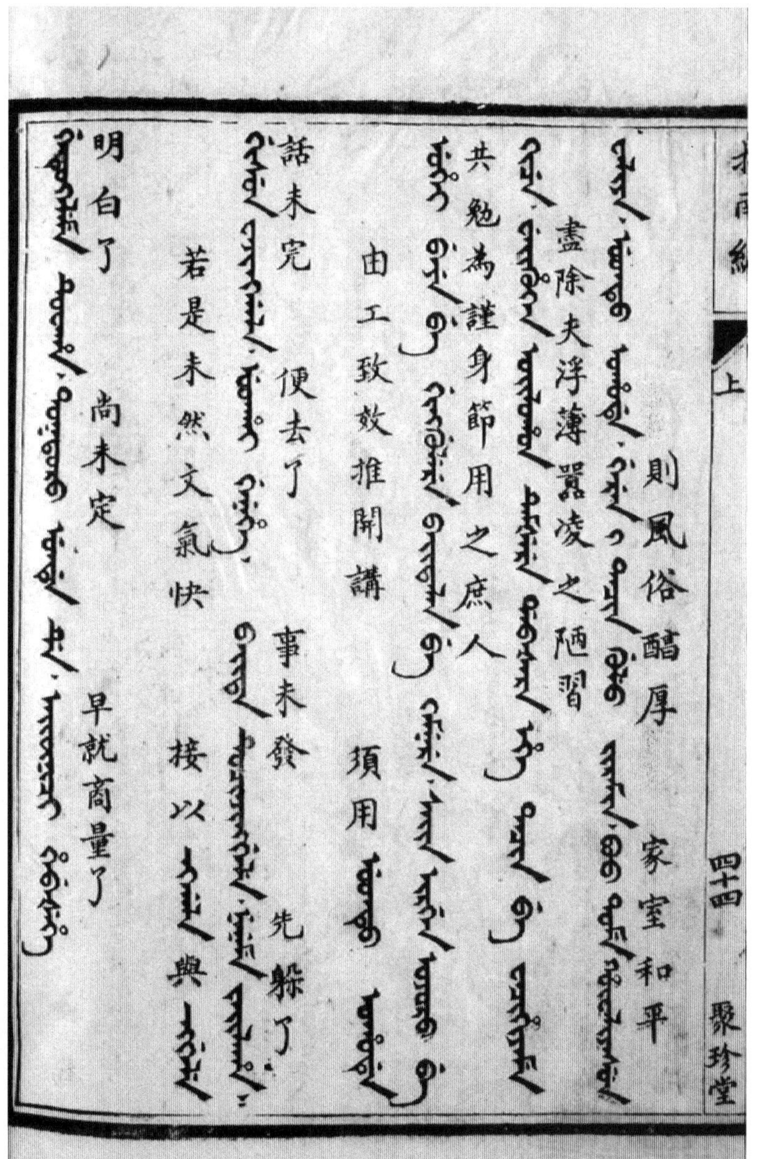

指南編 上 四十四 聚珍堂

則風俗醕厚　家室和平

盡除夫浮薄囂凌之陋習

共勉為謹身節用之庶人

由工致效推開講　須用

話未完　便去了　事未發　先躲了

若是未然文氣快　接以　與

明白了　尚未定　早就商量了

怎麼着好 如之何則可

不得主意問所以 是

濤之宜悉 庶幾無負本業矣

要之宜知 防海 則風

備邊 則險

而朝廷德化之成可以樂觀也

指南編

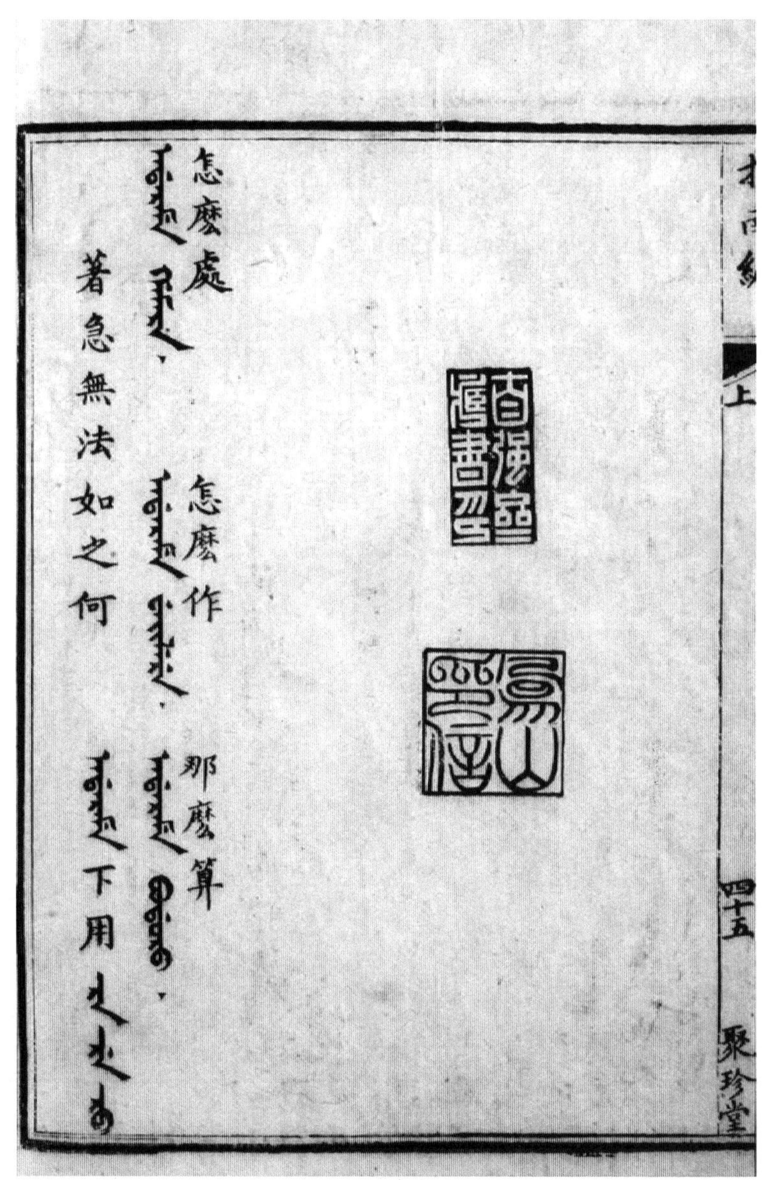

上

四十五

聚珍堂

怎麼處

怎麼作

那麼算

著急無法如之何

下用

〔07-上-뒤표지A〕

하권

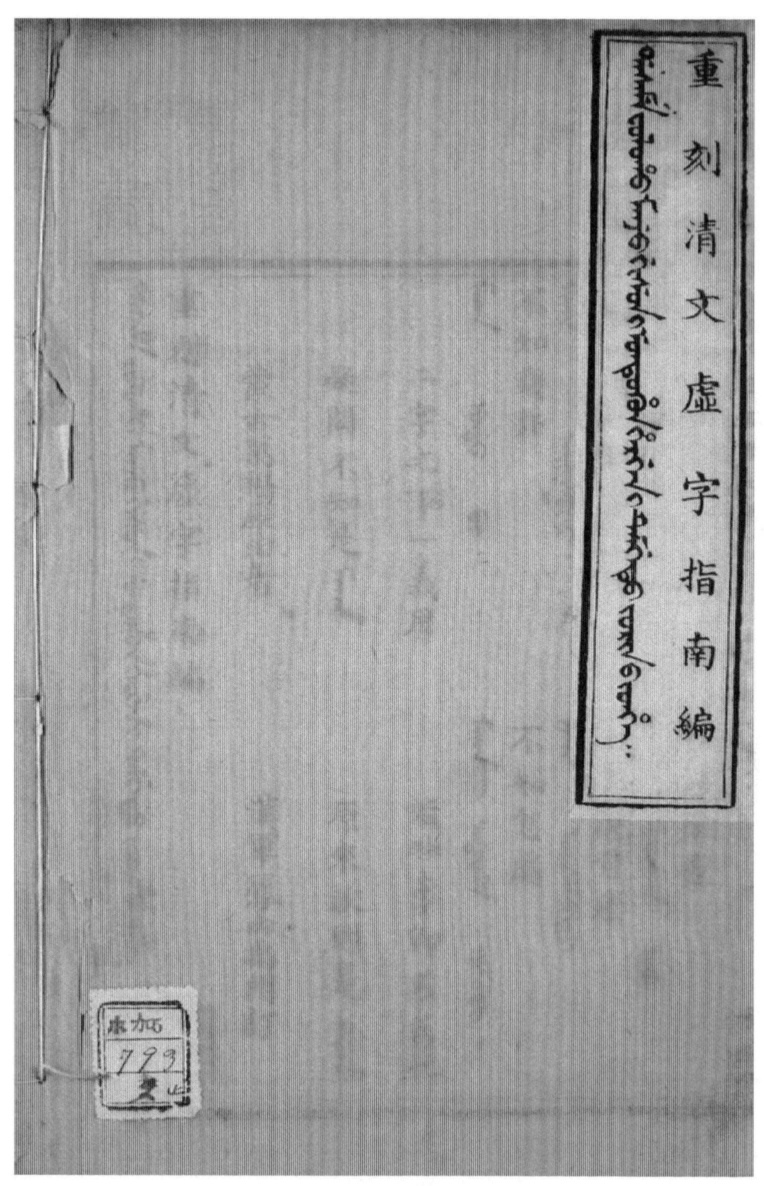

〔07-下-앞표지A〕

〔07-下-앞표지B〕

不識有諸　　不識果否

不知作什麽　　不知說什麽

不知幾許　　不知怎處

二字之下一義用　　若非即托

疑問不知是　　原來敢則是

蒙古萬福厚田著　　漢軍鳳山禹門訂

重刻清文虛字指南編

想是先走了罷

想是成案

還有⋯等

追憶想是用⋯

原來這樣嗎

原來不齊全

原來知道

想是纔來了罷

想是成語

還有⋯與⋯字多

上連整字與⋯

敢則沒有嗎

敢則不相稱

敢則可以

指南編

無非塞責

不過空說

不過無非是

想必有主宰

想是寫字呢

想必並不知

想必還未到

無非充數

不過白提

下托 與

想必在家裏

想是拉弓呢

想必真沒有

想必又沒去

別人說你如此如彼　然乎否乎

他說你說我說了他了

述說人言使　用　串下說

忿以成讐　讐而益忿

先

自立以識為本　尤須以敬為

自說自解用　上輕下重襯文活

指南編

可見涉世之要　不外乎忠信也

子曰　主忠信

俗語云　近硃者赤　近墨者黑

帝王家

諺云　學成文武藝　貨於

常言道　但行好事　莫問前程

使令人辭硬口氣　整字　與、

只顧學這一樣兒　別的全不管了

只顧當差　把私事都躭誤了

造釁以傾人　究之布井以自陷

矯枉而失正

轉此成彼是　只顧之意暗含着

令他作什麼　叫我說什麼

半截字下接　亦作使令口氣說

方可謂之人也已　如此

處已必廉潔

待衆必虛心　事上必敬

人生在世　事親必孝

請回去罷

請免了罷

請陞上去坐

請在頭裏走

你在前導引罷

我暫且歌歌罷

字本作罷請講

與 也托得

明明的是撒謊

好好的是怎説

整字下截接

助語神情重字多

教你念書

是教你學好啊

指南編

懇恩賞假　求賜矜全　祈為變通

懇求祈請說

大道將成　小過將赦

要作君子　要作小人

欲正人心　欲厚風俗

欲要將是

早些預備罷　豫先隄防罷

下　五　聚珍堂

京察列為一等

本班之缺　作為儘先

作為列為說

儒者之大成　屬於夫子

似此為人　終久歸於不肖

歸於屬於

請述原委　懇請獎勵　求為包涵

功業及成 愼勿輕視

國家將興 必有貞祥

將近黄昏 細雨紛紛

將及晌午 微風颯颯

將及將近 字上非 必有

庶乎不差 幾乎至治

庶乎幾乎 上破接 整用

下 六 聚珍堂

三字上面得接

小心失了　仔細壞了

好取巧　好營私

與　二字之上緊連

大局垂成　工作追竣

將及傍午　將近日暮

與　用法如同

指南編

陰隲多多的積　心術好好的培

讀書之人留心　當差之人向上

就便如何遇整字　下　托

勉勵使令是　重字上　嚮可說

毋庸來京　不須駐口

不必着急　不用為難

不知是否　不知可否

七

聚珍堂

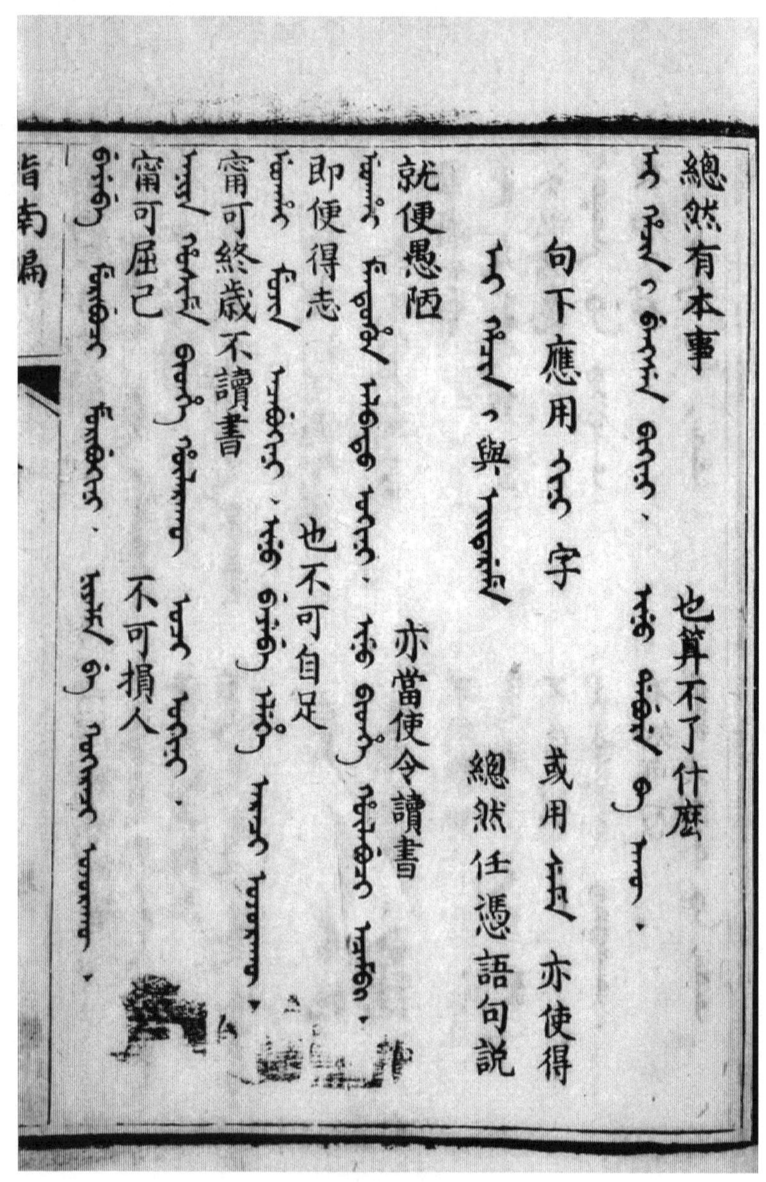
總然有本事　也算不了什麽

句下應用　字　或用　亦使得

與　總然任憑語句說

就便愚陋　亦當使令讀書

即便得志　也不可自足

甯可終歲不讀書

甯可屈己　不可損人

指南編

〔07-下-07B〕

閒空兒拉拉弓是呢　射了步箭練練馬箭是呢

與　亦同此意一樣説

本是自然句　使令口氣多

講是呢　口氣輭硬要明白

任其催促　仍就逍遥自在

總然修飾　亦莫掩其惡

任憑怎樣聰明　也不能生而知之

好不怎之是 、 又作何之何往説

蓋聞謙受益 滿招損

聞得居家之道 為善最樂

聽見你如今學繙譯呢

聽見聞得是 下用

富了怎樣 窮可窮罷

不要過於耗費了 稍省儉罷

指南編

誠以　蓋以　原以　凡以　　併所以　無非　乃

無入而不自得焉　　焉往而有不宜者乎

不拘怎樣没有使不得的　　無論怎樣也都是一般

不拘如何無論怎樣　　無入焉往是

將何之　　何往

要怎之呢　　不知怎之好

好不暢快　　好不傷感　　好奇怪　　好別致

九　聚珍堂

無不至盡　蓋以士為四民之首也

凡所以養士之恩　教士之法

誠以幸免　不如守義之為貴也

古人舍生以取義者

上文頓住另叫起　則用

整字長音俱可托

朝廷之立法 所以警不善而懲無良

凡以興賢育才 化民成俗也

其廣文一官 悉以孝廉明經取用

學校之設 原以成人材而厚風俗

之學也

進虛若有人　乃教人主敬

禮云　執虛如執盈

無非使天下胥歸於正也

聖人覺世牖民

猶水之走下

不以教化隄防

董子曰

萬民之從利也

而從也

為師

乃是教人擇善

書曰

德無常師

主善

允執厥中者

是堯授舜之心法也

事有定理

民無恆心

制行有物

立賢無方

有無當繙

不拘長短上有

不以禮義教化之

其欲不可遏也

以治民甚於治川

之

不能已也

誠

指南編

凡事 看之易而作之難

為君難 為臣不易

克己難 從好易

難易繙為 上用長音或

為政之要 在除弊 不在興利

又作在字用 作不在說

善識人　善居家　善揣摩

又作善肯用　字上須接

好走的道路不走　好算的賬目不算

有式之物容易作　有例之事容易辦

若是單言容易字　上用　也使得

上山擒虎易　開口告人難

指南編

向上平說爲也亦 用在字下是也說

本繙是亦也 上用長音整字托

無論何事 可得按理而行

不拘是誰 不可不會 尤不可不知

凡人為學 理當用心

凡字則當繙 不拘無論下用

肯讀書 肯留神 肯忘事

往往也托長音等 [Manchu] 字間或亦使得

用在句首下連 [Manchu] 在下上接 [Manchu] [Manchu]

該當宜應皆繙 [Manchu] 或上或下皆使得

所謂誠無不格也

ᡠᠨᡝᠩᡤᡳ [Manchu]᠈ ᠠᠴᡳᠩᡤᡳᠶᠠᡵᠠᡴᡡ ᠠᡴᡡ ᠰᡝᡵᡝᠩᡤᡝ᠈ ᡳᠨᡠ᠉

心是一身之主

ᠮᡠᠵᡳᠯᡝᠨ ᠰᡝᡵᡝᠩᡤᡝ᠈ ᡝᠮᡠ ᠪᡝᠶᡝ ᡳ ᡝᠵᡝᠨ᠉

似此者 亦非俗人可比

[Manchu]

一來二去 也慣壞了

[Manchu]

指南編 下 十四 聚珍堂

多有一丁不識者

許久方歸 良久方蘇

是許久良久 在下則又講多多

理應親身往拜 理當寄信相商

宜乎捨本而逐末也 該調換

應開導 當三思

理當改惡向善

其形尤美　其況尤佳

仰之彌高　鑽之彌堅

更當詳慎　更不可考

越發不成事體　益加勤奮

若在　下　又作諸凡所有說

是越發益加講　又作更彌尤愈說

不分彼此者多多矣

暗含所有繙 字 文意猶如用

所有須發詔旨 著刊刻謄黃

凡辦過案件 著載入則例

所有在署之員 豈可因循

凡諸充數者 甯不慚愧

功愈加 而進愈深

上接[illegible]字强如爭似　何干何與上連[illegible]

强如爭似何干何與　[illegible] [illegible]字句多

率土之濱　莫非王臣

[illegible]

[illegible]

所過地方　平夷險阻不同

[illegible]

所遇之人　非親即故

[illegible]

上面多連[illegible]字　下加長音亦有則

指南編

屢次荒歉

連年豐收

連累屢見是

疊次施恩

累次跋涉

上連整字看文波

人之興替

我管不管

積德

燒香

與物何與

與你何干

爭似遺金

強如逛廟

十六

聚珍堂

〔07-下-16A〕

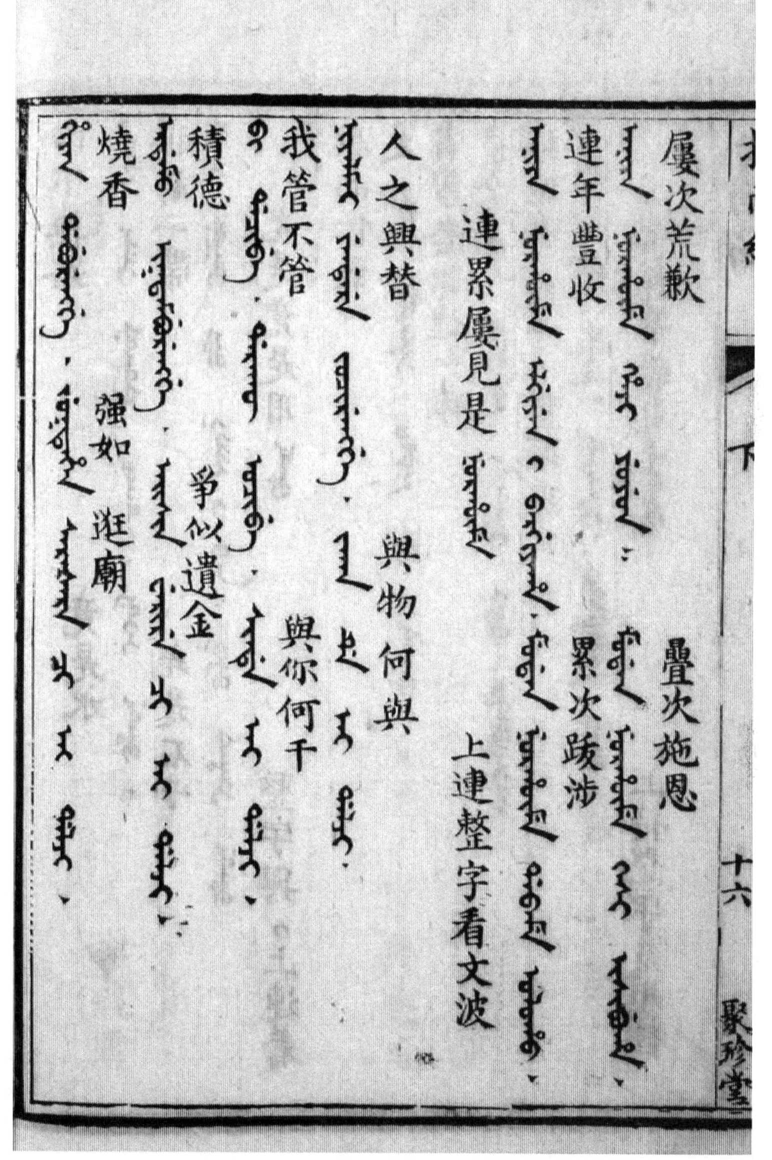

指南編

四下無路

竟是水

眼前一帶

光是石子

光是竟是用

整字與ᡳ上連着

原品休致

書帶套都裱一裱

信連着 底子一併取來

連着帶着是

上接整字是規模

以養餘年

儘數交出

儘其所有都拿去了

如今下連ᡳ字用

字句多

儘數則用

上連ᡳ字與

儘我而謀

儘他而作

儘其力而為之

儘其量而圖之

儘其力量

上用ᡳ ᡩ字接着

是遭次　整單破連用法多

既經添入　旋即裁汰

既奏明允准　又准部議駁

既經記名　復蒙議敍

既光大門閭　又垂裕後昆

彼而又此使　然而未果　合

講既字　上用半截字連着

每繙　數目多寡用

連次當差　實在狠累

歷次引見　都放了擬正的了

出了三次兵　打了六次仗

來往走了數十遭　然後纔歇下了

來了好幾次　竟未得見面

見不幾次　後來就陞出外任官去了

親睦之風 成於一鄉一邑

研究之

讀書之法 逐字逐句 皆當玩索而

變文借用字 亦作每字意思說

那緞子每家每月送四尺

這果子每人每日喫三個

年月日時用 地方人物用

雍和之氣　達於溥海內外

即至以及轉入語　句中用

農工商賈　不失為湻樸

即至韜鈐介冑之士

亦被服乎禮樂詩書

以潛消其剽悍桀驁

十九

聚珍堂

牆院比影壁微乎矮些　正房比南房微乎高些

甃字微乎

未有不含餔鼓腹而樂者也

以及窮鄉僻壤

通都大邑　共慶豐稔

指南編

又有 [Manchu]·[Manchu]·字　亦作稍微意思說

由小道微然繞一点兒　也差不多

這影兒微然斜一点兒　不大很直

說是了　微然笑一笑不作理會

破字微然　多

甬路比夾道微乎寬些

極好飲酒　不醉不止

此等用法皆一體　上將半截字連着

極盡意思用　堪可神情

望着我冷笑　望着他發歎

往西　往東　向前　向後

與　字　的神情往向說

微須長些　稍遲誤些　稍前探些　微挺着些

下 二十一 聚珍堂

有知識　有悟性　有度量

整字連寫　乃作有字人字說

賊盜匪徒暴虐可懼

逢門華戶窮迫堪虞

淑人秀士風度可羨

忠臣孝子貞烈堪嘉

盡命奮勉　不惜餘力

文中若遇不敢字 下面托

是敢字 豈敢說

敬謹人 鎮定人 爽俐人

能幹人 和氣人 俊傑人

厚福人 慈善人 安常人

有道理 有威嚴 有謀畧

有眼色 有見識 有本事

指南編

不敢不忠

不敢不盡心竭力

不敢辜恩背德

豈敢二三其德

既敢這們說　就敢照着行

展眼間

不覺又是一年

不覺得流於不肖

而不可救

不覺得

臣等無任悚惶忻忭

戴高履厚

不勝感激於衷

不勝無任

指南編

諸子百家之書　不下數千萬種

上連　不下不亞不讓説

乃日復一日　痼弊已深

不圖為樂之至於斯也

不意善良輩　遭此荼毒

不憶不圖是　文中乃字也繙得

二十三　聚珍堂

不得已

辦不來　行不了

去不成　說不行

不成不行不來不了　上緊接

熙朝之治　不讓往古

朱子之學　不亞孟子

指南編

無故的混鬧　瞧之不由得生氣

聽見如此說　不由得心裏暢快

不由得

此事出於萬不得巳耳

法例者　朝廷不得巳而設也

一定要領異標新

偏是肯務奇好勝

偏是一定合

行善

必定得好

任胥吏舞弊

務須使實惠均沾

毋得

務須必定是

指南編

〔07-下-24B〕

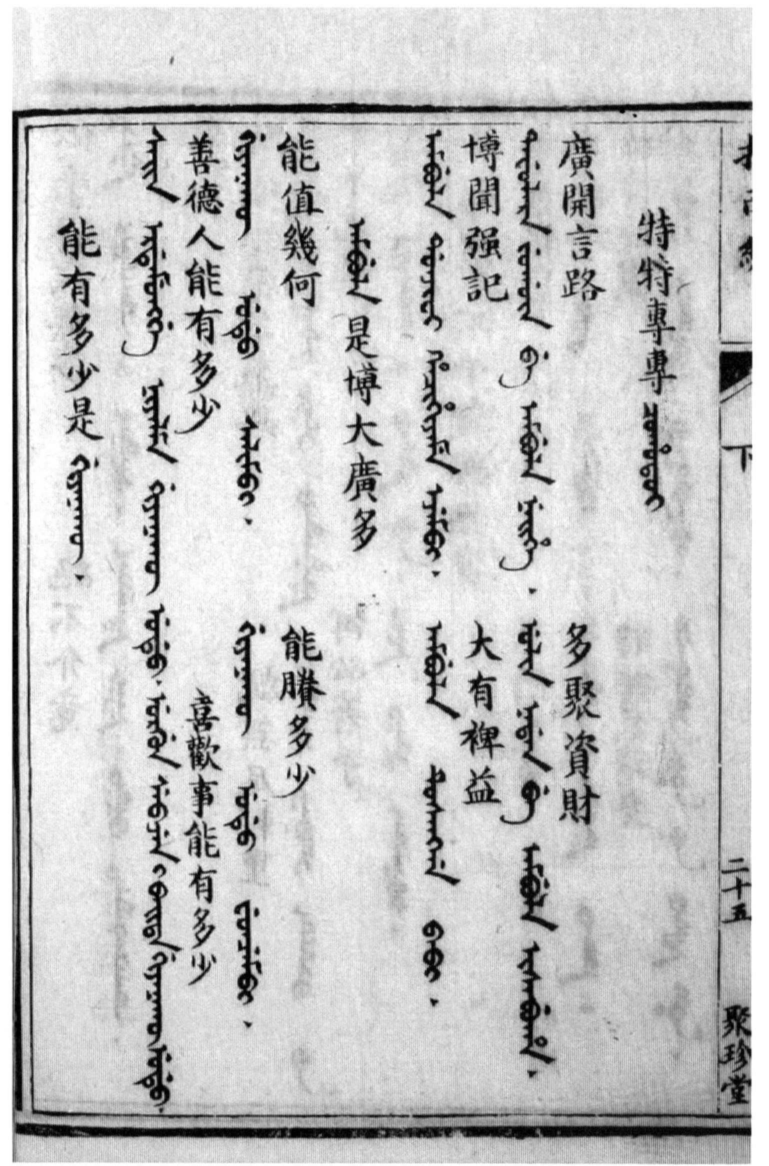

特特專專

廣開言路　多聚資財

博聞强記　大有裨益

是博大廣多

能值幾何　能賺多少

善德人能有多少　喜歡事能有多少

能有多少是

下　二十五　聚珍堂

似乎與我無涉　絶不介意

既是與爾等無與　就無足輕重

不干已事　何必著手

不干無與無涉

專專指望　專門之業

特特拜懇　特特來請安

指南編

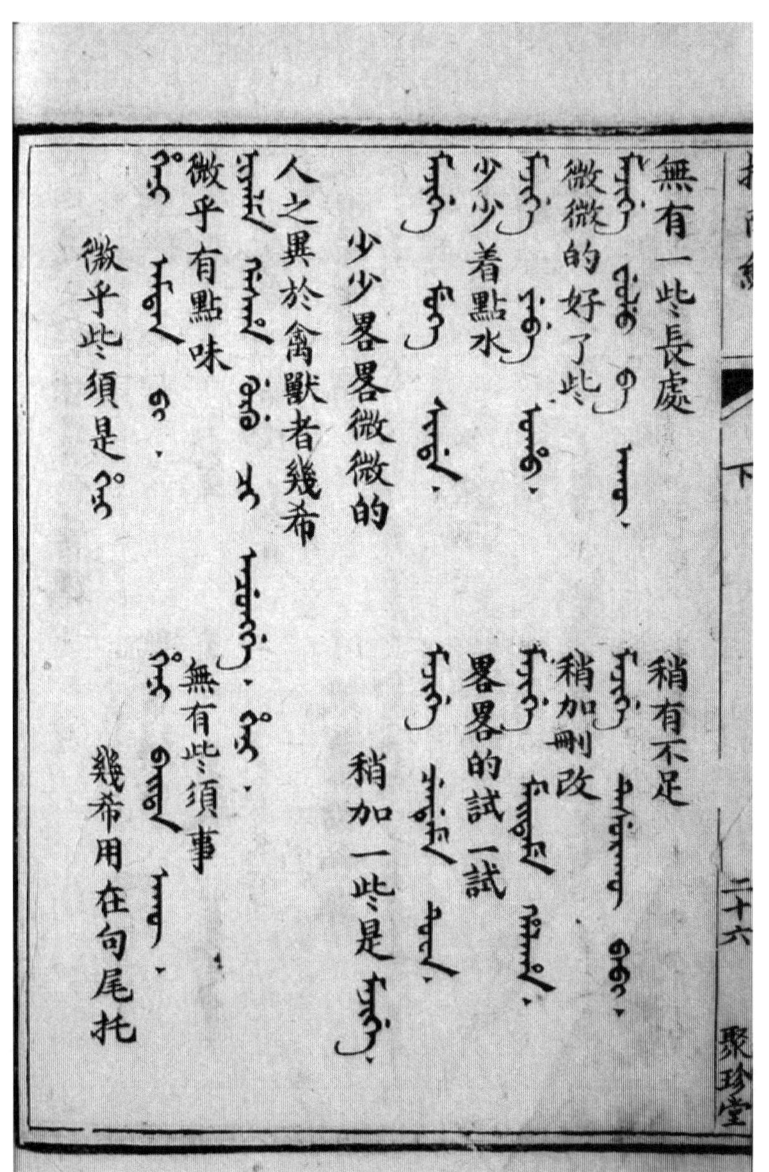

無有一些長處　稍有不足
微微的好了些　稍加刪改
少少着點水　畧畧的試一試
少少畧畧微微的　稍加一些是
人之異於禽獸者幾希
微乎有點味　無有些須事
微乎些須是　幾希用在句尾托

下　二十六　聚珍堂

依舊仍舊說

仍然照舊而行　照常辦事

仍然照常使

未嘗一毫多取　沒有一點私弊

不可存一點虛偽之見

不可起一毫奸詐之心

連着用　一毫一點意思說

化之以德　民日趨善而不知

推而言之　以馴致乎篤恭而天下平之盛

各省軍務　漸次就清

漸次馴日字　重言蒸蒸駸駸多

仍未復元

依舊復圓　仍舊貫　如之何

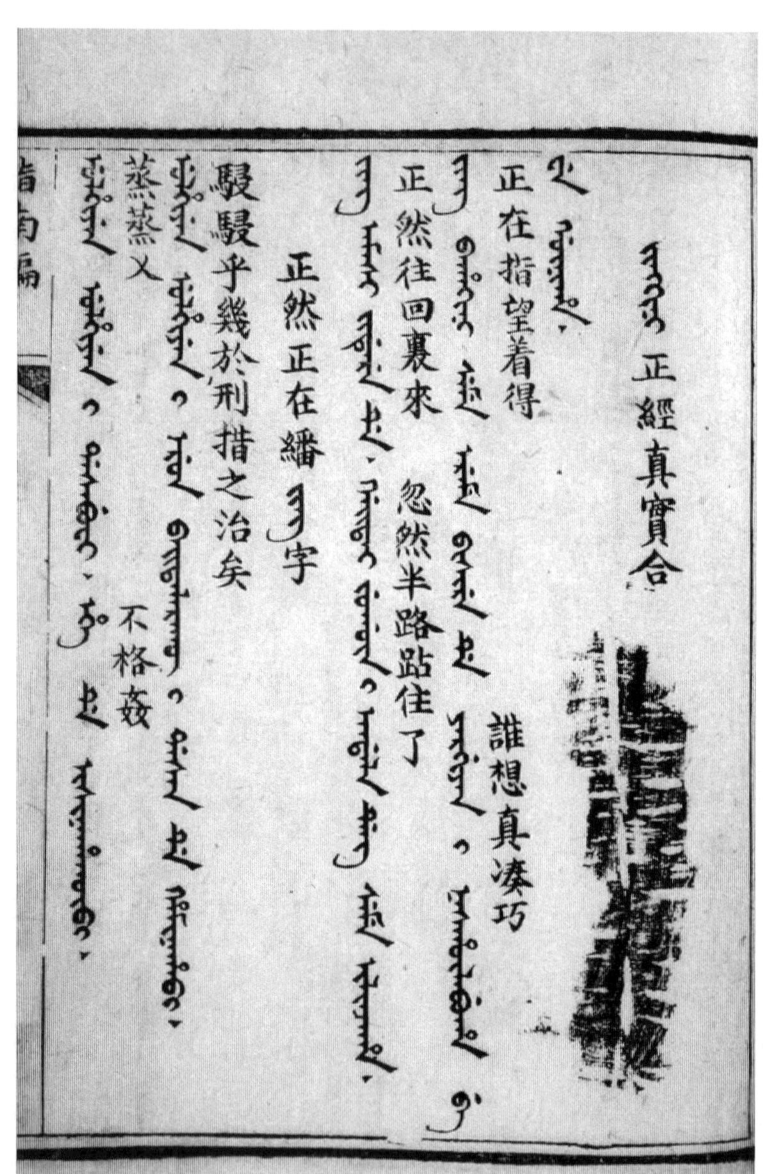

豫先豫備妥當　什麼事不致都錯誤

豫先能知道　除非是神仙

是着力字　自然口氣

豫先繙譯有二者　與

真傳　實授

真實學問　乃在禮樂詩書

正經人品　不外孝弟忠信

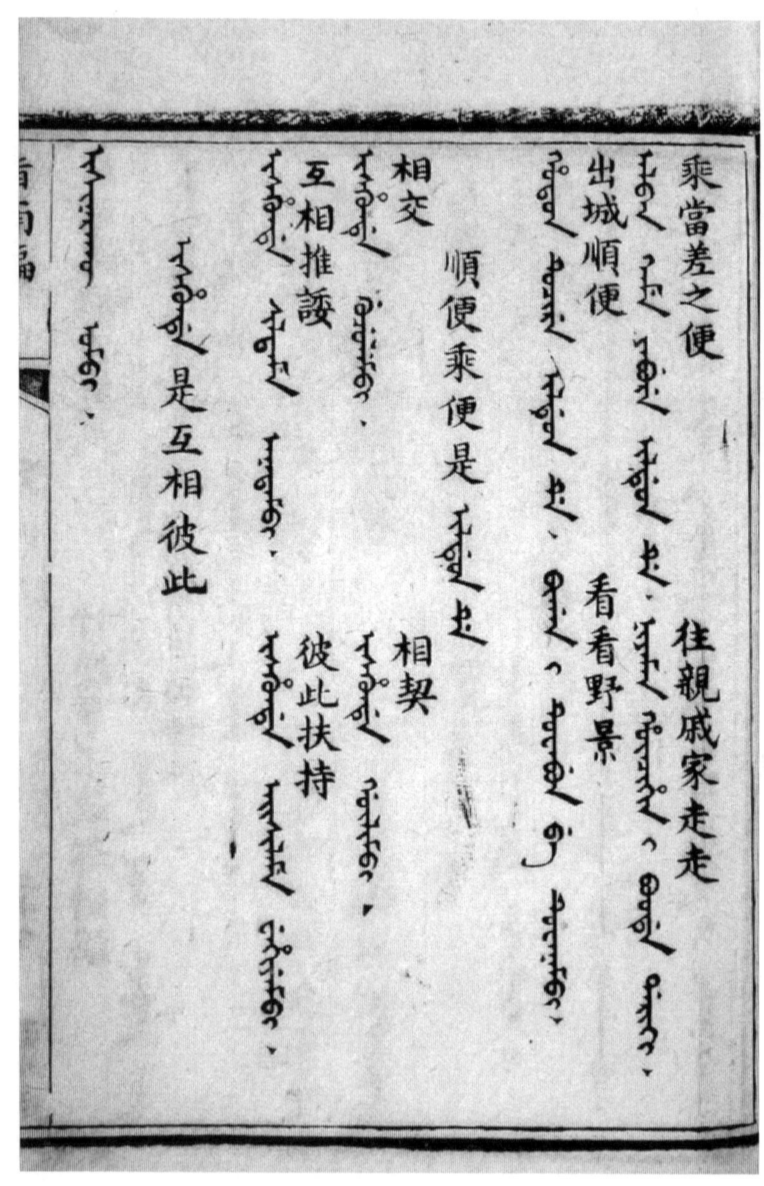

乘當差之便　往親戚家走走

出城順便　看看野景

順便乘便是

相交　相契

互相推諉　彼此扶持

是互相彼此

〔07-下-28B〕

即便就是

反到望我要準

本就無法

反訛別人

你錯了

反到 與

久而久之 自有效驗

工夫到了 自然成

自然本是

要之　聖人之道　不外乎誠

者　用也

總之　寂然不動者　體也　感而遂通

總之要之

不說不好話　便是好人

要走　就走罷　不然　少遲一會　就誤了

即如此言之　亦未嘗不可

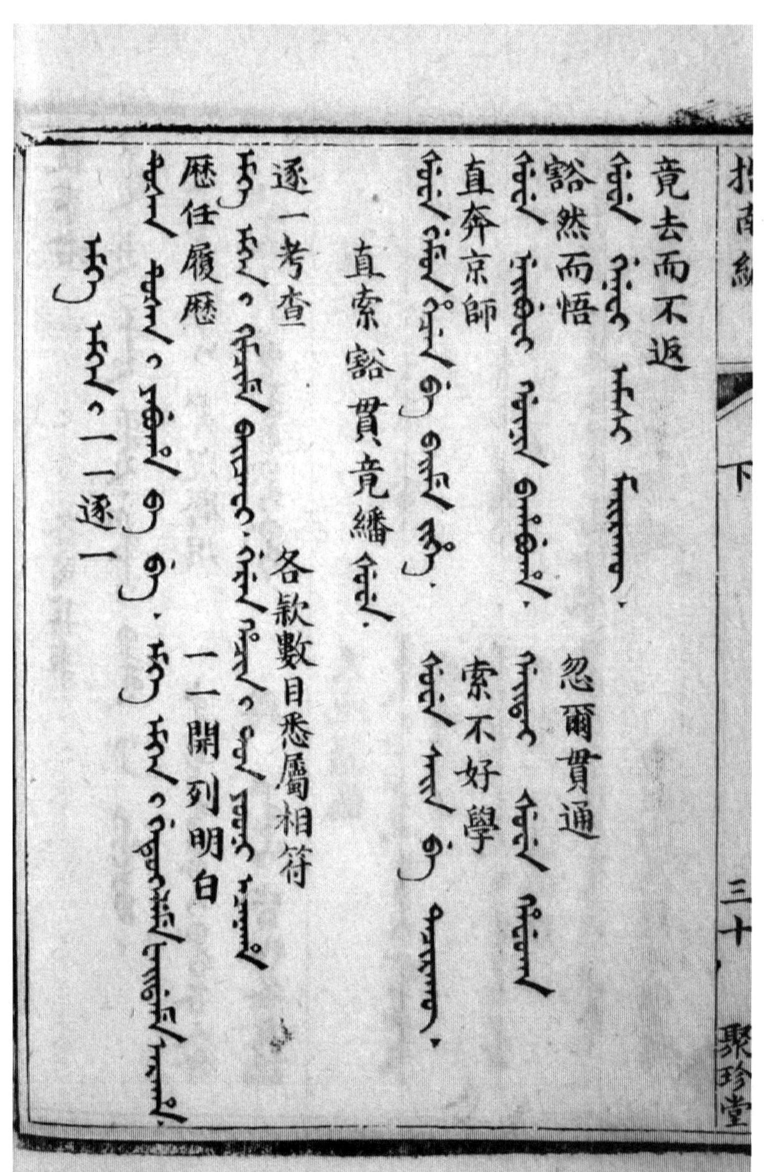

竟去而不返

豁然而悟 忽爾貫通

直奔京師 索不好學

直索豁貫竟繙

逐一考查 各款數目悉屬相符

歷任履歷 一一開列明白

一一逐一

執事者 各司其事

衆齊用 各人合

與 皆作各自説

邪並懸殊 天地懸隔

時勢逈別 逈異尋常

學的比他差遠了 往的比你遠的很

本講差很遠 逈別逈異懸殊懸隔

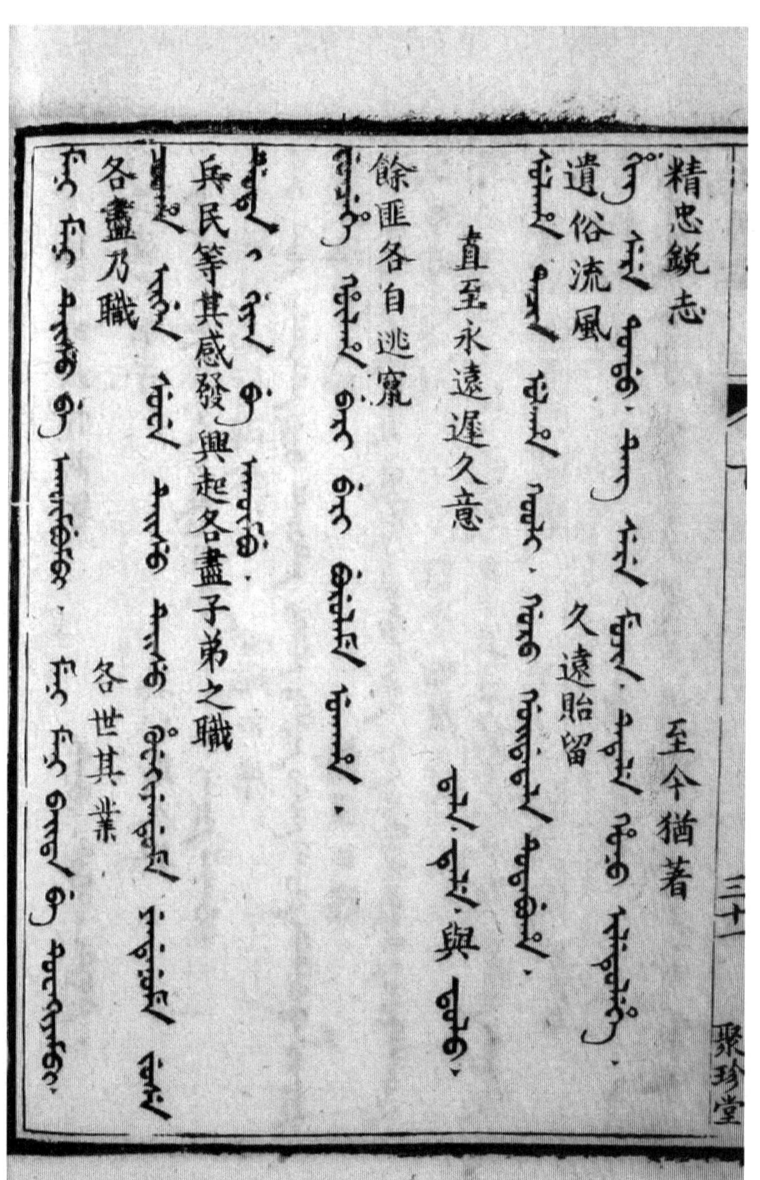

精忠銳志　至今猶著

遺俗流風　久遠貽留

直至永遠遲久意　與

餘匪各自逃竄

兵民等其感發興起各盡子弟之職

各盡乃職　各世其業

三十一

聚珍堂

已了可以作為字

而成德之君子 其非斯人與

將見品行醇全 心地仁厚

自然鄉黨日和 鄰里日睦

識能孝於父母 信乎朋友

整字必要改破字

奇勲偉烈 傳及數世

因為你可以不忘　纔交你教你記着

連　乃是因為可以説

以古人作則　別以今人為法

此人頗可交　其事正可以辦

道塾的已平了　病治的已好了

可以上接　其餘盤字方接得

那項可免　就請酌量辦理

此事若是可以不管　就不必著手

若是可以如何語

其為父子兄弟足法　而后民法之也

因他可為師　他等纔師之矣

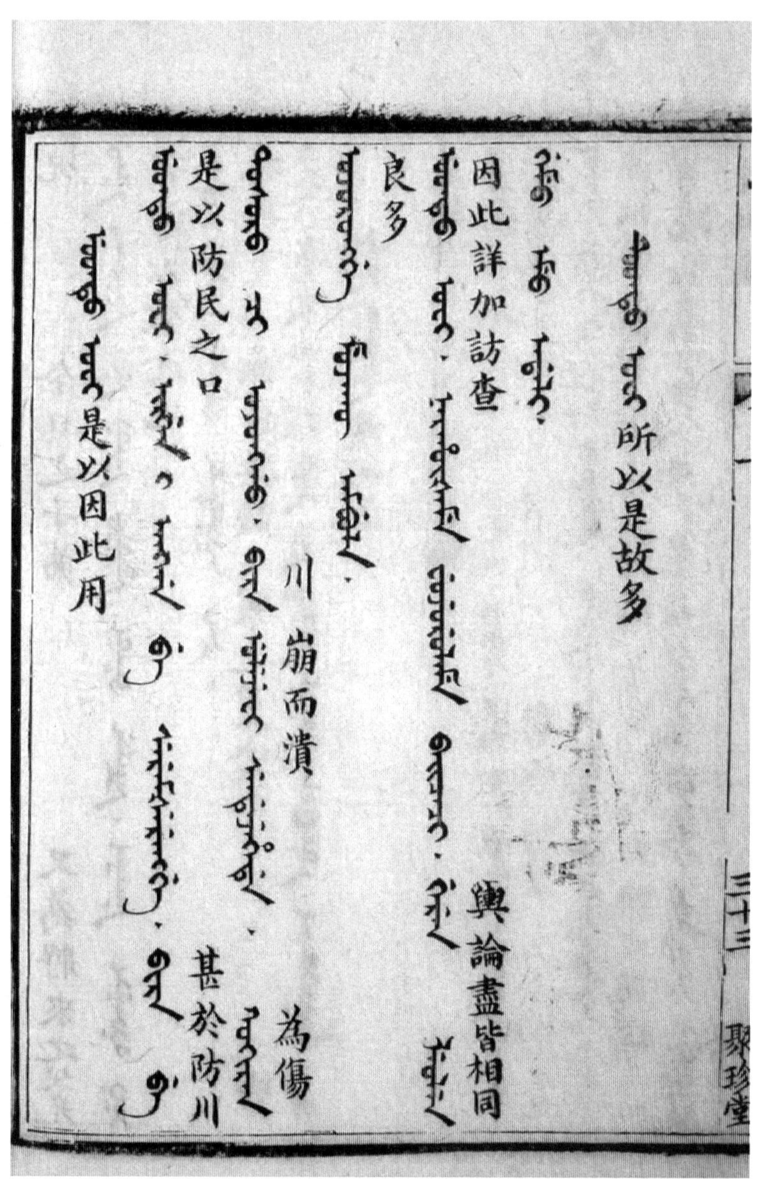
所以是故多
因此詳加訪查
與論盡皆相同
良多
川崩而潰
為傷
是以防民之口
甚於防川
是以因此用
三十三
聚珍堂

況 今日之子弟 又為將來之父兄

有道以致之也

況且 盛世無饑寒之累者 皆

是況且

是故君子無所不用其極

善為民者 宣之使言

所以善為川者 決之使道

指南編

緝捕有賞　疎縱有罰

而後可供不時之用

然必留有餘之財

即不可一日無財

生人不能一日無用

然而一轉

聚珍堂

今有人日攘其鄰之雞者

今夫麰麥 播種而耰之

今夫今有

然而最善者 莫如保甲

譏盜有禁 違限有條

指南編

或是富 或是貧 莫非命運

或是 或有

夫以天地之大 何所不容 宇

宙之遙 何所不有

若夫不能盡其性者 非至誠之道也

若夫 夫以

因為情由緣故多

不是

這箇理到底怎麼樣　或者說是　或者說

那箇人是怎麼了　或者一時明白　或者一時糊塗

或者與

緣氣質

或有善　或有惡

皆

大事之不得成者　見小利的緣故

少年不肯勤學　是何情由　不知書中滋味也

子弟品行不謹　乃平素不教訓的情由

因為捐輸　奏請獎勵

不好

不能陞官發財　是因為命運

三十六　聚珍堂

指南編

莫說是凡人 就是神仙 也沒有這麼大造化呀

任憑怎麼教 他索不學怎樣

眼看着就到了 何必祇是忙

走了這麼半天了 因何還沒到

因何 何必 怎樣 莫說

乃賢愚之性不同也

人之有聖有凡 是何緣故

〔07-下-36B〕

臨文用字自斟酌

由此由是與於是　於此以此以之多

我沒聽見人說　此事怎麼得知

若不涉獵世務　何得而知

並未告訴我　我焉得知道

焉得何得怎麼說

人君以之出治　人臣以之理民

何功不克

以此制敵　何敵不摧　以此圖功

使學者於此返求諸身而自得之

由是觀之　君子之所養可知矣

棄於孔子者也

由此觀之　君不行仁政而富之　皆

日臻於郅治之隆矣

由是以來風俗醇厚　政教休明

孟氏之傳焉

於是河南程氏兩夫子出　而有以接乎

久之　全體大用皆明矣

學者於此求其理之當然

又有 字 量其本文句如何

至極最甚狠過太多

究竟並非故意

歸着還是虧了他

畢竟未見成效

到底沒治過來

與

畢竟究竟到底歸着

於是始興發補不足

指南編

不甚不很如何句　下用　托

看之很易　分量最大

做之甚難　事務很繁

太勞心　多費力　很掛懷

甚可惡　太過愈

很可觀　過甚矣　太不堪

至要緊　極可愛　最無味　甚有理

並不理會 並不知道 竟捨了 竟扔子

並繙 是竟 漠然全然漫然說

只是搶辭 只管傳舌 儘只誇張

頻頻回顧 頻加歎美 屢屢窺伺 屢加詢訪

頻頻屢屢是 只是只管儘只多

不很忠厚 不甚聰明

不甚專心 不很得志

指南編

其餘出力各員 均着交部議叙

壽夭窮通 皆在乎命

功名富貴 俱從學問中得來

世間庶務 都作如是觀纔是

滿懷心腹事 盡在不言中

盡都俱皆均

全然不管 漢然無憂 漫然不關其慮

悉除夫似是之非

所有歷年案件 全行 清理

撫綏彈壓 調度悉合機宜

上下兩忙錢糧 全行豁免

全悉 與

指南編

刊刻謄黃 徧行曉諭

由中達外 普感仁慈

徧國中雅化覃敷

雨澤深透 普地一律沾濡

零星賊匪 槪行剿滅

一槪重懲 決不寬貸

一槪 普徧是 再有 與

四十一 聚珍堂

是除之外　上遇破字加

除他之外　還有出衆的沒有

除此之外　再沒有別的樣兒的了

除照例辦理外　相應聲明請

旨

除會衙題奏外　先行知照該處可也

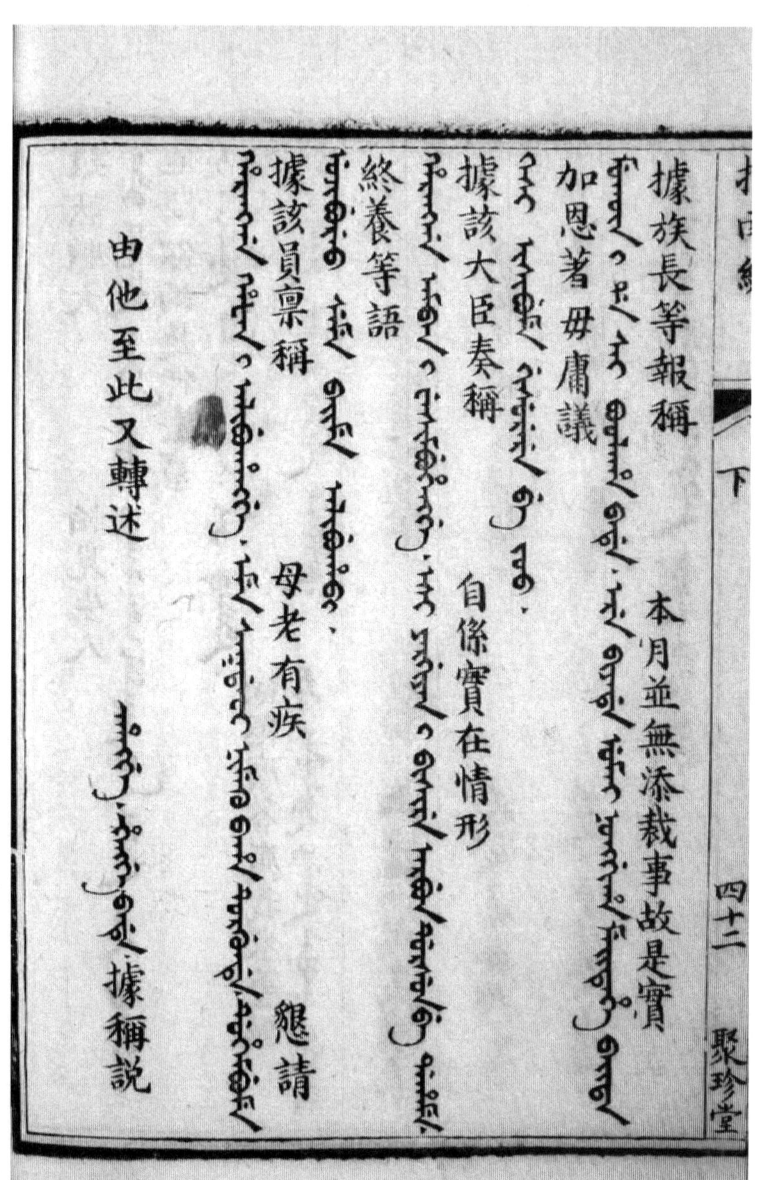

雖然膽大　怕見生人

他問你的是什麼事

我告訴你的話如何　你怎麼答應我來著呢

共字　上邊一定盡連

與

與

及其至也 察乎天地

仗著富貴 暴殄天物

君子依乎中庸 遯世不見知而不悔

依著勢力 招搖撞騙

畏乎天命者 其為君子乎

要立事業 別憚勞苦

共

與

這個不給我 還要給誰

他鄉遇故交 不亦樂乎

輔世長民

不患無位 患所以立

已所不欲 勿施於人

指南編

要繞到山後去打獵啊　過橋這邊來消遣消遣罷

跕在河那邊發楞作什麽

出門外去看看　水的浮面一點波浪沒有

樹下乘凉很好　在屋子裏怪悶的

請在炕上坐　桌案下首擺的是什麽擺設

除却　下　都接不得

又有　等　字下皆不可接

與

還有 共

水面飄流不定

心裏牢記不忘

馬上飛遞無悞

眼前報應無差

直至多年

奉行不怠

由始至終

大節不渝

自古及今

令聞不泯

多

代人籌畫訖 替我偏勞了

任意妄為 由他去罷

望天上直看 對著我胡說

同衆言明 我們大家約定

與物浮沉 全他共往

遇此等字如何串 上用 是準則

奉旨查辦 所因何事

心神不定 因有嗜好之由

是事愛忘 是記性不好的緣由

賞加二品銜 飛潛動植之物

照樣作罷 著依議

隨風蕩漾 順手所指

上接 … 與 … 等也使得

履仁由義 則福日增

等 順著口氣往下說

技藝精熟 乃是勤習之故

不愛念書 乃心裏懶惰的緣由

旨事

專摺奏聞 為瀝情請

已然推效無

習文 演武 功成 名立

本是有力字

悖德辜恩 而不小人者未之有也

好善惡惡 而不君子者鮮矣

幸災樂禍 則德日損

指南編

之下忌 托

又其要焉者也

而格物致知

修身齊家 以正心誠意為本

之下無

日就月將 學有緝熙於光明

如何　未必　　總作怎麽焉豈何

總之調停得宜　　便無過失矣

總而善籌畫者　　大抵悉皆成功

總而言之凡勤學之士　　後來皆成了

總而神情　　後文末用

衣服得了再穿　　飯食得了再喫

果然誠爲是　往往句下末尾托

豈可忽也　何事於仁

未必不然　焉能不喜

焉望成乎

君子焉可誣也　豈能脱然事外哉

如何辦　怎麽治

近時句尾加字　老語即可托

之缺　可否派員署理之處恭候

該處員缺　已揀員補授矣　再所遺

復又二字　繙　繼而旋續是

字本講再暨及次　又作至於至若說

一事方完又一事　與

誠為梓材　誠為至寶

果然不差　果然不虛

指南編

垂拜稽首 讓于受浙暨偷與

續由部議敘 得授令職

查該員曾以四品京堂候補

加三級 改為紀錄六次

現有加二級 又有隨帶加一級 共

欽定

兄　　尊曰家長

至若父有冢子　稱曰家督　弟有伯

以為與爾等無與

至於爾兵民　不知學校為重

是年交部核議　次年舉行可也

斯禮也　達乎諸侯大夫及士庶人

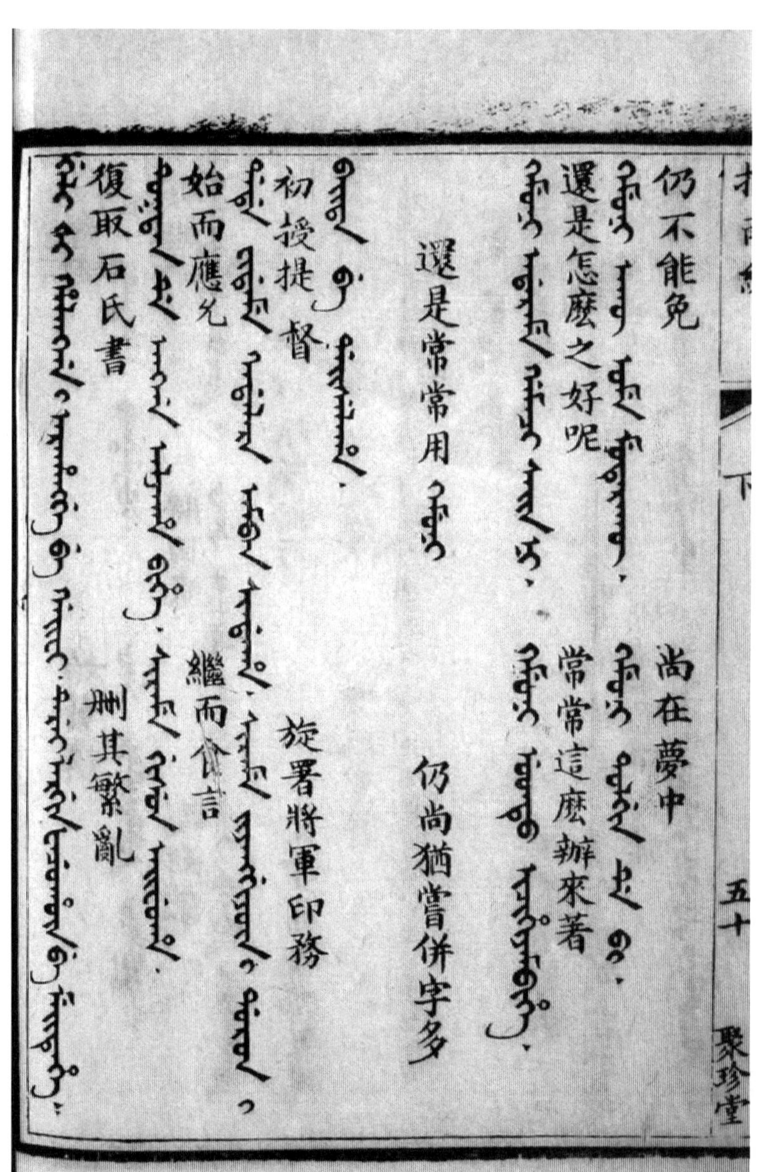

仍不能免　尚在夢中

還是怎麼之好呢　常常這麼辦來著

還是常常用　仍尚猶嘗併字多

初授提督　旋署將軍印務

始而應允　繼而食言

復取石氏書　刪其繁亂

指南編　下　五十　聚珍堂

纔會走　始發憤

方得信　將回來　剛到家

方將剛纔始乃　又作然後而後説

嘗思　道學之源　傳於至聖

賞給五品頂戴　並賞換花翎

猶未徹悟　嘗作秉燭遊

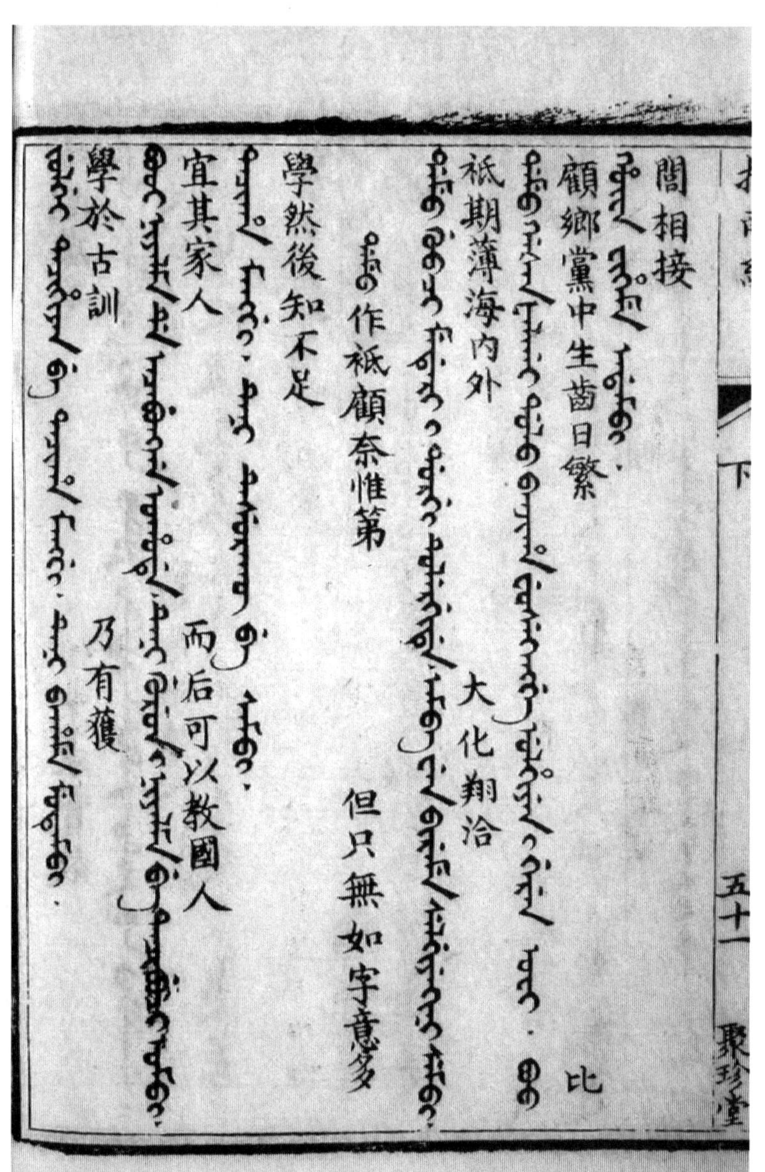

下　五十一　聚珍堂

閭相接　比

顧鄉黨中生齒日繁

祗期薄海內外　大化翔洽

作祗顧柰惟第　但只無如字意多

學然後知不足

宜其家人　而后可以教國人

學於古訓　乃有獲

只邀虛名 不求實效

但是登途者 都是福薄人

第恐遵行日久 視為具文

惟大人 惟能格君心之非

奈世人迷而不悟 良可悲夫

〔07-下-51B〕

學問之道 無他 求其放心而已矣

夫子之道忠恕而已矣

不過如此而已 還要怎麽辦呢

無非了事而已 何必求全

上連字 上接

作而已用 而已矣說

無如日久生厭 半途而廢

學

字之上接整字　無論單連都使得

於是杜撰數語　以示初

過文豈可無具

余於指南編竟　因思虛字既已有詞

今將清文之法則　集成數語利初學

指南編

所有長音各[滿文]字　亦如整字用法活
還有[滿文]、[滿文]、[滿文]字外　整破不拘皆連得
[滿文]字上除[滿文]共[滿文]　[滿文]、[滿文]、共[滿文]、
[滿文]、[滿文]、[滿文]、[滿文]等字外　其餘整破都接得
更有破字[滿文][滿文][滿文]　[滿文][滿文][滿文][滿文]字多
[滿文]、[滿文]、[滿文]字讀上　除去[滿文][滿文]與[滿文][滿文]
[滿文]接整字[滿文]等[滿文]　[滿文][滿文]與[滿文][滿文]、

五十三　聚珍堂

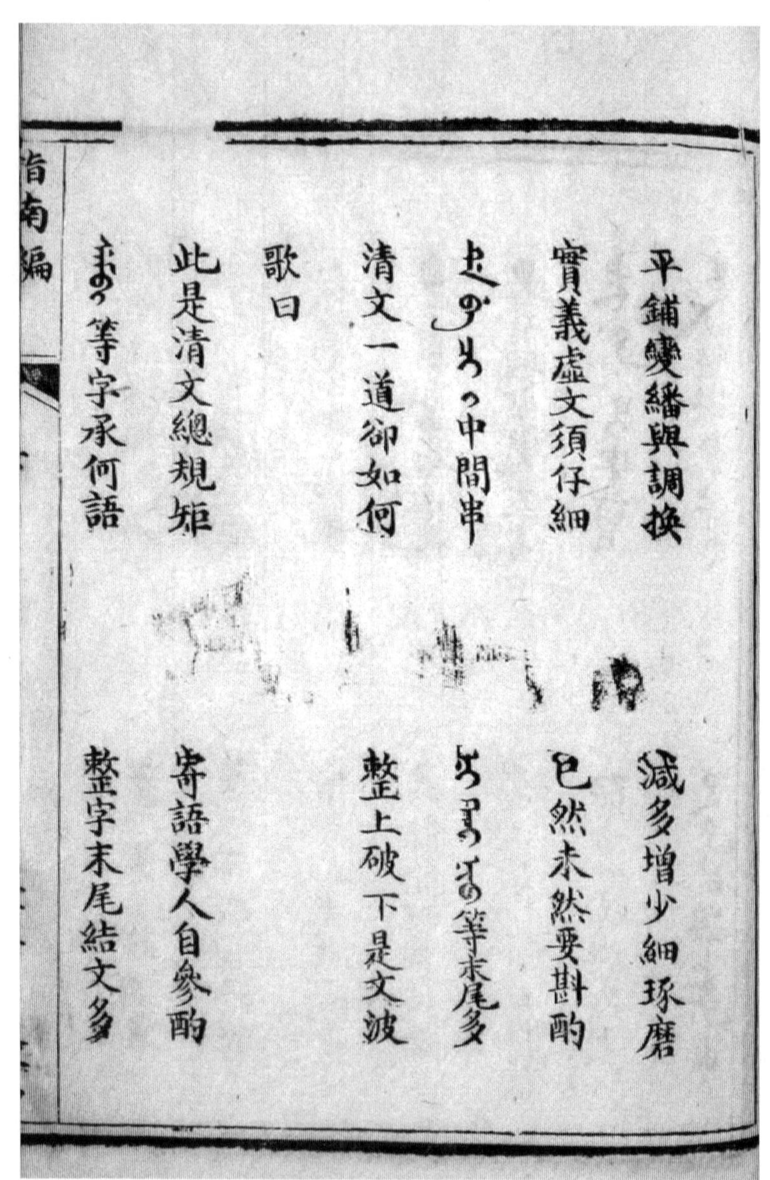

指南編

平鋪變繙與調換　減多增少細琢磨

實義虛文須仔細　已然未然要斟酌

[Manchu] 中間串　[Manchu] [Manchu] 等末尾多

清文一道卻如何　整上破下是文波

歌曰

此是清文總規矩　寄語學人自參酌

[Manchu] 等字承何語　整字末尾結文多

〔07-下-53B〕

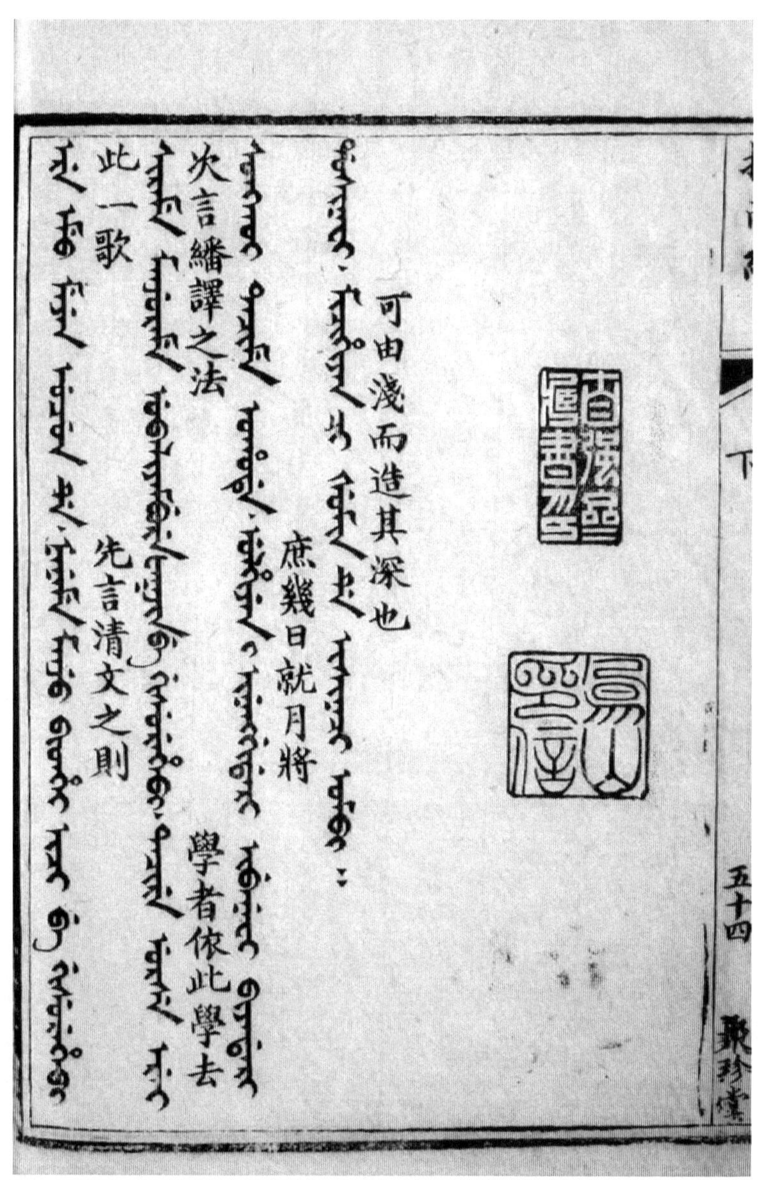
下

可由淺而造其深也

庶幾日就月將

次言繙譯之法

學者依此學去

此一歌

先言清文之則

五十四

聚珍堂

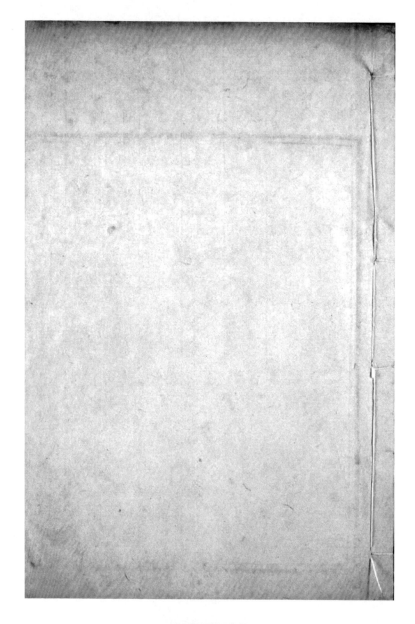

〔07-下-뒤표지A〕

8

자법거일가(字法擧一歌)

자법거일가(字法擧一歌) 해제

『자법거일가(字法擧一歌, dz fa gioi i i bithe)』는 서융태(徐隆泰)에 의해 광서 11년(1885)에 1권 1책으로 편찬된 책으로, 그의 문인 요정(耀庭)이 교정하고, 장패선(長佩先)이 간행한 것이다. 청나라 때 간행한 만주어 문법서로는 가장 마지막에 간행된 책이라는 점에서 기존 문법서들의 장점을 응용한 모습을 보여준다. 본문의 앞에는 『청문허자지남편(淸文虛字指南編)』과 마찬가지로 목록을 제시하고 있는데 목록은 표제어를 중심으로 한 것이 아니라 장차를 중심으로 한 것으로서 첫 장의 'de'(1장)에서부터 마지막 장의 '체례(體例)'에 이르기까지 매 장차마다 설명하고 있는 표제어들을 제시하고 있다. 이에 따라 본문에서 그 설명이 2장 이상 계속될 경우 목록에서는 동일한 표제어가 중복되어 나타나기도 한다. 또한 각 장의 판심에 설명하고 있는 표제어를 제시해 놓음으로써 독자가 이를 찾기 쉽게 하고 있다.

『자법거일가』의 본문은 총 77장으로 1면에 6행으로 구성되어 있으나 자세한 설명이 필요할 때는 소자쌍행(小字雙行)으로 제시하고 있다. 예문을 제시할 때에는 『청문허자지남편』과 마찬가지로 만문을 왼편에 제시하고 한문을 오른편에 제시하고 있는데, 표제어에 해당하는 만문의 왼편에 그 문법적인 의미를 한문으로 표시하고 있는 점은 『청문계몽(淸文啓蒙)』 '청문조어허자(淸文助語虛字)'의 방식을 계승한 것으로 보인다. 또한 『자법거일가』에서는 단순히 문법형태소만을 표제어로 제시하는 차원에서 더 나아가 파생접미사의 기능을 지니는 것들을 '삽요자(揷要字)'로 묶어서 제시하기도 하고, 만문과 한문의 번역 관계를 '繙法○○' 등의 표제어로 설정하기도 하는 등 표제어의 분류 방식이 『청문허자지남편』보다 한층 더 발전하였다. 표제어에 대한 문법 설명은 1자씩 올려 써서 예문과 구별하고 있는데, 5자 내지 7자의 한시체를 모방하여 제시한 점과, 예문 전체를 한역한 점은 『청문허자지남편』과 동일하다.

〔08-표지〕

1885

沃田先生之門　先生賦性孤介不
荒廢乃棄漢學滿受業於　金州徐
大人捐館從此家務多艱以致前業
於山右隨任時即攻習之旋因　家
八股者榮家世守之業也榮將舞勺

聖諭廣訓入手以其大法二書具備故予
不從四書
門時即以此歌授之曰學繙譯者無
用字之法窗下課讀多所成就榮入
譯入門不易嘗著舉一歌一書發明
合時宜甘屈下吏老隱書田每以繙

發揮指趣於八股者深得舉一歌字

先生不可後縈復理舊業覺腕下胸中

如此苦心久湮窗下故敢請付剞劂

内矣縈玩索既久深信良然竊惜其

譯之堂可登口頭問答話條亦括其

註此歌專以二書為證誠能熟此繙

祐先生之次子季蔭汀中分司筆
慶體元泰萃二子錫子如祉錫贊廷
行先生不獲已以原槁相付且有
佩先蔭讀彼亦與予同志乃力請梓
滿而且有益於漢後以此書授諸承
法之力也則此歌之作不第有益於

〔08-序02B〕

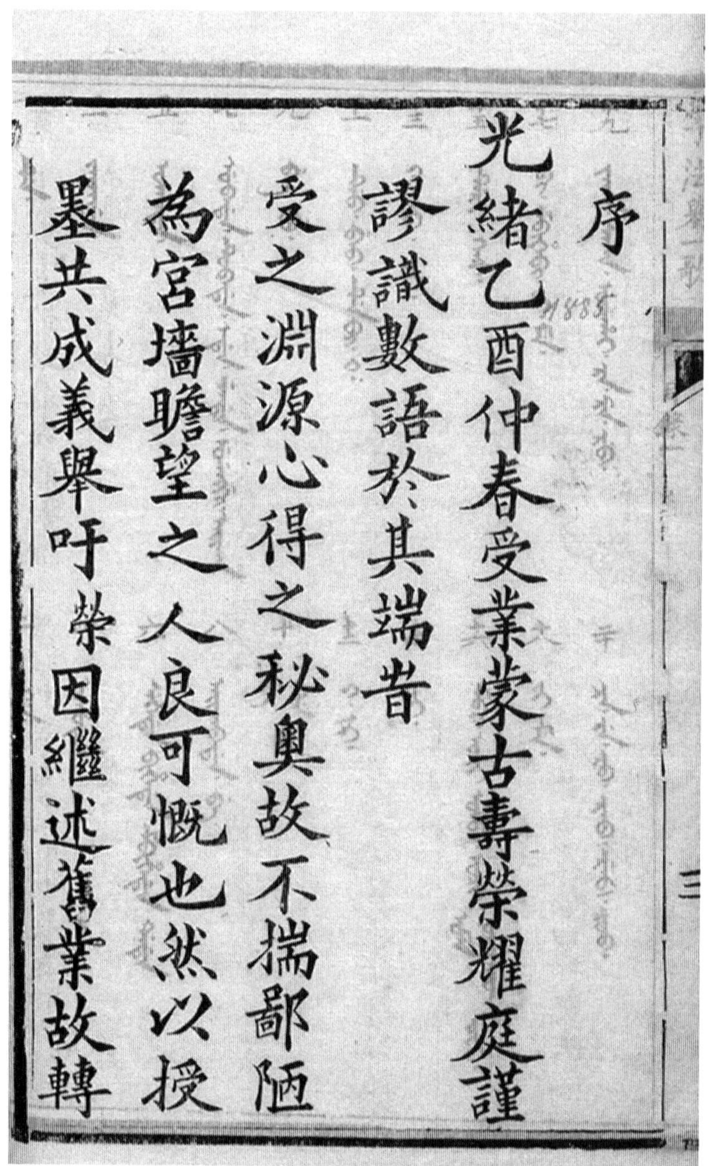

序

光緒乙酉仲春受業蒙古壽榮耀庭謹

謬識數語於其端昔

受之淵源心得之秘奧故不揣鄙陋

為宮墻瞻望之人良可慨也然以授

墨共成義舉吁榮因繼述舊業故轉

〔08-序03A〕

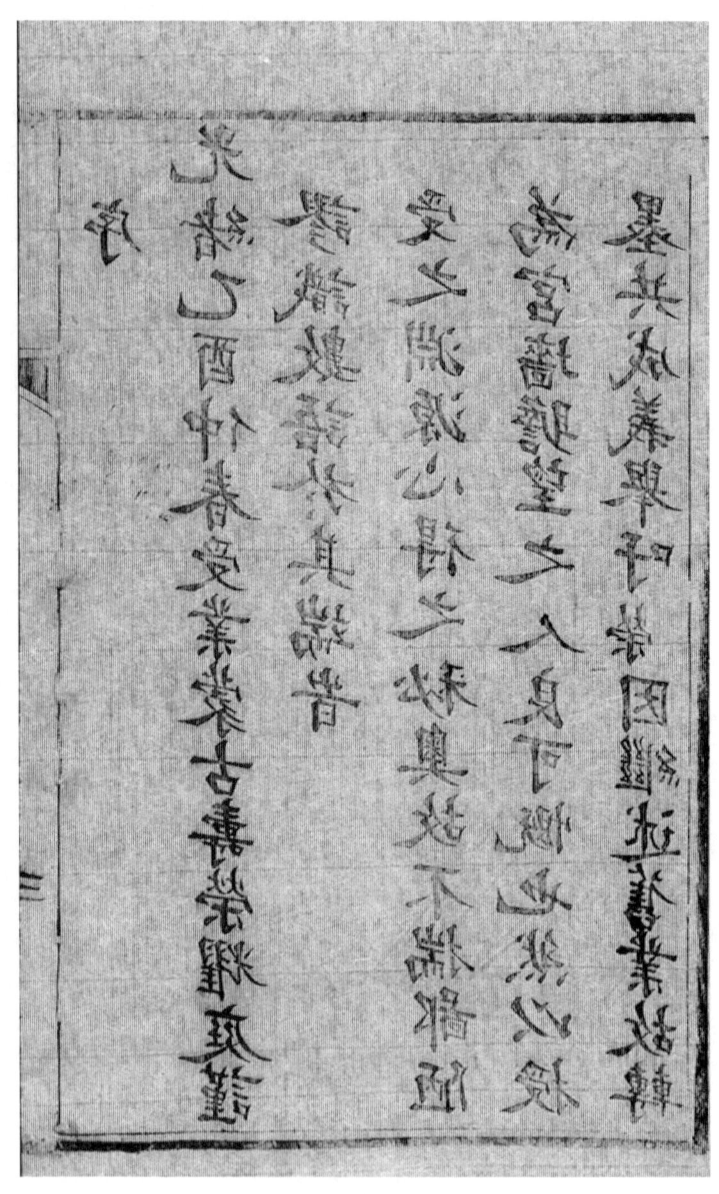

畢其成義舉于帝國繼述纂輯以轉
爲宣播聖之人見可慨也洪以授
受之淵源心得之秘奥故不揣鄙陋
爰識數語於其端首
光緒乙酉仲春受業蒙古壽榮鳳庭謹
序

〔08-序03B〕

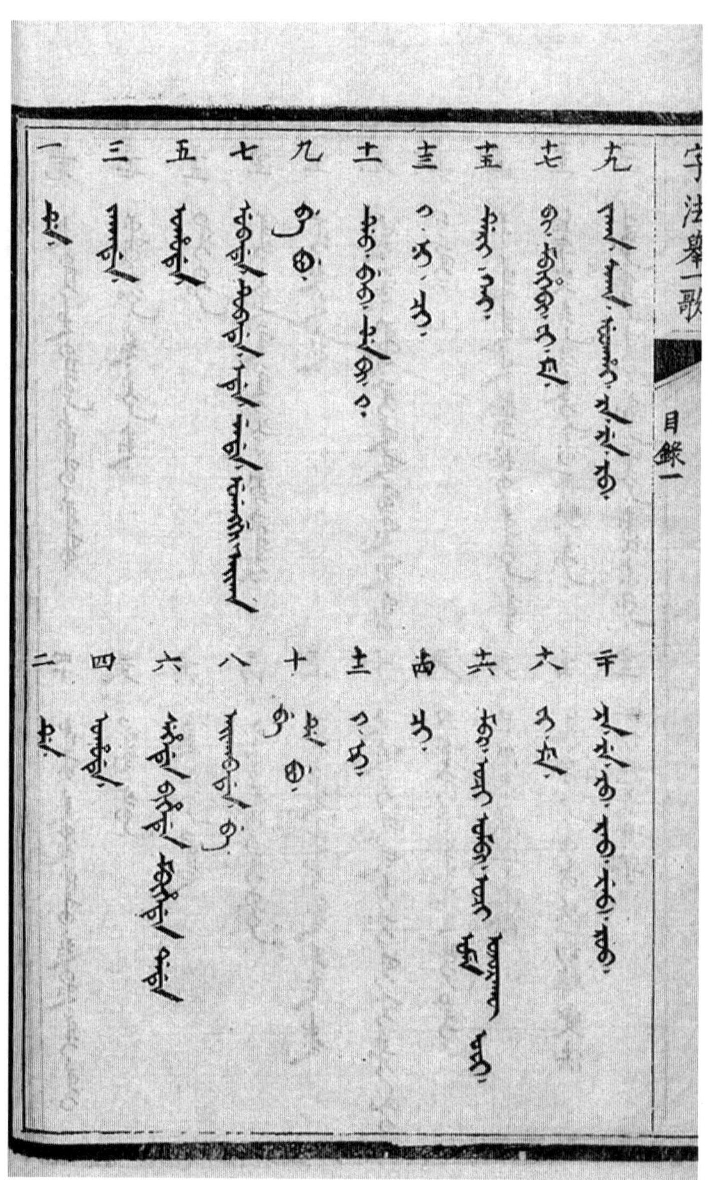

〔08-目錄01A〕

三九 [illegible]
四十 [illegible]
三七 [illegible]
三八 [illegible]
三五 [illegible]
三六 [illegible]
三三 [illegible]
三四 [illegible]
三一 [illegible]
三二 [illegible]
二九 [illegible]
三十 [illegible]
二七 [illegible]
二八 [illegible]
二五 [illegible] 整字接 [illegible]
二六 已然未然字互證
二三 整字變 [illegible] 及 [illegible] 再變 [illegible]
二四 [illegible] 及一切轉變法
二一 [illegible]
二二 一切應長音字

〔08-目錄01B〕

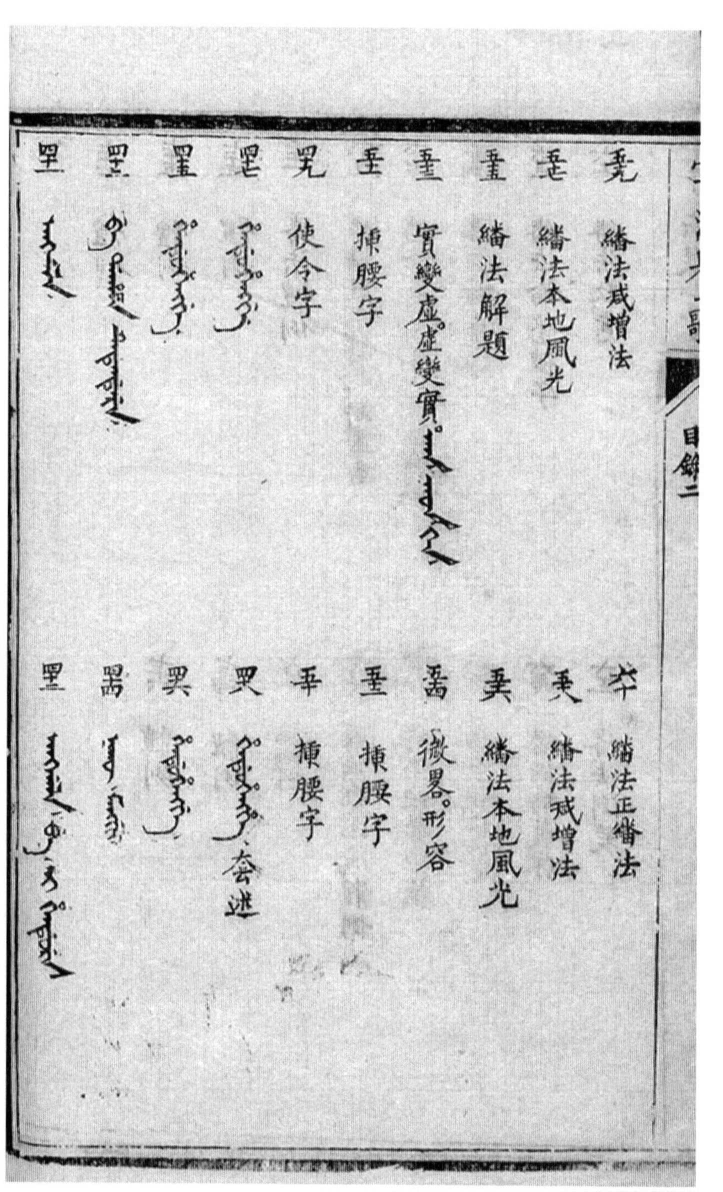

〔08-目錄02A〕

壵 體例

夫 體例

圭 體例

畗 體例

圭 體例

圭 體例

圭 繙法體例

卋 繙法斷連法。體例

夯 繙法起承轉合。斷連法

夵 繙法理弊功效

变 繙法名山高阜。起承轉合

实 繙法論間架

奎 繙法論氣脉

畗 繙法論氣脉

奎 繙法論整破字

垄 繙法倒裝

坴 繙法取意

字法舉一歌　[Manchu]字　一

[Manchu]與[Manchu]

矣　了然

入。功多力省便初學。旬月可熟且讀且解不經年則歌約三千有奇之字叶韻順口

清文字法舉一歌。觸類旁通可悟百。繙譯雖深由此

金州隆泰沃田徐氏著
長白承蔭佩先較刊
愛業蒙古壽榮耀庭較正

清文字法舉一歌

〔08-01A〕

于學 ○人少則慕父母 ○行有餘力

邑無游民 ○吾十有五而志

○立不中門 ○井有仁焉 ○野無曠土

往。日字虛神亦是他。天無二日 民無二王

義深長用處多。上下內外時候則。給與在于間處

二十箇字要明白。○領會為初學入手工夫此二十字用法神情大宜

〔08-01B〕

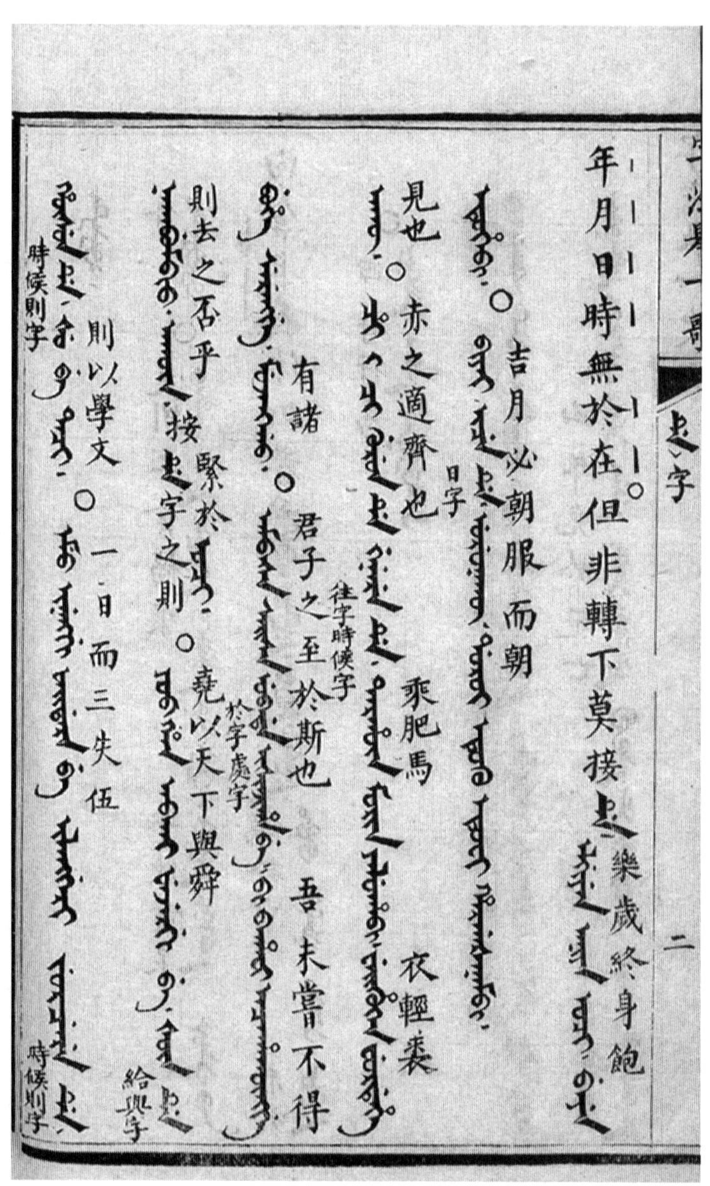
字
二
年月日時無於在但非轉下莫接
樂歲終身飽
吉月必朝服而朝
見也
赤之適齊也
日字
乘肥馬
衣輕裘
有諸
君子之至於斯也
往字時候字
吾未嘗不得
則去之否乎
緊於
接
字之則
堯以天下與舜
於字處字
給與字
則以學文
一日而三失伍
時候則字
時候則字

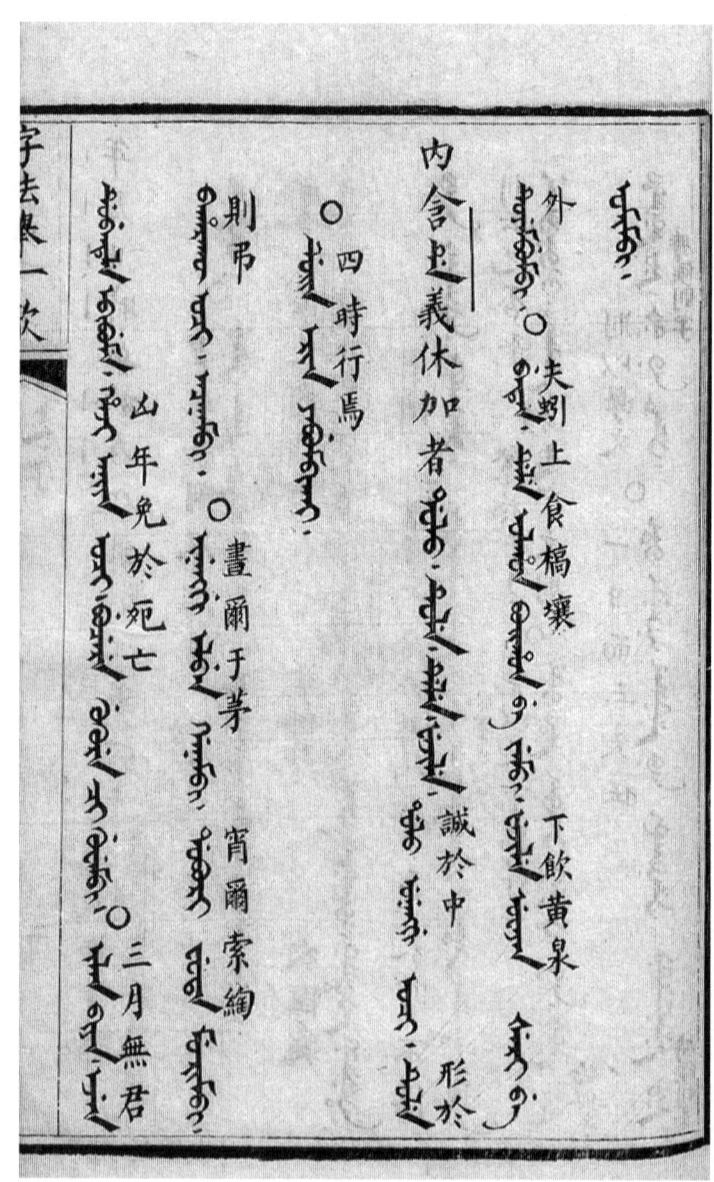

[08-02B]

然尾須加 吾老矣不能用也

因為時候 未然轉入已然說。故用 字照。

而已矣 。身中清 廢中權

。好學近乎知 。至於他邦 。忠恕

可不著。有不可過拘者不止〃 數字已也 按常法接托照應之字不勝枚擧如遇變繙

如遇 字上必加 字。餘者宜著

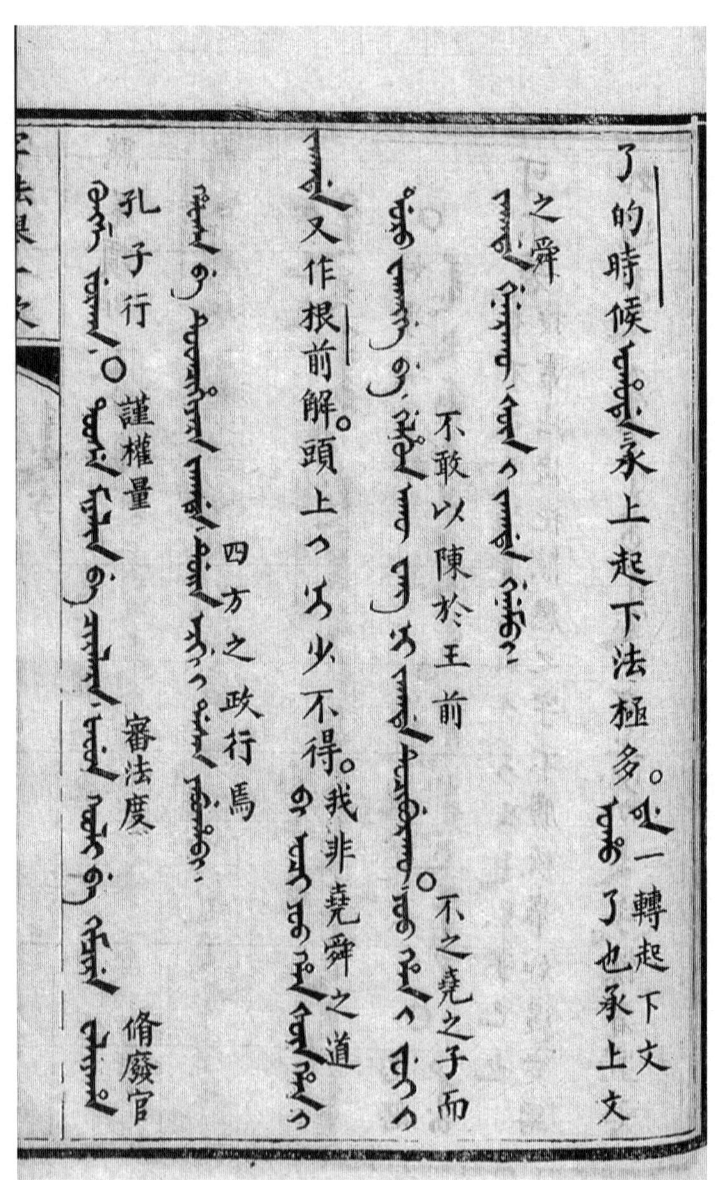

〔08-03B〕

字法擧一歌　四

字

以刑　民免而無恥　道之

加　用功效自至。未然順轉已然說　道之以政　齊之

可使足民

如五六十　求也為之　比及三年

子將奚先　方六七十

加　述前期後效。已然逆轉未然說。衛君待子而為政

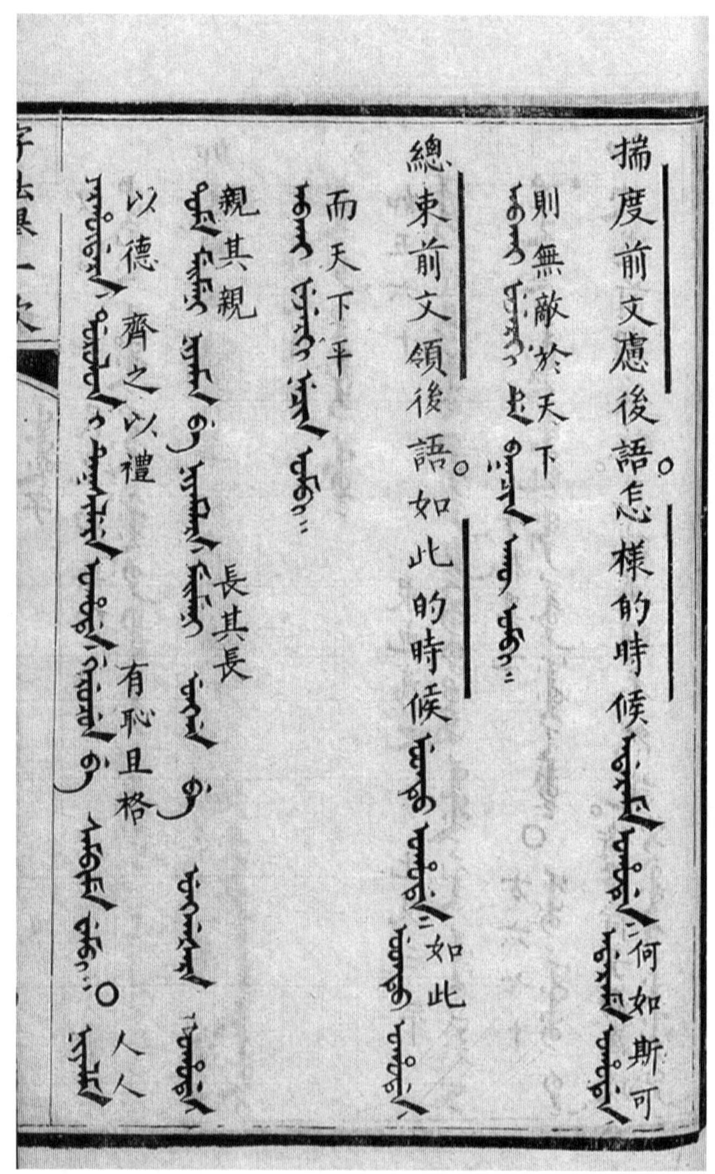

揣度前文慮後語。怎樣的時候

何如 斯可

則無敵於天下

總束前文領後語。如此的時候

如此

而天下平

親其親

長其長

以德齊之以禮

有恥且格

人人

〔08-04B〕

字法擧一歌 字 五

至於子都 天下莫不知其姣也 不

是天下之耳相似也 惟目亦然

至於聲 天下期於師曠

是天下之口相似也 惟耳亦然

或加整字

至於味 天下期於易牙

謂之達矣

說過時候

昔者有王命 有采薪之憂

為帝 無非取於人者

或作為了單寫著 自耕稼陶漁 以至

仁人之於弟也 不藏怒焉 不宿怨焉

無失其時 七十者可以食肉矣

知子都之姣者 無目者也 雞豚狗彘之畜

字

上功下效 纔此便彼快如梭。欲有謀焉 則就

設言儻有亦繙得。有一 於此 里開靡寧

有的時候 有妻子 則慕妻子

百苦備嘗

又恐其中有變說 試思一蹈法網

不能造朝

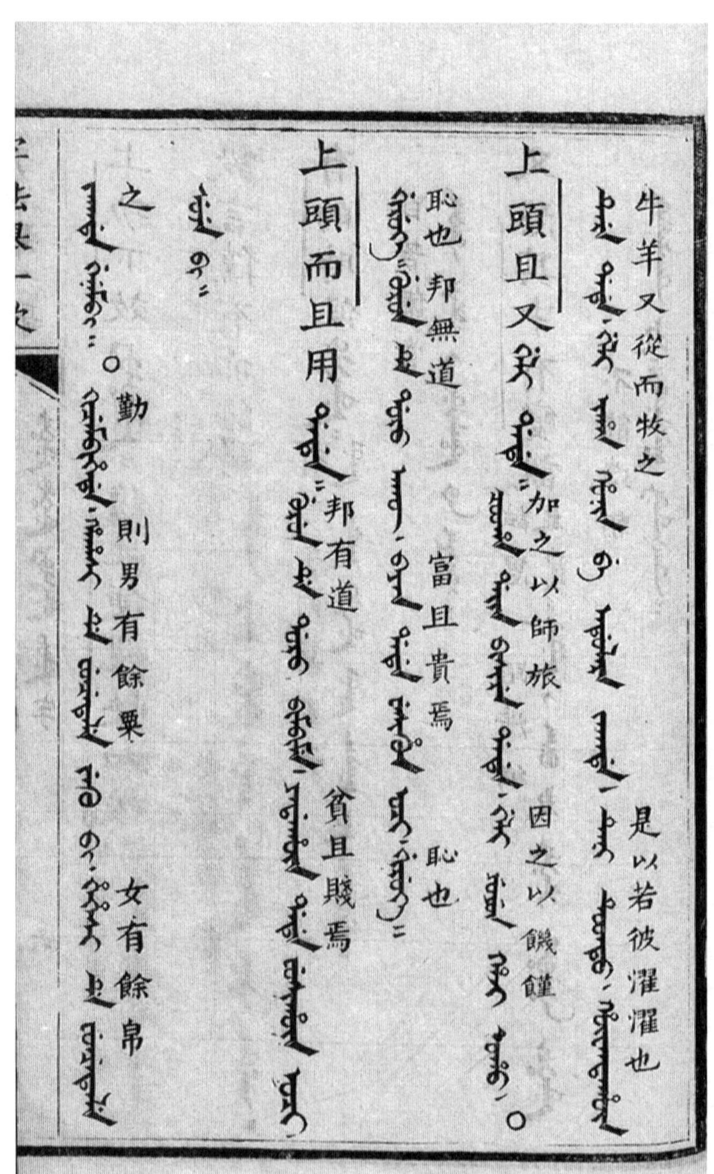

牛羊又從而牧之
是以若彼濯濯也
上頭且又
加之以師旅
因之以饑饉
恥也
邦無道
富且貴焉
恥也
上頭而且用
邦有道
貧且賤焉
之
勤
則男有餘粟
女有餘帛

〔08-06B〕

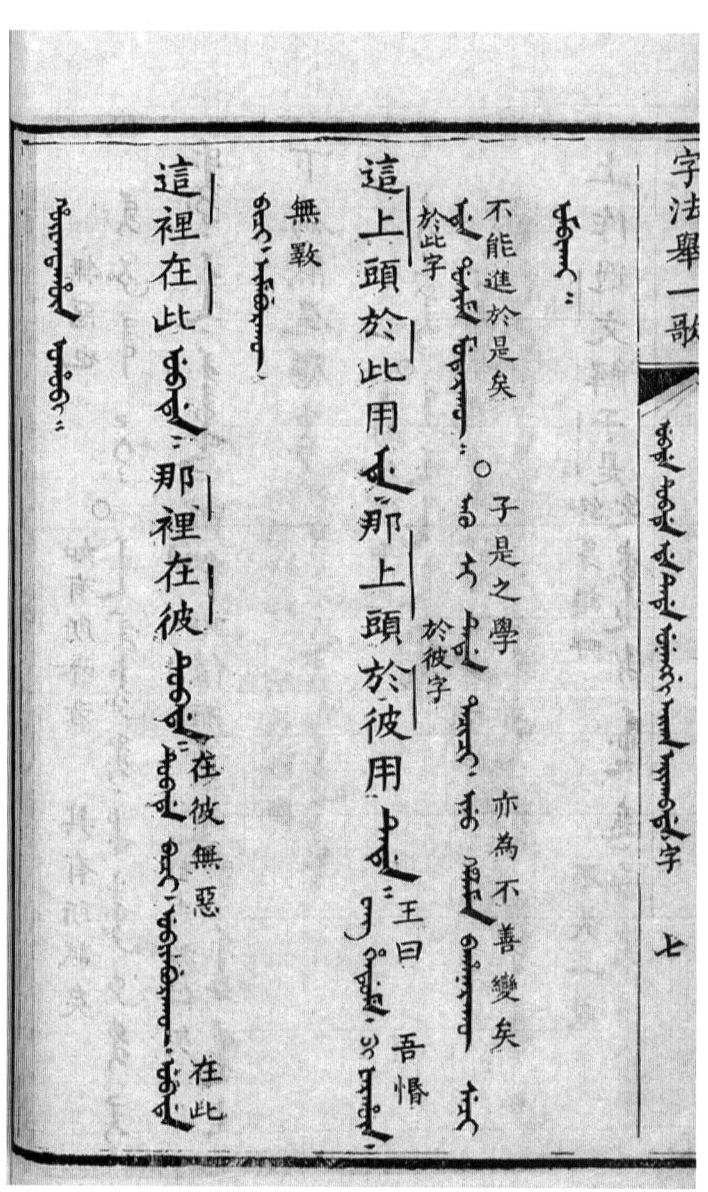

字法舉一歌　七

不能進於是矣

於此字

子是之學　亦為不善變矣

這上頭於此用

那上頭於彼用

於彼字

王曰　吾惽

無斁

這裡在此

那裡在彼

在彼無惡

在此

無惡也

如有所譽者

其有所試矣

誠然如儻應

苟志於仁矣

下為煞尾應

所敬在此

所長在彼

王勃然變乎色

可知禮讓之有得而無失也如此

上作過文解于是

終身讓畔

不失一段

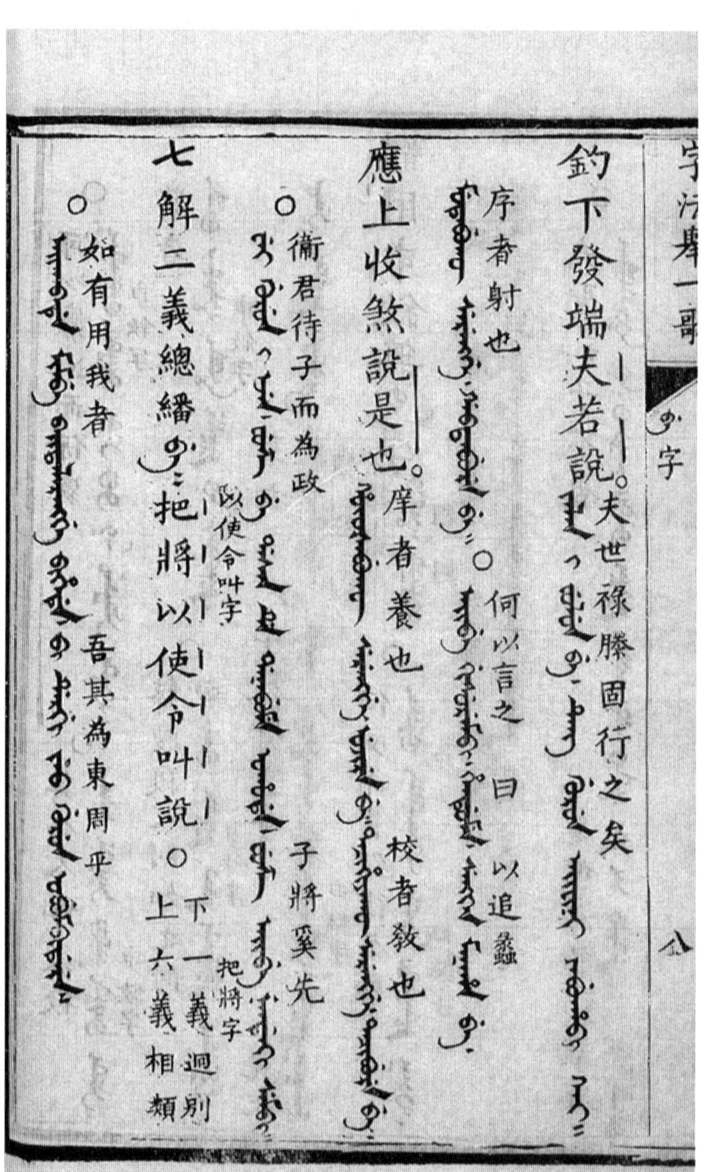
字法擧一歌
字
釣下發端夫若說。夫世祿滕固行之矣
序者射也
何以言之
曰
以追蠡
應上收煞說是也。庠者養也
校者教也
衞君待子而為政
子將奚先
七解二義總繙把將以使令叫說。上下一六義相迴類別
以使令叫字
把將字
如有用我者
吾其為東周乎

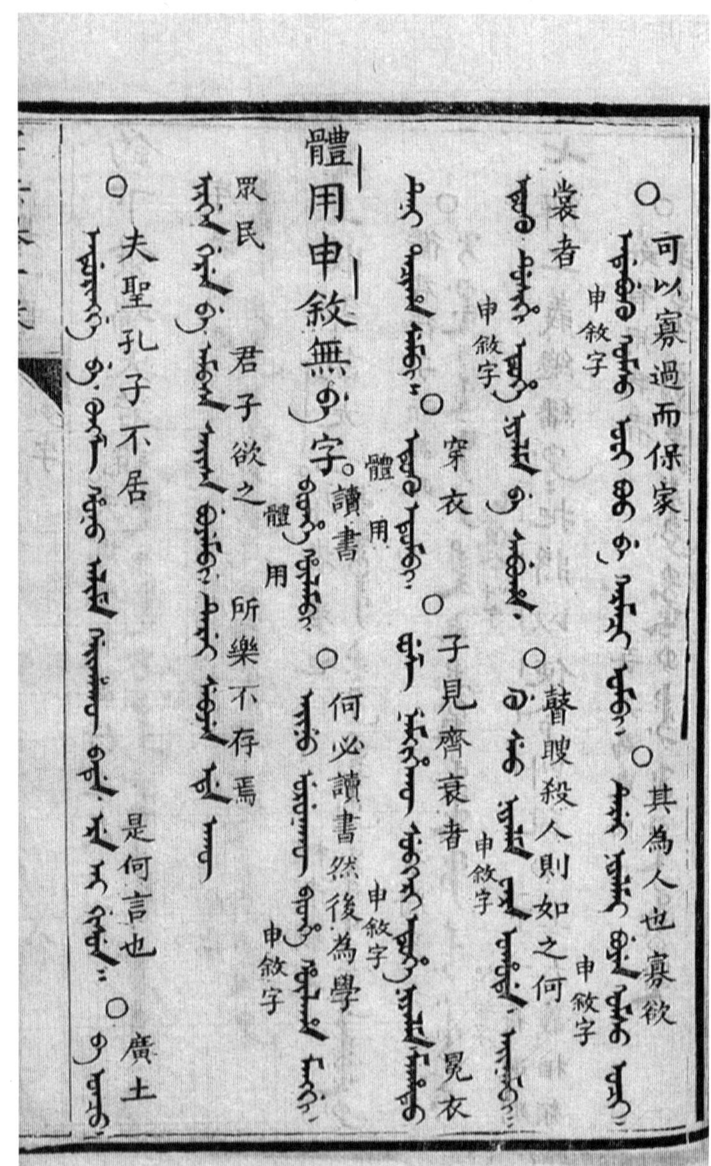

字法舉一歌　九

字使人給與說 ○ 與之釜 ○ 與之庾

○ 養心莫善於寡欲

○ 欲寡其過而未能也

○ 必朝服而朝

○ 不嗜殺人者能一之

作用有力句加

讀其書

○ 子服堯之服

雖有不存焉者寡矣

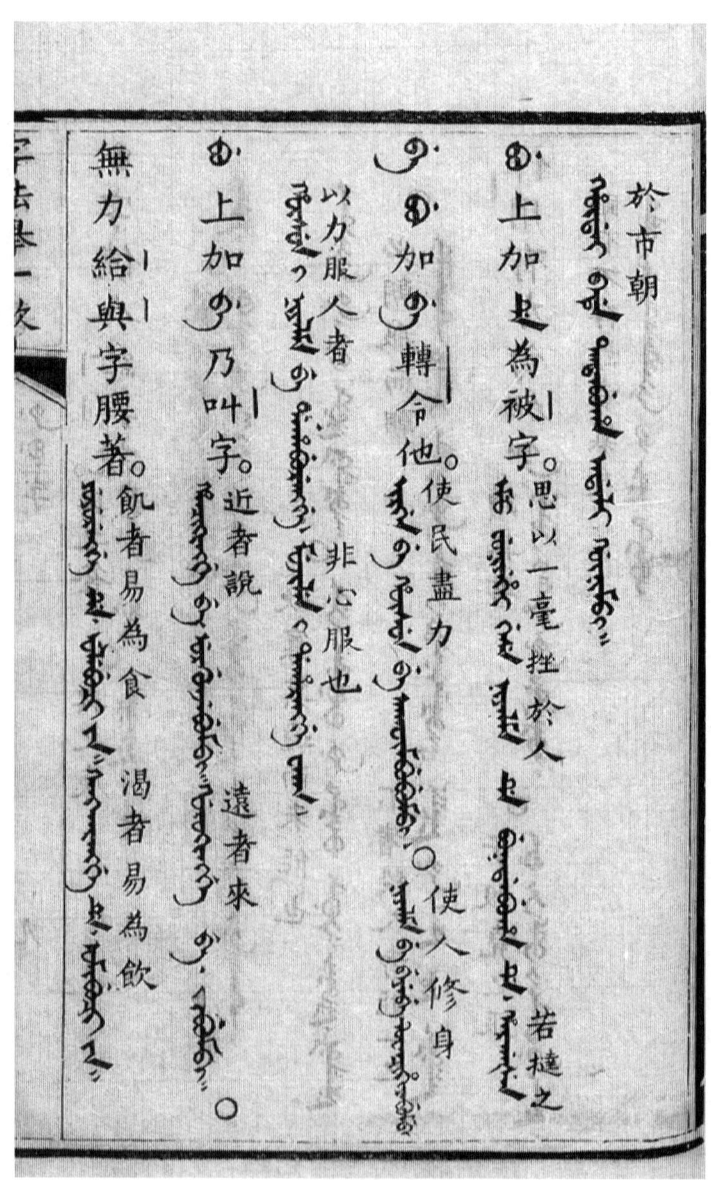

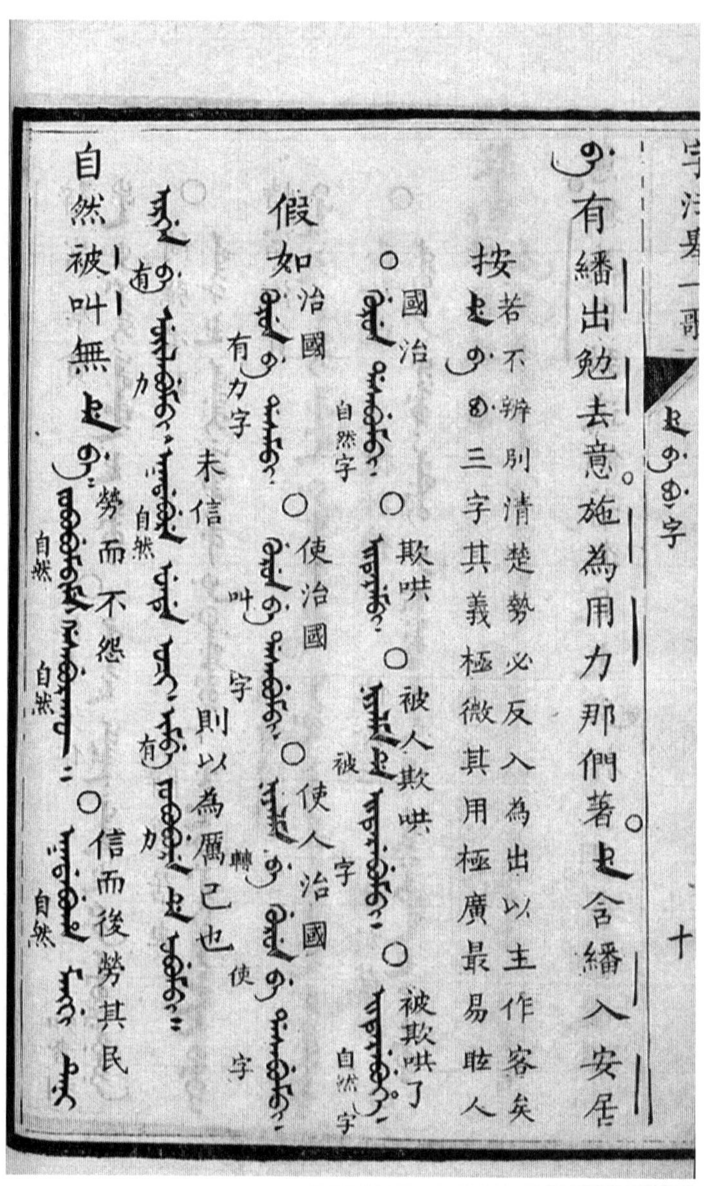

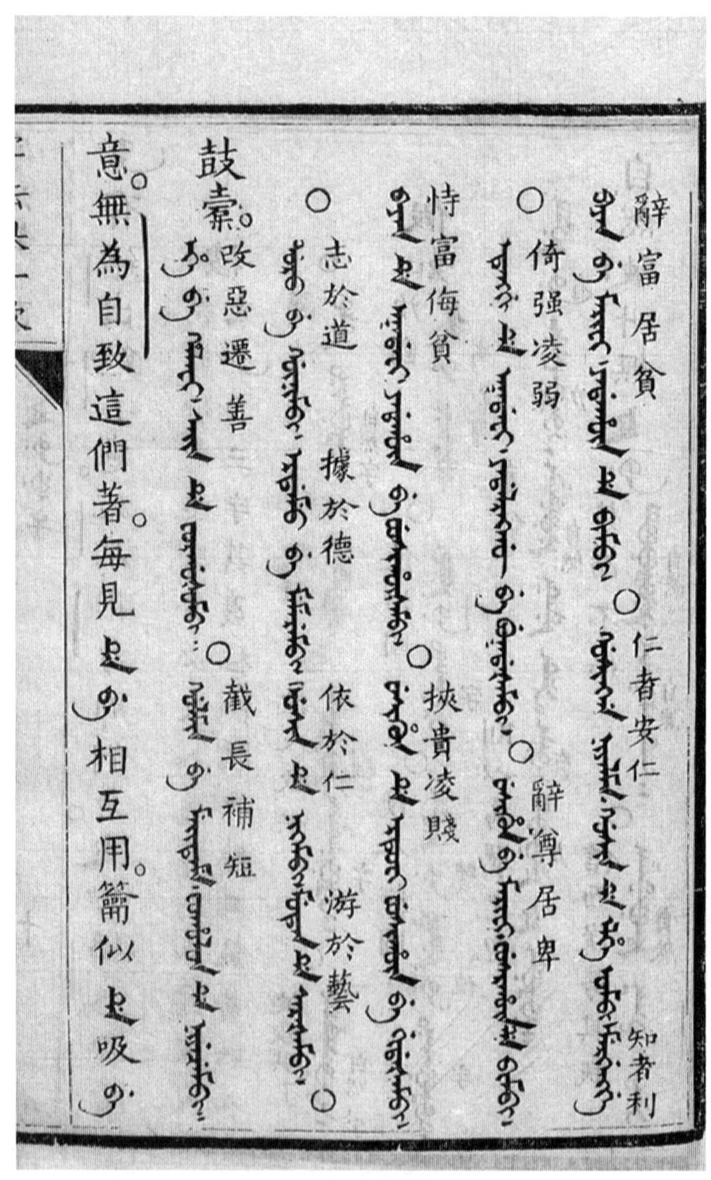

字法擧一歌

字

十二

○ 徹者 徹也 助者 耤也

○ 功崇惟志 業廣惟勤

應上常煞尾。○ 子之所愼 齊 戰 疾

比之 奚翅食重 ○ 使先覺覺後覺

仁 ○ 取食之重者 與禮之輕者而

孫以出之 信以成之

之義之的以用多。夫子之牆 之的字 ○ 天子 之的字 ○ 禮以行之 以用字

於己取之而已矣 在乎字 ○ 在邦無怨 在字

實在之在 在在乎字。接用莫聯著。豈有他哉 在乎字

而後以五爲與 ○ 彼哉 彼哉

變作 義帶麼 爲其爲相與 ○ 前以三爲

[08-11B]

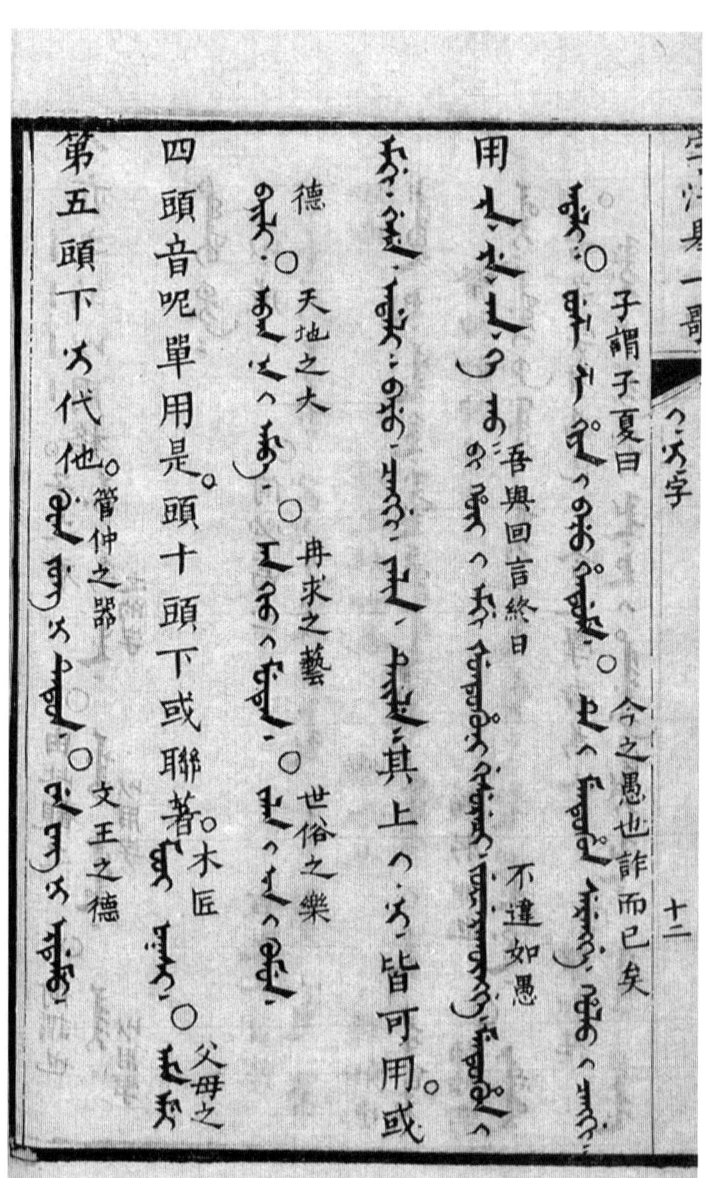

〔08-12A〕

亦之的以用格。子之君 之的字 ○ 由此觀之 以用字 ○ 何謂也 以用字

以成 ○ 何必高宗 古之人皆然

如也 從之純如也 皦如也 繹如也

祭神如神在 ○ 鞠躬如也 ○ 始作翕

○ 古之學者為己 今之學者為人 ○ 祭如在

〔08-12B〕

字 十三

謂之賊 禹以四海爲壑 今吾子以

陳善閉邪 謂之敬 吾君不能

繙以用應 責難於君 謂之恭

○不學禮 無以立

以用非叫應。以文會友 以友輔仁

嘆想呢哉口氣合。其何以行之哉

之十章

○忠恕違道不遠

長於伯兄一歲　第冠

離字　則離敬

乃自從由第則。離若比字字尾托

比字

若則字

奚自

自從由字

加之何其可也

鄉人

○右傳

王欲行之　則盡反其本矣

字必承　承　何事於仁

鄰國為壑

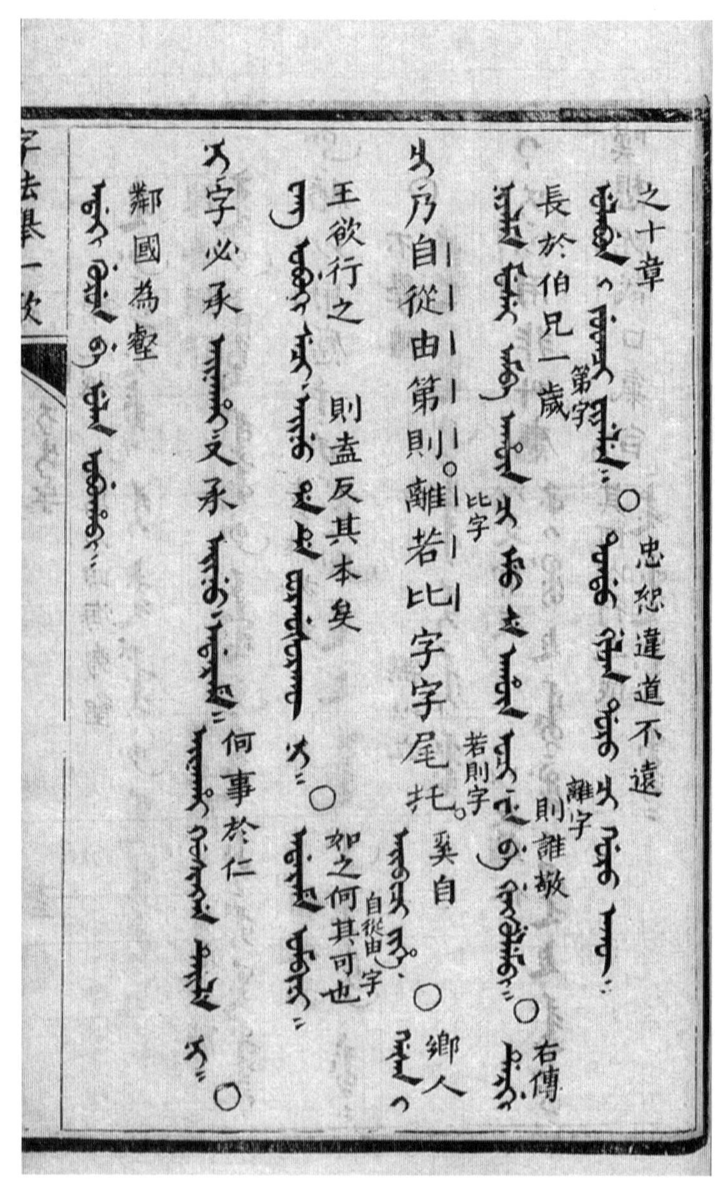

正對 ○ 館人求之弗得 ○

綽綽然有餘裕哉 ○ 王問臣 臣不敢不以

懸揣摹擬神寬恁○似既似或似 則吾進退 豈不

急不繼富 ○ 望之不似人君

自抒己見將發論○淲吾聞見這們著○吾聞之也君子周

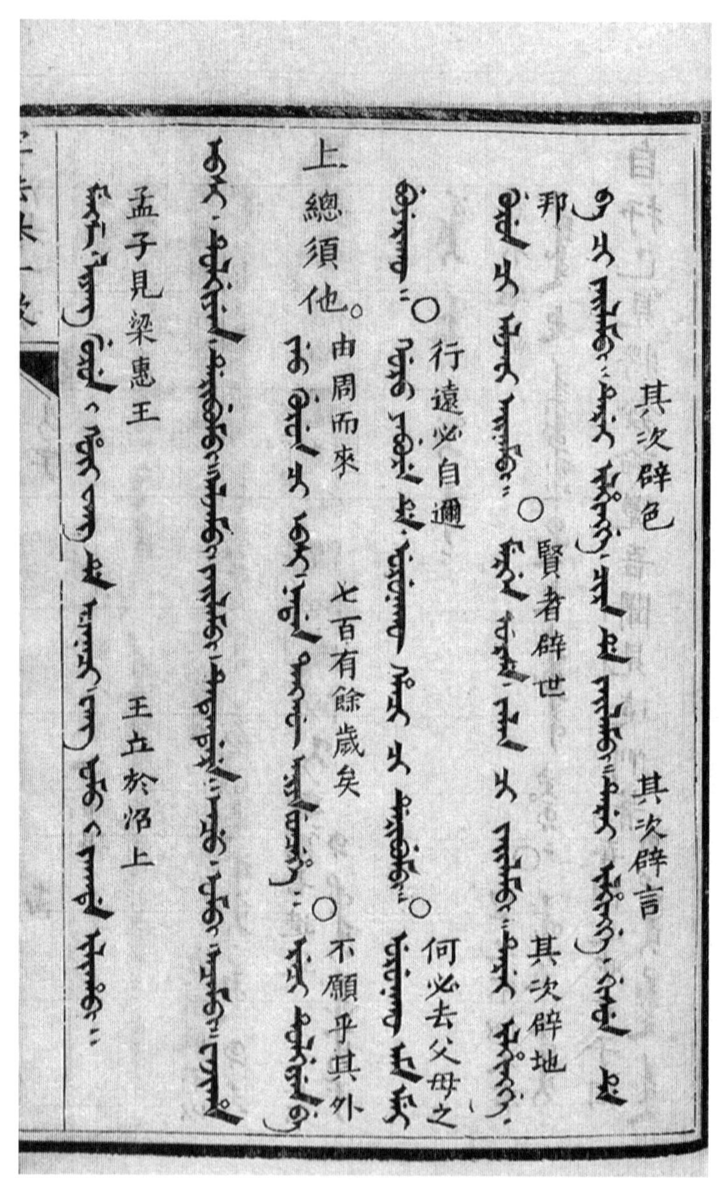

其次辟色 其次辟言

邪 賢者辟世 其次辟地

行遠必自邇 何必去父母之

上總須他。由周而來 七百有餘歲矣 不願乎其外

孟子見梁惠王 王立於沼上

〔08-14B〕

字法擧一歌

十五

字。字。

其末 ○ 自牖執其手

從由實際說。雖同解義虛活。不揣其本 而齊

如上或用。或不用。可以悟矣。

也。宜詳其講義。文氣。神情。方為定論。

○ 當務 ○ 會計當而已矣 ○ 數字加 成法

也 ○ 我則異於是 ○ 可謂孝矣

○ 君子平其政 行辟人可

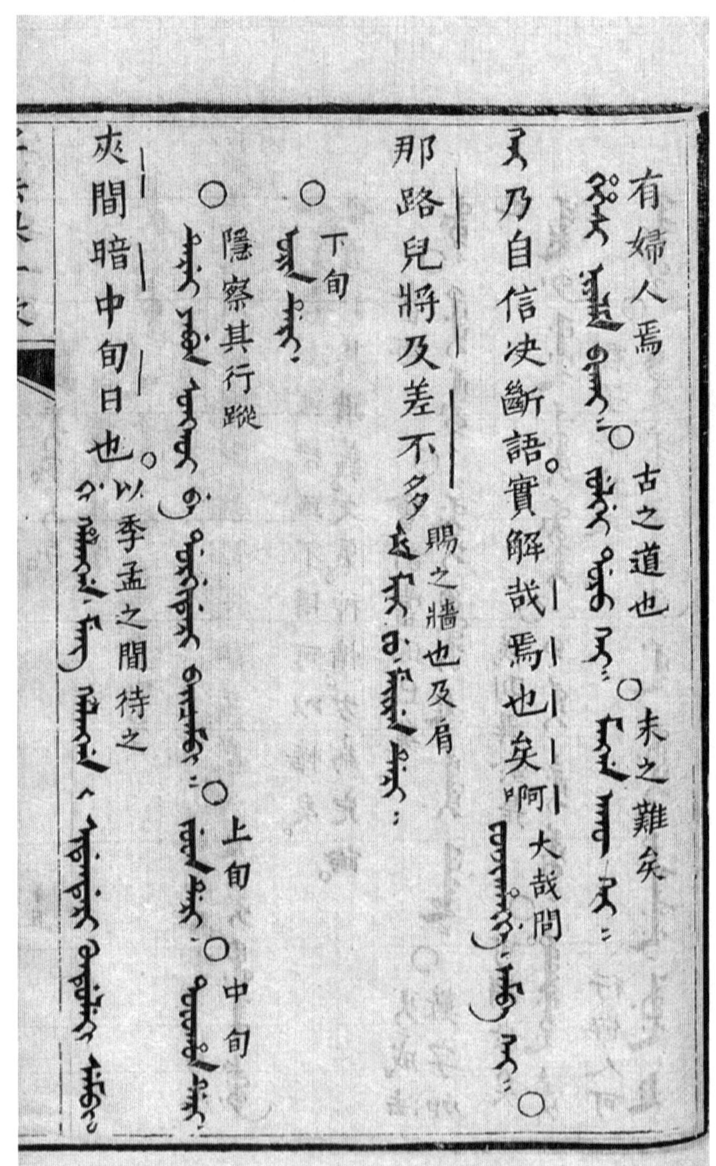

有婦人焉 ○古之道也 ○未之難矣

乃自信決斷語。實解哉焉也矣啊 大哉問 ○

那路兒將及差不多 賜之牆也及肩

○下句

○隱察其行蹤 ○上句 ○中句

夾間暗中句日也。以季孟之間待之

[08-15B]

十六

多識於鳥獸草木之名

可以怨 邇之事父 遠之事君

閒或接連用許多。詩可以興 可以觀 可以羣

久而敬之 ○死而後已 不亦遠乎

用煞章句屬虛活。有時煞住猶接敘。善與人交

破字無不成格。行字整 行之字破 ○話字整 說話字破

去 加 因為不可那們著。未嘗不飽 蓋不敢不

必其材可以仕矣

而后民法之也 ○ 聖人使之仕

托。因為可以那們著。其為父子兄弟足法

寬則得衆 信則人任焉

下用 托。此感彼應中一折。恭則不侮

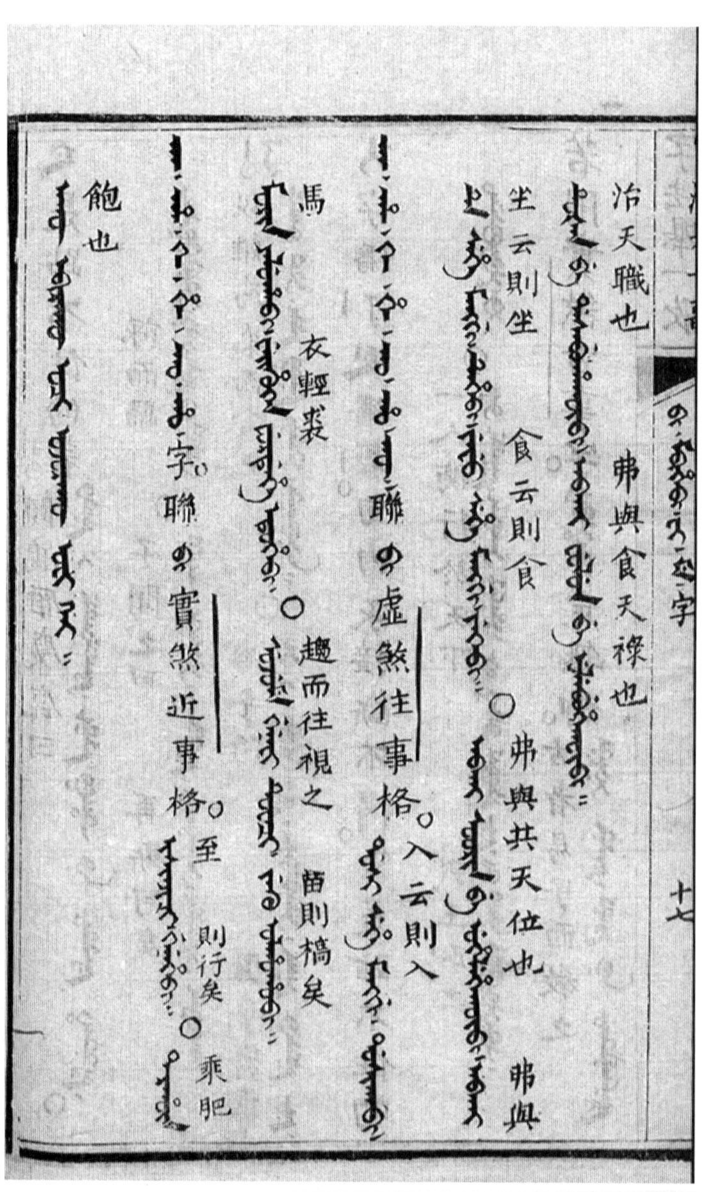

是跕不住的着。顧鴻雁麋鹿曰

詠而歸　子聞之曰　再斯可矣

殺雞為黍而食之。浴乎沂　風乎舞雩

字繙了　繙著句內承接斷不得。是跕不住的

一人衡行於天下　武王恥之

若用實煞古事字。定無挪。古者易子而教之

字去舉一歌

字法舉一歌 字 十八

爰整其旅 以遏徂莒 以篤周祜

字句平排魚貫處任用 王赫斯怒

兵刃既接 棄甲 曳兵而走

此著彼了層疊起句中只管用 填然鼓之

言悖而出者 亦悖而入 貨悖而入者 亦悖而出

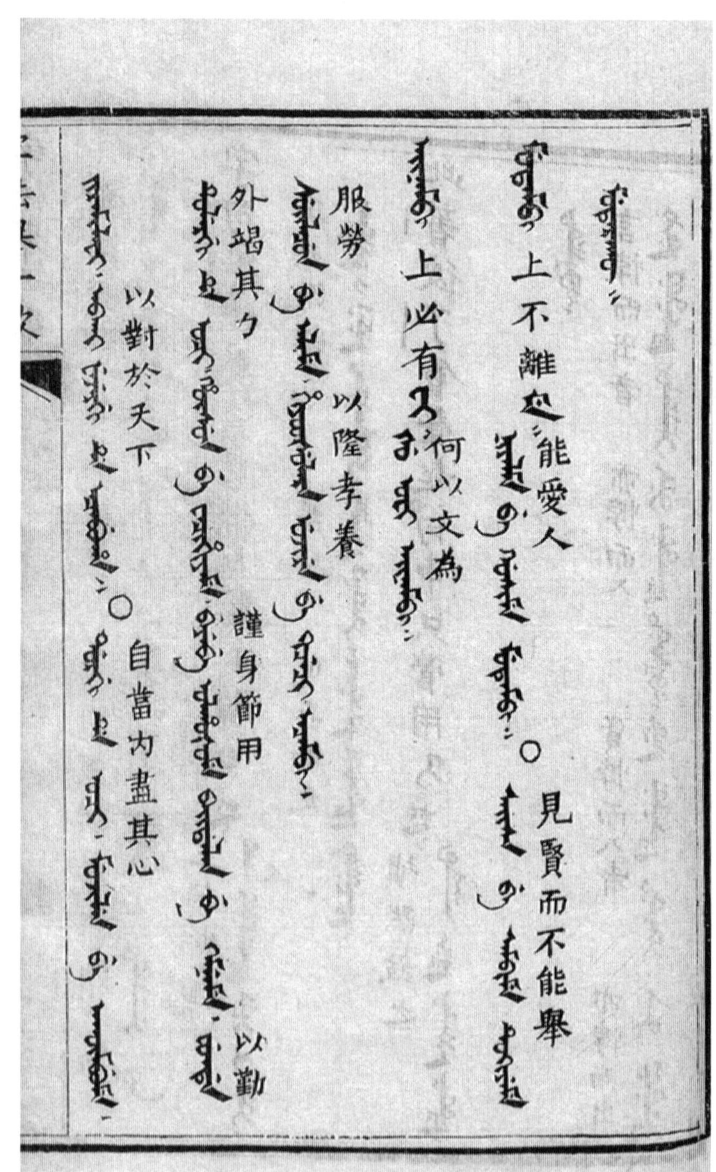

字法擧一歌 十九

字

從而擰之 ○ 字通用。○ 聞斯行之 ○ 寇退則反

才一將就緊加 使浚井 出

樂 敬其所尊 愛其所親

字為橫平頓著。踐其位 行其禮 奏其

用。存養省察之要 ○ 記誦詞章之習

二破接連成一事。上 下必用 為豎連下

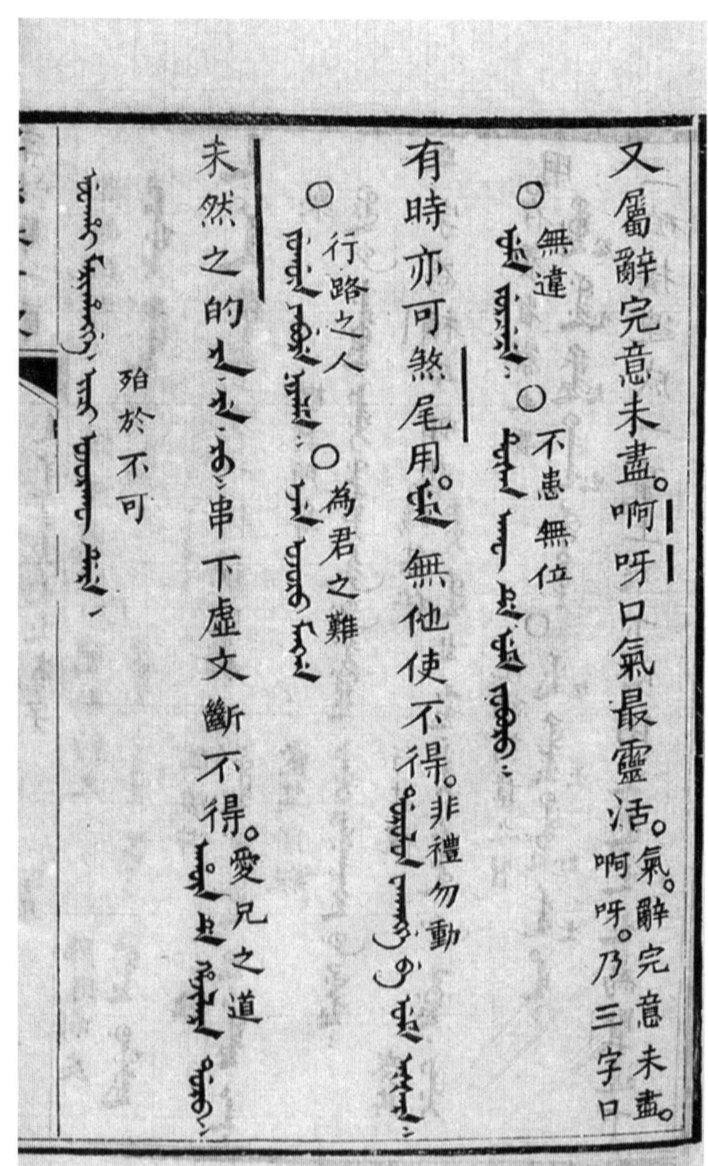

又屬辭完意未盡。啊呀口氣最靈活。氣。辭完意未盡。啊呀。乃三字口

○無違 ○不患無位

有時亦可煞尾用。無他使不得。非禮勿動

○行路之人 ○為君之難

未然之的串下虛文斷不得。愛兄之道

殆於不可

〔08-19B〕

字下接　懇請求祈叶韻著。陳恒弑其君

吾何執

自任

顯奪

驚疑自任自顯奪。惡是何言也

驚疑

寡人願安承教

何以識其不才而舍之

質問

指示嗔責質問語。居吾語女

指示

於予與何誅

嗔責

吾

須從象外得之。否則用必不恰。

乃三字神情。有餘音遶梁之妙。

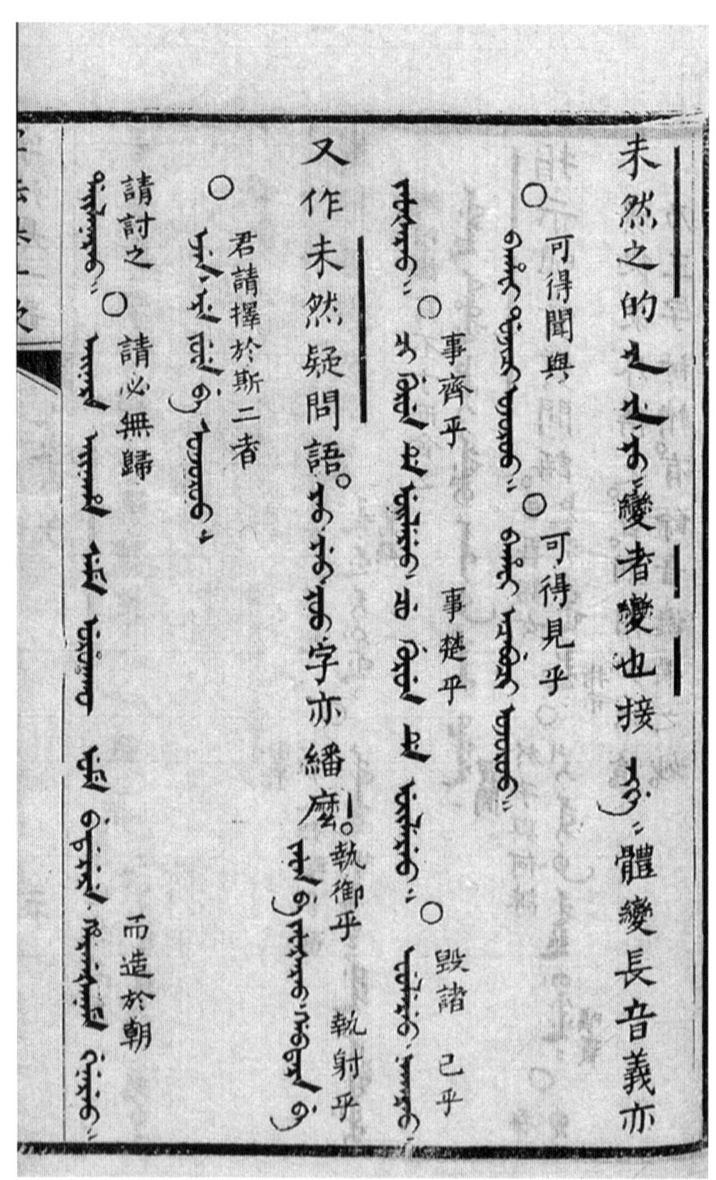

未然之的變者變也接體變長音義亦

○可得聞與 ○可得見乎

○事齊乎 事楚乎 ○毀諸 己乎

又作未然疑問語。字亦繙麼。○執御乎 執射乎

○君請擇於斯二者

請討之 ○請必無歸 而造於朝

[08-20B]

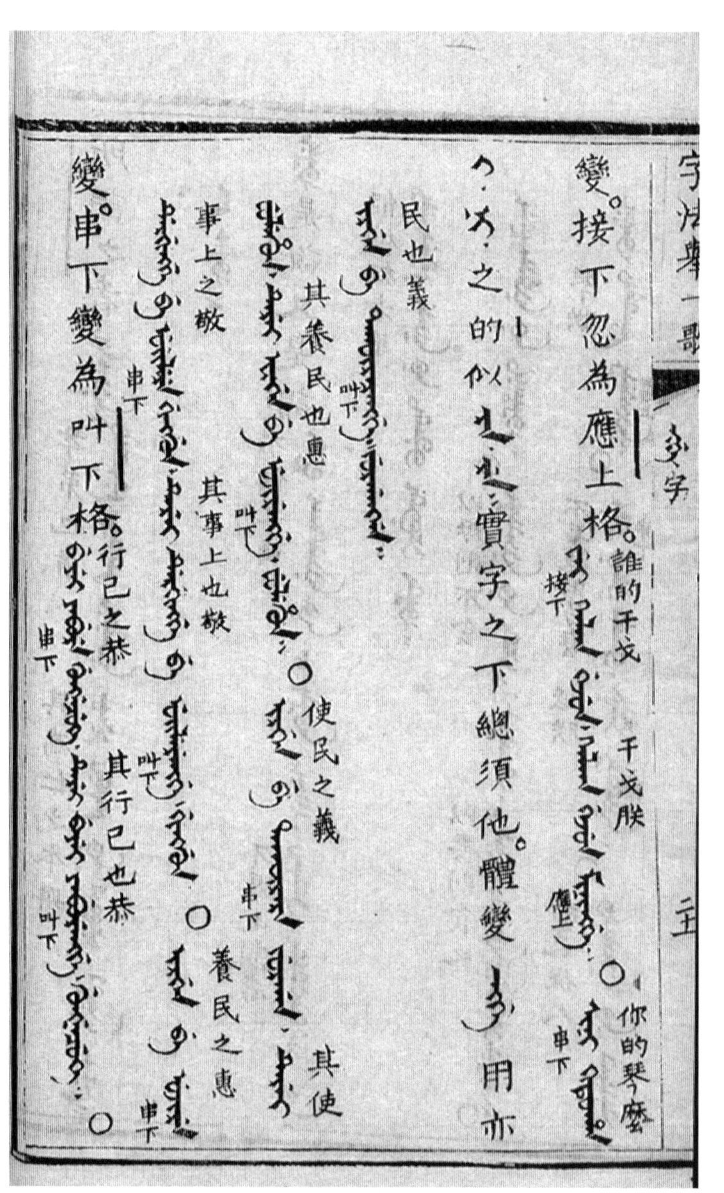

字法擧一歌　变字

變。接下忽為應上格。誰的干戈 接下 干戈朕 侸 ○你的琴麼 串下

之的似 實字之下總須他。體變 用亦

民也義 叶下 其養民也惠 叶下 ○使民之義 串下 其使

事上之敬 串下 其事上也敬 叶下 ○養民之惠 串下

變。串下變為叶下格。行已之恭 串下 其行已也恭 叶下 ○

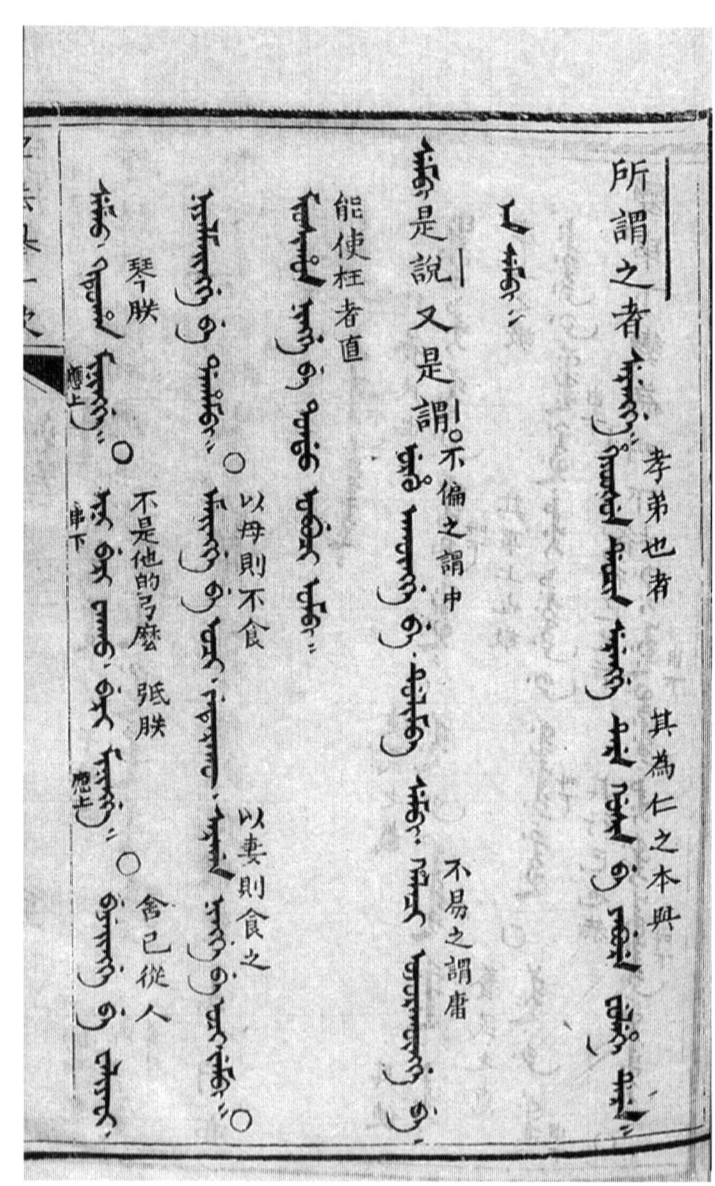
所謂之者
孝弟也者
其爲仁之本與
是說 又是謂
不偏之謂中
不易之謂庸
能使枉者直
以毋則不食
以妻則食之
琴朕
不是他的弓麼
弤朕
舍己從人

〔08-21B〕

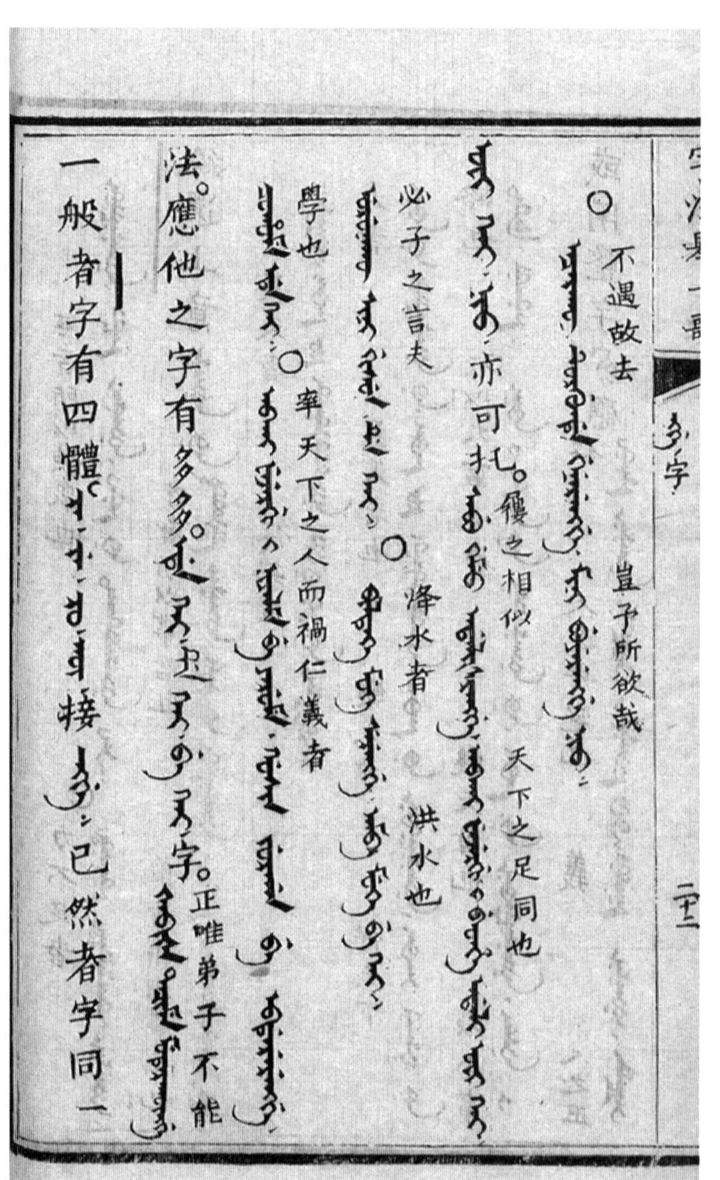

○不遇故去 豈予所欲哉

亦可托。僾之相似 天下之足同也

必子之言夫 ○洚水者 洪水也

學也 ○率天下之人而禍仁義者

法。應他之字有多多。字。正唯弟子不能

一般者字有四體 接 已然者字同一

或用整字應 ○ 仁 人之安宅也 義 人之正

路也 ○ 以大事小者 樂天者也 以小事

大者 畏天者也 樂天者 保天下

畏天者 保其國

纔還上意 孝者所以事君也 弟者所以事長也

慈者所以使衆也 ○ 力不足者

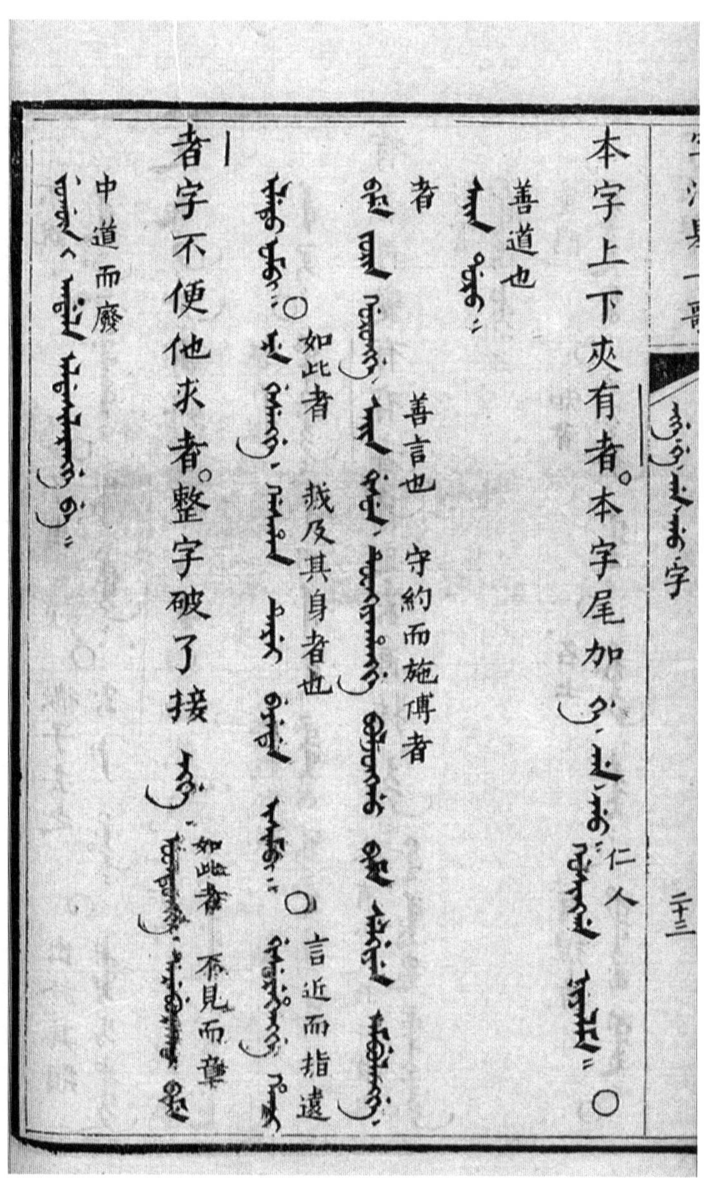

〔08-23A〕

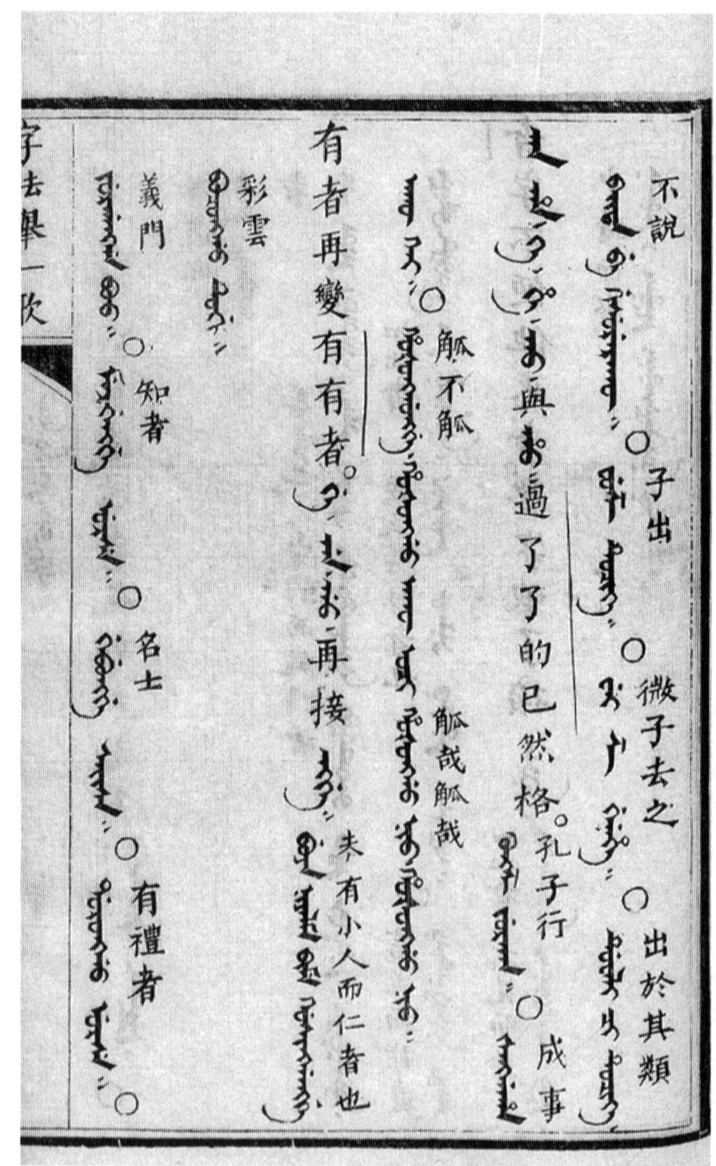

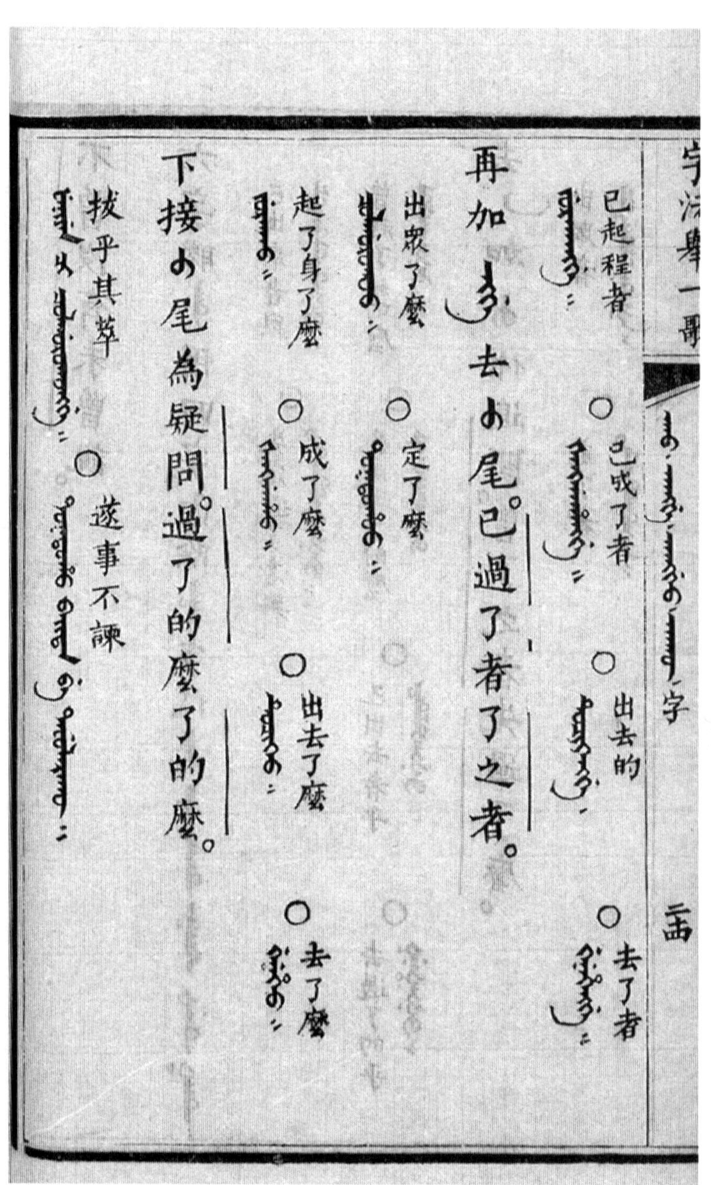

字法擧一歌

字

已起程者 ○ 已成了者 ○ 出去的 ○ 去了者

再加 去 尾已過了者了之者。

出衆了麼 ○ 定了麼

起了身了麼 ○ 成了麼 ○ 出去了麼 ○ 去了麼

下接 尾為疑問過了的麼了的麼。

拔乎其萃 ○ 遂事不諫

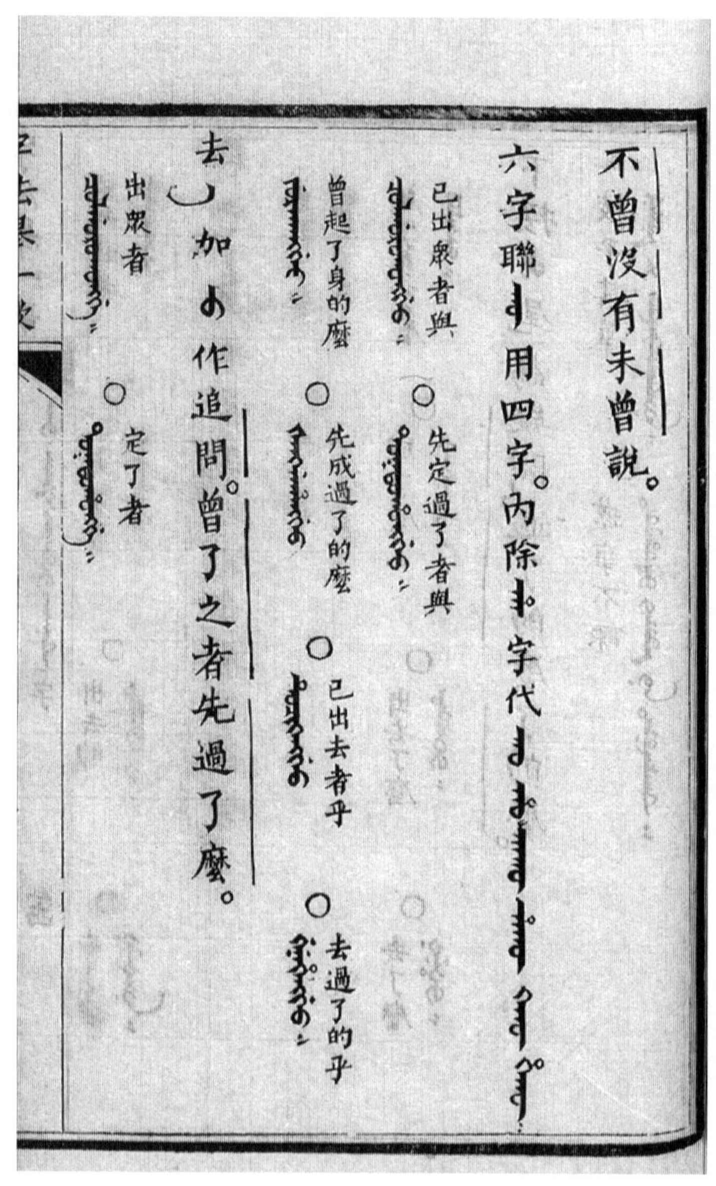
不曾沒有未曾說。
六字聯用四字。內除字代
已出衆者與 ○ 先定過了者與
曾起了身的麼 ○ 先成過了的麼 ○ 已出去者乎 ○ 去過了的乎
去加作追問曾了之者先過了麼。
出衆者 ○ 定了者

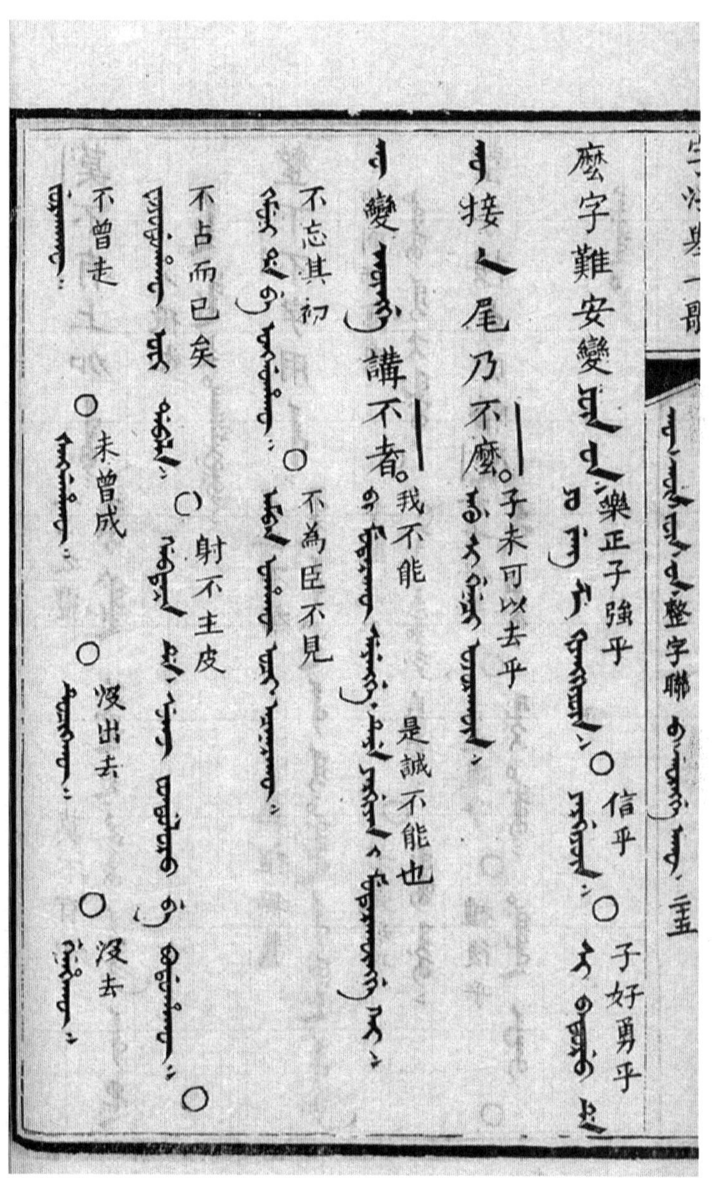
字法舉一歌

整字聯 圭

麼字難安變 樂正子強乎 信乎 子好勇乎

接尾乃不麼。子未可以去乎

變講不者。我不能 是誠不能也

不忘其初 不為臣不見

不占而已矣 射不主皮

不曾走 未曾成 沒出去 沒去

莫不有上加

人心之靈

莫不有知

人役也

整下不字用

不仁不智

無禮無義

然則師愈與 ○

多聞識乎 ○

若是班乎

整字接 亦繙麼

於女安乎 ○

古之道乎 ○

禮後乎 ○

未然已然字互證

與ᡥᠣ字反。便了。

略為得。但知ᡵᠠ ᡵᡝ與ᡥᠠ字反。ᡵᠣ ᡵᡡ與ᡥᡝ字反。ᡥᠣ ᡥᡡ

箇未然字面相反。若一一反證。似覺眩目。不如從

ᡵᠠ ᡵᡝ ᡵᠣ ᡵᡡ ᡥᠣ ᡥᡡ六字。俱是已然字面。與ᡥᠠ ᡥᡝ ᡥᠣ三

未然面與已然反。ᡥᡝ ᡥᠠ從略省文多。

而天下之物 ᠠᠪᡴᠠᡳ ᡶᡝᠵᡝᡵᡤᡳ ᡳ ᠵᠠᡴᠠ ᡩᡝ 莫不有理 ᡤᡳᠶᠠᠨ ᠠᡴᡡᠩᡤᡝ ᠠᡴᡡ

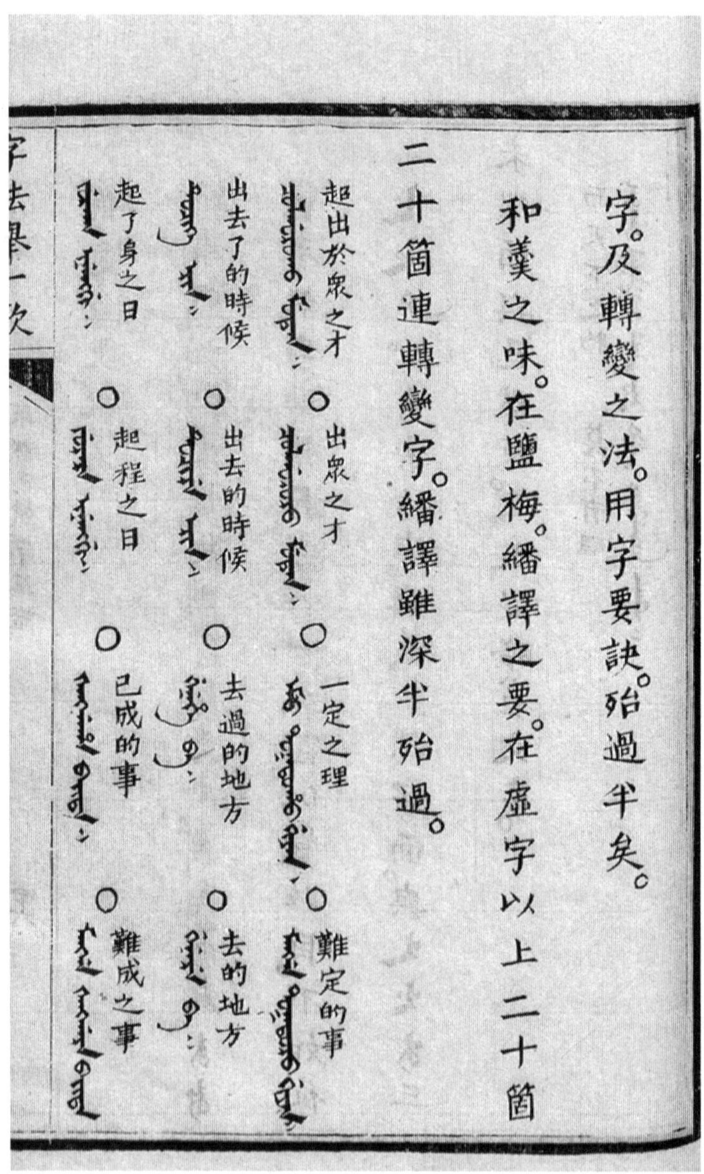

字。及轉變之法。用字要訣。殆過半矣。

和羹之味。在鹽梅。繙譯之要。在虛字以上二十箇

二十箇連轉變字。繙譯雖深半殆過。

起出於衆之才 ○ 出衆之才 ○ 一定之理 ○ 難定的事

出去了的時候 ○ 出去的時候 ○ 去過的地方 ○ 去的地方

起了身之日 ○ 起程之日 ○ 已成的事 ○ 難成之事

〔08-26B〕

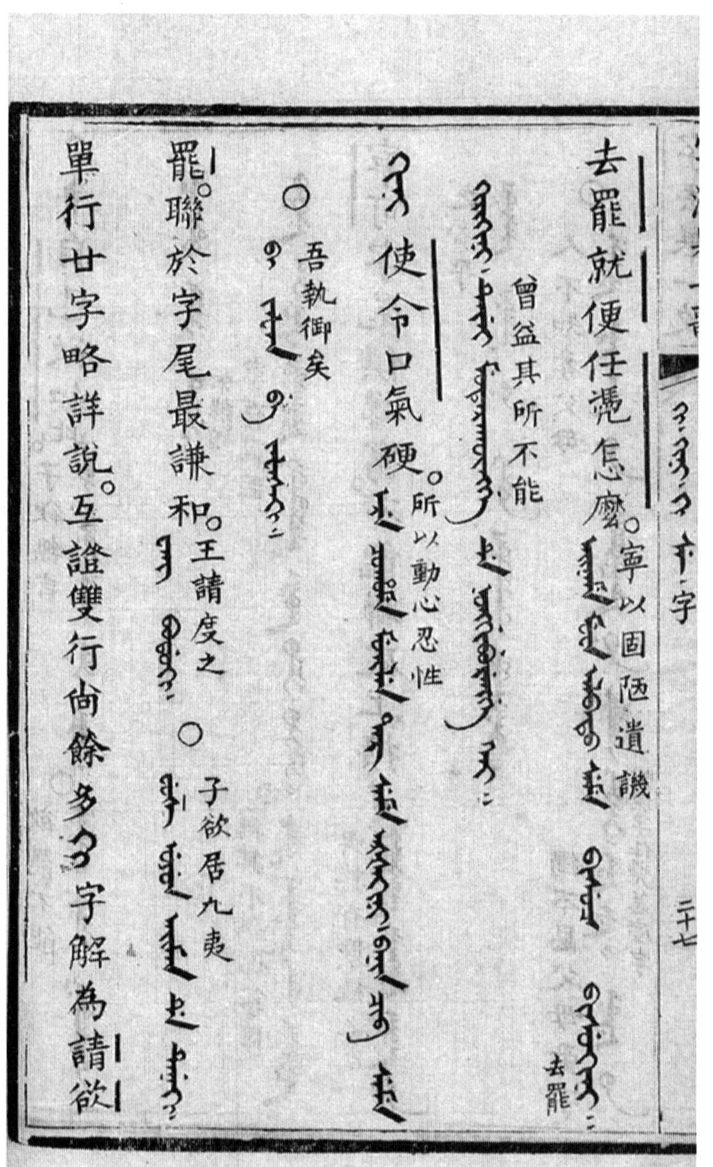

去罷就便任憑怎麼。寧以固陋遺譏

曾益其所不能

去罷

使令口氣硬。所以動心忍性

吾執御矣

罷。聯於字尾最謙和。王請度之

子欲居九夷

單行廿字略詳說。互證雙行尚餘多 字解爲請欲

二十七

〔08-27A〕

字去舉一次

自己欲如此。子欲無言

○欲罷不能

不能聯

寧有盜臣

○與其不孫也寧固

○與其有聚斂之臣

寧可字尾俱聯寫。不能聯處上接 與

之心乎

○人不知孝父母

獨不思父母愛子

就便字佳㢘怎麼字

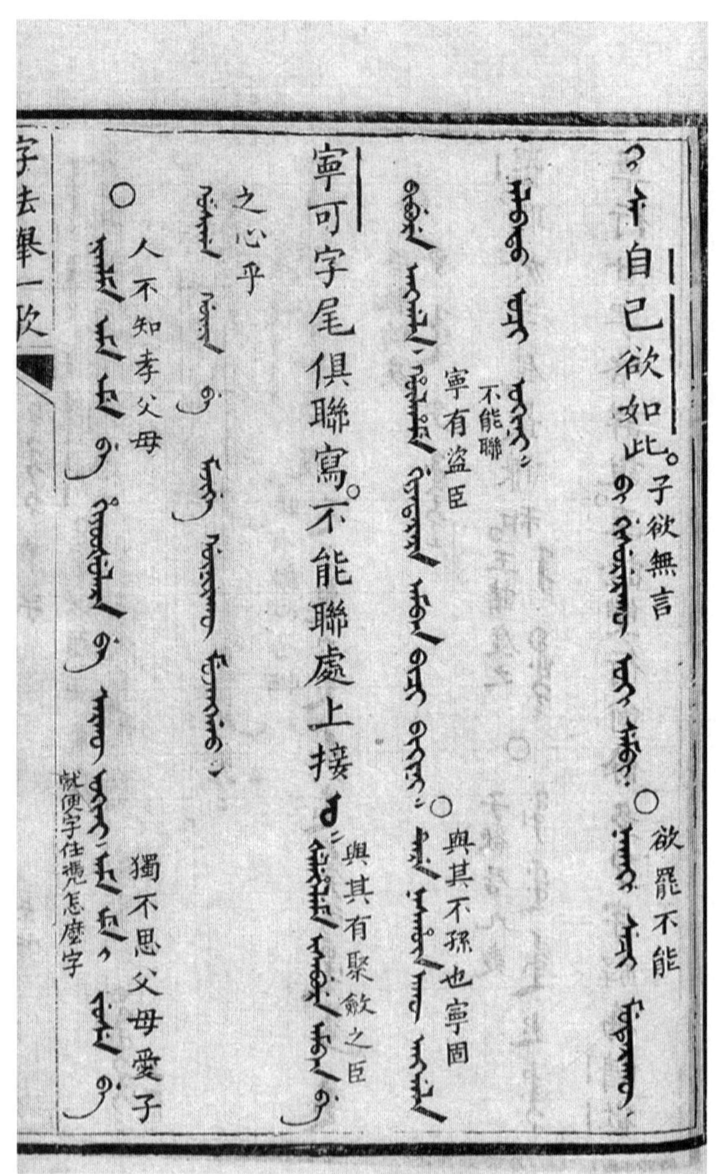

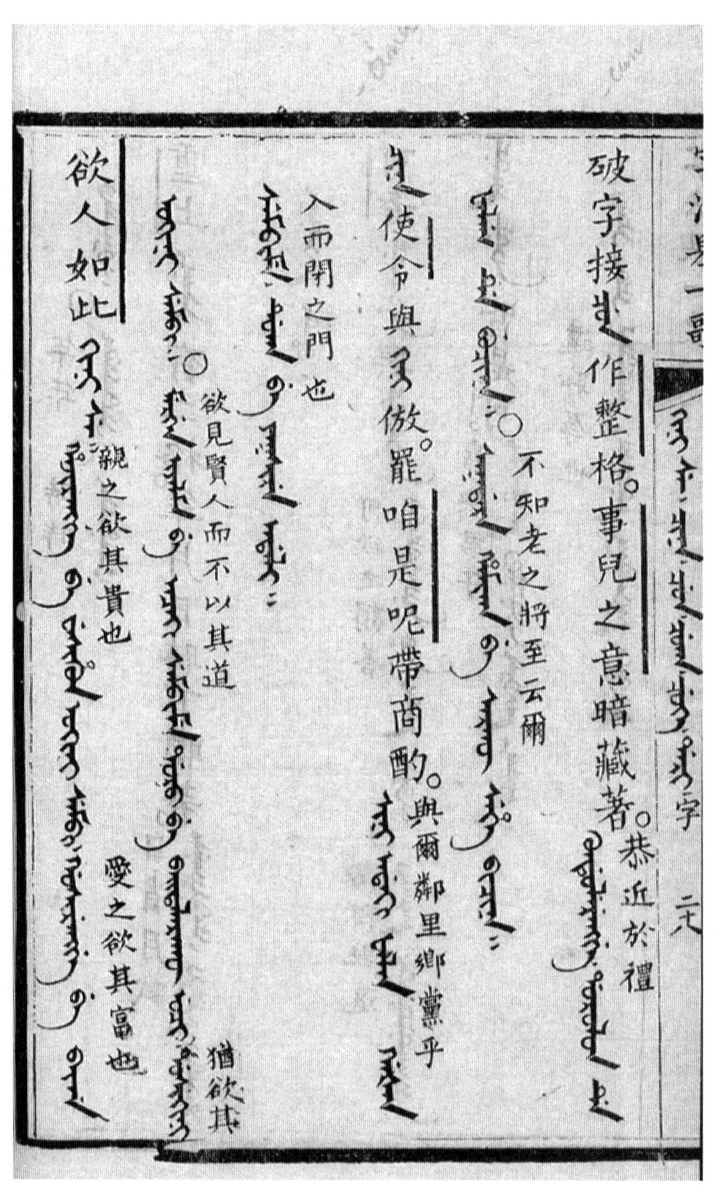
破字接作整格。事兒之意暗藏著。恭近於禮

不知老之將至云爾

使令與倣罷咱是呢帶商酌。與爾鄰里鄉黨乎

入而閉之門也

欲見賢人而不以其道

猶欲其

欲人如此

親之欲其貴也

愛之欲其富也

〔08-28A〕

○ 年年 ○ 時時

重上 有二格。年月日時下聯着。日省月試

可者 與 可欲之謂善 ○ 險阻旣遠

皆是可。嘉樂君子

遠恥辱也

字法擧一歌

〔08-28B〕

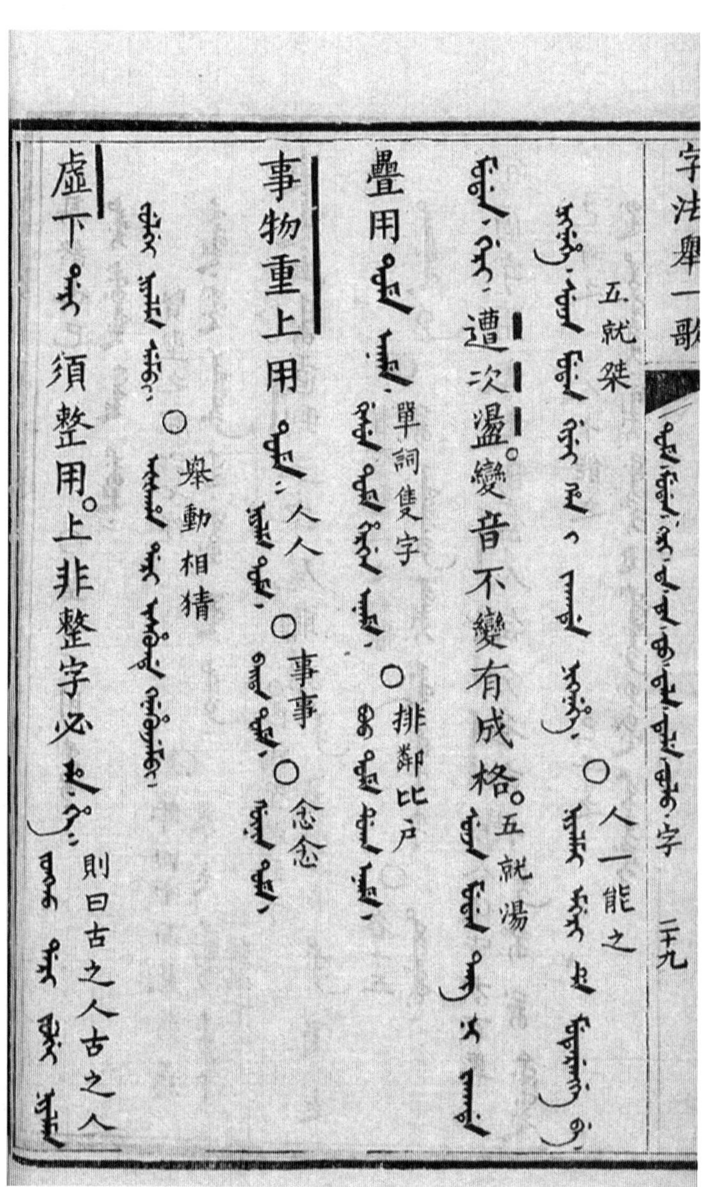

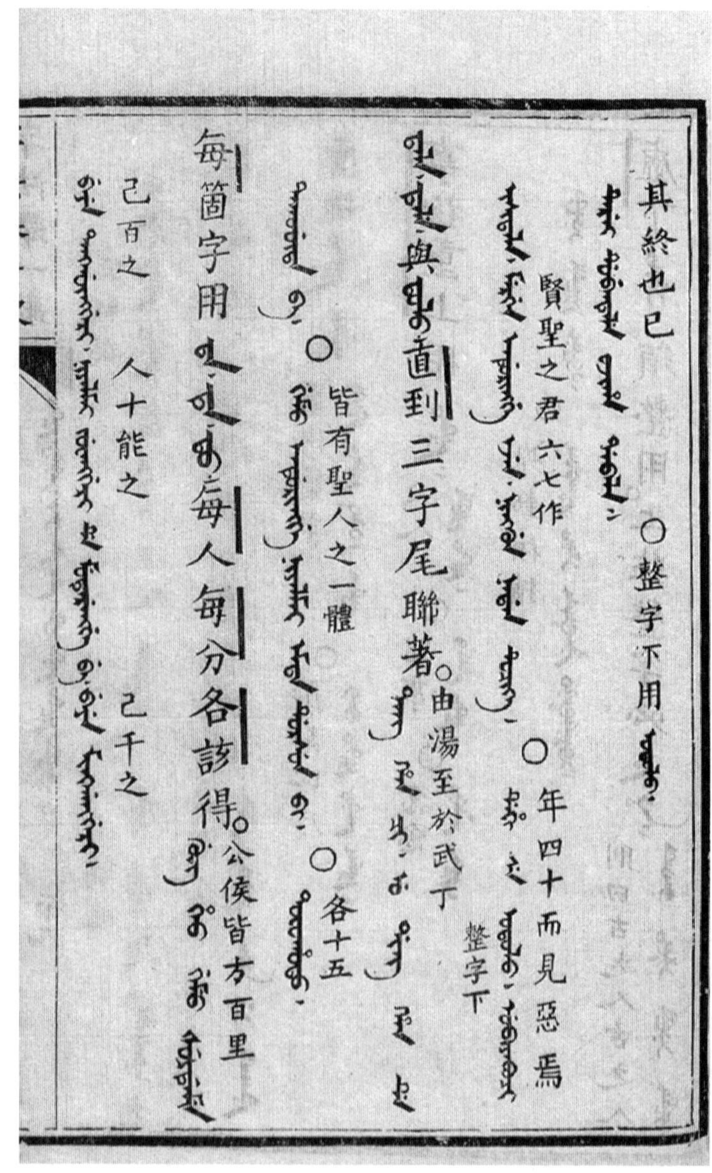
其終也已 ○整字下用

賢聖之君六七作 ○年四十而見惡焉

整字下

與 直到三字尾聯著○由湯至於武丁

皆有聖人之一體 ○各十五

每箇字用 每人每分各該得○公侯皆方百里

己百之 人十能之 己千之

〔08-29B〕

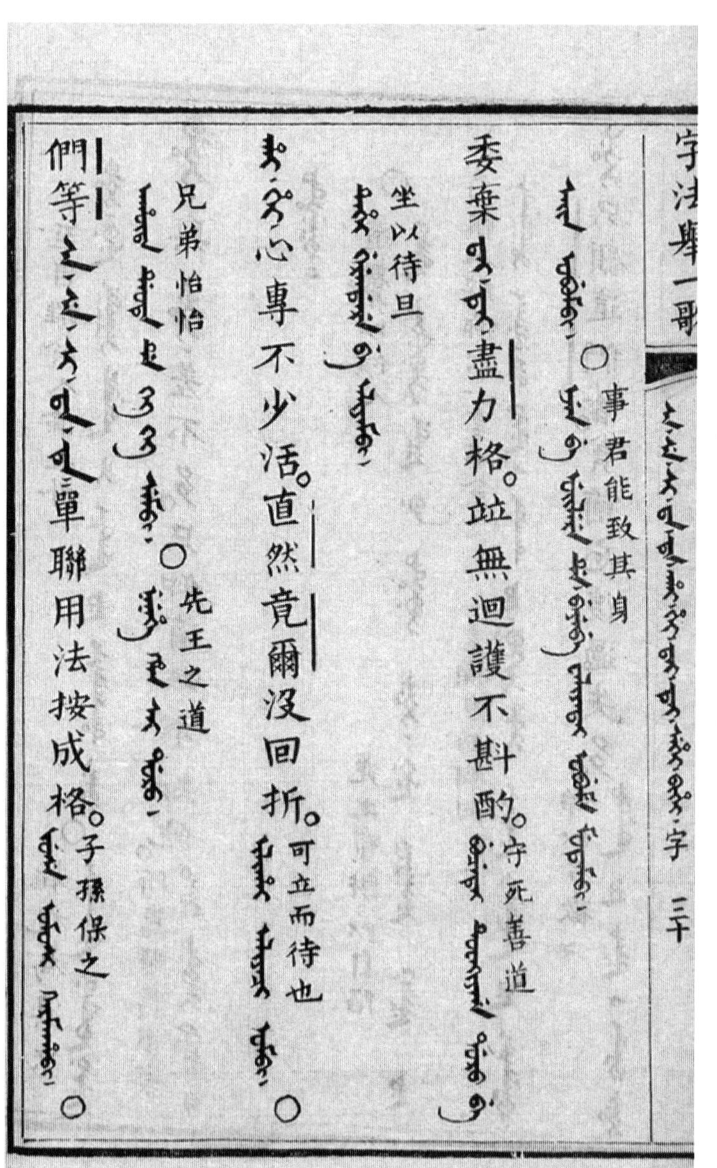

至自離於人倫之外 若視為具文

與 差不多。只知有此不知他。所患習焉不察

○ 造釁以傾人 究之布阱以自陷

而俱入醉鄉則一言不合 至操刀而相向

只顧這們著。貪前忘後過失多。始以合歡

字法舉一歌

字

三

我亦人也○君而知禮 孰不知禮

固字

不可磯 亦不孝也 若說 舜人也

固字

是固是若說○援上証下兩顛奪○愈疏不孝也

連坐者受累

怠忽從事 至於被盜者失財

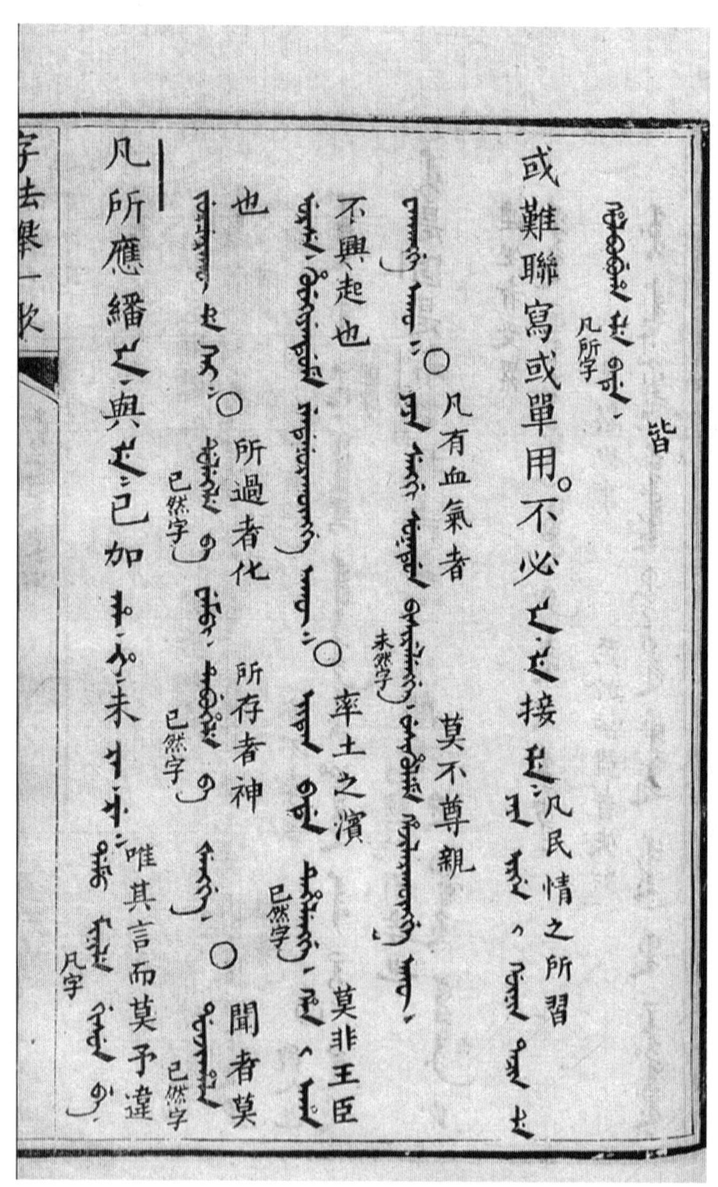

[08-31B]

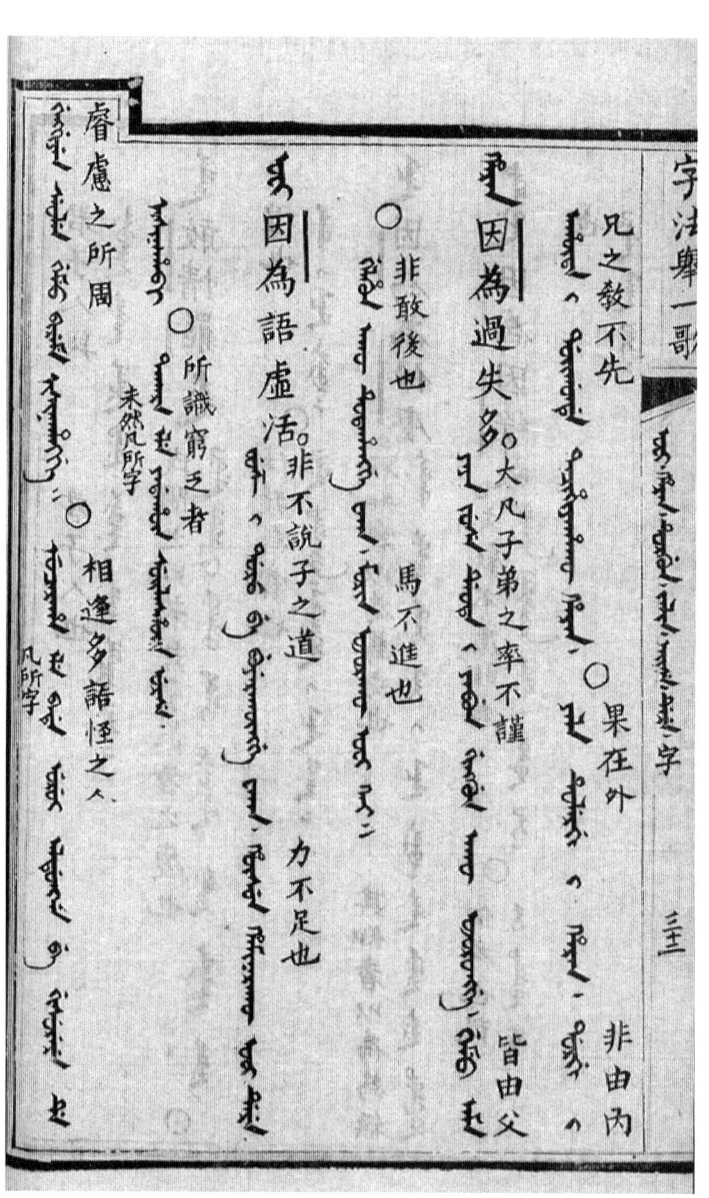

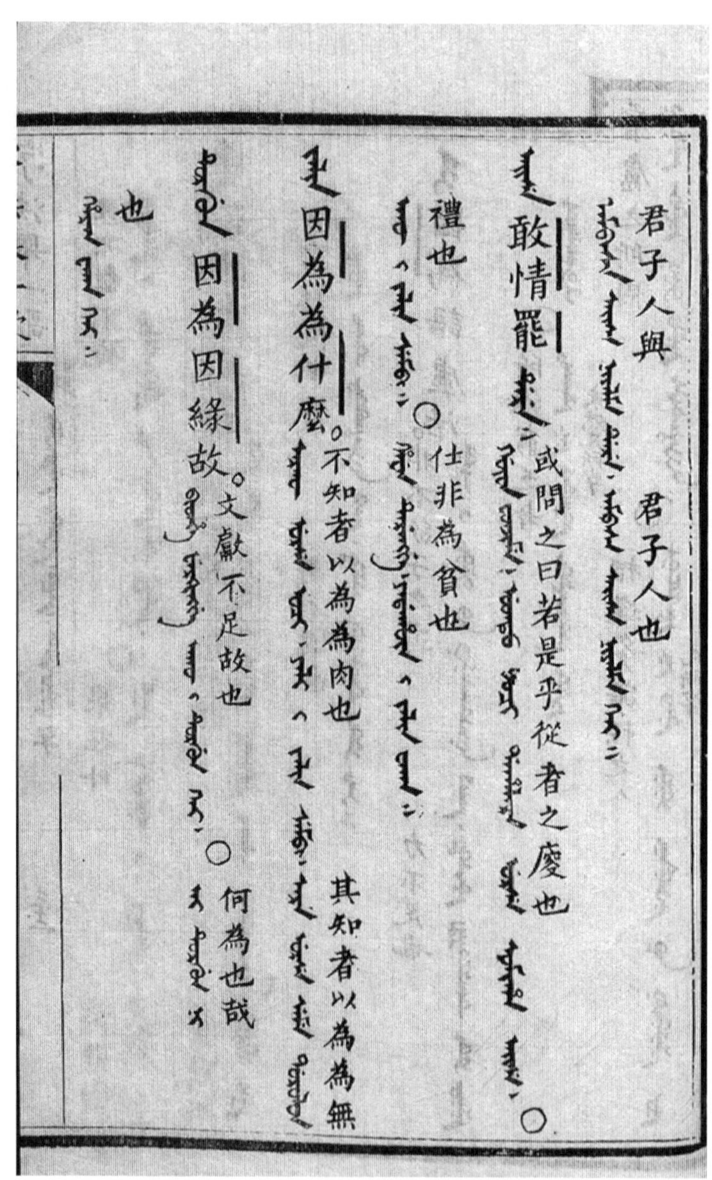
君子人與 君子人也

敢情罷 或問之曰若是乎從者之廋也

禮也 仕非為貧也

因為為什麼 不知者以為為肉也 其知者以為為無

因為因緣故 文獻不足故也 何為也哉

也

〔08-32B〕

○ 天不言 以行與事示之而已矣

決斷罷咧說。不比 口氣活。述而不作 知也

莫不有知 ○ 君子於其所不知 蓋闕

若作蓋字用。可托可不托。蓋人心之靈

想必也加得。天將以夫子為木鐸

該當是輪着。夫民今而後得反之也　君無尤焉

理該如此。宜以和輯之風　為一方表率

該當是理合。可食而食之矣

之謂我愛也

字該當據理說。夫子之云　不亦宜乎　○　宜乎百姓

〔08-33B〕

接串用口氣難斷緊接。矢人惟恐不傷人

牆之內也 接

吾恐季孫之憂 不在顓臾 而在蕭

憂 ○ 民惟恐王之不好勇也 ○

接 接

未之能行 唯恐有聞 接 ○ 父母唯其疾之

一般恐字兩般說。聯用 單 子路有聞

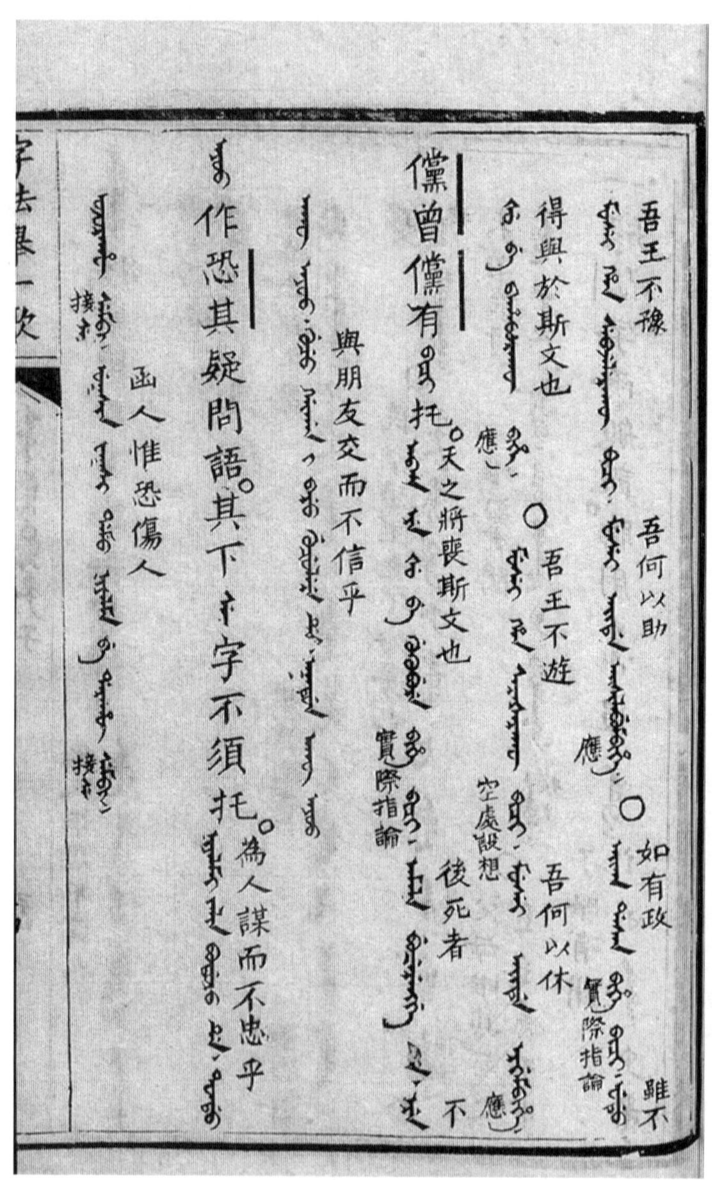
吾王不豫
吾何以助
如有政
雖不
得與於斯文也
吾王不遊
吾何以休
應
空處設想
後死者
不
儻曾儻有
托
天之將喪斯文也
實際指論
與朋友交而不信乎
作恐其疑問語
其下
字不須托
為人謀而不忠乎
函人惟恐傷人
接

〔08-34B〕

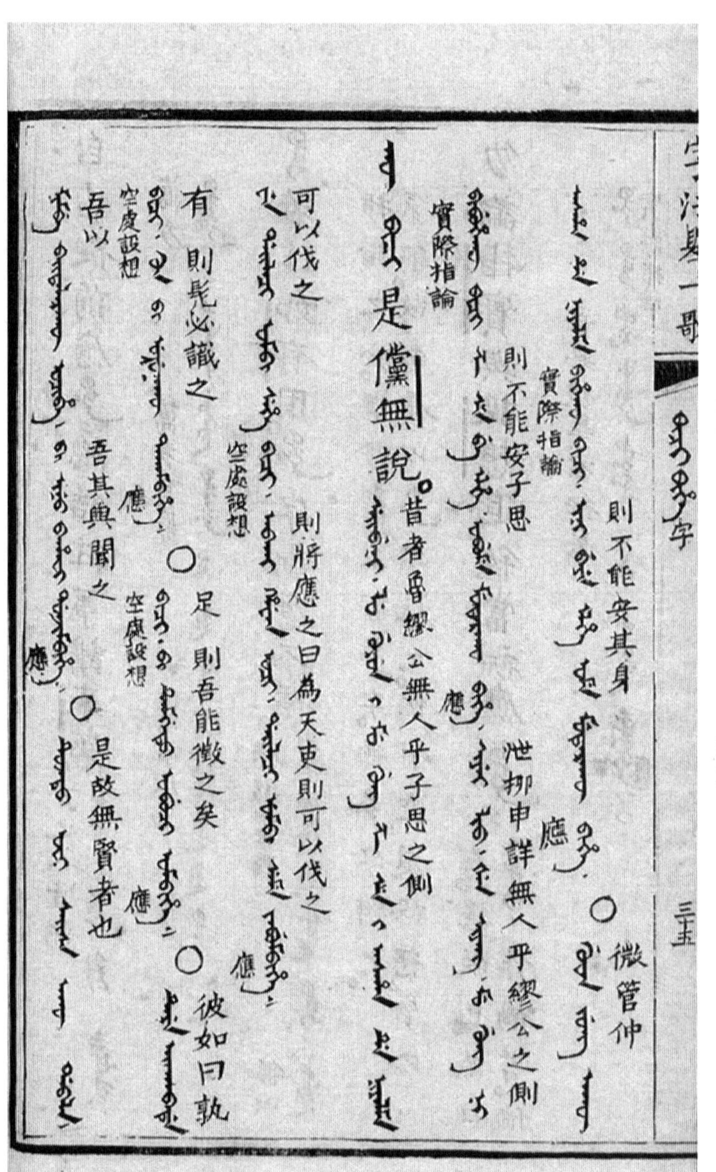

自古從前應總結往事講來著。古之人皆然

萬方　萬方有罪　罪在朕躬

若作如有用。字斷應不得。朕躬有罪　無以

指論之分。惟於上有字。無字辨之。

氣解。故句尾以字應之。然有空處設想。實際

勿論指實與設想。追敘當初應、有。追敘已然口

作倘曾。倘

吾其被髮左衽矣

實際指論　應

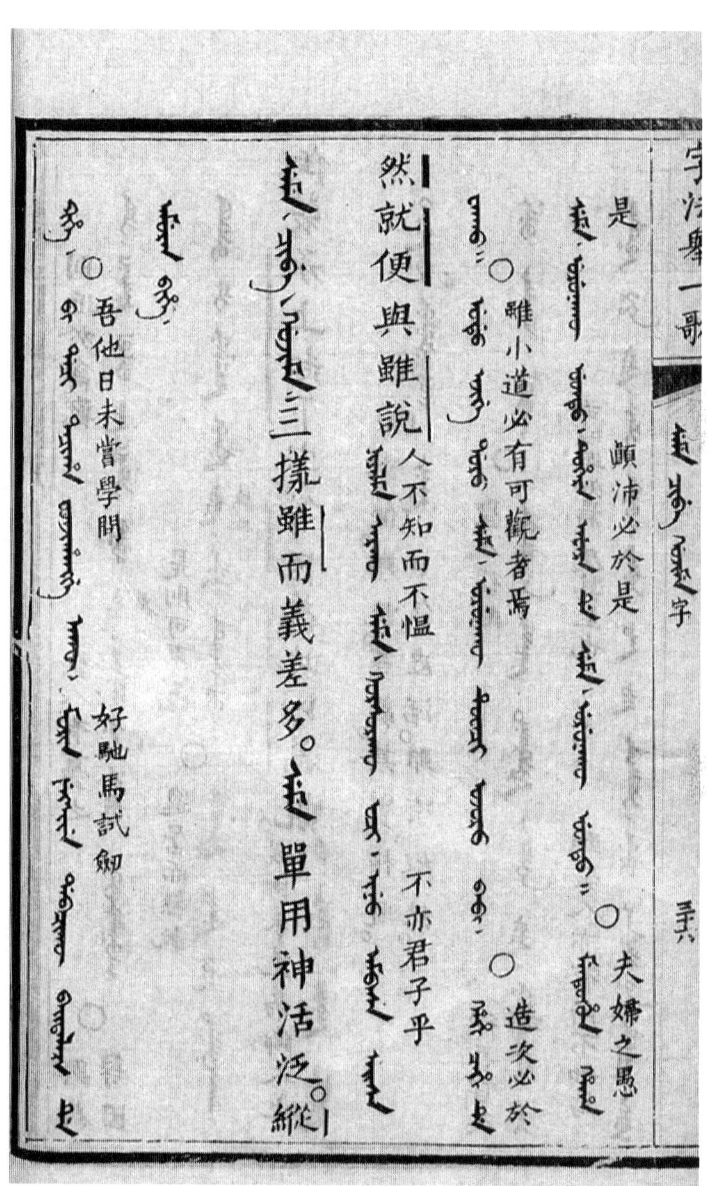
字法舉一歌 卅六

字

是

顛沛必於是

夫婦之愚

雖小道必有可觀者焉

造次必於

人不知而不慍

不亦君子乎

然就便與雖說

三摠雖而義差多。

單用神活泛。縱

吾他日未嘗學問

好馳馬試劍

則近於禽獸

聖人有憂之 ○ 與為

等因

為此

是則可憂也 ○ 逸居而無教

倒裝承上起下字等因為此以為說。○我由未免為鄉人也

就便。雖說。等義。其實相通。口氣虛活。雖有。縱然。

聖人復起 必從吾言矣

可以與知焉 及其至也 雖聖人亦有所不知焉

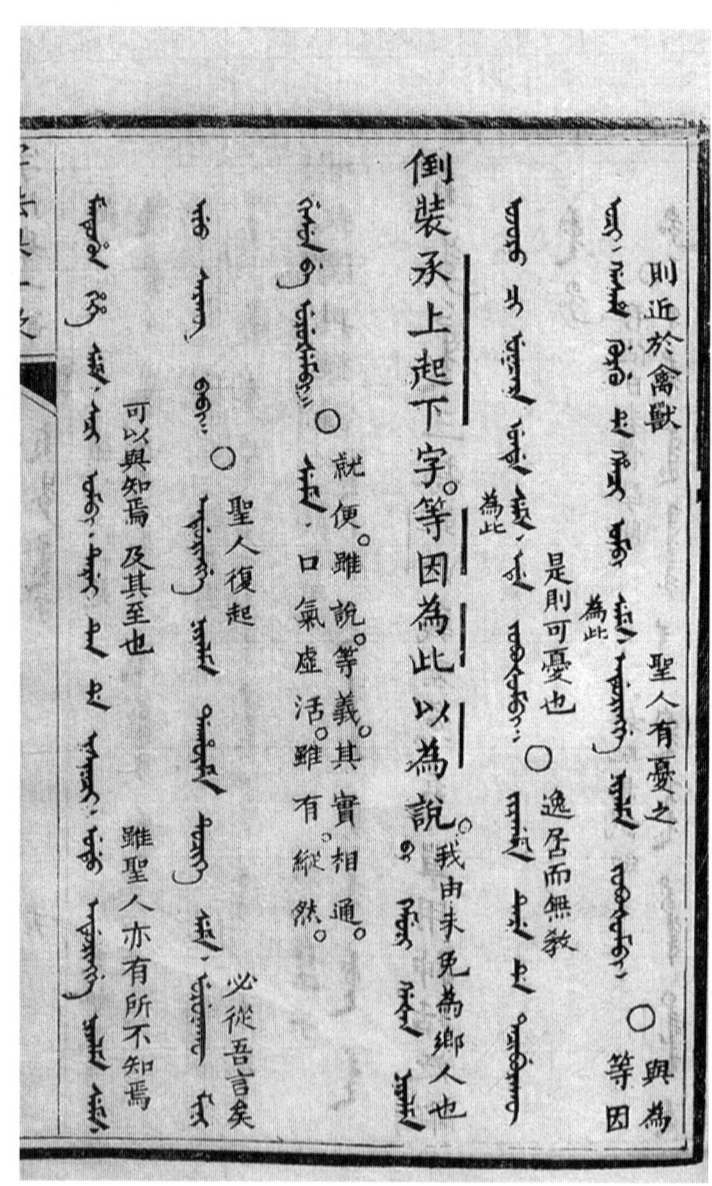

〔08-36B〕

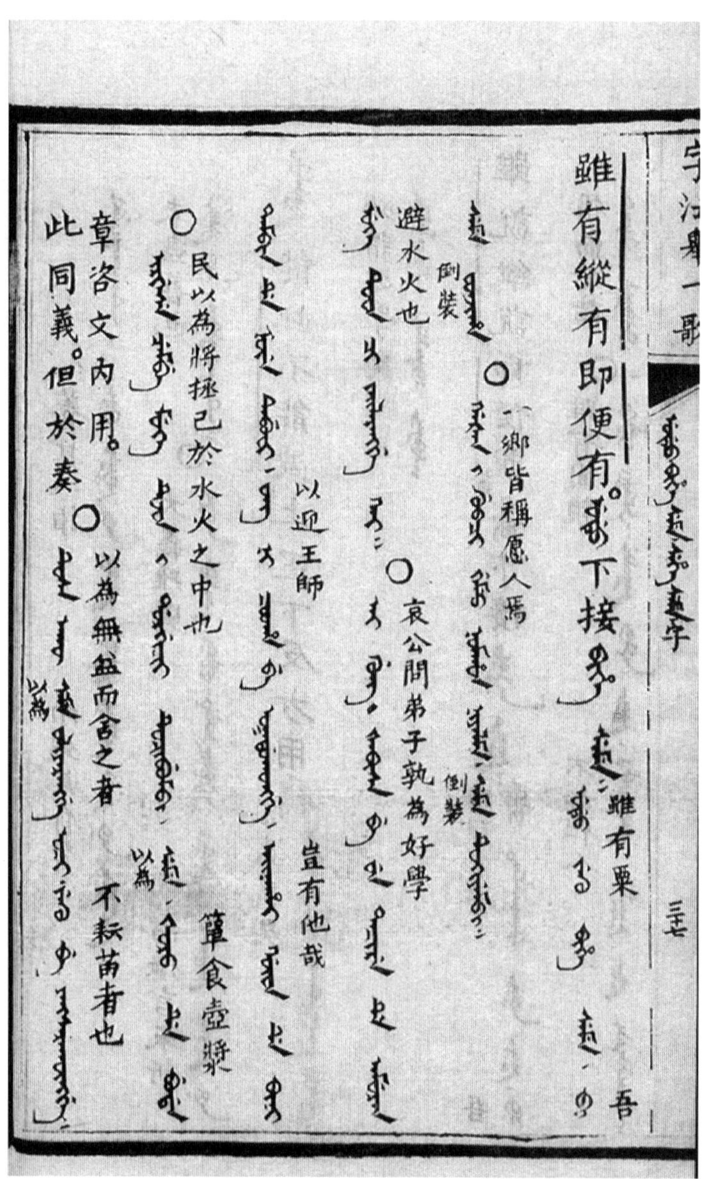

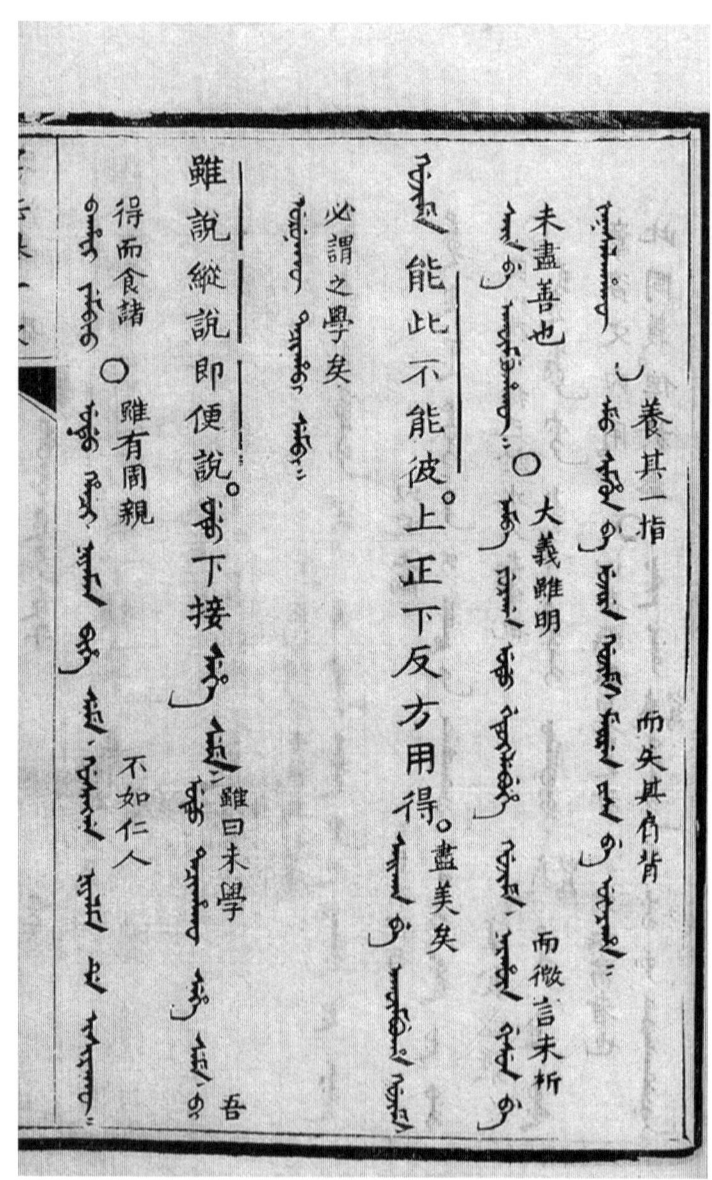
養其一指而失其肩背
未盡善也 大義雖明而微言未析
能此不能彼。上正下反方用得。盡美矣
必謂之學矣
雖說縱說即便說。下接 雖曰未學吾
得而食諸 雖有周親不如仁人

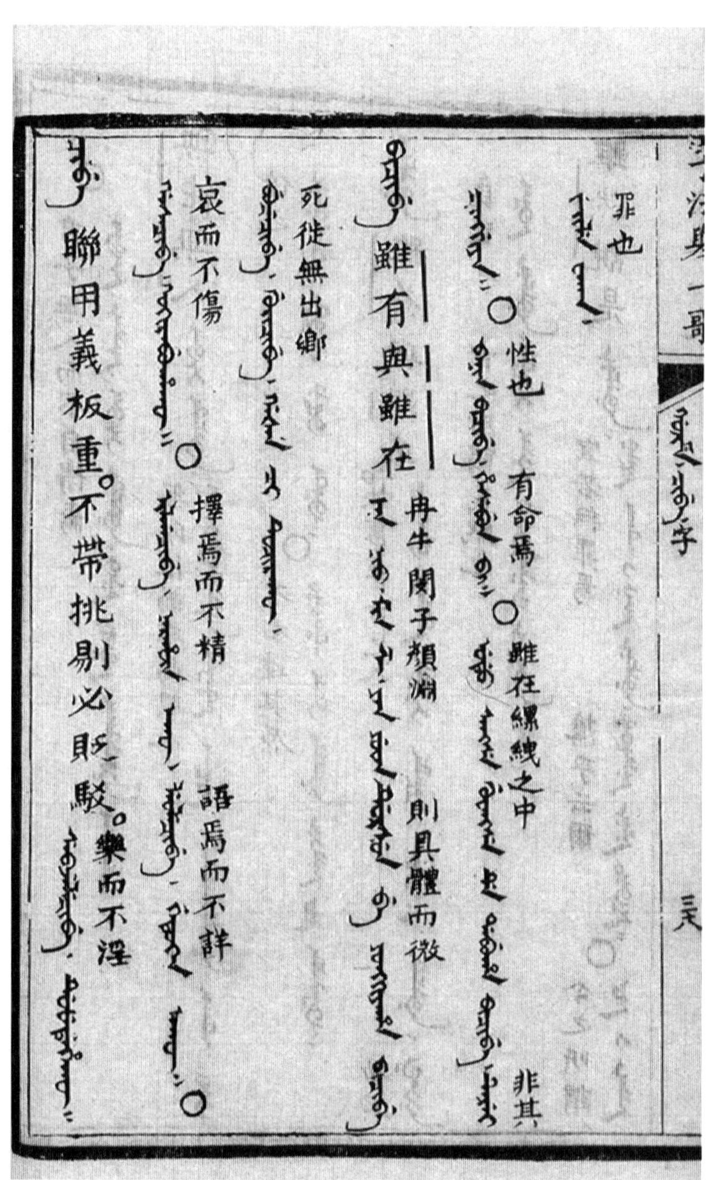
非也
性也
有命焉
雖在縲絏之中
非其
雖有與雖在
冉牛閔子顏淵
則具體而微
死徙無出鄉
哀而不傷
擇焉而不精
語焉而不詳
聯用義板重。不帶挑剔必貶駁。樂而不淫

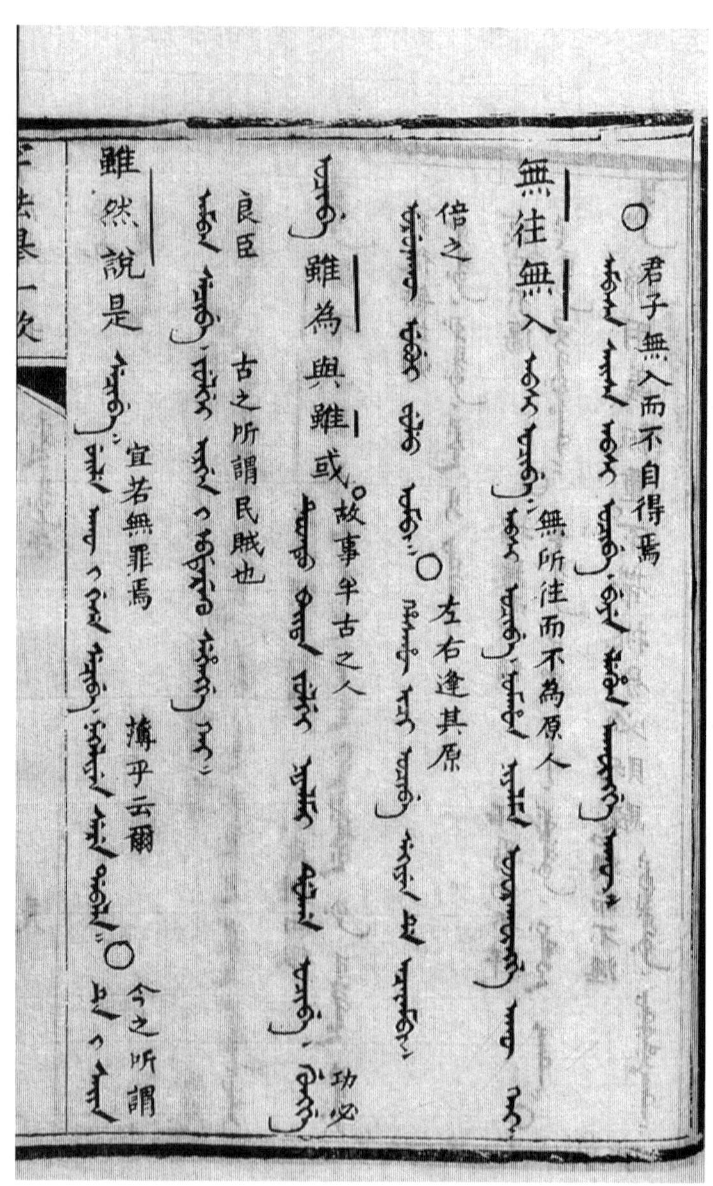
○ 君子無入而不自得焉
無往無入
無所往而不為原人
倍之
○ 左右逢其原
雖為與雖或
故事半古之人
功必
良臣
古之所謂民賊也
雖然說是
宜若無罪焉
擄乎云爾
○ 今之所謂

〔08-38B〕

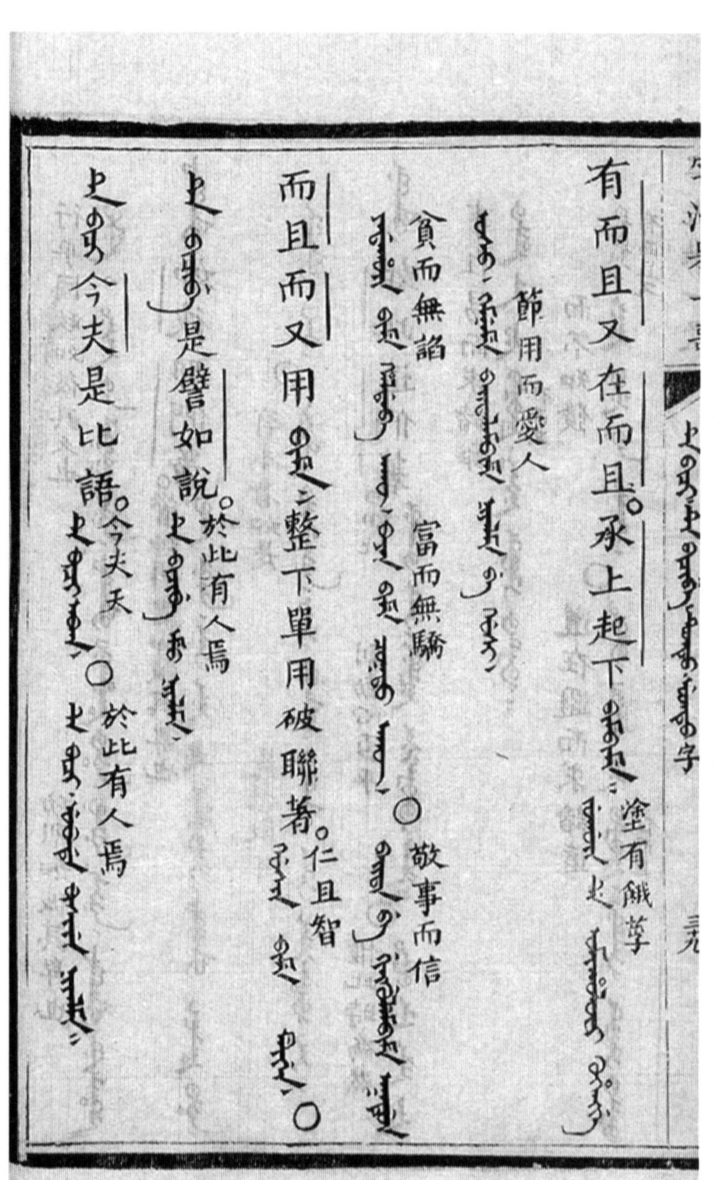

有而且又在而且。承上起下 塗有餓莩 節用而愛人 貧而無諂 富而無驕 敬事而信 而且而又用整下單用破聯着。仁且智 是譬如說。於此有人焉 今夫是比語。今夫天 於此有人焉

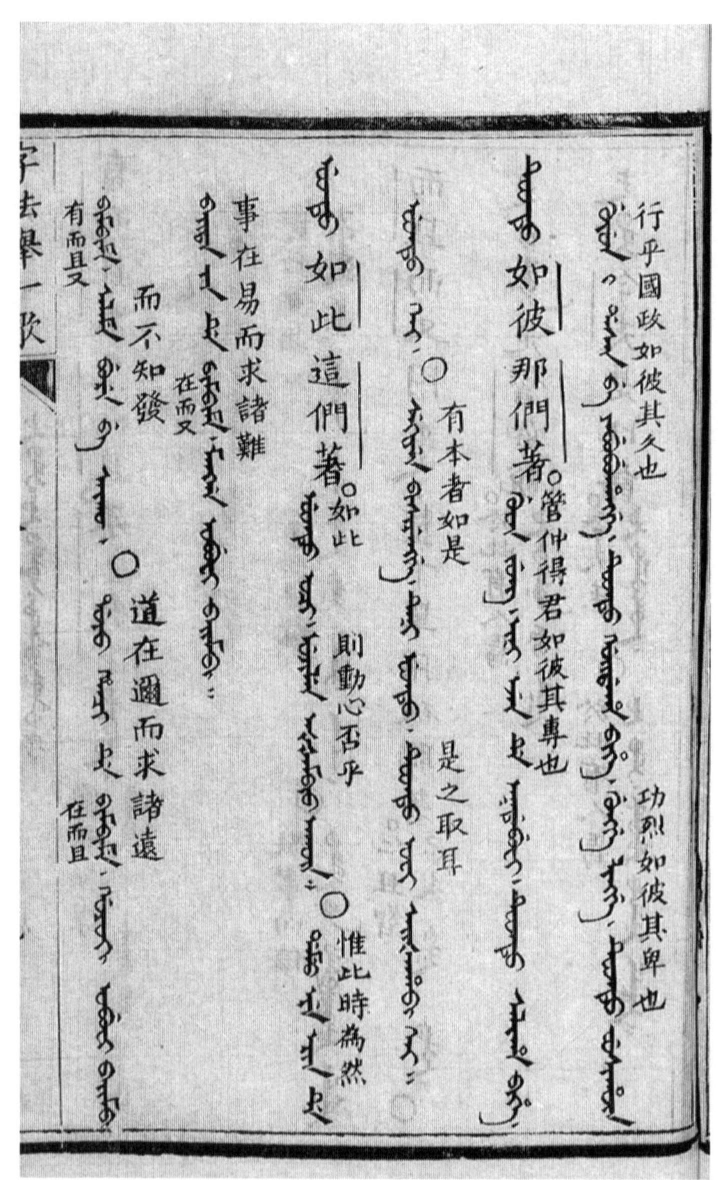

字法擧一歌 甲

然而又。那們著而又這們著。

然而文王由方

神而用是也。倘泥漢而用大錯矣。

之由。下起嘗聞其略之旨。乃雖說口氣。故舍字取

其略也 ○此條然而二字。是上承不聞其詳

繙譯之道。斷不可為漢字所縛。如

○子雖然 豈舍王哉 ○然而輒也 嘗聞

雖然也。大轉雖則那樣說。

雖然 吾嘗聞之矣

○曾子子思易地則皆然

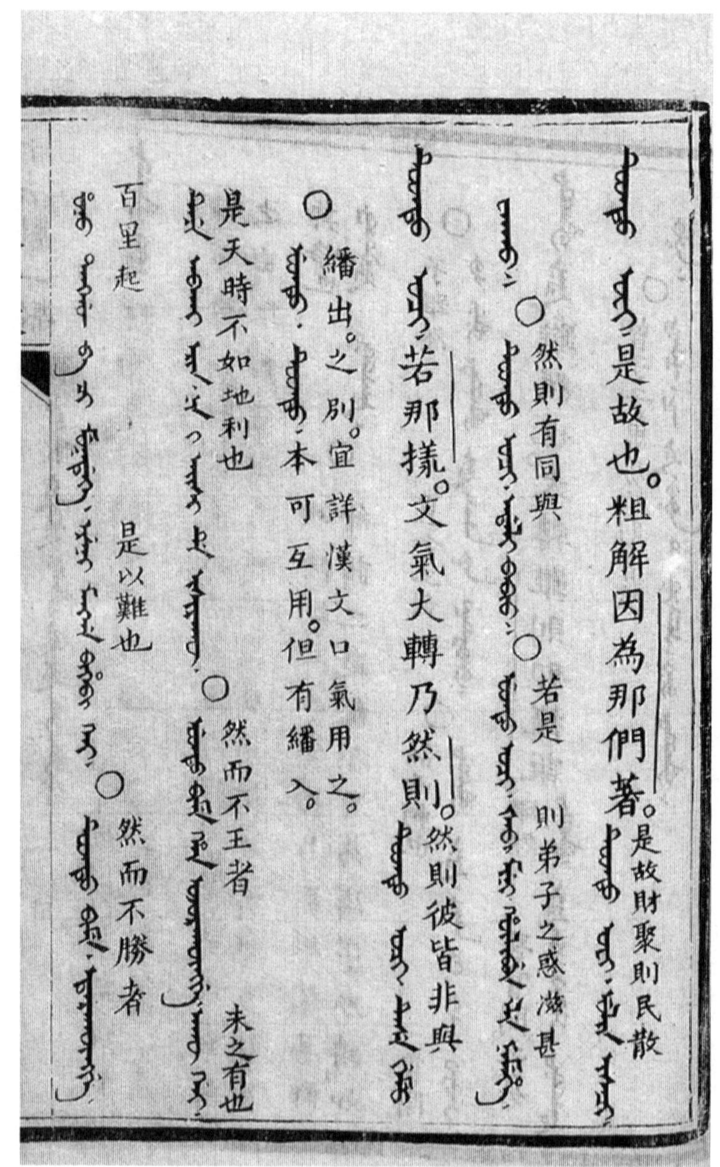

是故也。粗解因為那們著。是故財聚則民散

然則有同與 若是 則弟子之惑滋甚

若那樣。文氣大轉乃然則。然則彼皆非與

繙出。之別。宜詳漢文口氣用之。

本可互用。但有繙入。

是天時不如地利也 然而不王者 未之有也

百里起 是以難也 然而不勝者

〔08-40B〕

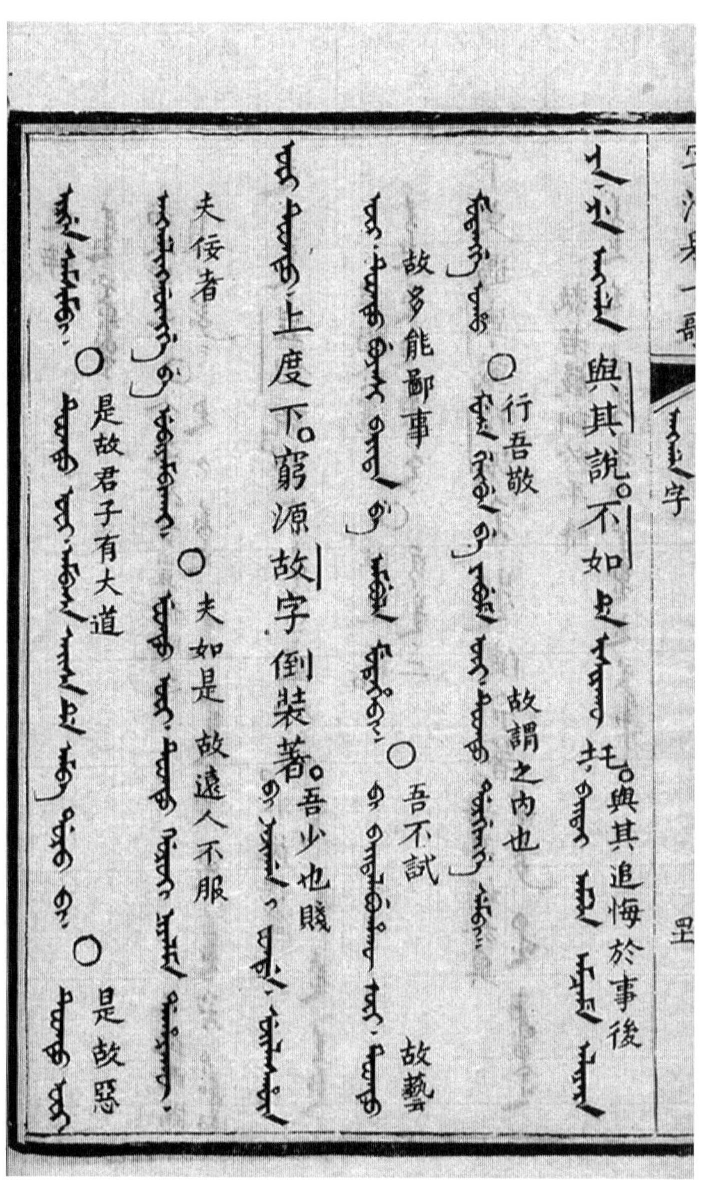

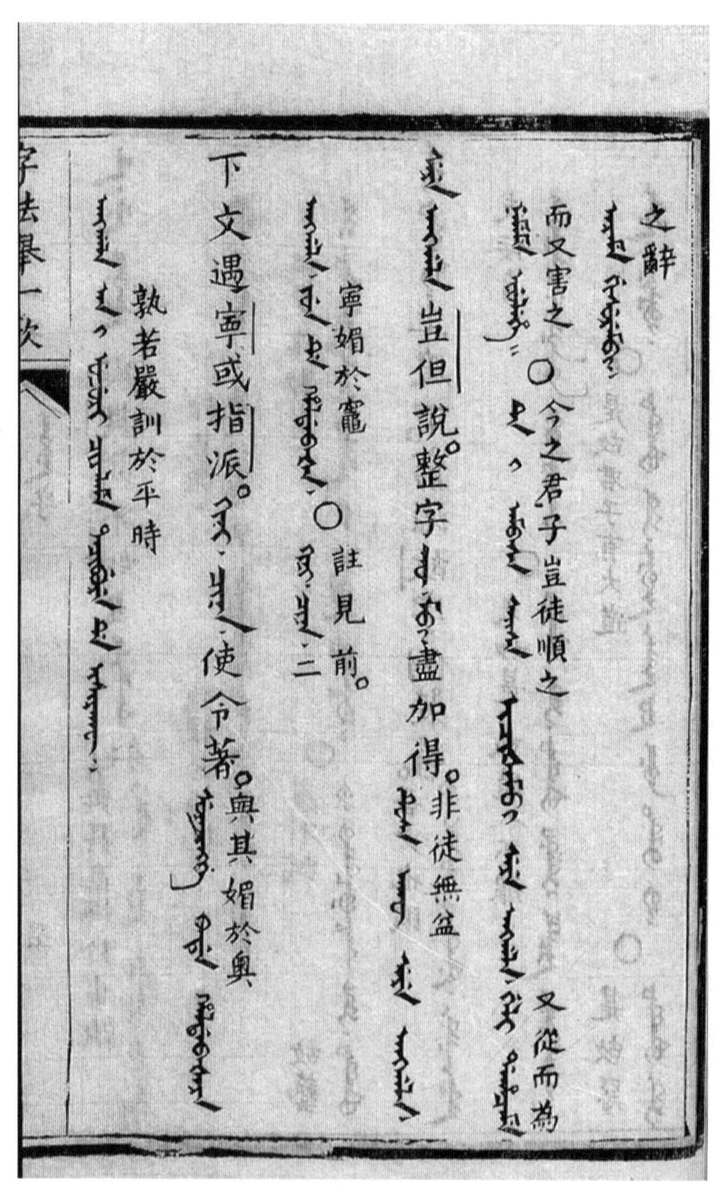

之辭

而又害之

○今之君子豈徒順之

又從而為

豈但說整字盡加得。非徒無益

寧媚於竈

○註見前。

三

下文遇寧或指派。使令著。與其媚於奧

孰若嚴訓於平時

字法舉一歟

疑兼而況常加 見且猶不得亟 而況得而

實尚且字照二 吾猶不足 如之何其徹也

○神之格思 不可度思 矧可射思

尚且還字用 是可忍也 孰不可忍也

○且以文王之德 百年而後崩

句首著。況且一轉另提說。且爾言過矣

於親戚之者乎 而況

而況於王乎 ○ 非聖人而能若是乎

仲者乎 ○ 仁智 周公未之盡也

否用 管仲且猶不可名 而況不為管

而況可召與

臣之乎 ○ 千乘之君求與之友 而不可得

整字字將然下。可不著。王好戰

有以利吾國乎

已然上加 不遠千里而來 亦將

君子憂道不憂貧

耕也餒在其中矣 學也祿在其中矣

自然既字猶水趨東順下格。未然上用

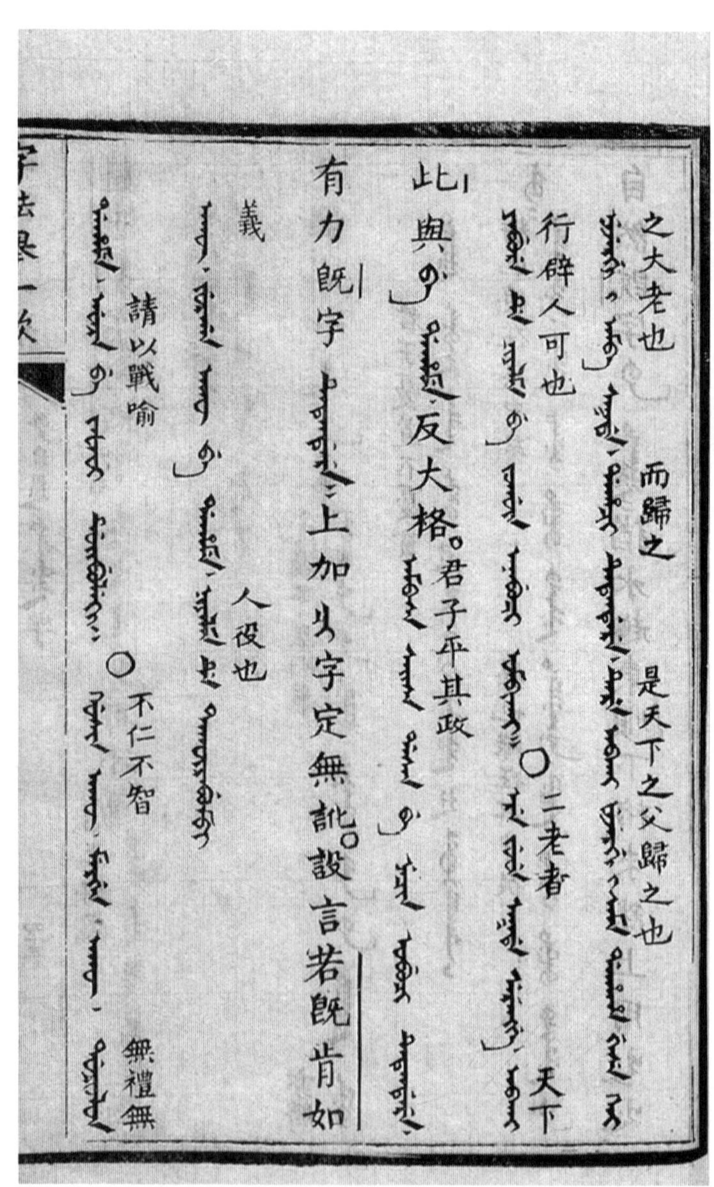

既切之而復磋之 既琢之而復磨之 ○ 既竭心思焉

一步。連環正套義方合。既欲其生 又欲其死 ○

亦既而既令說。使令字亦上加著。由淺及深進

或者不可乎

果。連環反套義方合。昔者辭以病 今日弔

既而既令說。使令之字上加著。由是入非然不

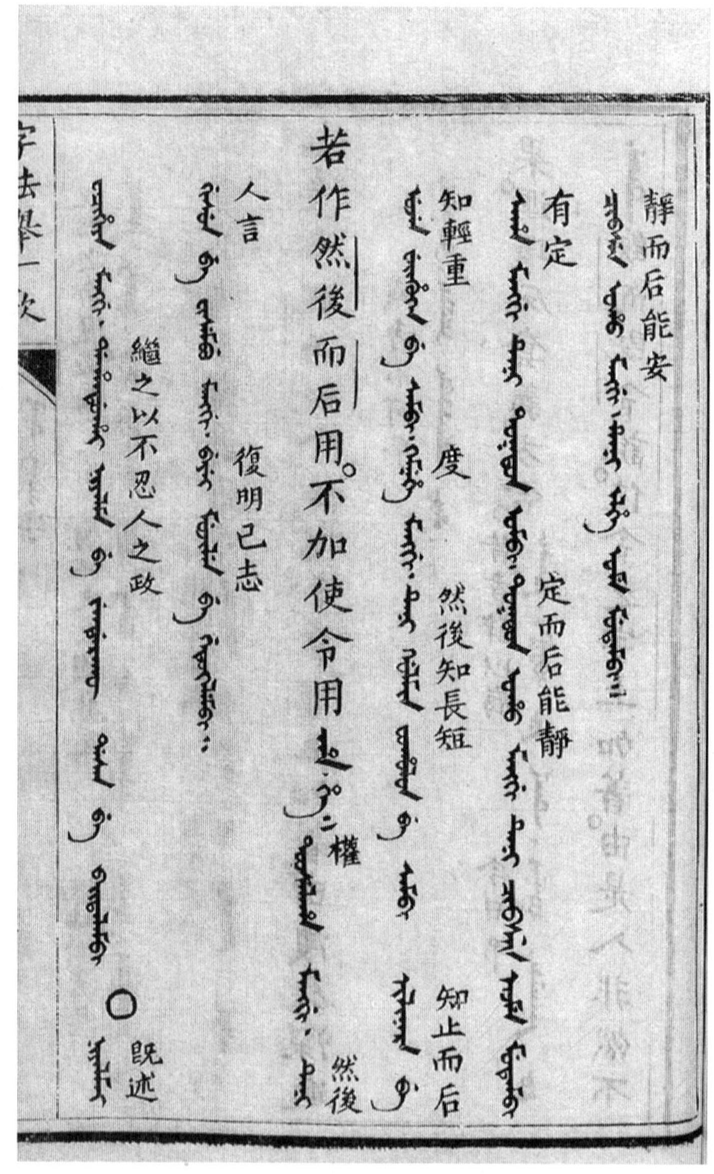

有言曰 也。南人有言曰 人而無恒

旁插所謂 楊氏所謂一篇之體要是也

以為寶 仁親以為寶

以保其身 舅犯曰 亡人無

引經據典 詩曰 既明且哲

舊聞追述

商聞之矣 死生有命

○ 才難 不其然乎

暗引不言經與典 ○ 不忮不求 何用不臧

莫知其苗之碩

諺語乃 故諺有之曰 人莫知其子之惡

不可以作巫醫 善夫

磨

鳶飛戾天　魚躍于淵　字

其斯之謂與

詩云

如切如磋

詩云

如琢如

下斷論用

引書作證附斷論。

引述既完當斷住。

富貴在天

其應承上煞經典。起

字語終托。畢。以

字托之。

凡引述經典之言

吳

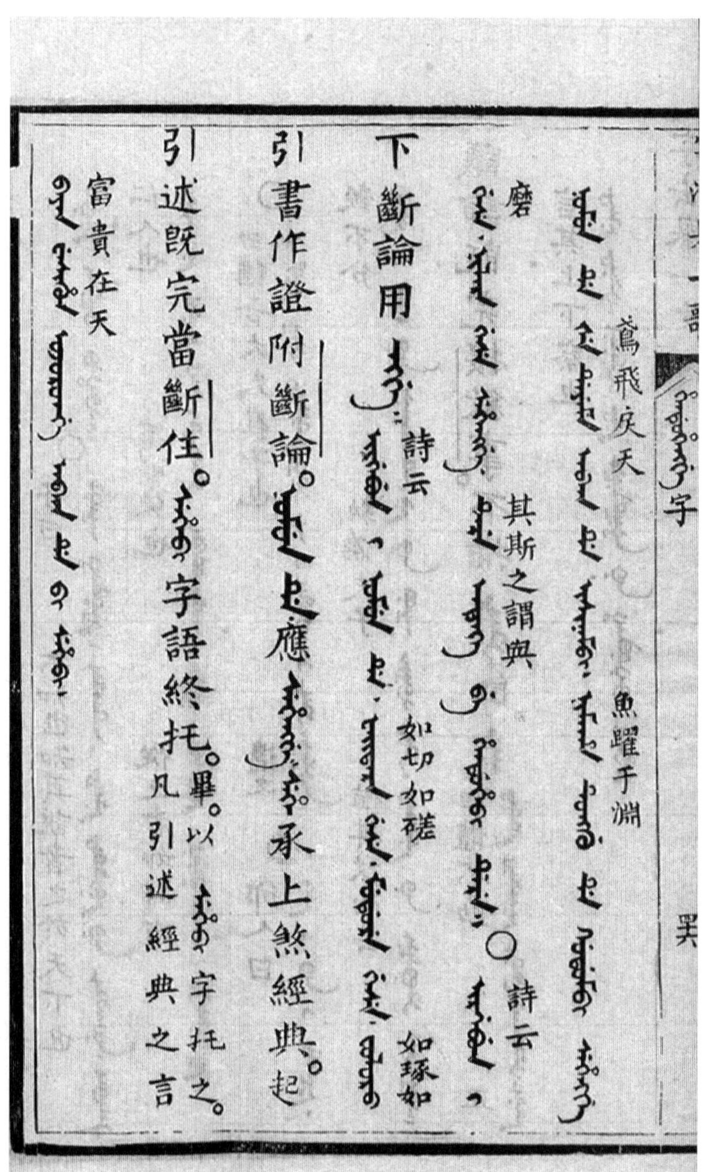

子曰

不知也知其說者之於天下也

仁人也

不可失也

從之者如歸市

○ 曰猶吾大夫崔子也

違之 ○ 邠人曰

穀不分

孰為夫子

植其杖而芸

議論既完接敘事。不插

即

四體不勤

五

言其上下察也

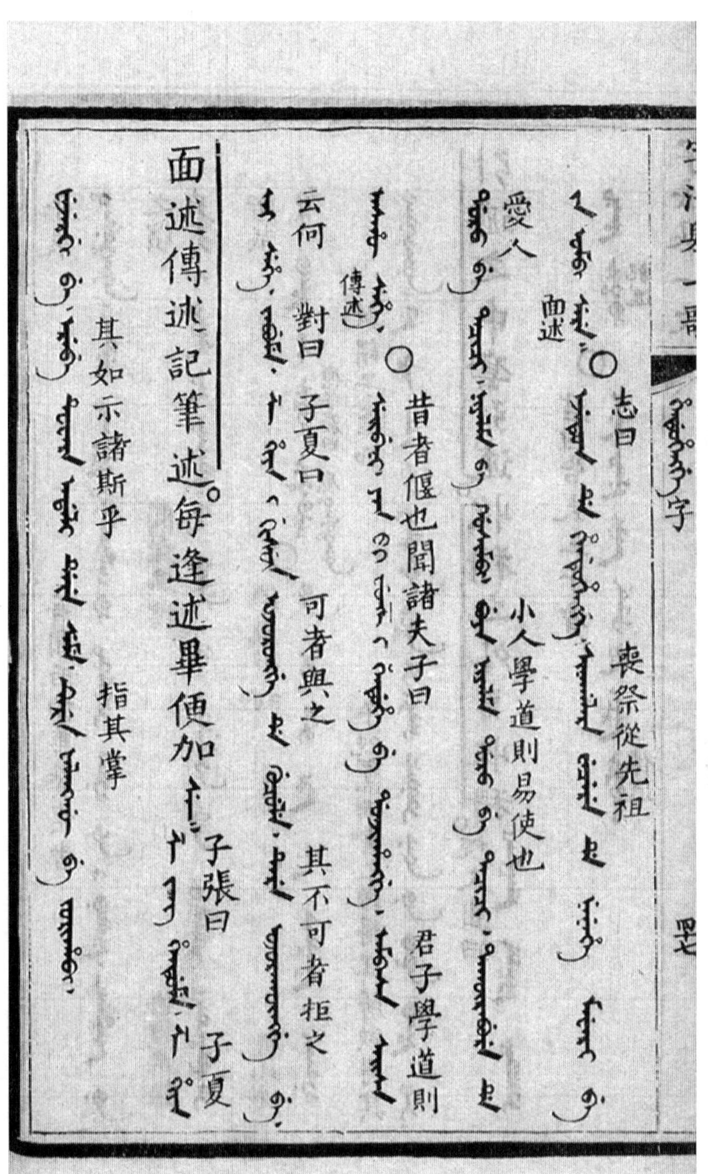

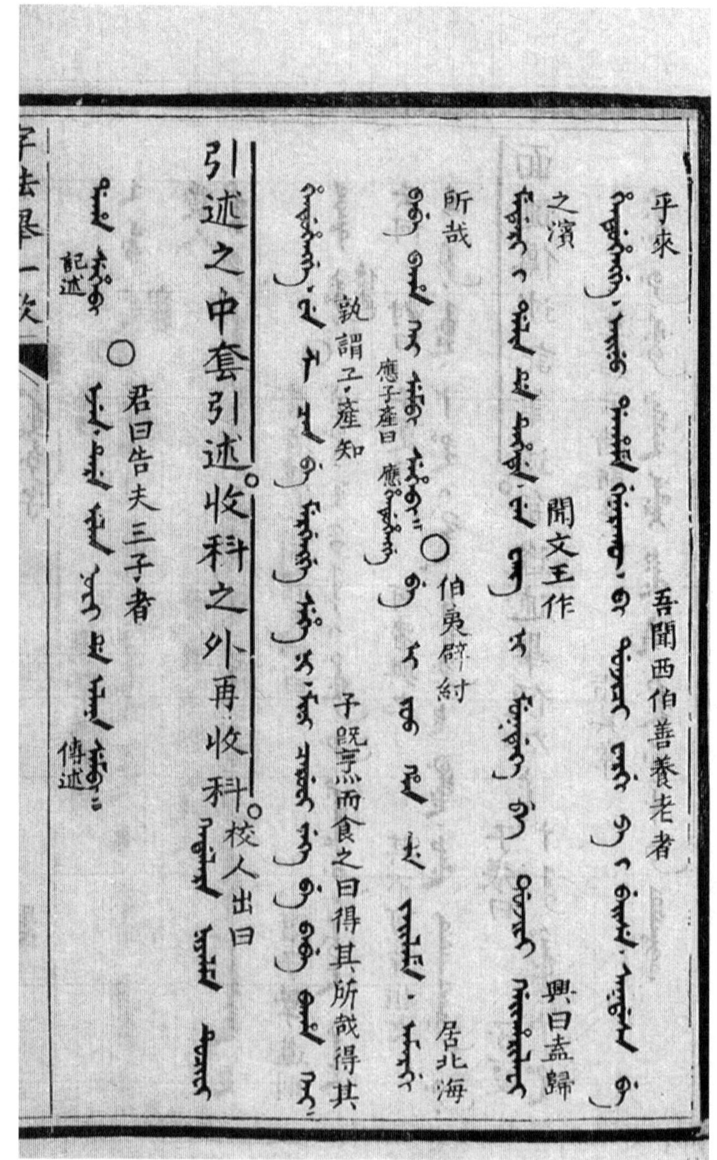

〔08-47B〕

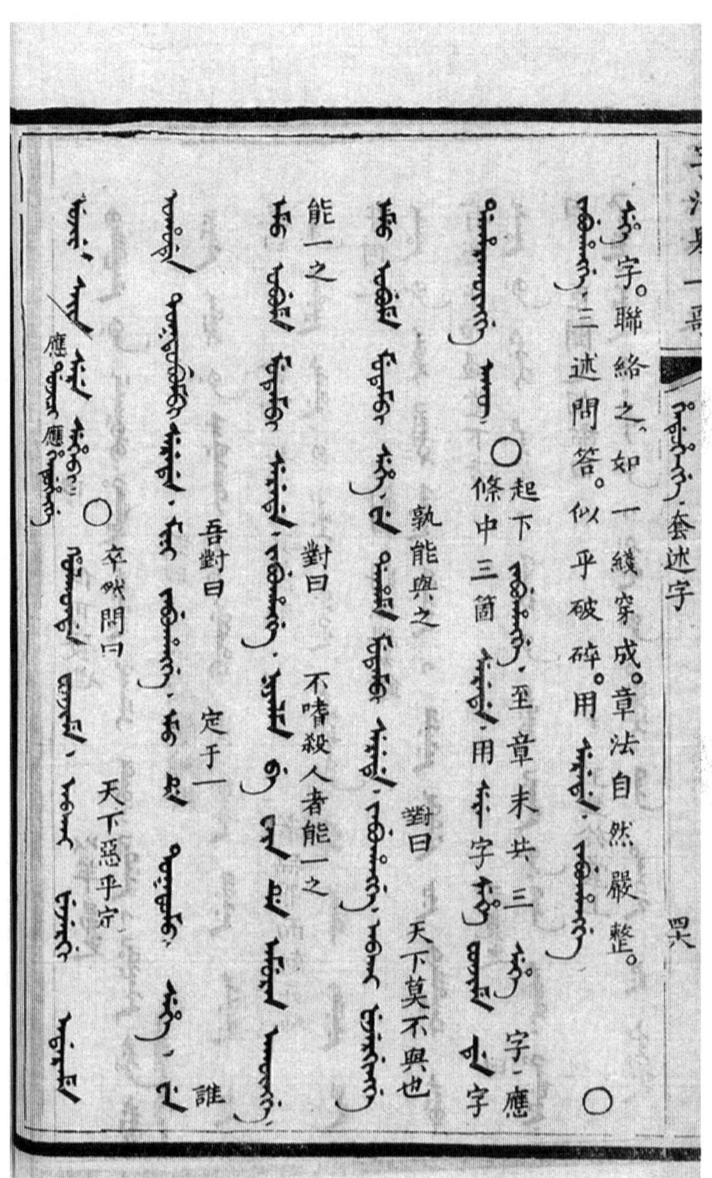

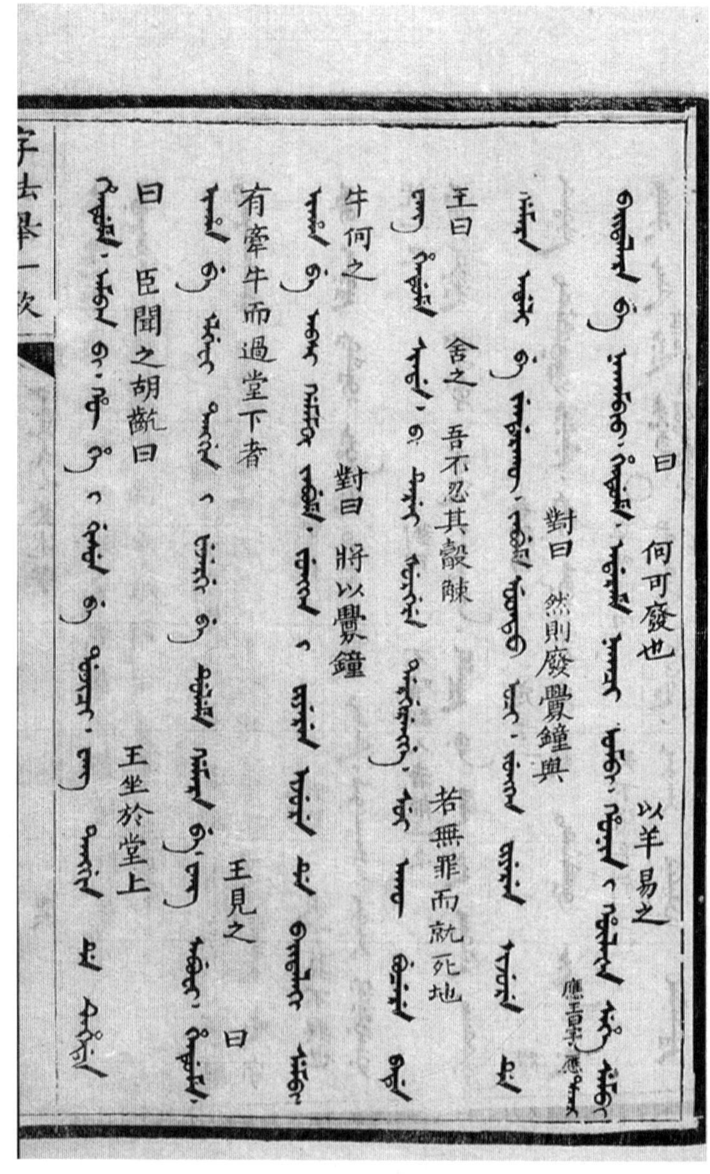
曰 何可廢也 以羊易之

對曰 然則廢釁鐘與

王曰 舍之 吾不忍其觳觫 若無罪而就死地

牛何之 對曰 將以釁鐘

有牽牛而過堂下者 王見之 曰

曰 臣聞之胡齕曰 王坐於堂上

字法舉一歌

整作使令接字。不加即 上 忠信

留使叫這們着。勞之 來之 匡之 直之 輔之 翼之

使去告訴。話 說話 使說

孝 行孝 使行孝。弟 行弟 使行弟。使告訴。去告訴

破字插腰作用格。去留腰叫作用。治 修治 使修治。

使令頭頭整字多。先之勞之。與之僉。去留不同。當面使令字。與

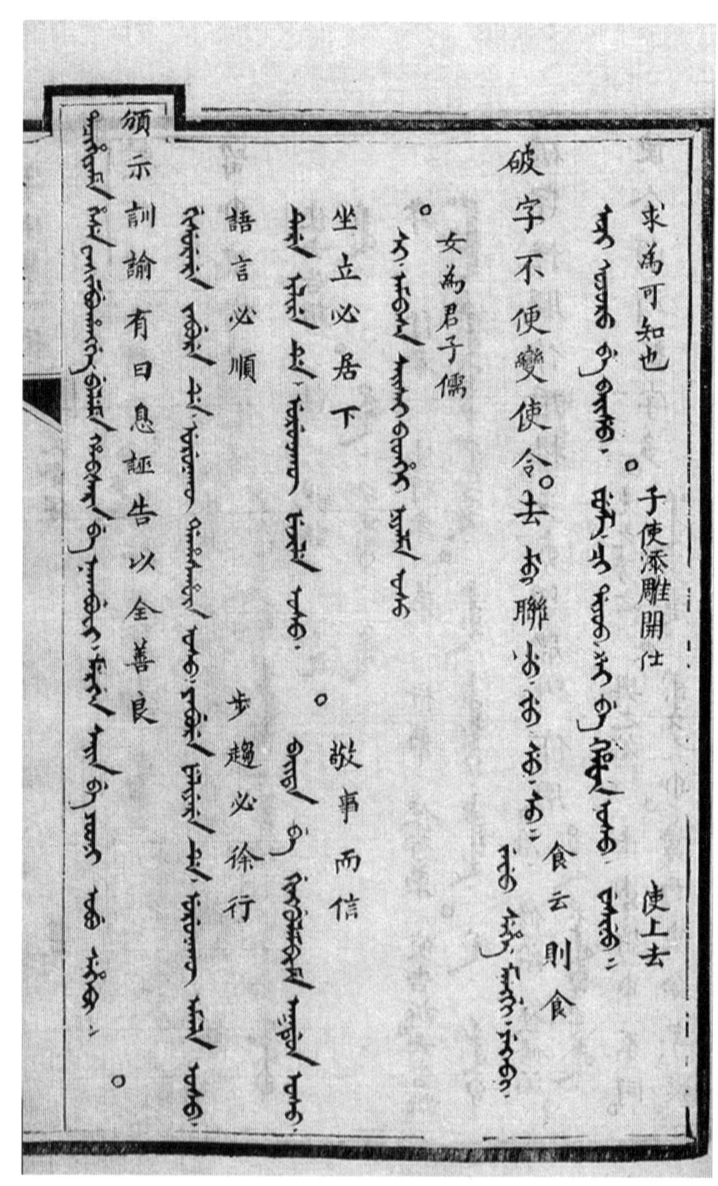
求為可知也。于使添雕開仕 使上去

破字不便變使令。去 聯 食云則食

。女為君子儒

坐立必居下 。敬事而信

語言必順 步趨必徐行

頒示訓諭有曰息誣告以全善良 。

〔08-49B〕

字法舉一歌　揷腰字　卆

生成結長亦
苗而不秀者有矣夫　秀而不實者有矣夫
不陥於法律之内　必親迎乎
去字揷腰
克告於君　君爲來見也
不俟駕而行　令字見前。
破字
來百工也　來㳟來茹　君命召
乃字繙來有五法。揷腰上下破單著。
子亦來見我乎
揷腰　單著

虛活。

挿腰待用格。破了本體加腰首為體用字

與

相泣於中庭

而良久未知之也

字。

可通用。

也

羣飲聚搏

羣居終日

大家彼此一齊說。腰挿

聞者莫不與起

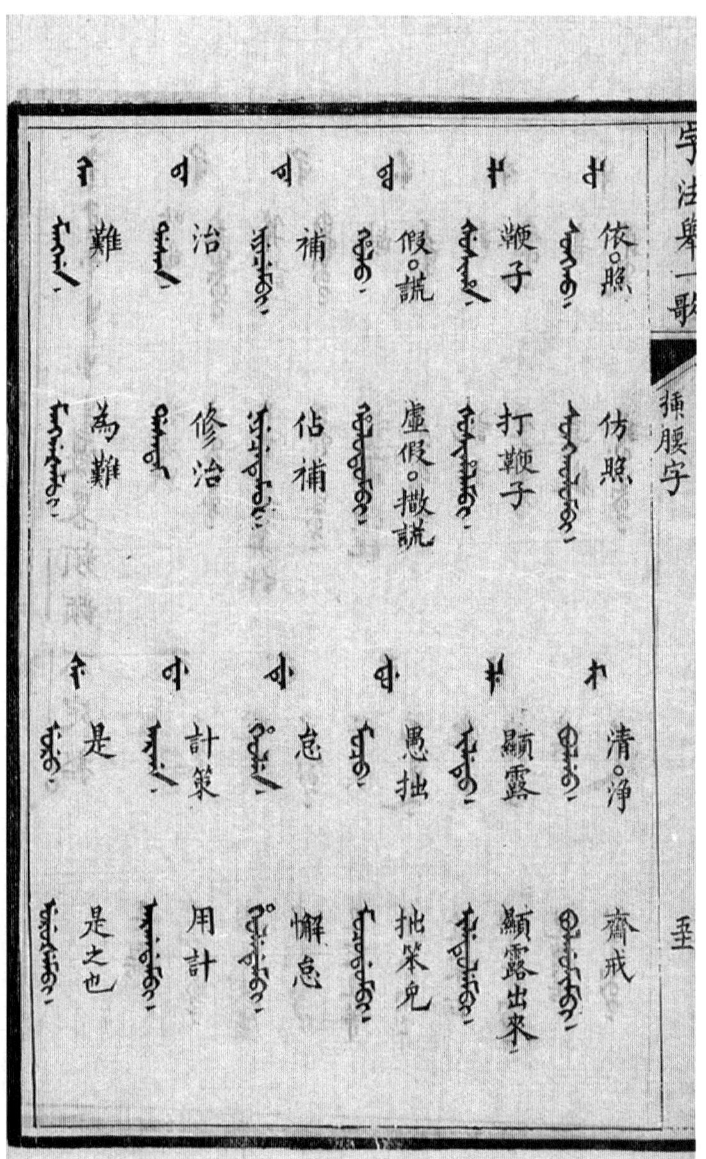

字法擧一歌　揷腰字

依。照　仿照

甁子　打鞭子

假。謊　虛假。撒謊

補　佔補

治　修治

難　爲難

清。淨　齋戒

顯露　顯露出來

愚拙　拙笨兒

怠　懈怠

計策　用計

是　是之也

垂

微畧頻頻不定之格。

吃驚 打冷戰
算計 自言自語算計
缺 損之也。損耗
話 說話
喜 喜歡

平 平撫
蒙蓋 撣拂灰塵
等候 且走且等
蒙古 效蒙古
漢 說漢話

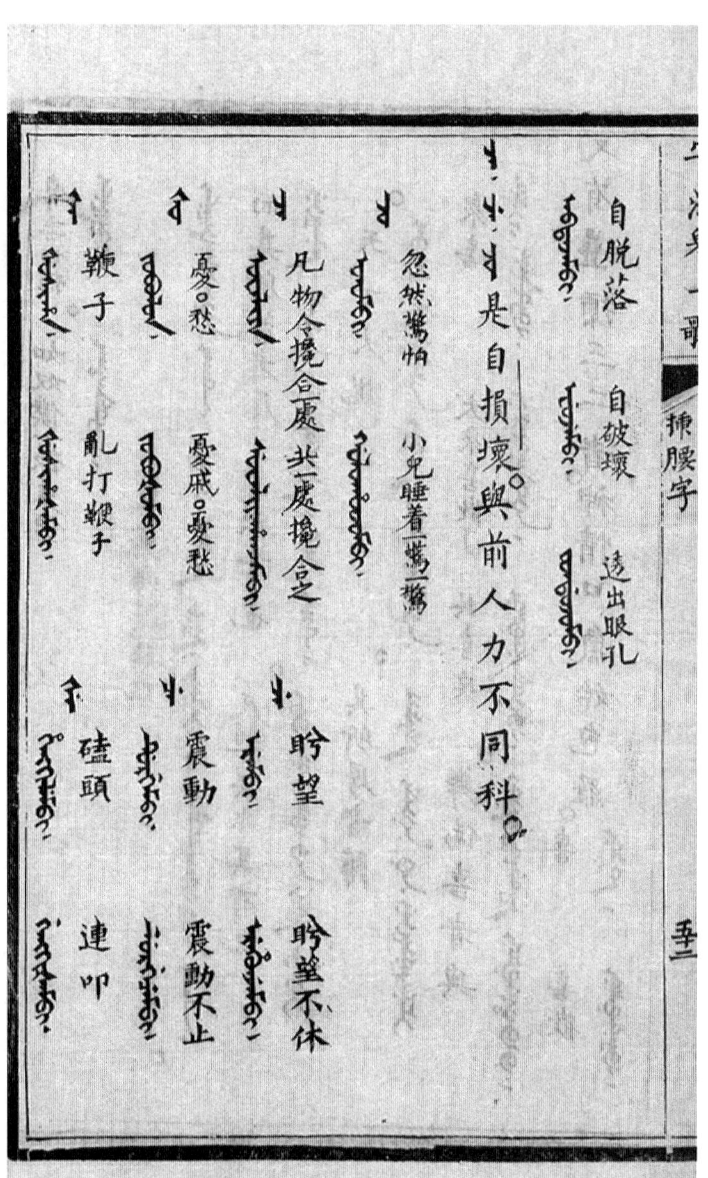

字法舉一歌　揀腰字　五十二

自脫落　自破壞　透出眼孔

是自損壞與前人力不同科

忽然驚怕　小兒睡着一驚一驚

凡物令攙合處　共一處攙合之　盼望　盼望不休

憂愁　憂戚憂愁　震動　震動不止

鞭子　亂打鞭子　磕頭　連叩

專主佔據 。如奴僕一樣差使

民莫非其臣也

而其所薄者厚 未之有也 。尺地莫非其有也

天下大說 。其所厚者薄

衆喜 大衆喜歡了 共喜矣 。非偽喜者與

又有疊揷三二者。神情口氣始包羅。喜 喜歡

[08-52B]

實變虛。虛變實。字

加 則實。 虛直到字。加

疑辭虛口氣。加 則實。 嘆想虛口氣。

則實。 虛恐字。加 則實。

虛則字。若是字。加

虛字加照作實格。 虛還字加 則實。

虛雖字。加 則實。

畫。爻 畫道子 肚子 揣之。懷之

雨 下雨。 雹 下雹。 閃 打閃。

實死字作破虛活。畫畫。 雨雨。

破體為用。變實為虛。如

著点 著些 亦是他。畧新鮮些。微生点兒。畧少着些兒

至於道 至於魯 曾一變

齊一變

此須與畧薄。微多 以前些 畧顯明

追叙虛口氣。加 則實。

同。共。衆。虛口氣。加 則實。倘曾

來著口氣。加 則實。彼此。

字。則實。凡所虛字。加 則實。

[08-53B]

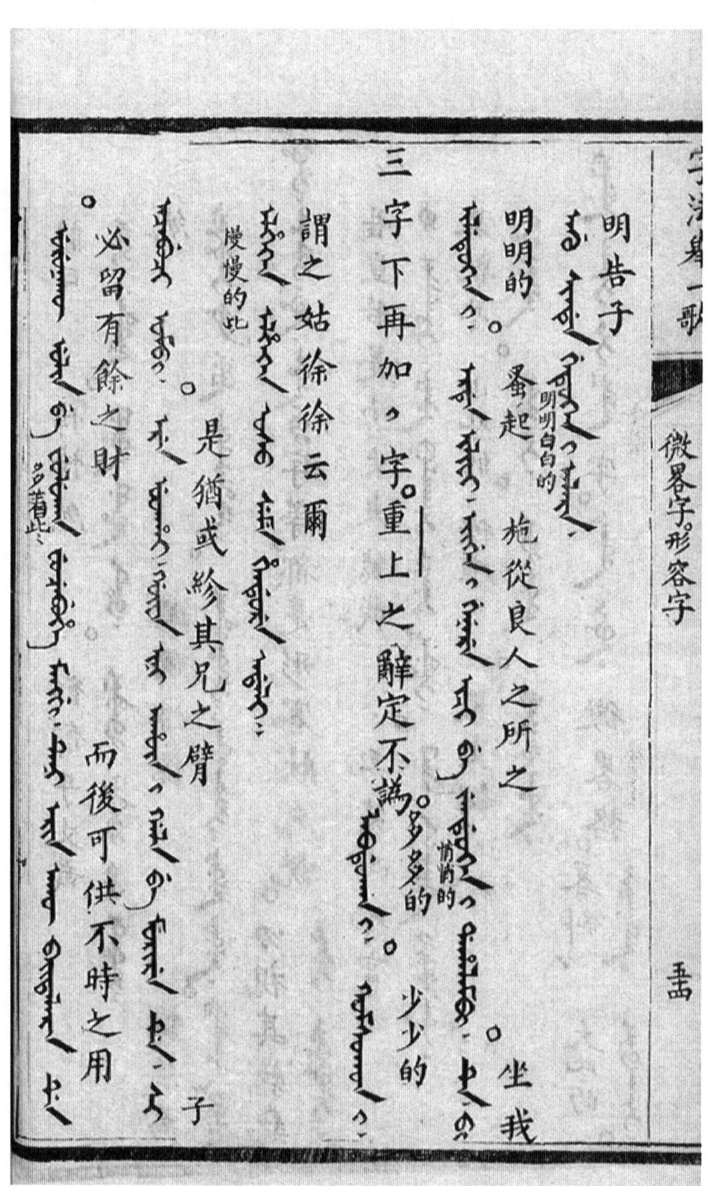

字法舉一歌　微畧字形容字　五十四

明告子　明明白白的　坐我

明明的。番起　拖從良人之所之　悄悄的。

三字下再加字。重上之辭定不講。多多的。少少的

謂之姑徐徐云爾　慢慢的比

。是猶或紾其兄之臂　子

。必留有餘之財　而後可供不時之用

多著些

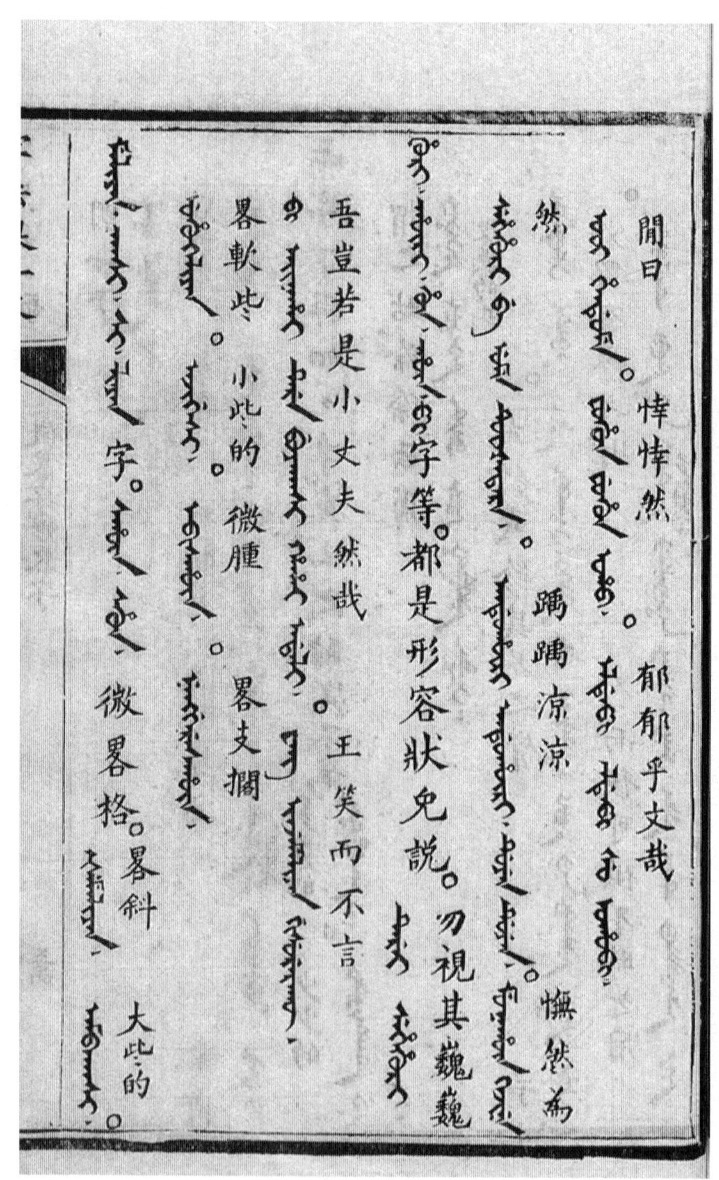

順。信口粗言再揣摩。每逢者也之乎矣。便作呢呀咧細文先當粗文解。由粗再作口頭說。段落不清氣不文有定法而無定格。滿文有成規而無成見。審也。繙譯之道如之。漢文千變。滿文亦千變。是漢覩。而平夷者趨之。危險者避之者。端賴杖明而擇之紆迴曲直。塗之泥水坑坎。原無板定。瞽者無所杖。宜避宜趨自選擇。之隨明杖。此喻最爲切當。蓋路前輩云。繙譯之隨漢文。猶瞽者不是清文變化多。題式由來無定格。譬諸瞽者隨明

[illegible] 即不是國是什麼。再如如追放豚。既
[illegible] 即不是諸侯是什麼。而非邦也者。乃繙日
諸其鄰而與之。又如非諸侯而何。乃繙日 [illegible]
來給了。記事者書曰。孰謂微生高直。或乞醯焉。乞
子說。誰說微生高是直人。有人尋醋。他向街坊尋
著人家的東西。他去討好。如何算得直人。因此夫
尋醋。他不說他沒有。轉望街坊尋來給了。是他拿
呀咧罷麼也。假如當日微生高有直名。一日人來
載成書不能不文耳。書內之乎者也矣。即當日呢
即當日聖賢所說之話。說話時。原與我等無異。記
罷麼。真脉自出得把握。審題此外別無他。所讀之書。
吾輩平日

入其苙。又從而招之。乃繙曰
即是彷彿把跑脫了的猪拿來了。圈在圈裏。而且又綁上一樣啊。學者當本著書上字句。彷著當日神情。自然無微不顯。繙之何難。如段落不清。口氣不順。再譜文。再粗解。再口頭。則脉絡出焉。解題至此。別無他道。

繙法先從變法學。減增取意倒裝著。正法之中常寓變。本地風光亦變格。

繙文之法雖多。不出正變二法之外。如題意平順。切定本地風光。逐字繙之。即能意透辭明者。正法也。如有有餘者減之。不足者。增之。文意不合。口氣不順者。或取

求也問聞斯行之 子曰聞斯行

述時語

由也問聞斯行諸 子曰有父兄在

子曰道其不行矣夫 公西華曰

引述 經典

入曰伯夷叔齊何人也 孔子曰知禮

旨也 問也 答也 武王曰

本地風光要辨白。曰字不僅 堯曰

旨也

變法也。是正法之中。多寓變法。

意。或倒裝。變法也。然本地風光。在時勢上分別。亦

字法舉一歌 翻法 本地風光 十七

俱是母。父母之心。倉廩、父母。稱呼當面 非當面稱

先生將何之 ○ 明道先生 人學士。

況稱文

先生要看謂誰何。先生饌 平稱也 長輩也 ○ 先生何為出此言也 師也

彌子之妻與子路之妻兄弟也 姊妹也

兄弟須分稱那位。魯衛之政 兄弟也 同姓諸侯 字。

之 ○ 曰 視不勝猶勝也 語終托以

人。故其書。獨二子以子稱。

有曾稱子因何也。論語之書。成於有子曾子之門

聯寫尊稱也

昔者。昔者疾 今日愈

前日也 昨日也

都繙昔者麽。昔者吾友。子來幾日矣 曰

昔者

定指明日否。明日子路行以告。明日遂行

遇丈人荅 問陳第二天

總稱哥。兄稱。口稱用 又皇子。

兄稱。書中用 又叟稱。先生之稱。

漢文足滿又圓和。繙時嫌欠或嫌多。法。滿文。亦有之。

之者。神而明之。故曰。本地風光。亦變格也。漢文。有詳畧之

其道極難。道者何。理也。無成章。無定法。惟在用

古者酒無 今時酒却有 得其道極易。不得

貼切之字雖多。但

一夫紂矣 失位時

及紂之身 天下又大亂。 聞誅 在位時

舜紂非 爲甚麼。舜相堯 未得位時 。禹相舜 已得位時

非多即久。故設減增之法。尋常鋪敘已也。孰意繙時。始見知也。假令一題入手。詳其文氣滿足圓和。必以為焉。由此觀之。滿文之法。尤嚴於漢文。吾輩不可不取幾段文章。乍觀之似乎通順。至一繙。則疵累生漢文之妙亦不知也。嘗見人自書一篇議論。或節得極難。滿文看得極易。彼不但不知滿文之妙。而是詳畧之法同。而所以為法異也。人或將漢文看則神清。俱能令文氣足滿圓和。而不露減增痕蹟。漢文每用襯墊。襯墊則調嚮。滿文每用擇脫。擇脫滿文。法在空處補神。使人豁目。故雖增而不嫌多。漢文。法在空處傳神。使人會意。故雖畧而不嫌久。

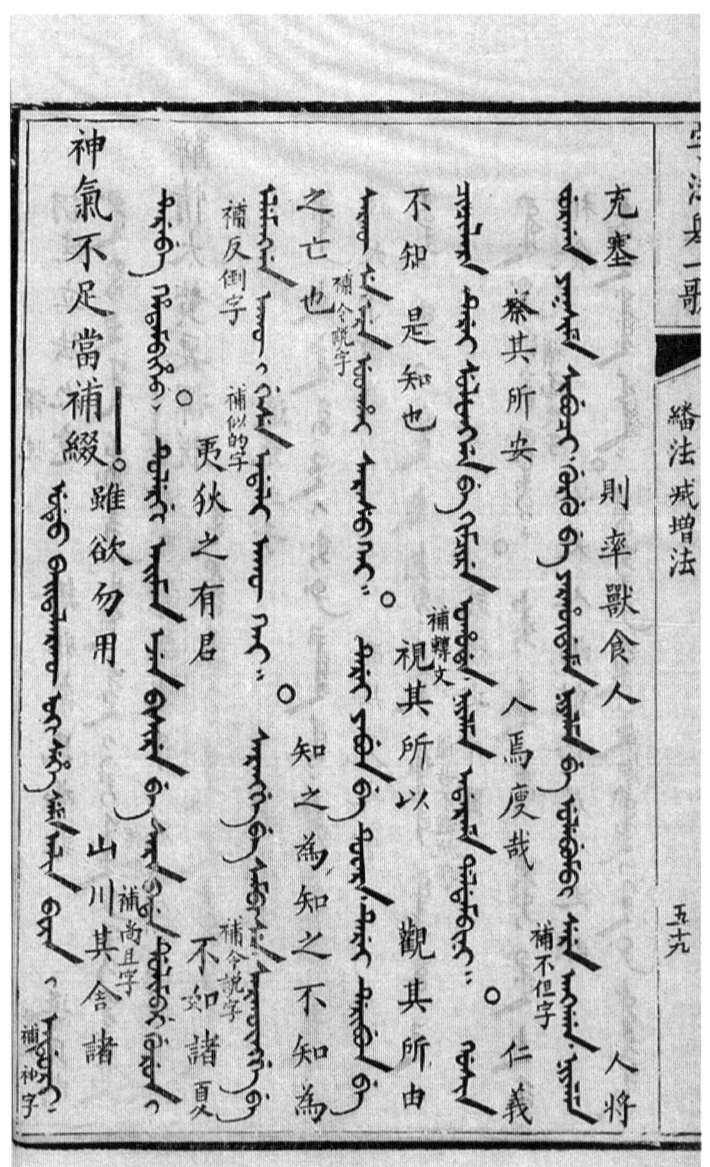
字法舉一歌　繙法減增法　五十九

充塞　則率獸食人　人將

察其所安　人焉廋哉　補不但字　仁義

不知是知也　補轉文　視其所以　觀其所由

之亡也　補令說字　知之為知之不知為

補反倒字　補似的字　夷狄之有君　補令說字　不知諸夏

神氣不足當補綴　雖欲勿用　補尚且字　山川其舍諸

補神字

朝廷立法之意[擇脫] 無非禁民為非 導[擇脫]民為

辭情太贅要擇脫｜。不有博弈者乎 為[擇脫]之猶賢乎矣。

逼堯之子 是篡也

踐天子位焉 而居堯之宮

然後之中國[補若不避就字]

[補為要字]

相食 惟大人為能格君心之非

字法擧一歌

繙法
正繙法

卒

州有削序 闲有削學 ○

肥時削樺始合格。古者家有削塾 黨有削庠 四樺合格

至哉 與補綴小異

必不仁也 必無禮也 此物奚宜

鬆處加楔不見縫。再 加楔 斯可矣 ○ 加楔 流水之 加楔 爲物也我

善

原轍。但當詳愼得之矣。太過不及恐覆車。大法也。其正繙者。一

坎。索隱安瀾萬丈波。虛實抑揚隨彼式。正直反側順

正法雖宜防變格。亦休臆造妄搜羅。鈎深平地千重

添足。皆泥漢之故。裁不減如贅瘤。畫蛇

前法不通惟泥漢。不成刻鵠定足蛇。氣。刻鵠類鶩。宜宜補不補失神

削曰孝削曰友　而繼削曰睦小異

三揮合一格　與擇脫

手。如不用成語。妄施小巧。意近燈謎。斯道大忌。
攏全神。毫無遺義。使理明辭暢。字省目豁。方爲老
矣。吹求太過反穿鑿。正繙之不明。不繙則不可。宜虛
宜取意者。多係典故堆壘之文。
逐字直繙義扞格。捨詞取意却明白。但能達義則可
必立異翻新。而自以爲得意。孰知令人不解。
間文。以其與性分相近也。久而合一。便遇常題。亦
聖諭廣訓。四書。五經。古文淵鑒。諸書爲平淡。遍覽怪異
瀾。令人厭棄。嘗見一等好奇人。以
過猶不及。斷不可自逞臆造。索隱鉤深。致坑坎波
中不免隱伏他義。故正法固當詳慎。不宜輕易。然

正法繙之氣不合。便當變換倒裝著。晉國天下莫强

所不恕 斗酒娛賓

之福 古道之不存 即為國典

華戶出入優游 共享太平無事

鄰舍失事 竟有如秦越之相視。使蓬門

識欲使四海九州閭閻安堵

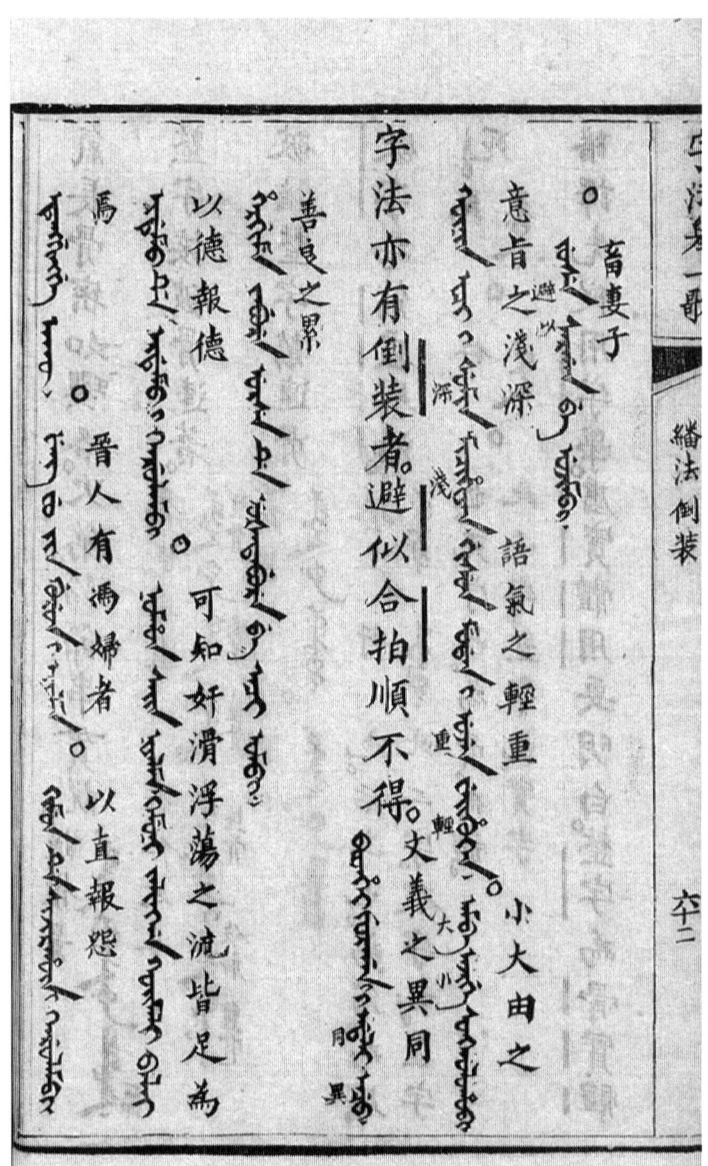

字法擧一歌　繙法倒裝　卒二

○ 畜妻子

意旨之淺深　語氣之輕重。小大由之

字法亦有倒裝者。避似合拍順不得。文義之異同

善良之累

以德報德。可知奸滑浮蕩之流皆足為

焉。○ 晉人有禰婦者。以直報怨

氣長骨密如瓔珞。次第節節串貫說。謹權量 [Manchu] 節

整字接破骨連著。養民之道 [Manchu] 整骨 破筋 整骨。行仁之本 [Manchu] 整骨 破筋 整骨

破接整字筋連骨。養民 [Manchu]。行仁 [Manchu]

破字為筋虛用活。養 [Manchu]。行 [Manchu] 也。活字也。為筋。為用。此二字。破字也。虛字

死 [Manchu]。民 [Manchu]。仁 [Manchu]。也。死字也。為骨。為體。此二字。整字也。實字

繙譯先從用字學。虛實體用要明白。整字為骨實體

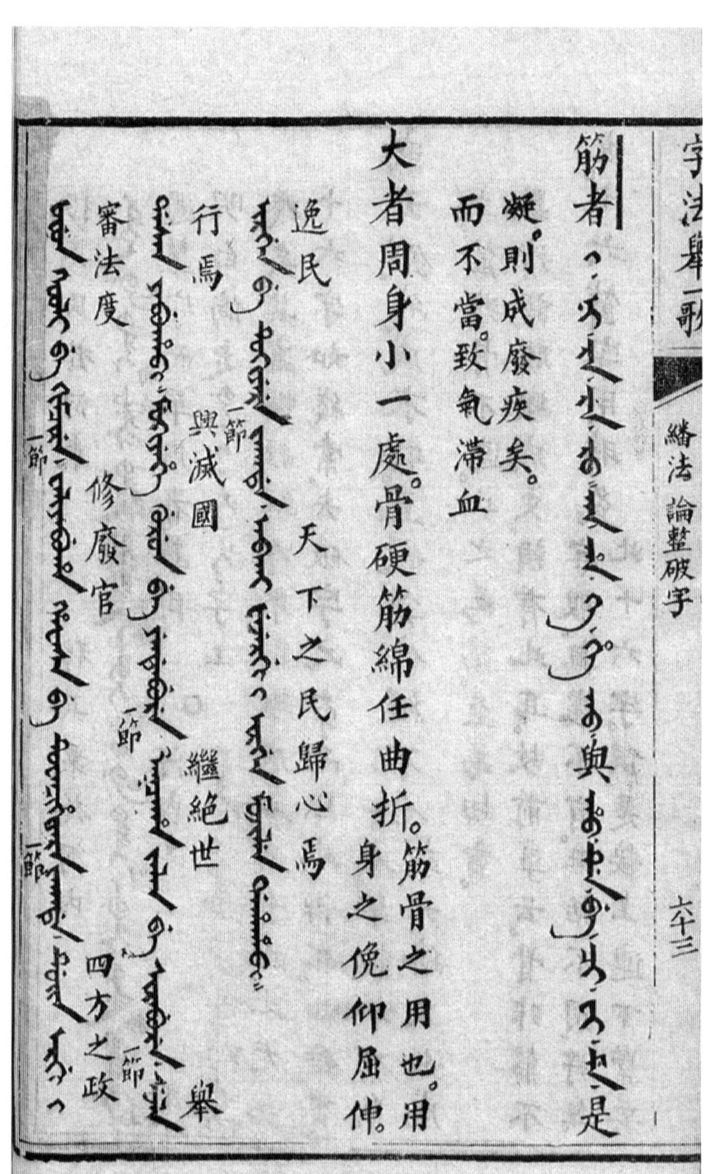

字法舉一歌　繙法論整破字　六十三

筋者……與……是

凝則成廢疾矣。

而不當。致氣滞血

大者周身小一處。骨硬筋綿任曲折。筋骨之用也。用身之俛仰屈伸。

逸民……天下之民歸心焉

行焉……興滅國……繼絕世……舉

審法度……修廢官……四方之政

移其民於河東　移其粟於河內

遇整字而單用者義同。○河內凶則

明白。倘　字上

綫矣。其直幅。殺縫。有不聯綴成衣者乎。此比尤易

十六字如綫索。去破字之　而以此聯之。如鍼貫

或云鍼綫成衣物。直殺無他縫不合。衣。單話如布帛。或云。繙文如成

立。筋非骨不連。此之為筋。至為切當。

數清語聯綴成文。賴有此耳。故前輩云。骨非筋不

也。十六箇字用時多。字眼。無處不有。無話不用。將無此十六字。俱是接上連下緊要

字法擧一歌　繙法喻氣脉　六十四

如之。如有王者必世而後仁

氣之道。

則沈。滴水中則浮。孰起孰駐。（本字為腰）於漢文語氣求之。駐

限分明。油沈於酒而輕於水者也。試滴油於酒中

意鈎起下文作收。是自腰至踵為下半截。方能界

起下。或另用他字斡旋。或不用過丈。竟直煞住。以

有承上字東之。是自頂至腰為上半截。或用本字

短或一二字。長或十數句不等。至語完氣駐處。必

自頂至腰腰至踵。油沈於酒水全托。

駐也劈頭一喝。此節言氣脉起

。有朋自遠方來　不亦樂乎

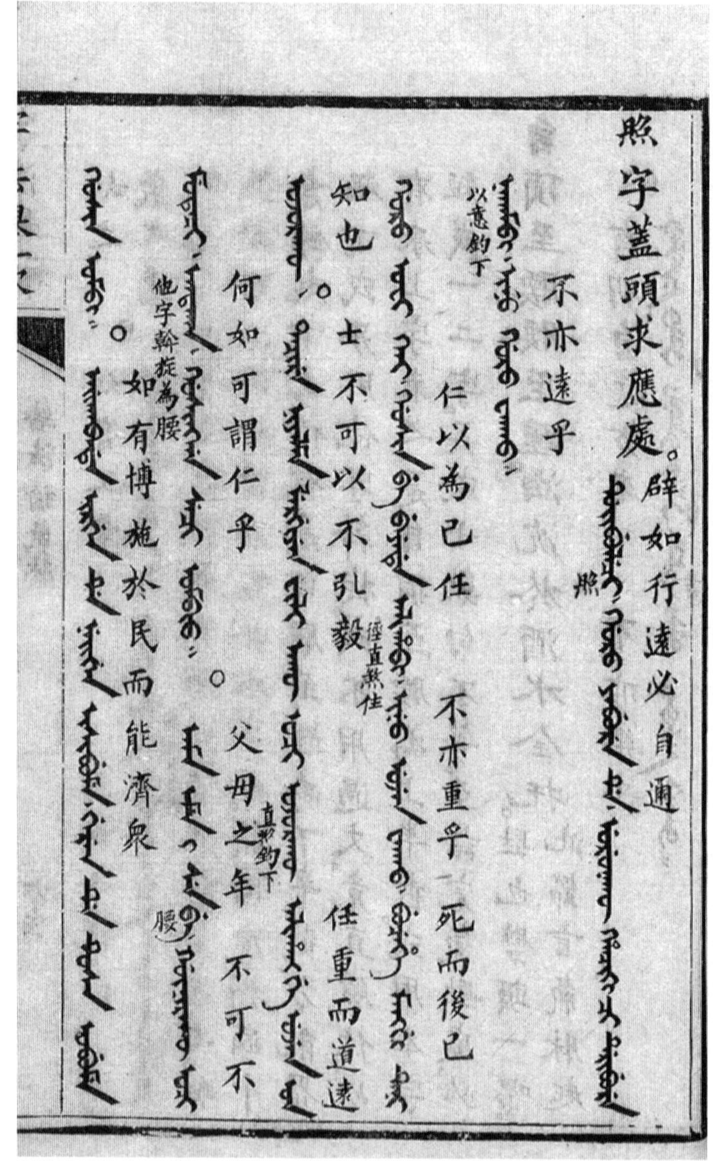

照字蓋頭求應處。辟如行遠必自邇

不亦遠乎

仁以爲己任　不亦重乎　死而後已

知也。士不可以不弘毅　任重而道遠

何如可謂仁乎。　父母之年　不可不

如有博施於民而能濟衆

有兢右師之位 而與右師言者

虛文冒下總托着。入門 有進而與右師言者

雖有鎡基 不如待時

人有言曰 雖有智慧 不如乘勢

辟如登高必自卑 齊

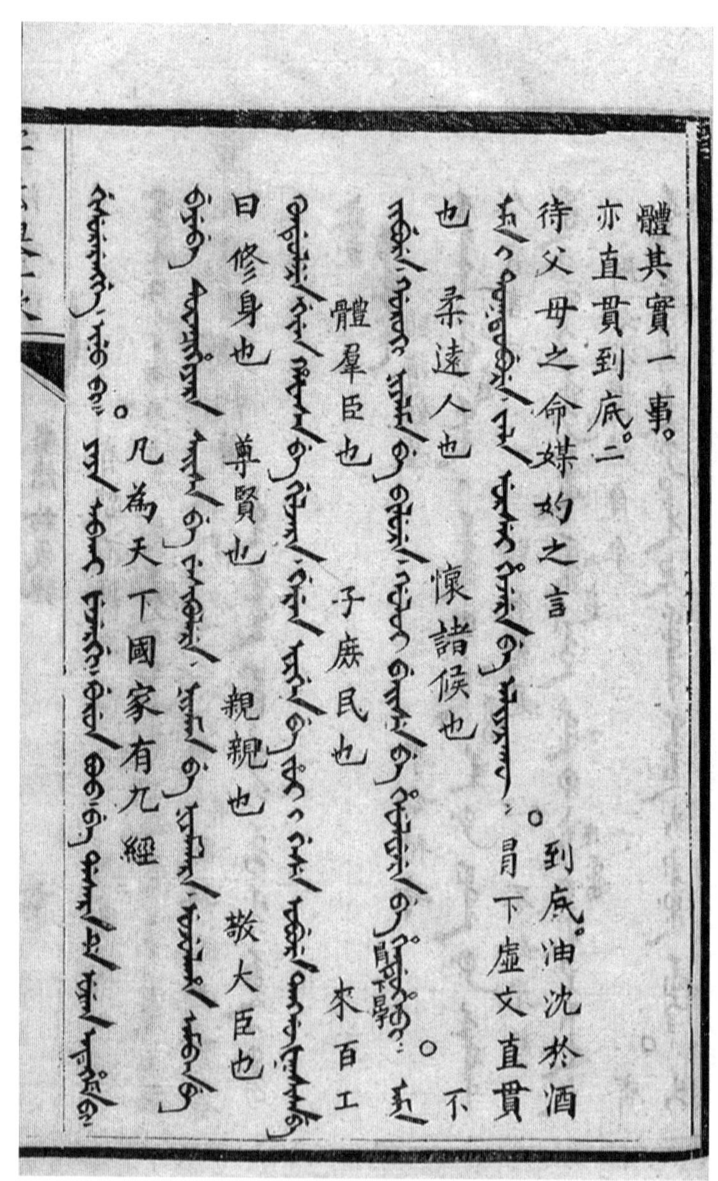

[08-65B]

三字並行結一穴。字接 流連荒亡

盡臣道

此之謂大丈夫。欲為君盡君道 欲為臣

不能移 威武不能屈

地。富貴不能淫 貧賤

承接間架許多格。一個肩頭承數脚。衆步下趨求實

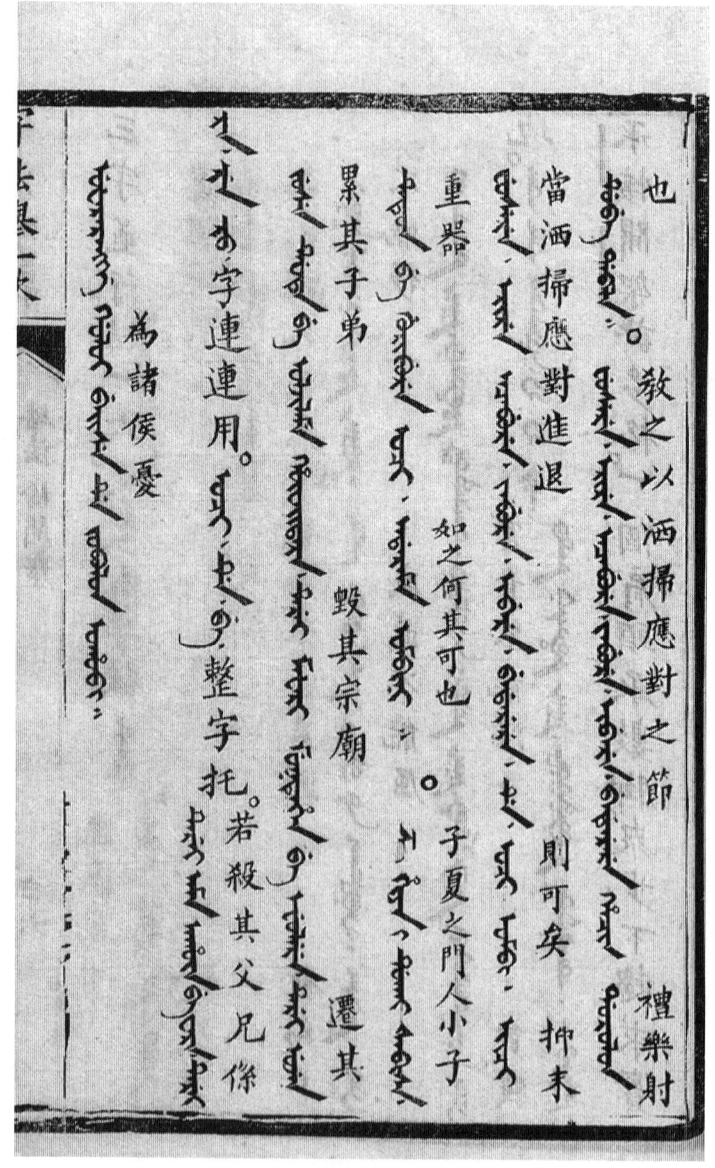

也。敎之以洒掃應對之節 禮樂射

當洒掃應對進退 則可矣 抑末

重器 如之何其可也。子夏之門人小子

累其子弟 毀其宗廟 遷其

字連連用。整字托。若殺其父兄係

爲諸侯憂

〔08-66B〕

高阜何妨扆容過。農工商賈不失為渦樸

賞之象。

有雅俗共

昔者吾友 嘗從事於斯矣 。之。二 。一 字。似

言一多字。承上二

有若無 實若虛 犯而不校

名山不免俗人賞。以能問於不能 以多問於寡

御書數之文 。 敎之樹畜

轉繳還轉意是爲合。意方周到。是承者。承住起句也起首一呼。語多不足承上一應。

起者渾然發議論。下文承應始明白。乘勢推開另一

效。亦不外此。而已。而理弊功

章法起承與轉合。理弊功效論之格。起。承。轉。合。四字章法雖多。無非之變體也。宜知象。此二條。常中

[Manchu] 。[Manchu] 字。似有著嚴登▬之既用 [Manchu] 字。文字。而又用

至。順下自純功至。效自理中得。

理者於理應如此。不則即弊所失矣。誠用實功效自

其由與

道不行 乘桴浮於海 從我者

父母在 不遠遊 遊必有方

。

轉意。此所謂合也。是合者。合住轉句也。

即乘上文文勢推開一轉。此所謂轉也。下文繳還

財 缺甘旨 而違色養

不遺餘力 而爲子者自私其

乃父母恩勤顧復

必服勞奉養 庶盡厥職

譬人子於父母 分產授業以後

。

條。發明 用法。欲窺全豹。請自選讀。

聖諭廣訓中。此法極多。但字句煩繁。不能全錄。節取此

〔08-68B〕

字法舉一歌　繙法起承轉合斷連法　六九

攝　何樂如之

事之實　得效　官不煩而吏不

外有効忠之名　上功下效　內受安

國　、下念身家

但顧爾兵民　上念軍

尚得謂之人子乎　朕用是諄諄告誡

爾兵民清夜自思　其咸體朕
意

太斷要連連要斷。集腋成裘板化活。口氣若逢藏不
露。仍以粗言細揣摩。自得起承轉合位。過文可省不
須多。
如遇漢文氣脉牽連不斷。或字句破碎不連。起
承轉合不得位置者。此乃過文口氣藏而不露。
不是漢文實無段落也。如遇此等文字。仍以解題
口頭粗話解之。其過文口氣自然流露。太連者。以

四眉之面。普賢云。過文虛字。如斷不可省。不得已無肘之臂。如可省而不如省。可用而誤多用。則如自然界限分明者。省之可也。如宜用而不用。則如有眉。臂之有肘。運動神情。皆賴此字。如不用過文[Manchu text]等字是也。如而之過文者。如[Manchu text]

而或四眉非面目。臂如無肘不臂膊。

不須多也。所謂此言過文可省節解。界限分明。否則不免牽混。跡。集腋成裘矣。尤要在過文用之得法。方能枝分矣。太斷者。以起承轉合。聯之。絡之。自不露攢湊痕起承轉合。斷之。落之。自不露割裂痕跡。化板為活

名不正 則言不順 君子質而已矣

[illegible] [illegible] [illegible] [illegible] [illegible] [illegible] [illegible]。[illegible] [illegible] [illegible]

之下亦然。如 [illegible] [illegible]乃成語。不在此例。

字無聯寫之法。宜加 [illegible] 字。與破字聯寫無異。[illegible]字

下串上接宜破字。如逢整字便加 [illegible] 字不可。如遇整聯上串下。非破

作清語。或作對音用。抬起。抬出。俱可。

作虛字用。斷無抬頭頂格書寫之理。若

體例粗知舉數則。虛字抬頭使不得。[illegible] [illegible] [illegible]是也。若虛字者。[illegible] [illegible] [illegible]

又用之。使神脫氣亂。則無所適從矣。

而一用之。斷不可過下矣。不知擇挪脫卸之巧。下

字法舉一歌　繙法體例　七十一

用　用　用

惟　用　用

字。在腰中作被叫字。上各加一字用

。等字。作使令

欲無言。欲正其心者　先誠其意

五十而慕　、國欲治可得乎　予

可以無大過矣　然而未仁

何以文為。杞不足徵也

利之而不庸 說

說叫口氣者。亦加字。有澹臺滅明者

之下。不得承上串下帶。叫。

與與如也 堂堂乎張也 整字

。。。如遇

也 朋友切切偲偲 兄弟怡怡

承上文。或串下文。或作收煞。申申如也 夭夭如

摹擬整字之下。宜加字。或。

形容叫說整下統接五個頭形容 如遇

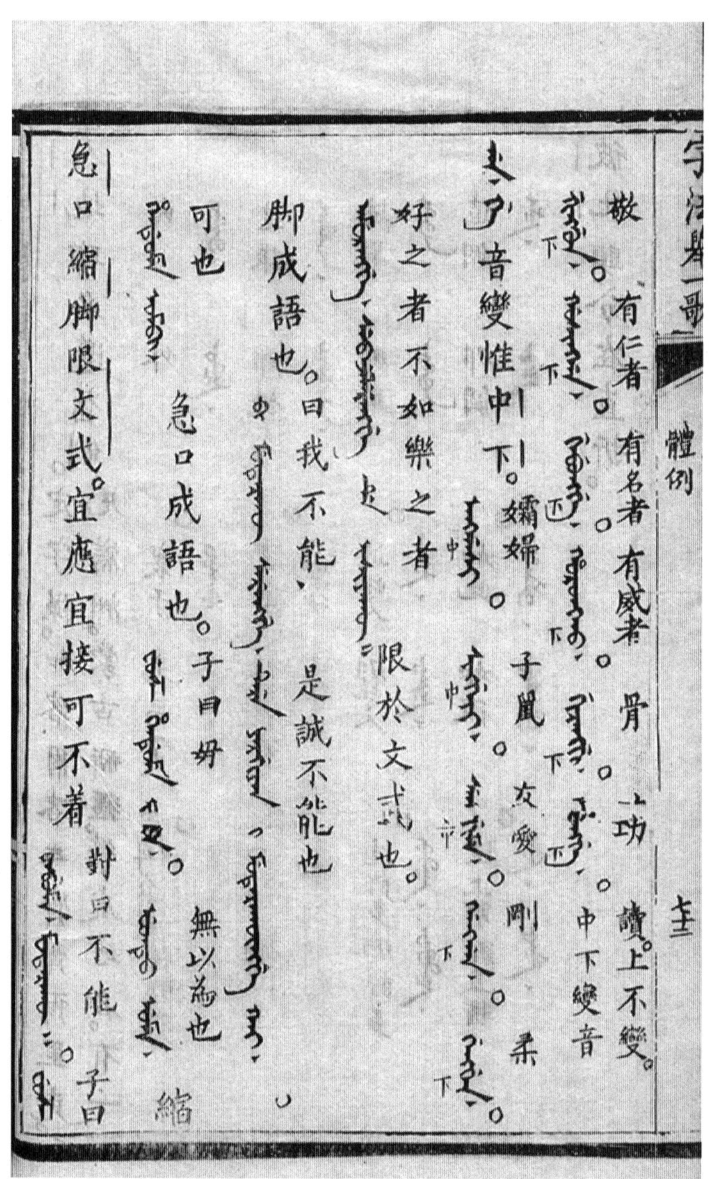

字法擧一歌 體例

敬 有仁者 有名者 有威者 骨 功 讀上不變 中下變音

音變惟中下。孀婦 子鼠 友愛 剛 柔

好之者不如樂之者 限於文式也。

脚成語也。曰我不能、是誠不能也

可也 急口成語也。子曰毋 無以爲也 縮

急口縮脚限文式。宜應宜接可不着 對曰不能 子曰人地聯名遵舊制。定字様。如喀爾喀之齊齊爾里克。

凡滿洲。蒙古新疆。等處地名。有一

内　外　裏子　表面子　叫人前來 以來　往那們

這樣　那樣　這邊　那邊。將　令入　令出

這里　那里　這些人　那些人　這許多　那許多

這個　那個　如此　如彼　這上頭　那上頭

彼此頭分在直折。

[08-72B]

體例

體用聯之不是字。襯腰變體法極多。凡破字如[Manchu][Manchu][Manchu]等字。宜

漢[Manchu]水名。顓臾[Manchu]國名。泰山[Manchu]山名。對音也。

對|繙|外句法成格。[Manchu]帝王。[Manchu]十數。[Manchu]耳清語也。

也。

德凱[Manchu]成康[Manchu]龍兒[Manchu]寶括[Manchu]等類是

見。自有定規。○卽如文英[Manchu]和容[Manchu]德安[Manchu]

窮。若盡按清語聯變之法書之。往往不得。總宜多

遵書可也。惟人名與此有別。蓋往者有限。來者無

[Manchu]扎薩克之扎賚特[Manchu]新疆之愛烏罕[Manchu]

加不是食。宜變寫：如給吃加作無此一字。
書籍也。專用成文中罕見。
也。財帛也。上無專用則七矣。
句中亦有襯墊者。未聞單用總連著。盜賊
假也。謊也。
寫。串下作挽上作轉下作
挽上作轉下作不是字。宜變體
轉下作可也。我。我們串下作
字合清語。如你。他。串下接作挽上作
是字矣。宜字中襯墊。作等類。凡单
收煞用。若串下。去接作則不

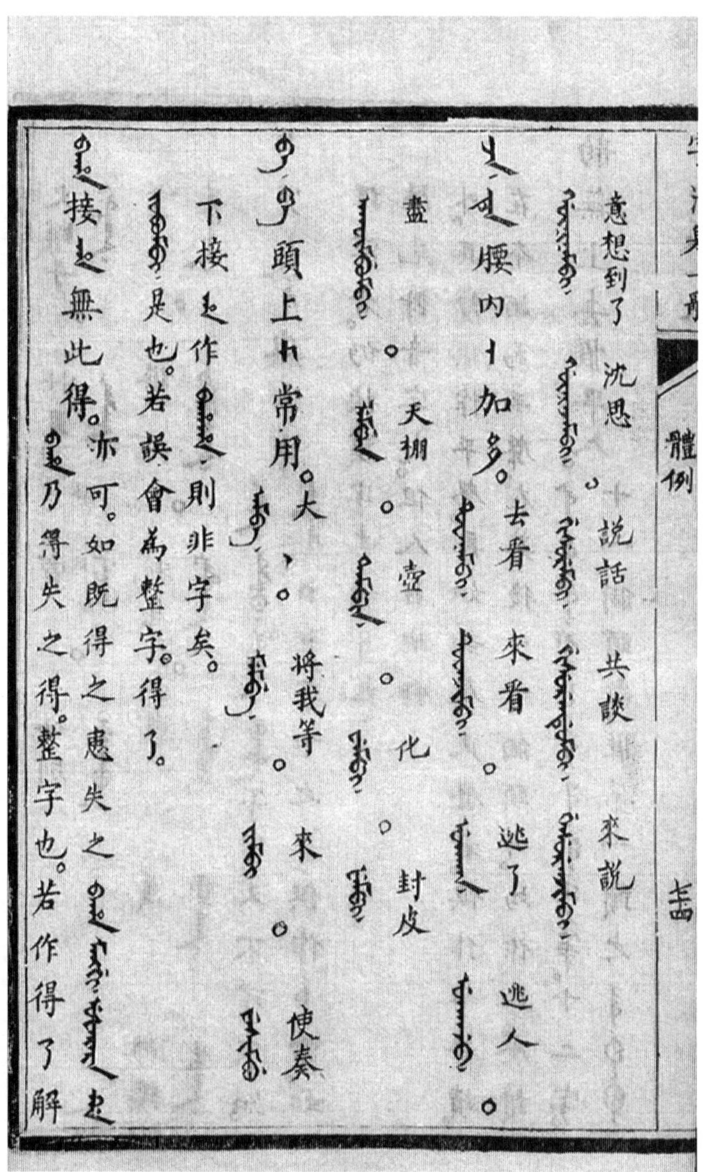

體例

意想到了 沈思 ○ 說話 共談 來說

腰內ｲ加多。去看 來看 ○ 逃了 逃人 ○

盡 ○ 天棚 ○ 壺 ○ 化 ○ 封皮

頭上ｨ常用。大、○ 將我等 ○ 來 ○ 使奏

下接作則非字矣。

是也。若誤會為整字。得了。

接無此得。亦可。如既得之患失之

乃得失之得。整字也。若作得了解

火罐子。計策。黨。分別

畫。譜。利息。運。義。牌樓

少與等字。又不可不知。

字下之俱作讀。如

譯漢者。仍按漢字之音可也

詳見對音字式。但人名地物

外。其餘俱作平聲。再如韻屬仄聲者。俱作平聲讀。

在本頭為平聲。在其後十一個頭內。均作入聲讀

等。十二字。

韻無上去惟平入。十二個頭內。惟第一頭之

義矣。字不得合拍。必不恰。指鹿爲馬矣。
者並重。總之句不用成語。必攢湊。以辭害
爲倘無。且有空際設想等類。亦句法也。甚言二
著。指實已然句法也。恐不知上加爲倘有。加
不如此、亦句法也。如祇知乃倘有。倘曾來
乃因可如此句法也。恐不知乃因
大謬。字多書少。法不足。良工何補。如祇知
則不恰。引領伸著脖子也。誤用則
欠。良工束手準繩拙。箕子爲之奴。誤用
書多字少。缺材料。大匠巽爲。知
書不多讀法未盡。字如少記恰難得。大匠搔頭材料

粟於河內 工欲善其事

他們的

河內凶 則移其民於河東 移其

那里的

陳恒弒其君 這里的 其人存 則其政舉

他們 那樣

有。而不知隨地變遷。是以本地風光。無地不用也。其妙自生。然不易言也。如其之一字。秖知隨地皆力。無力。已然。未然。且讀。且記。且繙。久之功力專純。如初學清文者。必要分清段落。口氣虛實。照應。有意外妙思憑己運。箇中至理賴師說。不能使人巧也。言能與人規矩。

字法舉一歌　體例

槩。未成一字為賊。嘗曰。如有能成吾志者。遊吾門之素志也。其為歌。為註之法。已具規模。柰老痳文來許漫言吾有隱。先生休笑我饒舌。余　師全輯五集註虛字歌。乃其行指。竟舍之。

二其字。無所

父在觀其志

君子恥其言而過

虛指他的

事其大夫之賢者

友其士之仁者

虛指那邊的

必先利其器

居是邦也

此將次付梓者。聞予有願於斯。盍踵續以補此編
友。厚田萬公所著也。一日　萬公以此示余曰。
廉浦雅公之
未士那堪稱著述。勉副余師之囑託。指南編。乃余友
是之故。非避饒舌之咎。隱而秘之也。
幾。是以卻付刻之請。未嘗一示於人。職
歟。畧加證註。窗下傳習而已。其不精不詳。不知凡
多疑似。復檢舊業。蕩然無存。乃追憶舊聞。集成此
季中。及友子數人讀。始覺向之所學。大半遺忘。餘
事鞅掌。余手未展卷者三十餘年。辛巳春。授次子
何敢當此。然終日惓惓。未之忘也。自髮逆倡亂。王
爲不虛矣。至臨終時。專以此事囑余。但未學膚才

倘蒙補闕刪繁冗。正誤端蒙幸若何。開蒙之難。甚於大學者。以先入

恐遺譏於世。未暇以及。

之意耳。若夫望有補於人。

佩仙二子較付梓人之請者。特欲勉勵師友錯愛

益友之招。能無歉乎。乃令不辭謭劣。以從壽耀庭。承

友編。以畢嚴師之志。何其幸也、辱師命。不足續

余師先後同德也。附驥之心。於是乎動。惟是藉

以立法之良。用心之苦。進士之功。愛我之深、與

琢句。補氣。傳神。無法不備。又可為一切學寶藏。嗚呼。

義。勿論深淺。簡明快註。誠足為和[illegible]指南。且解字。

之未逮。奈其辭色。頗亦青眸。余讀其文。勿論精粗。

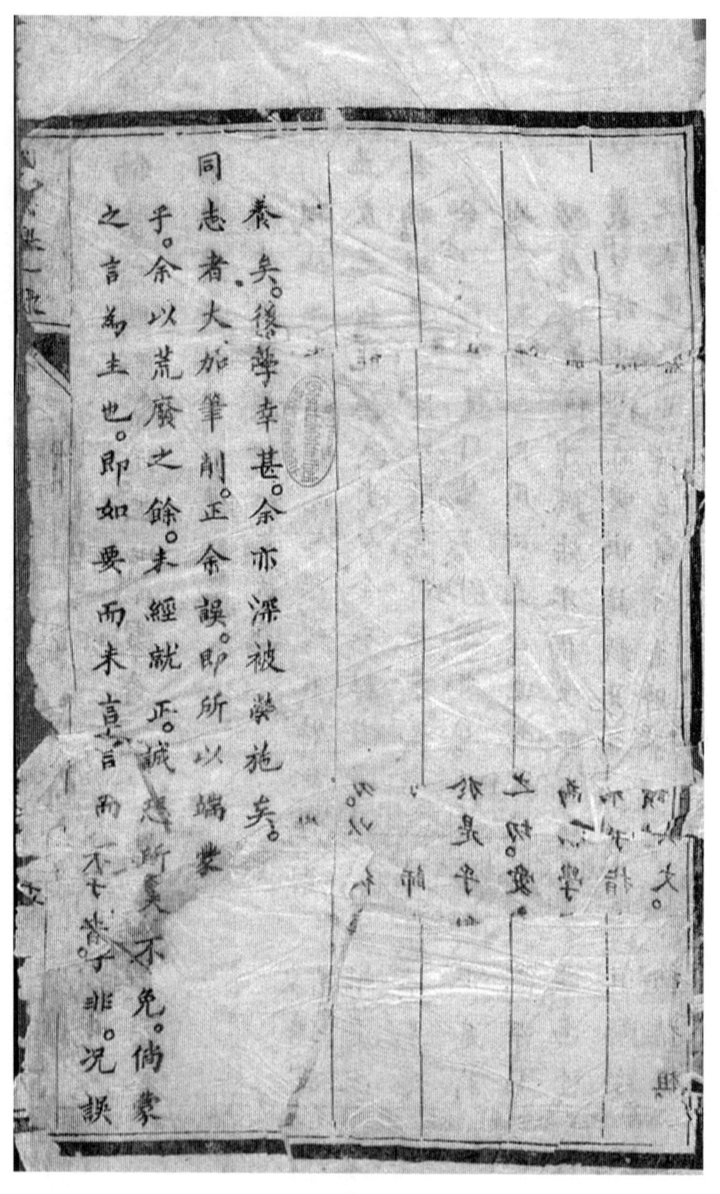

養矣。後學幸甚。余亦深被蔭施矣。

同志者大加筆削。正余誤。即所以端蒙

手。余以荒廢之餘。未經就正。誠恐所失不免。倘蒙

之言為主也。即如要而未盡言而不合者。非。況誤

〔08-77B〕

편 약력

김유범 Kim YuPum 고려대학교 국어교육학과
오민석 Oh MinSeok 고려대학교 국어국문학과
고경재 Ko KyeoungJae 고려대학교 국어교육학과
성우철 Seong WuCheol 고려대학교 국어교육학과
여채려 Yu CaiLi 경희대학교 국어국문학과

고려대학교 민족문화연구원 만주학 총서 ⑪

만주어 문법서자료집성

초판인쇄 2019년 08월 20일
초판발행 2019년 08월 30일

편 김유범, 오민석, 고경재, 성우철, 여채려
발 행 처 박문사
발 행 인 윤석현
등 록 제2009-11호

우편주소 서울시 도봉구 우이천로 353 성주빌딩 3층
대표전화 (02)992－3253
전 송 (02)991－1285
전자우편 bakmunsa@hanmail.net
책임편집 최인노

ISBN 979-11-89292-45-4 93700 정가 90,000원

* 이 논문 또는 저서는 2014년 정부(교육부)의 재원으로 한국연구재단의 지원을 받아 수행된 연구임(NRF-2014S1A5B4036566)